990
READING

KIWAMERO!

極めろ! TOEIC® L&R TEST 990点リーディング特訓

大里 秀介

スリーエー
ネットワーク

Published by 3A Corporation.
Trusty Kojimachi Bldg., 2F, 4, Kojimachi 3-Chome, Chiyoda-ku, Tokyo 102-0083, Japan

ISBN978-4-88319-851-1 C0082

First published 2020
Printed in Japan

TOEICテストでは、必ずしも満点を取ることだけが目的ではありません。英語学習をしていく上で目標スコアを目指し、達成後は、そこから将来のキャリアや夢につなげていくためにTOEICは卒業、という人が多いことも事実です。

しかしながら、「満点という高みを目指してみたい…」こういった思いがある以上、TOEICスコアを取得することは手段ではなく目的に変わります。ここを目的に置くのはモチベーションを高めるという意味でも決して悪いことではありません。

ただ、この高みを目指すのはハンパなく難しいことも事実です。「極めろシリーズ」が世に出た2009年、私のTOEICスコアは965点。そこから990点を取得するまで、970、980、985点と幾多の壁に阻まれてきました。そして、そのほぼ全てがリーディングスコアで惜しくも…、という結果でした。

今回、このシリーズの執筆の機会をいただき、私がリーディングで満点を取得するまでに苦労したポイントを詰め込みました。たくさんの問題を解くよりも1つの問題からどれくらい掘り下げられるか、という観点で600問を作り込みました。TOEICで満点を取るためには飛び切り難しい問題を解くというよりも、初心者でも解ける簡単な問題、中級者向けの少し考えて解く問題、自分にとって少し難解な問題を素早く見極めて取り組み、間違えた問題は復習をして次に出題された際に正解できる力を付けることが重要です。その点で、今回は難しいレベルの問題の中にも簡単なレベルの問題を収録しました。

満点を取得するというのは私自身、相当な苦労をした経験がありますが、今となってはその苦労を経験して本当によかったと思っています。やりきった達成感や最高点に到達した高揚感は忘れられないですし、自信につながります。本書を通じて、志しては挫折したこの高みを目指してみませんか?

最後に、本書に「ガッツリ」お取り組みいただいて、1人でも多くの方がリーディング満点を達成されますことを心より願っております。

2020年4月　大里 秀介

目次

別冊・問題編 ＊巻末から取り外して使用してください〰〰〰

本書の構成

本書には、模試形式の Test 1、Test 2 がそれぞれ 100 問ずつの計 200 問に加え、それぞれのテストに復習用の仕上げとして模試 2 回分の Follow-up からなる、合計 600 問のリーディングテスト問題が収録されています。Follow-up は Test 1、2 の英文を基にした問題が登場しますので、単に Test 1、2 の丸暗記では対応できません。Test 1、2 および Follow-up 1 の問題形式は TOEIC テストと同じ 4 択問題です。Follow-up 2 の問題形式は実力養成のため 5 択問題になり、正解が複数ある問題も登場します。模試として、通しで解いても構いませんが、効果的に実力を付けるために以下の学習法を推奨します。ご参考になさってください。

Tommy 流本書の使い方──ファーストアプローチ

1. Test 1 をまず解く

1 回目：時間を計測して解く

実際のテスト時間の 75 分を意識して、時間を計測しながら問題を解いてください。今回のテストは実際よりも少し難しめにしてあるので多少時間をオーバーしても構いません。解いた後は解答を見ないでおきましょう。

2 回目：時間無制限で解く

次に実際のテスト時間を意識しないで、時間無制限で解いてみてください。それにより、時間的制約に関係なく、真の英語力でどの程度正解できるか確認することができます。辞書などは使わないでください。今後の復習として、自分にとって、

簡単→○　　　　　　　少し微妙な問題もしくは解答根拠があやふや→△

難問→×もしくは？　　時間がかかった問題→□

などと印を付けましょう。○△□のような記号でもいいですし、ご自身が識別できる目印でも構いません。1 回目の解答と 2 回目の解答がわかるようにしておいてください。

2. 復習

①解答チェック

1. の 1 回目と 2 回目が終了した際に、解答チェックを行い、どの程度正解したかを確認しましょう。特にどの部分が苦手だったかという確認と、1 回目の解答と 2 回目の解答に差があるかどうか確認ができます。

■ 1 回目の結果　＜　2 回目の結果　の場合

→時間という制約がなければ正解できる問題があったということです。ということは、今よりももっと読むスピードや解答スピードを上げれば正解数を増やすことが

可能です。もしくは時間内に解こうとするあまり、NOT 問題の "NOT" を見逃した、つづりの似た語に勘違いしたケアレスミスなど、限られた時間内での対応が十分にできていない可能性も考えられます。

■ 1 回目の結果 ≧ 2 回目の結果 の場合

→時間という制約にかかわらず結果が同じ、もしくは時間をかけても結果が変わらないということですので、英語力に磨きをかける必要があります。もしくは時間をかけた結果、見直し時にケアレスミスを含む勘違いをしてしまった可能性も考えられますが、この点も英語力が原因ということです。

②解説チェック

解説を読みながら、自分の解釈と合っているか、正解した問題の解釈が間違っていなかったかを確認しましょう。また、語注以外にわからない単語があったら、辞書などでチェックしましょう。

③不正解箇所のみ再度トライ

不正解箇所のみ再度解いてみます。パート 6、7 は、例えば Q177 を間違えた場合は、Q176 ～ 180 も通しで解きましょう。

④通読を行う

それぞれの英文の通読を行います。よく意味が取れない文や段落は繰り返し読んで、あやふやなところを解消しましょう。特に「読むのに時間がかかってしまう」ところがあれば、繰り返し読んで速く読めるようにしましょう。

※音読をしながら進める方法もありますが、本書を選んだレベルの方であれば、数問程度のミスや不明箇所だと考えられるため、今回は必ずしも推奨しません。

3. 全問正解

時間を計って、75 分で「100 問全問正解できるか」を確認します。もしミスが 1 問でもあった場合（ケアレスミスを含む）はもう一度、2. ②～④に戻って全問正解するまで再トライしましょう。

※ 75 分以内に解き終わり、全問見直して間違いない、というところまで実施してください。75 分以内に見直しまで行えないようであれば再トライをしましょう。

※この全問正解するというプロセスがとても重要です。リーディングで満点を取るには「全問正解」が前提となりますので、「どんな問題でも確実に正解する」というステップは必須のトレーニングです。

4. Follow-up 1 に挑戦＋復習

3. が終了したら、Test 1 の Follow-up 1 に取り組みましょう。この問題は Test 1 の英文を基にしていますが、テスティングポイントを変更しています。Test 1 の復習が本当にできているか、という効果測定としてお使いください。Follow-up 1 終了後は 3. の復習のステップに戻って学習を進めてください。

5. Follow-up 2 に挑戦＋復習

4. が終了後は、Test 1 の Follow-up 2 に取り組みます。このテストも Follow-up 1 と同様、Test 1 の英文を基にしていますが、選択肢が 5 つ、解答が複数あるように作られています（正解が 1 つの場合もあります）。つまり、消去法が効かないので、ガチの実力で解くことになります。復習は 3. 同様ですが、この段階では特に語の言い換えや語彙について整理する必要があるので、英英辞典を傍らにおいて学習するのがおススメです。

6. Test 2 においても同様に解く

Follow-up を含む Test 1 の 300 問終了後、Test 2 も同様に進めてください。
※おおよその取り組み時間は、1 日 2、3 時間確保したとして Test 1 の 1. ～ 3. が約 2 週間程度、4.、5. で 1 週間程度です。Test 1、2 で 6 週間程度かかると見込まれます。

Tommy 流本書の使い方──セカンドアプローチ

次に本書をもう少し掘り下げてレベルアップする方法をご紹介します。

1. 一通り問題を解いて 1 週間程度放置する

Follow-up を含む Test 1、2 の全 600 問終了後、1 週間程度本書を放置します。それにより、一時的に本書を遠ざけて、記憶に頼って正解できない状況をつくります。

2. 再度 600 問を一気に解く

復習として、600 問を一気に解きます。1 日 100 問解いて、6 日間かけても構いません。それぞれの問題に以下のようにタグ付けをすることで自分の「真の復習力」を検証できます。

  ①簡単に解けた ②解けたが根拠があいまい
  ③解き方を忘れた ④今の自分では解けない

厳しいことを言うようですが、②③④の印を付けてしまう場合は、満点を取るまでのハードルが高いかもしれません。逆に、「もう少し復習して①にもっていく機会を見つけた」と考えましょう。

3. それぞれの問題において教えられるレベルを目指す

1. の終了後、特に印象に残った問題に関しては、仮想指導トレーニングをします。実際に自分が先生の立場だったと想定して、この問題はこういうタイプの問題で、正解を解くキーワードはこうで、とあたかも生徒がいるような状況を想定して話しながら解くという方法です。この方法は理解していないと行うことはできませんし、自分の解くプロセスを再認識できますのでおススメです。

4. 他の模試へ同様の活用

上記が全て終了したら、公式問題集など、実際に他の模試でも同じように解いてみましょう。特に一度解いた模試に対してこのセカンドアプローチを取ることも有効な手段です。「本当にわかっているか？」「実際に似た問題が出題された場合に解くことができるか？」を念頭に置いて進めるといいでしょう。

アプリで解く

株式会社 Globee が提供するマークシート連動型アプリ、abceed analytics で解答ができます（Test 1 と Test 2 の Follow-up 2 は本アプリには対応していません）。

https://www.globeejapan.com/

勉強法　リーディングセクションへの取り組み方

1. 前提条件

必要正答数について─基本は「全問正解が前提」

リーディングセクションに関しては、1〜2問のミスで満点が取れないこともあります。ただし、当日のテストの難易度によっては、2問あるいは3問までミスしても満点が取れる場合がありますが、それはごくまれです。とすると、基本は「全問正解」を目指し、落としても1問程度という認識で臨みましょう。

タイムマネジメントを意識し、スピードと精度のバランスを保つ

タイムマネジメント（時間管理）を意識しましょう。特にリーディングセクションの試験開始後、75分間はどの問題から解いてもいいようになっています。どのパートから解くのが一番効率がいいのかも意識して臨みましょう。タイムマネジメントに関しては、「どのパートを何分で解くか」「どのタイプの問題を何秒で読んで解くか」を意識しましょう。それにより問題1問に割ける時間がわかります。自分の中で、「ここは時間をかけても正解にたどり着く！」と決めたのであれば多少の時間の浪費があってもスピードでリカバリーするなど、柔軟に対応できるようにしましょう。またスピードに関しては常に意識しておく必要があります。問題と対峙した際にパッと見て「正解はこれじゃないか？」と思い、その結果それで問題がないか、ひっかけにだまされていないかという検証を行いながらスピードを身に付けていきましょう。

ターボ力を持つ

どんなにタイムマネジメントを意識していても、実際はテスト中に「正解を見つけられない！」と時間を浪費してしまいます。すると、いつものペースで解いていると解き終わらない、という事態になってしまいます。そこで、普段から処理スピードと解答スピードを上げるトレーニングを行い、残り時間が少なくなったときに発動させる「ターボ力」を準備しておきましょう。それにより足りなくなった時間の埋め合わせができます。ただ、このやり方を全ての問題に適用しようとすると、脳が疲れますし、正答率は落ちてきます。「リスクを取ってでも終わらせる必要がある」ときだけにしておきましょう。

見直し力を向上させる

解答終了後に101問目から200問目までに目を通し、自分が選んだ解答が正しくマークされているか、問題冊子と解答用紙をチェックして見直しを行いましょう。これにより、マークミスを防ぐことができます。この作業は1問に3秒かけるとすると、100問ありますので、300秒、つまり5分もかかってしまいます。ですので、自分が解くのにかかる時間から算出していきましょう。

【モデルケース】

- パート5—1問15秒平均で解き、7分半で通過
- パート6—1セット約2分で解き、7分半で通過
  - → 15分以内に調整
- パート7—シングル29問を29分、ダブル10問を10分半、トリプル15問を15分半で解いて計55分で通過
  - → 70分　残り5分＝300秒、1.5秒／問で見直し実施

見直し
- パート5 →問題用紙と解答の選択肢が合っているか（1問2秒で30問）→ 60秒
- パート6 →問題用紙と解答の選択肢が合っているか（1問2秒で16問）→ 32秒
- パート7 →問題用紙と解答の選択肢が合っているか（1問3秒で54問）→ 162秒
- 特に以下に注意→ 30秒
  - ・NOT問題を見落としていないか、語彙問題、文位置問題など、消去法
  - ・その他、リスニング全問マークしているか、A面シートの受験番号や氏名は確実にマークしているか、問題用紙に名前の記入はできているか
  - → 284秒→ 16秒残りで着地

上記はあくまでもモデルケースです。パート5、6、7の得手不得手で解くスピードは変わってきますし、見直した際に完全に問題を見誤っていたのであれば、解き直しが必要です。このモデルケースを参考にご自身で本番に向けた計画を練ってみてください。

2. 各パートの解き方、学習の取り組み方

パート5

文法編

品詞問題、動詞問題の簡単なものも「検証」すべし

品詞問題は、今までは「空所前後を見れば十分」と判断していた問題もあるでしょう。また動詞問題でも「数、時制、態」を理解すれば解けると思っている人もいます。それで解いても構いませんが、リーディングセクションは「1問たりとも落とせない」という意識を持って、解答が定まった後も再び文を頭から読んで検証しましょう。例えば、複合名詞、加算・不可算名詞、形容詞の後置修飾、仮定法現在が問われているときは注意が必要です。

語彙編

語法問題の見極めレベルを上げるべし

動詞を選ぶ語彙問題では、目的語を伴う他動詞なのか、前置詞を伴う自動詞なのかといった語の使い方、すなわち語法が問われるケースがよくあります。単に意味を知ってい

るだけでは満点を取ることは難しいのです。「この問題の選択肢はよく似た語だが、空所に入るのは目的語を取る他動詞のこれ！」といったように、問題に対してしっかり説明ができるようにしておきましょう。

難語のチェックは模試を活用＋英英辞典を使い類義語やコロケーションを身に付けよ

TOEIC のパート 5 は文法が約 6 割（18 問程度）、語彙問題は 4 割（前置詞問題などを含んで 12 問程度）出題され、後半にかけて 1、2 問難しい語彙問題が出てきます。例えば、viable「実行可能な」とか meticulously「くまなく」といった英検 1 級レベルの語も正解になることがあります。普段から模試などを解く中でパート 5、6、7 に登場する単語で、「ん、これはちょっと意味が取りづらいな」という語があれば積極的に調べて、自分の苦手ノートを作っていきましょう。特にその際は英英辞典を調べて、「類義語（thesaurus）は何があるのか？」「コロケーション（語と語の結びつきのよいもの）は何があるのか？」といった知識をストックしていきましょう。私自身はスマートフォンにロングマンの有料版をダウンロードしており、気になったときは常に検索できるようにしてあります。

パート 6
満点を取りたければ横着せずに全部読むべし

パート 6 は、空所の前後だけ見れば解けるような、一文で完結する「独立型」の問題と、空所を含む語の前後の文が関係する「文脈型」の問題があります。とはいってもパート 6 はおおよそ 100 語程度の文章ですし、文を理解することで解答スピードも上がります。テクニックに頼るのではなく、本文を全部読むことを前提としましょう。

「文脈型」の見極めと前後の結び付きを必ず意識

リーディングスコア 450 点以上の方でも「パート 6 で正解の根拠が見つけにくい」という方はよくいらっしゃいます。もう一度基本に立ち返り、どの問題が「文脈型」なのかを判断できるようにしましょう。空所を含む文単独で見た場合、複数当てはまる可能性のあるもの、これが「文脈型」です。空所の前後を読んでそのつながりが文意に合うかを判断します。文章を論理的に理解できないと、誤りの選択肢にひっかかりやすくなります。最後のパート 7 でも文脈の理解がカギとなるので、ここでもしっかり文脈を理解する練習をしましょう。

パート 7
本文を先読み、問題は後読みにする

パート 7 で全問正解を目指すのであれば、本文は全て読むことが基本です。そして本文を全て読んで理解した上で設問に移ります。「記憶の保持が…」という方もいらっしゃるかもしれませんが、実際のビジネスや生活ではこのようなメールや手紙のやりとりはダブル、トリプルパッセージ以上行われていて、設問自体ありませんよね？　それと同

じで、まず書かれているものをしっかり読んで内容を把握することを第一に努めましょう。

パラグラフごとに書かれている内容を把握しよう

本文を先に読もうとは言ったものの、1つのパッセージで300語以上の英文を目の当たりにすると、時に心が折れそうになることがあります。パート5から解いてきて、パート7に入り、後半の方で出現すると「うわー、長いなこれ」となるのも仕方がありません。そんなときは、段落ごとに区切って「何が書いてあるのか？」をしっかり把握しましょう。この広告は求人に関するもので、第1段落は人材募集と会社紹介、第2段落は業績の伸び悩み、第3段落は新商品開発について、第4段落では応募要項が書いてあるな、と整理して読み進めることができます。

読むスピードを上げる

「読むスピードが上がりません」という悩みをよく聞きます。この場合、無理に読み進めようとすると、理解が不足したままスピードだけが上がり、結果正しく読めない分、正答数に悪影響を及ぼします。読むスピードを上げるには、段落のように短いカタマリで区切って、わかるようになってからその文を繰り返し読んで、少しずつスピードを上げていきます。そうして見慣れた語彙や文法、言い回しの表現のストックを作っていき、新しい文章に触れるというサイクルが必要です。特に記事が苦手というのであれば記事だけに絞って読み進めるなど、トピックを絞り、質を伴ったスピードの上げ方が必要になります。

検索力を上げる

設問で問われている箇所が、どこに書いてあるかという検索力を上げましょう。最近は、What is indicated（mentioned/stated/true/suggested/inferred）about X? といった形やNOT問題のように、複数箇所を参照して解くケースが増えています。そのため、本文を読んだ後に、この設問の選択肢は「ここを読み返せば書いてあるかわかる」→結果、書いてあった、記載と異なる、書いてない、を判別することができます。そのベースとなるのは、本文の内容を段落ごとに把握して読むという読解力です。一方で、スケジュールや請求書に関しては、表になっているものもあります。この場合は設問を見てから検索して読み解くという方法で対応できることもあります。書かれている内容を自分がどの程度理解しておけば設問に目を通せるかを考えることも重要になってきます。

検証力のもとは結局、語彙、文法力

文章を読んで、設問を読み、問われている箇所を探し、選択肢の正解・不正解を判断する中で重要なのは、結局は語彙力と文法力です。時制や助動詞の意味、仮定法が正しく読み取れないと、ある男性はこれから出張に行くのか、もう行ったのか、単に行けばよかったと嘆いているのかを判別することができなくなります。またcoverという単語

はいろいろな意味がありますが、その１つに report と同じ「報道する」という意味があります。それがわからないと正解に report が入った選択肢があっても結び付けられません。ですので、読む力も大事ですが、語彙、文法力も学習のベースとして考えましょう。

言い換えに強くなろう

パート７で正解を導くには、本文と選択肢の言い換えを見極めることができるかが非常に重要になってきます。本文に書かれていることがそのまま、もしくは微妙に変化して選択肢になることがありますが、それが正解となる問題は多くありません。そのため、本文に書かれている内容がどのように言い換えられているかに着目しましょう。特に具体的な事象が抽象度が高くなっている場合だったり、類義語に置き換えられていたりする場合は要注意です。TOEIC ではパート３、４、７において会話、トーク、文章と選択肢の言い換えがポイントになります。これは、英語圏ではいろいろな国籍やバックグラウンドの人がいるので、コミュニケーションのときに言い換えを使うからだと感じています。ある表現が使われていても、伝わりやすくするためにそれを言い換えることがあります。私自身、コミュニケーション手段の１つとして留学中や駐在中に実感したことでもあります。言い換えが TOEIC でよく使われるのももっともだと感じています。

Test 1　正解一覧

Part 5

No.	ANSWER	No.	ANSWER	No.	ANSWER
101	B	111	D	121	B
102	D	112	C	122	A
103	D	113	C	123	A
104	D	114	C	124	A
105	A	115	B	125	B
106	C	116	C	126	C
107	A	117	C	127	A
108	D	118	B	128	C
109	A	119	B	129	C
110	C	120	D	130	C

Part 6

No.	ANSWER	No.	ANSWER
131	C	141	D
132	B	142	C
133	A	143	D
134	B	144	A
135	C	145	C
136	A	146	A
137	A	147	A
138	C	148	D
139	A	149	A
140	A	150	D

Part 7

No.	ANSWER	No.	ANSWER	No.	ANSWER	No.	ANSWER	No.	ANSWER
151	A	161	B	171	A	181	B	191	D
152	D	162	D	172	A	182	C	192	B
153	A	163	B	173	A	183	B	193	C
154	C	164	C	174	D	184	D	194	A
155	B	165	B	175	C	185	A	195	D
156	C	166	C	176	B	186	D	196	C
157	B	167	A	177	A	187	D	197	B
158	B	168	D	178	B	188	B	198	D
159	C	169	D	179	C	189	C	199	C
160	D	170	D	180	A	190	D	200	D

Test 1

KIWAMERO!

101. Helion Electronics は、書面にて合意がないかぎり、1年につきチップ1000個の出荷を続けることが求められる。

(A) 「たとえ〜でも」　　**(B) 「〜でなければ」**
(C) 「〜するかぎり」　　(D) 「〜以外に」

空所直後に otherwise があることに注目します。(B) を入れると、「他に書面で同意がなければ」となり、意味が通ります。otherwise は unless otherwise という形でセットになって出現することがあります。ここでは unless＝if not になっていると考えれば、(B) を選ぶことができます。

---

102. 1日無料セミナーは、職場で強いストレスにさらされる人を対象にしています。

(A) 動詞 confront「〜に立ちはだかる」の現在完了形の受動態＋前置詞
(B) 過去形・過去分詞＋前置詞
(C) 分詞の完了形
(D) 現在形の受動態＋前置詞

✎ □ complimentary 無料の

空所の前には those who と複数の人を表す表現があり、空所後には heavy stress と名詞が続いています。confront が人を主語に取った場合、〈人〉be confronted with という形で使われ、「〈人〉が〜に直面している」という意味になります。空所前の those より、主語が複数だとわかるので、正解は (D) です。confront は他にも困難や事件などを主語に取って、X confront Y「X（困難など）が Y（人）に立ちはだかる」といった用法もあります。

---

103. 今度のピクニックの料理を注文するとき、Ito さんは予算内で賄った。

(A) 「どちら、どれ」　　(B) 「1つ」
(C) 「そこ」　　**(D) 「〜と同じ量」**

✎ □ upcoming 来る、もうすぐ起こる
　　□ budget 予算

空所の前後を見ると、「Ito さんは予算が許す〜だけ注文した」とあります。よって、空所には「〜と同じくらい（の量）」という意味を表す (D) が入ります。「予算が許すかぎり（のお金）で注文した」ということです。as much as は通常不可算名詞の時に使い、可算名詞では as many as を使います。as many/much as は後ろに数詞が来ることが多いですが、今回のように後ろに SV が来る場合もあります。(B) は、one が何を指しているか不明のため、不正解です。

---

104. Arrow Restaurant の提供するお値段が手ごろなのは、食材を低価格で仕入れることができるのが主な理由だ。

(A) 動詞 account「説明する」の3人称・単数・現在形＋前置詞
(B) 原形
(C) 名詞「会計係」
(D) 過去形・過去分詞＋前置詞

✎ □ reasonable（値段が）手ごろな □ largely 主として、大部分は

選択肢には account が形を変えて並んでいますが、X accounts for Y で「X が Y の説明となる」という意味です。空所前に be 動詞があることに注目できれば、今回はこれが受け身の形で使われており、by 以降がお手ごろな価格の理由になっているとわかります。よって、(D) が正解です。

---

105. 丸一日働いているが、時間内に仕事を終了することは従業員の能力をはるかに超えていた。

(A) 「〜を超えて」　　(B) 「最大限の」
(C) 「さらに遠い」　　(D) 「前方の」

✎ □ capacity 容量、耐久力

文頭に Despite が使われて、逆接で始まっていることに注目しましょう。「丸一日働いているが」から予想されることと、反対の内容が続くと考えられます。(A) を入れると「従業員の能力を超えている」となり、文意が通ります。ここでの beyond はある限界を超えている状態を示しています。

106. Memorica 社は従業員の集中力を高めるために、週1回のヨガクラスを導入した。

(A)「改善」　　　　(B)「診察、診断」
(C)「集中」　　　(D)「修正」

選択肢には名詞が並んでいます。in order to は目的を表すので、なぜヨガを導入したのかを考えましょう。(C) を入れると意味が通ります。

107. Grand Station が改修工事によって閉鎖されているため、バスを利用する以外に方法がなかった。

(A)「更新」　　　　　(B)「我慢、忍耐」
(C)「返金」　　　　**(D)「代案、選択肢」**

 □ renovation 改装

空所の後に but がありますが、この文では「〜以外に」という意味で使われています。(D) を入れると「〜以外に方法がなかった」となり文意が通ります。ここでの alternative は choice と同義で、there is no choice (alternative) but to V「〜する以外に方法はない」という表現も覚えておきましょう。

108. 工夫を凝らしたプレゼンの後、ジュニアエグゼクティブはアジアでのオフィス開設が理にかなった措置であることを ATX 社の役員に納得させた。

(A)「部分」　　　　　**(B)「論理的な」**
(C)「証言の」　　　(D)「新入社員」

 □ elaborate 巧みな □ executive 重役

空所の前に冠詞 a があるので、空所後の名詞 step を修飾することができる形容詞を選びましょう。正解は (B) です。logical choice「合理的な選択」などは頻出ですので押さえておきましょう。(A) や (D) は名詞で、空所後の名詞とうまくつながらず不正解です。

109. Goldberg さんは経験豊富だったが、上司は彼に講習会に参加するよう求めた。

(A) 動詞 attend「〜に参加する」の原形
(B) 3人称・単数・現在形
(C) to 不定詞
(D) ing 形

動詞 attend の適切な形を選ぶ問題です。空所直前に he がありますが、その前に requested that が来ているので、原形の (A) が正解です。これは仮定法現在といって提案や要求を表す動詞の後の that 節中の動詞には原形を使います。他にも advise「忠告する」や ask「頼む、求める」、demand「要求する」、insist「主張する」、order「命令する」、propose「提案する」、recommend「勧める」、suggest「提案する」、require「要求する」などが、that 節中に動詞の原形を必要とします。

110. 講義がわかりやすいので、新人ソフトウェアエンジニア向けの研修コースは人気だ。

(A)「解放、発売」　(B)「評判」
(C)「方法」　　　(D)「適正」

□ comprehensible わかりやすい、理解できる

講座が人気の理由を述べている文です。空所の前で in an とあるのに注目しましょう。(C) の manner を入れるとうまくつながります。in a X manner で「X なやり方で」という意味です。講座が人気なのは「わかりやすいやり方で教えられる」からということです。

17

111. Polarica Electronics は、最近の流れに 追い付くためにウェブサイトを大きく変 更した。
(A) 「～に関して、～の観点から」
(B) 「～と同数」
(C) 「～と同様に」
(D) 「～に追い付くために」

✏️ □ trend 傾向

文意を取っていくと、空所の前に「ウェブサイト を変えた」とあり、空所直後に「最近の流れ」と いう言葉が来ています。この 2 つをうまくつなぐ のは (D) です。ウェブサイト変更の目的として「動 向に追い付く」ことが挙げられています。

---

112. マニュアルでは、担当者はいかなるとき でも制御室を無人にしてはいけないと規 定されている。
(A) 「ほとんどない」　　(B) 「いくらかの」
(C) 「どんな」　　　　(D) 「少しもない」

✏️ □ specify ～を詳細に記す
　　□ circumstance 状況
　　□ unattended 管理されていない

空所の前を見ると、「どんな状況でも無人にしては いけない」とあります。空所直前に前置詞 for、直 後に period of time とあるので、どのくらいの時 間かを表す語が入ります。(C) を入れると、「いか なるときでも」という意味になり、文意に合います。 よって、(C) が正解です。(D) の no という否定語を 入れてしまうと、二重の否定になってしまい文意 に合わないので不正解です。

---

113. 配送網拡大にともなう業務過多に対処す るため、先月追加で経験のある従業員が 採用された。
(A) 「縮小している」　　(B) 「前の、優先する」
(C) 「拡大している」　(D) 「比較の」

✏️ □ excessive 過剰な □ workload 作業量

空所直後の delivery network を修飾する形容詞を 選ぶ問題です。文の後半で、「業務過多に対処する ため」と述べているので、(C) を入れると矛盾があ りません。widen は動詞ですが、これは形容詞 wide の派生語です。パート 5 で問われることもあ ります。

---

114. チームリーダー向けの講演の主なテーマ は、いかに折よくプロジェクトを終わら せるかについてだった。
(A) 動詞 complete 「～を完了させる」の 3 人 称・単数・現在形
(B) 副詞 「完璧に」
(C) 過去形・過去分詞
(D) 名詞 「完了」

✏️ □ aim at ～を狙う □ accomplish ～を達成する □ timely タイミングのよい、時季のよい

空所前に timely project とあるので、これに修飾 される名詞か、もしくは副詞が入る可能性が考えら れます。ですが、timely project には冠詞がなく、 複数形でもないことに注目しましょう。したがっ て冠詞を必要としない、不可算名詞の (D) が正解で す。文が成り立っているので副詞が入るかも、と安 易に (B) を選ばないようにしましょう。project 単 独で使う場合には冠詞が必要になってきます。

---

115. 上演中は他の方の迷惑にならないように 携帯電話の電源をお切りください。
(A) 「他の」　　　　　　**(B) 「他の人」**
(C) 「もう 1 人の」　　(D) 「その人」

✏️ □ patron 顧客、観客
　　□ disturb ～の邪魔をする

選択肢には代名詞が並んでいます。空所直前の動 詞 disturb の目的語として適切なものは other の 複数形 (B) です。others は冠詞がついていないと、 不特定多数の他人を表します。(A) は単独で使われ にくく、the other 「もう一方」や、other＋名詞 「他の～」のように使われます。(C) と (D) は誰を指 しているかわからないので不正解です。

116. その事故の考えられる原因の１つは、監督者が安全な職場環境を提供できなかったことにある。

(A)「危険な」　　(B)「安全な」
(C)「起こりそうな」　(D)「選択の」

□ inability 無力、できないこと

選択肢には形容詞が並んでいます。cause を適切に修飾できるのは (C) です。probable cause で「考えられる原因」という意味です。

117. 故郷に戻って高齢の両親を介護することに決め、Carstens さんは管理職のポストを手放した。

(A) 動詞 relinquish「〜を譲る、引き渡す」の原形
(B) ing 形
(C) 過去形・過去分詞
(D) 3 人称・単数・現在形

□ managerial 管理職の

選択肢には動詞 relinquish のさまざまな形が並んでいます。文中に decided という過去形が出てきています。過去のことを言っているとわかるので (C) が正解です。relinquish は難語ですが、過去の試験には出題があるので、初めて見たという方は TOEIC 満点奪取のネタとして押さえておきましょう。

118. 徹底的な調査の後、検査官は随時機械を新しくしていくことを提案した。

(A) 名詞「場合、出来事」
(B) 形容詞「時折の」
(C) 副詞「時折」
(D) 名詞の複数形

□ thorough 徹底的な、しっかりした
□ examination 点検、試験
□ machinery 機械

空所直後 upgrading の後に of が続いているので、この upgrading は名詞として使われています。よって、名詞を修飾する形容詞の (B) が正解です。動詞の ing 形を修飾するのは副詞と考えて、(C) を選んだ方も多いかもしれません。しかし、upgrading の後に of があるため、ここでは目的語を導く動名詞とは言えません。

119. Green-bay Language Center は、それぞれの生徒のレベルに合わせた 3 つの異なるクラスを開講している。

(A)「破壊された」
(B)「適合させられた」
(C)「接近された」
(D)「資格のある、能力のある」

文の前半から、この学校は複数のクラスを提供していることがわかります。空所後にはレベルの話が出ているので、(B) を入れると意味が通ります。空所後の to がヒントになります。be geared to で「〜向けである」という意味です。

120. 従業員数人が突然病欠したため、チームは仕事を期日までに終える方法を考え出さなくてはならなかった。

(A)「〜を説得する」　(B)「〜をやり遂げる」
(C)「〜に慣らす」　**(D)「〜を考案する」**

選択肢には動詞が並んでいます。空所後の名詞 way と相性がいいのは (D) です。(A) は人を目的語に取るので不正解です。

121. 当社のウェブサイトを見直したところ、求人への応募者数の増加につながった。

(A)「〜を参照した」
(B)「〜を支持した、表した」
(C)「〜が原因だと考えた」
(D)「〜という結果になった」

 ☐ revision 改訂、修正

空所前に「ウェブサイトの変更」という主語があり、空所後は「応募者の増加」と書いてあります。(D) を入れると「ウェブサイトを見直したので、応募者が増えた」という因果関係が成立します。よって、正解は (D) です。(C) は、ascribe X to Y「XをYのせいにする、XはYが原因であるとみなす」、もしくは受動態でX be ascribed to Yの形で使います。ですが、ここでは be 動詞がないため、不正解です。

---

122. Asset Pummel 社と Vitalic Holdings の共同事業は、年間 600 万ドルの利益を生み出すと見込まれている。

(A)「協力する」　　　(B)「〜をささげる」
(C)「〜を案内する」　**(D)「〜を生み出す」**

 ☐ involve 〜を関わらせる ☐ annually 毎年、年に一度

選択肢には動詞が並んでいます。空所後の目的語 profits と相性がいいのは (D) です。プロジェクトで「利益が出る」という意味です。(A) はそもそも自動詞なので文法的に当てはめることができません。

---

123. 液晶テレビに重点を置くという決定は、かえって会社の総売上高に悪影響を及ぼした。

(A) 名詞「敵、競争相手」
(B) 名詞「逆境、不運」
(C) 形容詞「逆の、不都合な」
(D) 副詞「逆に、不都合に」

 ☐ liquid crystal 液晶

空所がなくても文自体は文法的に完成しています。よって、副詞の (D) が正解です。adversely affect「逆の影響を与える（＝悪影響を与える）」は TOEIC によく出題されるコロケーション*で、語彙問題としても問われるポイントなので押さえておきましょう。

＊コロケーション（collocation）：ある単語と単語のよく使われる自然な組み合わせ

---

124. 大方の従業員の期待を上回り、広告キャンペーンは大成功となった。

(A)「（〜であると）わかった」
(B)「〜を満足させた、満たした」
(C)「帰着した」
(D)「〜とみなした」

 ☐ exceed 〜の限度を超える ☐ expectation 期待、予想

空所直後に to 不定詞が来ていますので、これを目的語に取る動詞が入るとわかります。よって、正解は (A) です。prove は第2文型を導く動詞で、campaign＝a success の関係が成り立ちます。他の語は to 不定詞を目的語に取ることができません。

---

125. Smith さんは夫が海外出張に行くときは、一緒に行くことにしている。

(A) 動詞 accompany「〜にともなう」の3人称・単数・現在形
(B) 過去形の受動態
(C) ing 形
(D) 現在形の受動態＋前置詞

選択肢には動詞 accompany のさまざまな形が並んでいます。空所前に前置詞 of があるので、これに合うのは ing 形の (C) だけです。空所後に名詞が来ているので、これを目的語に取ります。

Test 1

126. 編集長は原稿を慎重に検討した結果、翌日の新聞の見出しを修正することにした。

(A) 動詞 revise「～を修正する」の原形
(B) ing 形
(C) 過去形・過去分詞
(D) to 不定詞

選択肢には動詞 revise のさまざまな形が並んでいます。空所の前に decided とあるので、(D) を入れれば decide＋to 不定詞で「～することに決める」という形ができます。

 □ consideration 熟考、検討 □ headline 見出し

127. 販売会議の冒頭、Pak さんは競合他社に対処する現行の戦略について簡単に概要を説明した。

(A)「～の概要を説明した」
(B)「～を積み込んだ」
(C)「協力した」
(D)「～を中止した」

文を見ると、ミーティング中の出来事だとわかります。空所の後ろには目的語となる strategy があるので、これと相性のいい (A) が正解です。(D) は、サービスや製造など、継続していることを止めることを指しますが、ここでは直前に briefly「簡単に」があるため、文意が通らなくなります。(C) は自動詞のため、文法的に当てはまりません。

128. 台風の影響で郵便業務が混乱していなければ、特許の申請は時間内に受理されていただろう。

(A) 動詞 accept「～を受理する」の過去形の受動態
(B) 助動詞＋原形
(C) 助動詞＋完了形
(D) 助動詞＋完了形の受動態

動詞 accept のさまざまな形が並んでいます。Had が文頭に来ていることがポイントです。ここから、仮定法過去完了形の if が省略されて倒置になっているので、would have が来ると考えます。またカンマ以降、主節の主語は patent application「特許申請」ですので、「受理される」という受け身の関係が成り立ちます。よって正解は (D) です。動詞の形を選ぶときは、①数、②時制、③態、という3つの基本に立ち返り、かつ上級者は仮定法の倒置にも気を付けましょう。

□ disrupt（交通・通信など）～を一時中断させる
□ patent 特許

129. 情報を入力中、従業員はうっかり顧客情報を削除してしまった。

(A)「気前よく」
(B)「比較的、相対的に」
(C)「軽率にも、不注意にも」
(D)「それぞれ」

文から、データ入力中という状況が読み取れます。また、この文の主語は従業員なのですが、空所直後に「顧客情報を削除してしまった」とあります。よって、(C) が正解です。

□ delete ～を削除する

130. Franklin Bookstore では、歴史本に比べて、フィクションの本がよく売れている。

(A)「誰か」 (B)「別のもの」
(C)「それら」 (D)「両方」

in comparison with「～と比較して」に注目できれば、fiction books と、describing が修飾している空所の2つを比較していることがわかります。よって複数の本を指す代名詞が入ります。正解は (C) です。「本が歴史上の出来事を説明している」ので、能動の関係になることにも注目しておきましょう。(A) は人を表します。(B) は単独では使われにくく、the other「もう1つの」や other X「他のX（other は形容詞）」のように使われます。

□ fiction フィクション
□ in comparison with ～と比べて

問題 131-134 は次の記事に関するものです。

Sakura Animation College は、この 9 月より 3D アニメーションクラスを開講すると発表した。定評のある 3D アニメーション監督、Catherine Ito 氏がこのコースを担当する。

声明で同校校長の Paul Miyamoto 氏は、自身のかつての教え子である Ito 氏が学校には必要不可欠な人材であると述べた。また Ito 氏は、恩師の下で働けることを光栄に思うと述べた。彼女は 10 歳のとき、初めて Miyamoto 氏が手がけた 1 本の映画を見た。あの人生を変えるような経験がなければ、アニメーターにはなっていなかったと語ったと伝えられている。

出願者が多くなることが予想されているが、施設が限られているため同校が受け入れる学生はわずか 30 人である。出願手続きは、近くウェブサイトに掲載される予定。

131.

(A) 同校は現在、資格を持った講師を探している。

(B) 彼らは、コースに 100 人の学生を受け入れる予定だ。

(C) 定評のある 3D アニメーション監督、Catherine Ito 氏がこのコースを担当する。

(D) コースを受講した学生は、人生を変えるような経験をするだろう。

空所後の第 2 段落の Ms. Ito がヒントです。第 2 段落では Ito さんという人がこの学校には必要不可欠であるという話などが出てきていますが、この人が誰なのかという情報がありません。したがって Ito さんについてまず紹介や言及をしている (C) が正解です。パート 6 の文挿入問題では、空所の前後の文脈が手がかりとなります。

132.

(A) 「彼は」　　　　　**(B) 「彼女は」**

(C) 「彼らは」　　　　(D) 「それは」

選択肢には代名詞が並んでいます。この空所までで登場した人物は Miyamoto さんと Ito さんです。空所を含む文には「Miyamoto 氏が手がけた 1 本の映画を見た」と言っていますので、この文の主語は Ito さんだとわかります。よって (B) が正解です。パート 6 の代名詞は登場人物をはっきり整理しておくと、解きやすくなります。

133.

(A) 助動詞＋動詞 become「～になる」の完了形の否定

(B) 助動詞＋原形の否定

(C) 助動詞＋原形

(D) 助動詞＋完了形

選択肢には become のさまざまな形が並んでいます。これまでの情報から Ito さんはすでにアニメーターであることが読み取れます。また、空所後では「あの人生を変えるような経験がなければ」と述べているので、(A) を入れて「アニメーターにはなっていなかった」とすると、文意に合います。仮定法過去完了を使って、過去の事実とは異なる想像を表しています。

134.

(A) 動詞 post「～を掲載する」の原形

(B) 受動態

(C) 進行形

(D) be 動詞の過去分詞＋過去分詞

選択肢には動詞 post「～を掲載する」が形を変えて並んでいます。空所を含む文は主語が procedures ですが、目的語がないので、受け身形を作る (B) be posted が正解です。今回のような問題は空所を含む文を見るだけで解ける問題ですので、パート 5 と同じように解くことができます。

■ 問題 135-138 は次の情報に関するものです。

安全性確保のための製品回収

WRZ 社は Warmy ブランドの電気炉、モデル WRZ03 の自主回収を開始する。WRZ 社品質管理部の調査で、同型炉は耐熱性が不十分な断熱材を使用している可能性があることが判明した。このことが原因で火災につながる恐れがある。

該当モデルは、2017 年 3 月に製造された WRZ03。シリアルナンバーの 170301～170430 の炉が回収の対象となる。購入者はフロントパネルに付いているラベルで確認できる。

購入者は、直ちに同型炉の使用をやめ、WRZ 社サービスセンター（enquiries@wrz.co.jp）にメールするか、フリーダイヤル 08-3376-3382 まで連絡を。WRZ 社広報担当者は「できるだけ早く弊社までご連絡ください。弊社の技術者がご自宅にお伺いし、必要な修理を実施いたします。」と述べた。

135.

(A) 「消化」 (B) 「遠征」
(C) 「断熱材」 (D) 「義務」

選択肢には名詞が並んでいます。空所の後の used は過去分詞で空所の名詞を修飾しており、その後に「耐熱性が不十分だ」とあるので、(C) が正解です。insulation は省エネや部屋についての用語として押さえておきましょう。

136.

(A) 「関係している」 (B) 「好奇心を持った」
(C) 「承認された」 (D) 「評価された」

空所の前にある名詞 model を適切に修飾できるのは (A) involved「関係している」です。文の構造として The model (that is) involved is と、that is が省略されたと考えるとわかりやすいです。(B)・(C)・(D) は意味が通りません。

137.

(A) しかし、欠陥のあるモデルの使用を続けても問題はない。
(B) 購入者は、商品が回収対象かどうか判断できない。
(C) これらの炉は、その耐熱性ゆえに高い評価を受けている。
(D) 購入者はフロントパネルに付いているラベルで確認できる。

空所前で、今回リコールの対象となる製品のシリアルナンバーが挙げられており、空所後の段落では使用を中止して連絡をするようお願いしています。よって、ラベル番号の確認を促している (D) が正解です。第一段落で耐熱性が不十分なため、発火の恐れがあると述べているので (A) と (C) は不可です。リコール対象のシリアル番号が明記されているので、(B) は本文と矛盾します。

138.

(A) 「あなたの」 (B) 「その」
(C) 「彼の」 (D) 「私たちの」

空所直後には名詞 home があります。空所前を見ると「技術者が訪問する」とあるので、誰の家かを考えましょう。正解は (A) です。この your は製品を購入した客を指します。

□ initiate ～に着手する □ voluntary 自主的な □ furnace 炉 □ inadequate 不適切な
□ resistance 耐性 □ result in ～に帰する、～に終わる □ serial number シリアルナンバー、製品番号
□ range ～の範囲にわたる □ via ～によって、～を経由して □ toll free フリーダイヤル
□ spokesperson 広報担当者 □ reassure ～に再確認する □ defective 欠陥のある
□ pose（問題など）～をもたらす □ determine ～を決める □ rate ランク付けする
□ adhere to ～に付着する

11 月 2 日と 3 日、4 日は 1 周年記念セール！

Rosebay Shopping Mall は 11 月に 1 周年を祝って、ご愛顧いただいているお客さまに、一部商品で最大 50%の割引と、商品券が当たるチャンスをご提供いたします。

当モールの 50 店舗のいずれかにお立ち寄りいただくか、8 つのレストランのいずれかでお食事をしていただきますと、30 ドル以上のご購入ごとに福引券を 1 枚差し上げます。50 ドルから 1,000 ドル相当の商品券が当たる方も出てくるかもしれません。

Rosebay Shopping Mall は家族連れでもお楽しみいただけるモールです。11 月 2 日にモールに来店されたお子さま先着 50 名に、キャンディ詰め合わせのプレゼントがあります。

ぜひ当モールにお買い物にお越しいただき、景品をゲットしましょう。1,000 ドルの商品券を引き当てるのはあなたかもしれません！

139.

(A) 「お土産」 　　　(B) 「出席者」
(C) 「寄付」 　　　　**(D) 「購入」**

選択肢には名詞が並んでいます。空所の前の文を見ると、「買い物または食事」をするよう勧めています。また、空所後に「30 ドル以上」という値段が指定されているので、(D) が正解です。(A) は「買い物」から souvenir を連想しそうですが、「レストランでの食事」という部分と合わないので、不正解です。

140.

(A) Rosebay Shopping Mall は家族連れでもお楽しみいただけるモールです。
(B) 残念なことに、お子さまは当モールに入ることができません。
(C) Rosebay Shopping Mall は、いくつかの地元の雑誌で特集されました。
(D) ショッピングモールのいくつかの店舗では、お客さまにアンケートをお配りします。

空所の後ろの文に子どもの話が出てきているので、(A) が正解です。(B) は空所後の文と矛盾します。(C) と (D) は新たな話題を提供していますが、その後の文とうまくつながりません。

141.

(A) 動詞 treat「（物など）〜に与える」の未来表現
(B) 過去形の受動態
(C) 助動詞＋完了形
(D) 未来形の受動態

選択肢には動詞 treat のさまざまな形が並んでいます。空所後の前置詞 to に注目しましょう。treat には、treat 人 to 名詞「（食事など）を人に振る舞う」という用法があります。空所後に人に当たる目的語がないので、ここでは受け身形で使われていると考えます。次に、空所を含む文中の 11 月 2 日というのは記念セールの日なので、これは未来のことです。よって、受動態かつ未来を表す (D) が正解です。

142.

(A) 「〜を配達する」 　　**(B) 「〜を引き当てる」**
(C) 「〜を処分する」 　　(D) 「〜を没収する」

選択肢にはさまざまな動詞が並んでいます。win というのは、くじの抽選のことだとわかります。空所の後の「1,000 ドルの商品券」と相性がいいのは (B) draw「〜を引き当てる」です。(C) と (D) は不正解ですが、どちらもパート 5 にも登場する語なので、覚えておきましょう。

□ patron 顧客 □ dine 食事をする □ raffle ticket 福引券 □ questionnaire アンケート

Williams さま

Williams さまを Business Startup Seminar へご招待でき、うれしく思います。同セミナーは、9 月 21 日午前 10 時に Chamber of Commerce Building で開催の予定です。

まず初めに Sunrise State の Chamber of Commerce 所長、Henry Clark 氏の開会のあいさつがあります。その後、Smart Engineering の CEO、David Andersen 氏の講演があります。タイトルは「初めて起業する人が向き合う課題、および素晴らしい地位を築くための確実な仕組みの作り方」です。

部屋の大きさの都合上、イベントの参加定員は 100 人です。したがいまして、参加をお考えでしたら、できるだけ早く同封の用紙にご記入の上、ご登録ください。Janet Lynn（jlynn@yeo.com）がどんな質問にも喜んでお答えいたします。

敬具

Mark Reynolds
会長

143.
(A) 助動詞＋動詞 introduce「～を始める」の完了形の受動態
(B) 過去完了形の受動態
(C) 過去形の受動態
(D) 未来形の受動態

選択肢には、動詞 introduce のさまざまな形が並んでいます。空所前に「セミナー」という主語が来て、後ろに by があるので、受動態が入るとわかります。また、本文の内容から、セミナーが行われるのはこれからのことなので、未来を表す (D) が正解です。

144.
(A) その後、Smart Engineering の CEO、David Andersen 氏の講演があります。
(B) それから、高校教諭である Kate Wang 氏が同僚の 1 人を紹介します。
(C) 受付で、セミナーのスケジュールをお受け取りください。
(D) Robert さまは他の関連セミナーで初めて彼にお会いになったと聞いています。

空所後の文が、The title から始まっていることに注目しましょう。これとつながるのは、次に話す人を紹介している (A) です。David Andersen さんの講演のタイトルが、空所後の文で述べられているとわかります。

145.
(A)「～の」
(B)「～の間で」
(C)「～に、～のために」
(D)「～の上に」

available の直後が空所になっていますので、(C) を入れると、be available for「～に利用できる」という形が完成します。よって正解は (C) です。

146.
(A)「したがって」　　(B)「しかしながら」
(C)「さもなければ」　　(D)「その一方で」

選択肢には接続副詞が並んでいます。空所前の文で定員は 100 人とあり、空所後はできるだけ早く申し込むよう促しています。以上より順接の意味となる (A) を入れると、うまくつながります。

□ Chamber of Commerce 商業会議所 □ novice 新人の □ entrepreneur 起業家、事業主
□ foolproof 極めて簡単な □ secure ～を確保する □ enviable うらやましい □ register 登録する
□ enclosed 同封された □ at one's disposal ～の自由になって
□ Yours Faithfully (手紙の結びのあいさつで) 敬具

🔘 問題 147-148 は次の請求書に関するものです。

発行日：2018 年 12 月 16 日

Promotion King
ノースカロライナ州 Adelais 27007
Winter Court 1190 番地
連絡先：Gary Feldman
gary@promotionking.com
704-555-2876　内線 136

お客さま：Jamous Dealership
ワシントン州 Tamaska 98003
（2009 年 7 月～）Helena Parkway 717 番地
連絡先：Cynthia Clough
c-clough@jamous.com
206-555-2388　内線 44

商品番号	商品内容	数量	単価	詳細	合計
9833	紺色 T シャツ、L サイズ	100 枚	2.50 ドル	ロゴ白	250 ドル
5645	紺色キャップ、調節可能	100 個	3.00 ドル	ロゴ白	300 ドル
1026	白色タッチペン	50 本	0.75 ドル	ロゴ紺	**147** 0 ドル
					総計：550 ドル

注意：500 ドル以上ご注文いただいた **148** 感謝の印として同梱いたしました無料の商品をお使いください。今回の商品にご満足いただき、さらにご注文をご希望の場合、**148** 会計時に 10％割引が適用されるコード「FREE10」をお使いください。またのご注文をお待ちしております。Promotion King で必要なものは何でもお探しください。**148** 当店では何百という販促製品を取りそろえています。現在の特価品については、在庫一掃セールのページをチェックするのをお忘れなく！

147. 請求書から何がわかりますか。

(A) 白色ペンは無料だ。
(B) Clough さんは商品をさらに注文する。
(C) Promotion King は 1 万種以上の商品の在庫がある。
(D) Jamous Dealership は 500 ドルの割引を受けた。

注文内訳の箇所で商品番号 1026 の白色ペンは代金の合計が無料と書いてありますので、これを complimentary とした (A) が正解です。(D) は、NOTE の欄に割引について言及がありますが、これは次回の発注時に利用できるものです。

148. 請求書で述べられていないものは何ですか。

(A) お買い得品を見つけるヒント
(B) 別の注文時に節約する方法
(C) 販売代理店の商取引に対する感謝
(D) 発送日の変更

(A) と (B) については、NOTE の箇所に「10%の割引」や「販促製品」の紹介があります。(C) も同じ NOTE の箇所冒頭に、「感謝の印として、無料商品を同梱した」と書いてあります。よって、本文に言及がない (D) が正解です。

□ ext. 内線番号（extension の略）□ quantity 数量 □ adjustable 調整できる □ stylus 尖筆、針
□ token 印 □ appreciation 感謝 □ promotional 販売促進の □ clearance 在庫一掃
□ complimentary 無料の □ stock 〜を備えている □ gratitude 感謝

📷 問題 149-150 は次の記事に関するものです。

DUNE PARK—Dune Park Hospital は最近、新しい公式ウェブサイトを公開した。この念願の
サイトの開設にこぎつけたのは、**149** 病院の患者サポート室に何年にもわたって問い合わせが
あったためだ。部門の広報担当 Harriet Flannagen 氏は「ご利用の皆さまは診療記録や支払いに
ついての情報、重要な日付が書かれたカレンダーなどがどこで見つかるのか見当もつきませんで
した」と言う。ウェブサイトによって、住民が必要な情報を容易に見つけられるよう期待されて
いる。サイトには、医療記録や求人募集、病院の最新情報、病院がその年に運営する講座への登録
やその他の情報が掲載されている。**150**「市民の皆さまと絶えず協力して、当院の透明性の確保
に努めています」と Flannagen 氏は語る。「そうした考えから、当院に関して皆さまがお探しに
なっているほとんど全ての情報を、ウェブサイトにアクセスして見つけ出すことができます」。病
院側は新しいウェブサイトはすぐに地域社会に役立つとしている。ウェブサイト www.dph.org
にアクセスして、自由にコメントできる。

149. Dune Park Hospital について何が述べられていますか。

(A) 何度も問い合わせを受けている。
(B) 入口を改装する予定だ。
(C) 新しい夏期プログラムを始めている。
(D) 電話相談サービスを中止するつもりだ。

2文目から「病院の患者サポート室に何年にもわたって問い合わせがあった」ということがわかります。よって正解は (A) です。文中の compiling years of questions が、(A) では現在完了を用いて表されている点に注目しましょう。

150. [1]、[2]、[3]、[4] と記載された箇所のうち、次の文が入るのに最もふさわしいのはどれですか。

「『そうした考えから、当院に関して皆さまがお探しになっているほとんど全ての情報を、ウェブサイトにアクセスして見つけ出すことができます』」

(A) [1] (B) [2]
(C) [3] **(D) [4]**

挿入文の冒頭に In that spirit「そうした考えから」とあるのがヒントです。直前にこの病院の考え方が述べられている箇所を探します。[4] の直前に「市民の皆さまと絶えず協力して、当院の透明性の確保に努める」と病院の広報担当の発言が引用されているので、正解は (D) です。

□ unveil ～を公開する □ billing 請求の、精算の □ spokesperson 広報担当者
□ straightforward わかりやすい、単純な □ registration 登録 □ citizen 市民
□ in the loop (決定の) 一員となって、関与して □ transparent 透明な、明快な □ asset 財産
□ inquiry 質問、問合せ □ renovate ～を改装する
□ helpline ヘルプライン (困っている人に助言する電話サービス)

Test 1

宛先：Alexander McMillan <alexm@taylorhouse.com>
差出人：Gloria Chen <gloriac@taylorhouse.com>
件名：研修プログラム
日付：8 月 22 日

Alex

依頼どおり、研修プログラムについて調べました。しっかりとした研修プログラムを実施している会社は格段に、他社よりも離職率が低く、従業員満足度や生産性が高く、売り上げもよいなど、他にもいろいろメリットはあるようです。研修プログラムは多額の費用がかかると思うでしょう。**151** まあ実際かかります。でもその投資のリターンはとても大きいので、他がどうして行わないのか疑問に思っている会社があるそうです。仮にうちで研修プログラムを社内に取り入れると決めた場合、当然、プログラムの効果を評価することが大切です。そのためには、後々比較するための基本データを今から入手しておく必要があるでしょう。とにかくもう遅いので、家に帰ります。**152** もしよければ、明日の午前中にもっと詳しく話しましょう。会社にはいませんが、一日家で仕事をしているので電話してください。

ああ、ところで、**153** 今日一日ずっとコピー機が故障していました。会社で直し方のわかる人が誰もいなくて、Stacy Bardell が Office Solutions に電話をかけてくれました。**153** 彼女がコピー機修理担当者と故障について話をし、全て対応してくれます。明日の修理で解決するといいんですが。最新情報はこれで全てです。出張がうまくいくことを願ってます！

Gloria
397-555-9999

151. 研修プログラムについて何がわかりますか。

(A) 会社にとってコストに見合うものだ。
(B) 午前中に実施される。
(C) ほとんどの会社が何かしらの形で行っている。
(D) 特定の研修担当者が必要になる。

第1段落に、研修プログラムは費用はかかるが投資のリターンは大きいとあります。続けて、他の会社がどうして行わないのか疑問に思っているとまで述べているので、費用を払うだけの価値があるとした (A) が正解です。be worth the cost で「対価を払う価値がある」という意味です。(C) はどれくらいの会社が行っているかまでは言及していないので誤りです。

---

152. Chen さんについて何が示されていますか。

(A) Bardell さんとオフィスで話さなければならない。
(B) 以前研修プログラムを監督したことがある。
(C) 人事部の部長だ。
(D) 8月23日は在宅勤務をする。

第1段落の後半で、明日電話で話そうと言っていますが、メール差出日から8月23日のことだとわかります。さらに次の文では、会社にはいないが、家で働いているとあります。よって、(D) が正解です。

---

153. コピー機について正しくないものは何ですか。

(A) きちんと作動していない。
(B) 修理担当者が点検することになっている。
(C) 午前中に交換される。
(D) Bardell さんの担当だ。

第2段落でコピー機について述べられています。1文目でコピー機が故障していたとあるので、(A) がこれに該当します。(B) については、その後、3文目に修理担当が来るとあります。同じ文中で、Bardell さんがコピー機の件を担当することがわかりますので、(D) はこれに該当します。よって、残った (C) が正解です。コピー機の取り換えや、その日時についても言及はありません。

□ markedly 著しく □ turnover rates 離職率 □ measure ～を測る □ baseline 基準値
□ comparison 比較 □ in depth 広く、徹底的に □ update 最新情報 □ personnel 人員、人材
□ oversee ～を監督する □ remotely 遠くで

問題 154-156 は次の方針に関するものです。

www.MavisJewelry.com の返品条件

www.MavisJewelry.com で購入したものについて、いかなる理由であれ、ご満足いただけない場合には、購入日から 30 日以内であれば、喜んで返品、交換、返金もしくは商品券を発行いたします。返品される商品は購入時の状態のままで、例えば、**154** 傷や汚れ、サイズ変更やお直しがなく、磨滅もない状態でお渡しいただくことが条件です。各商品付属のギフト用の箱やベルベットポーチもご返却いただきます。 **155** 文字が刻印された商品や特注サイズの指輪といった特注品を返品される場合は、20%の返品手数料が適用されます。

Mavis Jewelry オンラインストアは、返品された商品が本物であるかどうかを確認する権利を有しています。当店の品質保証部が確認次第返金手続きが行われます。返金額は返品商品の価格から配送料、取扱手数料、保険料を差し引いたものになります。7〜10 営業日内に、元の購入の際に使われた銀行口座宛に返金いたします。

注意:
◆ この返品条件は国内注文にのみ適用されます。
◆ **156** 全国の実店舗において購入された商品の返品条件の詳細については、レシートの裏面をご覧ください。

154. 汚れのある商品について正しいものは何ですか。

(A) レシートがあるときにのみ返品できる。
(B) 返品商品と同額の金券と交換できる。
(C) 返金できない商品である。
(D) 手数料を払えば再び販売できる。

第1段落の2文目に「傷や汚れ、サイズ変更やお直しがなく、磨滅もない状態でお渡しいただくことが条件」とあります。よって、(C) が正解です。blemish「～を汚す・汚れ」という語にはなじみがないかもしれませんが、本文の前後には「傷 (scratches) や汚れ、サイズ変更 (sizing) やお直し (alterations) がなく」とあることから、おおよその意味をつかみましょう。このように知らない単語に出会っても推測力でカバーしていきましょう。

155. 返品条件に書かれていないことは何ですか。

(A) 30日以内に購入された商品は返品することができる。
(B) 返品手数料は返品される全ての商品に適用される。
(C) 傷のある商品は返品できない。
(D) 購入者は箱やポーチを返さなければならない。

第1段落1文目の「購入後30日以内」という箇所に (A) が、2文目の「傷や汚れがないこと」という箇所に (C) が、3文目の「付属のギフト用の箱やポーチも返却する」という箇所に (D) が該当します。よって、残った (B) が正解となります。返品手数料に関しては4文目に言及がありますが、これは全ての返品に適用されるものではありません。

156. Mavis Jewelry について何が示されていますか。

(A) インターネットで割引クーポンを定期的に提供している。
(B) 宝石だけでなく美容商品も販売している。
(C) オンラインショップと実店舗のどちらもある。
(D) 不要な商品には交換を勧めている。

最終段落から、Mavis Jewelry にはオンラインと実店舗の2種類があるとわかります。よって、(C) が正解です。

□ return policy 返品規定 □ be dissatisfied with ～に不満である □ refund 返金、払い戻し
□ scratch 傷 □ blemish 傷、しみ □ sizing サイズの調整 □ alteration 変更
□ accompany 一緒に添える □ fee 手数料 □ engrave ～を彫る □ reserve ～を保持する
□ confirm ～を確認する □ authenticity 信頼性、本物であること □ assurance 確実さ、保証
□ verify ～を実証する □ receipt 領収証 □ non-refundable 返金できない
□ resell ～を再び売る、転売する □ unwanted 必要のない

Ben Baruch（午後 1 時 1 分）
今朝メールで送った契約書の草案のことだけど、どう思った？

Anjali Nanayakara（午後 1 時 2 分）
どれ？　**157** **158** 今日は何ももらってないけど。

Ben Baruch（午後 1 時 3 分）
そう？　どうしてだろう。今、もう一度送る。変更を加えて、Price さんに午後 3 時までに送らないといけないから、すぐそれについて何かコメントしてくれれば助かるんだけど。いつも君の意見を大切にしてるんだ。

Anjali Nanayakara（午後 1 時 7 分）
メール受け取った。今すぐざっと目を通して、AMC 社に行く途中で電話する。

157. 契約書の草案について何が示されていますか。

(A) 2回の修正があった。

(B) 午前中に Nanayakara さんは受け取っていない。

(C) もともと Price さんによって作成された。

(D) AMC 社によって検討される。

午後1時1分の Baruch さんの問いに対して、Nanayakara さんは「今日は何ももらってない」と言っています。このメッセージのやり取りは午後に行われているので、正解は (B) です。

158. 午後1時3分に、Baruch さんが "I don't get it" と書くとき、何を意図していますか。

(A) Nanayakara さんがいつ Price さんに会うのかを知りたいと思っている。

(B) 何が起こったのかわからない。

(C) Nanayakara さんの返答を理解できない。

(D) Nanayakara さんの変更に賛同できない。

意図問題です。I don't get it の it が何を指しているか考えましょう。この表現の直前では、Nanayakara さんが「今日は何ももらってない」と述べています。よって、どうなっているかわからないという意味の (B) が正解です。get には「〜を理解する」という意味もあります。(C) に関しては、問われた発言の後に再送すると言っているので、返答の内容は理解できていると考えられます。

 □ modify 〜を修正する　□ response 返事　□ disagree with 〜に賛同しない、意見が合わない

問題 159-160 は次の広告に関するものです。

冬まで待っていないで、今日電話して暖房器具の点検を！
ガスの点検込み

Johnson Heating & Air Conditioning
325-555-2906
サービス対象地区は Ellis と River City、Brandywine、そして今や Malingo も！

Johnson Heating & Air Conditioning が選ばれる理由
✓ ご自宅にも職場にも販売
✓ **159** 点検および取り付け
✓ **160** 年中無休
✓ 認可済・保険加入済
✓ 低価格―どこの競合他社の価格にも負けません！
✓ 融資制度あり
✓ 満足度お墨付き

本日の予約なら暖房器具の清掃がたったの 50 ドル！
値引きは 10 月 31 日まで有効

159. Johnson Heating & Air Conditioning のサービスについて正しいものは何ですか。

(A) 暖房炉の掃除は River City でのみ可能だ。
(B) 週末の作業に対しては追加料金を求める。
(C) 暖房炉の取り付けも行っている。
(D) 提供するサービスは全て、企業だけを対象としている。

Johnson Heating & Air Conditioning を選ぶ理由の２つ目の項目を見ると、点検や取り付けを行っていることがわかります。よって、(C) が正解です。furnace は暖房炉という少し難しい語ですが、過去に出現したことがあるので、押さえておきましょう。

160. Johnson Heating & Air Conditioning について何が示されていますか。

(A) 前払いを要求している。
(B) カスタマーレビューをインターネット上に掲載している。
(C) 毎日営業している。
(D) 初めての客にはより安い価格を提供している。

箇条書きの３つ目に、7 days a week とありますが、これはつまり毎日営業しているということです。よって正解は (C) です。(D) の first-time customers というのは明確な言及がありません。

□ furnace 暖房 □ residential 住居の □ installation 設置 □ license 資格を持った
□ insure ～を保証する □ finance ～に融資する、資金を調達する □ guarantee ～を保証する
□ exclusively 独占的に □ post ～を投稿する □ rate 料金、金利

■ 問題 161-163 は次の記事に関するものです。

コロラド州、ルイビル― **161** アオナガタマムシ（EAB）はアジア原産のメタリックグリーンの甲虫。自然環境下では生息数が抑制されあまり多くなかったため、1990年代に北米に偶然持ち込まれるまではあまり知られていなかった。原生地以外で、EABが原因で何百万本というトネリコの木々が枯れ、それがきっかけとなってこの昆虫について非常に多くの研究が行われてきた。**163** これまでのところ、EABを食い止めるのに殺虫剤が最適なことが判明したが、効果を最大限にするためには、その種類や時期を慎重に決定しなければならない。

162 処置は昆虫のライフサイクルの2つの段階、すなわち成虫と幼虫の段階で行われると効果的である。それゆえ、殺虫剤の使用は虫が毒素と接触する時期、成虫は3月、幼虫は5月が最適だ。EABの幼虫はトネリコの樹皮の内側に巣くうが、そのため殺虫剤の効果は限定的だ。土壌浄化や樹幹注入用の浸透性殺虫剤が、毒素を幹や枝の隅々にまで行き渡らせるほどに健康な木々には功を奏する。さらに成長した木々では、保証はできないものの、樹幹散布が頼みの綱かもしれない。同時に、殺虫剤は木の損傷の広がりを阻止するのみであり、損傷を元に戻すことはできないことに留意することが重要である。

当局者は常時地域の木々の健康状態を調査している。ただ、被害樹木の観察や被害経路に関する具体的な情報収集は行っていない。こうしたことから、地域のトネリコの木々の健康状態や将来起こりうるあらゆる変化に対して注意を払うことは、地域の樹木医や有資格団体の責務である。

処置に関する詳細な情報は、トネリコをEABから守るためのオンラインガイド、www.EAB.info を参照のこと。

161. アオナガタマムシについて何が示されていますか。

(A) 普段騒がしい音を出す。
(B) 北米原産ではなかった。
(C) トネリコの木の根を餌としている。
(D) 古いトネリコの木により引きつけられる。

第1段落1文目に「アジア原産」という説明があり、これに続く文で「北米に偶然持ち込まれた」とあります。よって、北米生まれではないことがわかるので、(B) が正解です。

162. 害虫被害にあったトネリコの木々の処置について正しくないものは何ですか。

(A) 効果的な処置法がいくつかある。
(B) 処置すればいつも木々を救えるとはかぎらない。
(C) 州職員の仕事ではない。
(D) 行動を起こすのに一番いい時間帯は早朝だ。

第2段落2文目に殺虫剤の使用時期に関する説明があります。3月と5月が最適とのことですが、(D) のように時間帯については述べられていません。本文と矛盾しているので、(D) が正解です。

163. [1]、[2]、[3]、[4] と記載された箇所のうち、次の文が入るのに最もふさわしいのはどれですか。

「原生地以外で、EAB が原因で何百万本というトネリコの木々が枯れ、それがきっかけとなってこの昆虫について非常に多くの研究が行われてきた」

(A) [1]　　　　(B) [2]
(C) [3]　　　　(D) [4]

挿入する文は「原生地以外で、EAB が原因でトネリコの木が枯れ、その結果研究が盛んになった」という内容です。[1] の後には EAB による被害の解決策として殺虫剤が挙げられています。よって、この [1] に入れると「研究が進んだ→殺虫剤の使用が効果的だと判明」という流れになり文意に合いますので、正解は (A) です。

□ emerald ash borer (EAB) 青長玉虫（アオナガタマムシ）　□ metallic メタリックの　□ beetle 甲虫
□ insecticide 殺虫剤　□ timing タイミング、時季　□ optimal 最適の　□ larvae 幼生、幼虫（larva の複数形）
□ toxin 毒素　□ manner 方法　□ systemic 浸透性の　□ treatment 処置、処理　□ injection 注入、注射
□ infested（害虫などが）寄生した　□ professional 専門家　□ occur 生じる、起こる
□ emit（音など）〜を発する　□ official 役人、公務員　□ spark 〜を引き起こす

問題 164-167 は次のオンラインチャットでの話し合いに関するものです。

Malachi McNamara（午前 8 時 12 分）
やあ、みんな。 165 木曜日の Amos 社での大きな会議に同席するよう、Roberts さんが頼んできたんだ。Amos 社向けに会社が作った試作品について説明するのを手伝うためなんだ。けど、午前中は新入社員を見学に連れて行くことになっていて、誰か手伝ってくれる人いないかな？

Martha Green（午前 8 時 13 分）
おめでとう！　すごいですね。

Malachi McNamara（午前 8 時 14 分）
ありがとう、Martha。選ばれて光栄だよ。

Greig Dupe（午前 8 時 14 分）
あと 2 日しかないね。午前中ずっとミーティングで、予定を変更できない。

Francine Vyborny（午前 8 時 15 分）
見学を別の日にすることはできない？

Malachi McNamara（午前 8 時 15 分）
165 初日にやってもらいたいみたいなんだ。

Greig Dupe（午前 8 時 16 分）
164 166 午後でもいいなら、私がやっておこうか。

Malachi McNamara（午前 8 時 17 分）
164 166 ありがとう。じゃあ、それで決まりだね。 165 新入社員は日中どこかの時間で会社のビデオを見ないといけないから、それを午前中にすればいいとして、1 時はどう？

Greig Dupe（午前 8 時 18 分）
了解。でもルーム A は会議で午前中ずっと押さえてあって。

Malachi McNamara（午前 8 時 19 分）
大丈夫。人事に聞いて、他に空いている部屋がないか確認する。

Martha Green（午前 8 時 20 分）
それか、休憩室でならいつでもできるんじゃない。コーヒーを入れに来られれば、誰も気にしないと思う。

Malachi McNamara（午前 8 時 20 分）
そうだね。その方がむしろ都合がいいかもね。Roberts さんにそれで問題がないか聞いておく。それが部署全体に迷惑をかけることになると思わないでくれるといいんだけど。

Greig Dupe（午前 8 時 22 分）
ところで、カードキーやコンピューターのログイン、プリンターとかについて説明する必要はある？

Malachi McNamara（午前 8 時 24 分）
いや。 167 会社の人に新人の顔を知ってもらうために、各部署を見て回って、簡単に挨拶するだけだから。見学が終わって、他のことを片付けるのに 2、3 時間は余るんじゃないかな。

164. 見学について何が示されていますか。

(A) もともとは Roberts さんが引率することになっていた。
(B) コンピューターシステムについての説明がある。
(C) 半日続く。
(D) 昼食後に行われる。

8 時 16 分に Dupe さんが「午後でもいいなら」と申し出ており、その後 McNamara さんが同意していることから、見学は午後に行われるとわかります。ここから午後＝昼食後に言い換えた (D) が正解です。(A) の Roberts さんは会議に出席するため、(C) は最後のメッセージで見学のあと 2、3 時間余るとあるのでいずれも誤りです。

---

165. 新入社員について述べられていないことは何ですか。

(A) オリエンテーションの一環としてビデオを見る。
(B) 見学は木曜日に予定されている。
(C) 数名は McNamara さんの部署に配属される。
(D) 木曜日に会社で仕事を始める。

McNamara さんの冒頭のメッセージで、見学と会議の両方が木曜日に行われるとわかるので (B) はここに当てはまります。8 時 15 分の McNamara さんのメッセージで、Roberts さんは初日に見学を行ってほしいと言っているので、見学が木曜日に行われることと合わせて考えると (D) も本文の内容と一致します。そして 8 時 17 分のメッセージで新入社員がビデオを見るということがわかるので、(A) はこれに該当します。配属先については言及がないので、(C) が正解です。

---

166. 午前 8 時 16 分に Dupe さんが "I'm your man" と書くとき、何を意図していると考えられますか。

(A) 彼と McNamara さんは仲がいい。
(B) 進んで McNamara さんを手伝う気だ。
(C) Roberts さんと会議に出かける。
(D) 午後 Amos 社に連絡する。

これまでの会話に、新入社員の見学をやってくれる人を探しているとあり、8 時 16 分に Dupe さんが「午後でもいいなら」と提案しており、その後 McNamara さんが「それで決まり」と言っています。つまり、時間調整がつけば対応可能ということですので、(B) が正解です。I'm your man は適任者である（＝I'm the right person for it）という意味の慣用表現です。

---

167. Dupe さんについて正しいものは何ですか。

(A) 顧客との会議を延期する。
(B) 新入社員用に McNamara さんからカードキーを受け取る。
(C) 会議を休憩室に移して行う。
(D) 新入社員を他の何人かの従業員に紹介する。

8 時 24 分のメッセージから、見学では各部署を見て回って社員に簡単に挨拶することがわかります。よって、(D) が正解です。

□ recruit 新人 □ compliment 褒め言葉、お世辞 □ reschedule ～の予定を変更する □ login ログイン
□ leftover 残りの □ orientation オリエンテーション □ postpone ～を延期する

問題 168-171 は次の書評に関するものです。

おススメ ★★★★☆
投稿者：George Knudtson | 日付：7月1日 18時15分

『A Birthday Gift: 10 Stories for the Days Leading Up to Your Special Day』
著者：Marcy Staples | 233 ページ、Maurition Press 社、28 ドル

ベストセラー作家で詩集『L Is for Lace』で最もよく知られている Marcy Staples が戻って来ました。**168** 子ども 2 人を育てるため 7 年間、一時的に筆をおいた後、活動を再開し、秀作を出版しました。『A Birthday Gift: 10 Stories for the Days Leading Up to Your Special Day』がそれで、彼女の人生の 1 つの節目に発表された必読の小説です。同書で Staples は何年にもわたって誕生日に彼女が得た直観その全てを織り込んでいます。**170** その中には謎めいたものもあれば、笑ってしまうようなものもありますが、佳作の 1 つ、亡き母の誕生日にその母の思い出にふける男性についての『A Mother's Touch』は、涙を誘うと同時に、亡くなった最愛の人の特別な日に、誰もが経験する悲しみに光を当てています。この本は一人でも、また他の人とでも毎年読み返すのがいいでしょう。**170** 子どもの誕生日に一緒に読めたらと思いましたが、子どもが理解するには難しく、これはもっと後になってからにしないといけませんね。

170 『A Birthday Gift』の装幀は美しく、贈り物にはぴったりです。驚くほど美しいので、身近な人に贈らないわけにはいきません。それだけでもすごいですが、さらに Staples は収益の 10 パーセントを彼女が懇意にしている慈善団体 Those in Need に寄付しています。

発売後、同書は全国売上ランキングで 1 カ月間第 3 位となり、その後第 2 位にランクを上げ、発売後 1 カ月半で第 1 位に輝きました。その人気ぶりから、Staples はさまざまなテレビ番組でインタビューを受けたり、全国で講演をしています。さらに、**171** 唯一 Barbara Sue Shuffles に第 1 位の座を譲ってしまいましたが、Grace Trinka Franklin、Shirley D. Linden とともに、Staples はこの作品で Women's Literary Award にノミネートされた 4 人の作家の 1 人となりました。ノミネート者は People's Choice コンテストにエントリーされましたが、Women's Literary Award 勝者は Library of Congress の記念銘板にその名を刻まれました。

---

168. Staples さんについて何が示されていますか。

(A) 20 代のときに初めて本を書いた。
(B) ノンフィクション作家だ。
(C) 最近新しい家を買った。
(D) ある時点では執筆を休止していた。

Staples さんについては、第 1 段落 2 文目で「子ども 2 人を育てるため 7 年間、一時的に筆をおいた後、活動を再開し」と書かれています。これを took a break from writing とした (D) が正解です。(B) の「ノンフィクション作家」はフィクション作家なら正解ですね。

169. 第 1 段落・2 行目にある raise に最も意味が近いのは

(A) 〜を狙う　　　　(B) 〜を推察する
(C) 〜を育てる　　　(D) 〜と相談する

raise の後を見ると、「子ども 2 人」という目的語が来ています。よって、「育てる」という意味の (C) が正解です。(D) の confer with は時折パート 7 に登場することもあるので押さえておきましょう。

170. 『A Birthday Gift』について正しくないものは何ですか。

(A) 都市部に住む作家についてだ。
(B) 子どもが理解するには難しいかもしれない。
(C) いくつかの物語から成る。
(D) プレゼントにちょうどいい。

第 1 段落 4 文目で、「謎めいたものや笑ってしまうようなものがある」と複数の物語があるとわかるので、(C) がこれに該当します。同じ段落の 7 文目で、書評をしている Knudtson さんが「子どもが理解するには難しい」と言っているので、(B) も当てはまります。また、第 2 段落 1 文目で「装幀は美しく、贈り物にはぴったり」と述べているので、(D) がこれに該当します。以上より、残った (A) は記載がないので、これが正解です。

171. Library of Congress の銘版には誰の名前が刻まれましたか。

(A) Marcy Staples さんの名前
(B) Grace Trinka Franklin さんの名前
(C) Shirley D. Linden さんの名前
(D) Barbara Sue Shuffles さんの名前

第 3 段落 4 文目に Staples さんは「唯一 Barbara Sue Shuffles に第 1 位の座を譲ってしまった」とあります。次の文に、「勝者は Library of Congress の記念銘版にその名を刻まれた」と書いてあるので、ここから (D) が正解だとわかります。Only lost to で、「〜にのみ敗れてしまった、敗北した」という意味です。ここの意味を取り違えると Staples さんが受賞したように思ってしまいますので気を付けましょう。

□ temporarily 一時的に □ retire 〜を退職する □ landmark ランドマーク、画期的な
□ weave 〜を織る、組み立てる □ epiphany 物語 □ exceedingly 極めて
□ elicit (笑いなど) 〜を誘い出す、引き出す □ universal 普遍的な □ package 〜を包装する □ gift 贈る
□ stunning 素晴らしい □ generously 気前よく □ contribute 〜を寄付する □ proceeds 収入、所得
□ nominate (人) を指名する、ノミネートする □ nominee 指名された人、候補者 □ plaque 額

宛先：Yvonne Masters <masters@atc.com>
差出人：Bert Hanus <hanus@atc.com>
件名：夏のインターン
日付：5 月 15 日

こんにちは、Yvonne

今月の 20 日からそちらの部署で夏のインターンが始まることを再度確認したく、連絡しています。配置されるインターンの氏名は Andrew Clemens で、Freighton University でマーケティングを専攻していますので、彼をそちらの部署に配置しました。例年の学生と同様、マーケティング部の部長として Clemens さんを温かく迎えてあげてください。予定を空けてもらう必要はありませんが、**173** 1 日か 2 日は行動をともにし、また彼がスタッフ全員の顔と名前を覚えられるよう、部員と一緒にランチに連れていってあげてください。

172 インターンシップの期間中、会社は彼や他のインターンを正社員と同様に扱います。つまり、Clemens さんの勤務時間は午前 9 時から午後 5 時までで、この時間を守っていただければと思います。**173** 遠慮なく Clemens さんには必要な作業の方法を指導してください。将来的に必ず、そちらの部署と彼の両方のためになりますので。**174** **175** 最後に Clemens さんは来年度末に卒業予定なので、インターンシップ終了後に、彼を正社員として雇い入れる可能性があります。会社にとって有為な人材となるかどうかを判断するために、仕事に対する彼の考え方と勤務態度を評価してください。当方でインターンシップ終了までに書類を作成し、Clemens さんには通知しますので、**175** 8 月 1 日までに決めてください。

インターンシッププログラム成功のために協力していただき、ありがとうございます！

Bert Hanus
人事部

172. インターンシップについて何がわかりますか。

(A) **インターンは全員が他の従業員と同じ時間働かなければならない。**
(B) インターンは午後だけ来ればよい。
(C) 5月末に終了する。
(D) 10人以上のインターンを迎える。

第2段落1〜2文目でHanusさんはMastersさんに、インターンシップ中はインターンは正社員と同様午前9時から午後5時の勤務と述べています。よって、(A) が正解です。

173. Mastersさんが頼まれていないことは何ですか。

(A) Clemensさんの仕事のスキルに十分注意すること
(B) Clemensさんと数日一緒に働くこと
(C) Clemensさんと他の同僚との食事を計画すること
(D) **Clemensさんを他の部署に紹介すること**

第1段落5文目の「1日か2日は行動をともにし」が (B) に該当し、同じ文の後半で「Clemensさんが全員の顔と名前を覚えられるよう、部員と一緒にランチに連れていってほしい」と述べているので、ここが (C) に該当します。第2段落3文目で「遠慮なくClemensさんには必要な作業の方法を指導してください」と言っていますので、(A) はこれに該当します。この文はthat you need accomplishedで1つの節をつくっており、any tasks が need の目的語です。以上から、本文で述べられていない (D) が正解です。

174. Clemensさんのインターンシップについて何が示されていますか。

(A) なじみのない分野の仕事をする。
(B) 仕事に対する報酬はない。
(C) **会社から雇われることになるかもしれない。**
(D) 必要なスキルの教育を大学で受けた。

第2段落5文目で「Clemensさんは来年度末に卒業予定なので、インターンシップ終了後に、彼を正社員として雇い入れる可能性がある」と述べています。よって、(C) が正解です。

175. [1]、[2]、[3]、[4]と記載された箇所のうち、次の文が入るのに最もふさわしいのはどれですか。

「会社にとって有為な人材となるかどうかを判断するために、仕事に対する彼の考え方と勤務態度を評価してください」

(A) [1]　　　　(B) [2]
(C) [3]　　　　(D) **[4]**

挿入文は「会社にとってプラスになるかClemensさんを評価してほしい」ということです。[4] の直前にClemensさんを正社員として迎え入れる可能性があるという話が出てきているので、[4] に入れるとうまくつながります。[4] の後ろの文のYour decisionはこの評価の結果を指しているので、正解は (D) です。

□ appreciate 〜に感謝する □ employment 雇用 □ completion 完成、修了 □ paperwork 事務処理
□ Human Resources 人事部 □ be unfamiliar with 〜に詳しくない、なじみがない
□ compensation 謝礼、給与 □ evaluate 〜を評価する □ ethic 倫理 □ attitude 態度
□ determine 〜を決定する □ asset 財産

William Bettendorf 校長

5 月 4 日

Nameth High School
メリーランド州 Harland 20601
Spring Street 435 番地

Bettendorf さま

176 改めまして、昨日は Nameth High School の運営部長職の面接の機会をいただき、ありがとうございました。この職には細かい配慮と複数の業務を同時に行うスキルが不可欠であるとのお話をお聞きして、自分こそがこの職にふさわしい候補者であると意を強くした次第です。

私は今のところまだ詳しくはありませんが、**177** NJN と LDFS という 2 つのプログラミング言語についての幅広い知識が運営部長には必須であることは承知しております。ですが、私の強みの 1 つは、新しい作業や技術を身に付けるスピードにあります。例えば、大学生のころには編集助手として、ただ 1 度のセミナーでウェブサイトを作るためのソフトウエア、TypePress を使いこなせるようになりました。わずか 2 カ月で、新人の編集のインターンに TypePress のセミナーを行っていました。新採用の運営部長は 7 月 31 日までには勤務を開始するとおっしゃっていました。面接後、NJN と LDFS の両方の使い方に関する 6 週間の講座を受講し始めました。両プログラミング言語を使いこなせるよう、目下奮闘中です。

私のリーダーとしての経験、組織運営力、そして技術的な理解力をもって、Nameth High School の皆さんの重要なメンバーとなるべく万全の準備を整えているところです。面接のお時間いただいたことに感謝するとともに、この職についてお返事をお聞きするのを楽しみにしております。

敬具

Helen Frasler

宛先：Helen Frasier <hlfrasier@uno.com>
差出人：Ronald Falconer <falconer@nhs.edu>
件名：歓迎します
日付：6 月 30 日

こんにちは、Helen

176 Nameth High School のメンバーにお迎えすることを、私たち全員がとても心待ちにしているということをお伝えしたく、取り急ぎご連絡しています。合意したとおり、初出勤日は7月8日火曜日です。午前7時にこちらに来てください。ご参考までに、**178** 服装規定はビジネスカジュアルです。

178 当校では授業時間外のスケジュールについてはあまり厳密ではありませんので、勤務時間については火曜日に来たときに話し合いましょう。**180** 最初の数日の予定の概要は次のとおりです。新規雇用者用の書類に記入して、私が担当するオリエンテーションに参加してもらいます。新しい仕事と学校の両方に慣れてもらうために、**178** Leslie Bryant に実地研修をしてくれるよう頼んでおきました。**177** 担当していただく仕事のあらゆる部分につき彼女は経験してきています。オフィスは彼女の隣なので研修を続けることもできます。加えて、全職員との顔合わせのためのミーティングの予定を立てました。出勤の火曜日までには、予定を確定し準備しておくようにします。ところで、職員へのコンピューターシステムの研修を実施していただくために今後の日程を調整しているところです。また、現在学校のウェブサイトの変更も考えているので、大学時代に Helen さんが学んだソフトウエアについて助言をお願いすることもあるかもしれません。全てが決定し次第、詳しくお伝えします。

差し当たり、何かご質問があれば遠慮なく私にメールか電話をください。私の番号は 555-7237 です。私たち一同、一緒に働くことを本当に楽しみにしています。

Ronald Falconer
Nameth High School、秘書

176. Frasier さんについて何が示されていますか。

(A) 大学生のときにブログを始めた。
(B) ジャーナリズムを教えた経験がある。
(C) 1 週間留守にする。
(D) Nameth High School に採用された。

最初の手紙で Frasier さんは面接のお礼を述べています。次のメールでは、第 1 段落 1 文目で「Nameth High School のメンバーにお迎えすることを、私たち全員がとても心待ちにしていることをお伝えしたく」とあるので、ここから (D) が正解だとわかります。応募→採用という流れをしっかり追って読んでいくことが重要です。

---

177. Bryant さんについて何がわかりますか。

(A) Nameth High School のウェブサイトの更新の担当だ。
(B) プログラミングソフトの知識がある。
(C) 7 月 8 日よりも前に Frasier さんに会う。
(D) Nameth High School に通学していた。

手紙の第 2 段落 1 文目で仕事に必須のソフトウエアが 2 つ挙げられています。また、メールの第 2 段落中ほどに、「あなたが担当する仕事のあらゆる部分につき経験してきている」とあります。Bryant さんはこのソフトウエアにも精通していると考えられますので、正解は (B) です。この問題は、最初の手紙と 2 番目のメールの情報、特に第 2 段落 5 文目の all aspects という部分をキーに読み解く両文参照型問題でした。

---

178. Nameth High School について述べられていないことは何ですか。

(A) 職員に正装は求められていない。
(B) 勤務時間はいくらか融通がきく。
(C) Frasier さんに指導者を付ける。
(D) Frasier さんと同時に働き始める人が何人かいる。

メールの第 1 段落 4 文目の「服装規定はビジネスカジュアル」という箇所が (A) に当たり、第 2 段落 1 文目の「当校では授業時間外のスケジュールについては厳密ではない」という記載が (B) に当たります。また、同じ段落 4 文目の「Bryant さんに教育係をしてもらう」という記載が (C) に当たりますので、残った (D) が正解です。Frasier さん以外に新しいスタッフが入るかは確認できません。

---

179. メールの第 2 段落・8 行目にある finalize に最も意味が近いのは

(A) 〜を傍聴する　　(B) 〜を洗い流す
(C) 〜を確定する　　(D) 〜に現れる

名詞 schedule が目的語に来ているので、「予定を確定し」という意味になります。ここでの finalize は、あるコトやモノを完成させる、という意味です。これと同じ意味を持つのは (C) です。nail down で「〜を決定づける、確定する」という意味です。

180. Frasier さんが学校での最初の数日に行うことの1つは何ですか。

(A) 契約書に署名する。
(B) コンピューターの講座を受ける。
(C) 担当する授業の予定を作成する。
(D) Bryant さんと一緒にオフィスの清掃をする。

メールの第2段落2〜3文目に最初の数日の予定が書かれています。本文の complete the new employee paperwork を、sign a contract と言い換えた (A) が正解です。(B) はメールを受け取る前にすでにソフトウエア研修に通っていますのでここでは不正解です。

□ interview（人）と面接をする □ multitasking 複数の仕事を同時にする □ essential 不可欠な、主要な
□ confident 自信のある □ ideal 理想的な □ operation 操業 □ extensive 広範な
□ programming language プログラミング言語 □ leadership リーダーシップ □ organizational 組織の
□ overly 過度に □ paperwork 事務処理、手続き □ orientation オリエンテーション □ aspect 面、角度
□ be adjacent to 〜の隣である □ on-going 進行中の、継続している □ finalize 〜を仕上げる、決定する
□ improvement 改善 □ don't hesitate to 遠慮なく〜してください □ somewhat いくらか、いくぶん
□ flexible 柔軟な、変更がきく □ mentor メンター、教育係

Test 1

問題 181-185 は次の 2 通のメールに関するものです。

宛先：ceo@liangoods.com
差出人：louise@inspect.com
件名：点検結果報告
日付：11 月 15 日

Lian さま

181 年次点検の際は工場をご案内いただき、ありがとうございました。状況は概ね悪くありませんでしたが、対応をお願いしたい懸念事項がいくつかありました。報告書全文のコピーは郵送しますので、一両日中には届くかと思います。取り急ぎ懸念事項をここに挙げておきますが、詳しくは報告書をご覧ください。

第一に、作業の流れはスムーズでしたが、生産ラインはフル稼働状態です。**182** もし増産の計画があるようでしたら、今後の点検に合格するには生産ラインをもう一つ増やすことが求められることにご注意ください。第二に、工場入口の扉を除いて、安全標識は全ての場所にきちんと取り付けられていました。従業員と場内へ入る全ての人向けに、起こりうる危険を警告する標識を取り付けてください。**182** また、貴社が従業員に対して応急処置の訓練を実施していないことに気付きました。全従業員は 2 年に 1 度、講座を受講することが求められています。基準に合う講座と機関の一覧は、当社のウェブサイトでご覧になれます。最後に、化学原料が保管されている倉庫に換気装置はあるものの、**182** 当方の基準を満たしていません。これは、工場全体の空気の質を維持するためにも直ちに改善する必要があります。適切なシステムについては私どものウェブサイトをご確認ください。

私どもには厳格に法を遵守する義務があります。**183** ですから、次の点検日、1 月 8 日までには改善が完了していることが必須です。この日までに問題がそのままであれば、貴社には罰則が科せられます。2 カ月以内に行われる次の点検日までに問題が解決していない場合は、工場閉鎖の恐れもあります。以上の懸念事項を真摯に受け止めてください。私は貴社の法令遵守のお役に立てればと思っており、また貴社のご成功を願っております。もし何かご質問があれば、下記番号まで私に直接ご連絡ください。

よろしくお願いします。

Louise Martin
検査官
812-555-3479 内線 53

宛先：ceo@liangoods.com
差出人：louise@inspect.com
件名：点検結果報告
日付：1月12日

Lian さま

[183] 1月8日の点検にご協力いただき、ありがとうございました。[184] 今回、貴社の工場は問題なく合格されたことをここにご報告します。点検手続きはほぼ完了しました。現在、事務手続きを終わらせて、署名中です。記録保管用にコピーをメールでお送りします。また原本は役所へ送付します。正式に受理されれば検査済証明書が発行されます。通常1カ月程度かかりますので、受け取りまでにしばらくお待ちください。[185] 証明書はオフィスの目立つ場所に掲示することが法律で定められています。次回の貴社工場の点検の際に確認いたします。

よろしくお願いします。

Louise Martin
検査官
812-555-3479 内線 53

181. Lian さんについて何が示されています
か。

(A) Martin さんのサービスに不満がある。
(B) 11 月の点検のときに会社にはいなかった。
(C) 定期の工場視察を受け入れた。
(D) 以前の顔合わせから Martin さんを知ってい
る。

最初のメールの第 1 段落 1 文目で、Martin さんが
Lian さんの工場に行ったことがわかるので、(C) が
正解です。annual が (C) では regular と言い換えら
れている点も確認しておきましょう。

---

182. Martin さんの懸念事項として述べられ
ていないものは何ですか。

(A) 生産ラインはこれ以上の量には対応できな
い。
(B) 条件を満たしていない換気装置が使われて
いる。
(C) 従業員は緊急事態に対処するトレーニング
を受けていない。
(D) 工場の認可期限がもうすぐ切れる。

Martin さんの懸念について述べられていないこと
が問われています。最初のメールの第 2 段落 2 文
目で「増産計画がある場合、生産ラインを増やす
ことが求められる」とあるので、これが (A) に当て
はまり、同じ段落の 5 文目の「会社が従業員に対
して応急処置の訓練を実施していない」が (C) に
当てはまります。8 文目「倉庫の換気装置が基準を
満たしていない」が (B) に当てはまるため、残った
(D) が正解となります。

---

183. 2 回目の点検について何がわかります
か。

(A) 追加の検査官が必要になった。
(B) Lian さんの会社に追加の費用がかかった。
(C) 予定されていた日に行われた。
(D) 一部しか完了しなかった。

最初のメールの第 3 段落 2 文目で「次の点検日、1
月 8 日」とあり、その後 2 番目のメールの冒頭で
1 月 8 日の点検へのお礼を述べています。よって、
2 回目の点検は予定どおり行われたことがわかるの
で、正解は (C) です。この問題は正答根拠が両方
の文書に散らばっていました。何かを実施する際
の日付が両方の文中にあった場合、両文参照型問
題として問われることが多いので注意しておきま
しょう。

---

184. 2 通目のメールの中で Martin さんは何
を示唆していますか。

(A) 彼女は Lian さんにできるだけ早く会わなけ
ればならない。
(B) 工場の安全基準は現在、十分に高いものだ。
(C) 彼女は生産ラインにささいな問題しか見つけ
なかった。
(D) 点検報告書はオンラインでも入手できる。

Martin さんは 2 番目のメールの第 1 段落 2 文目
で、「工場は問題なく合格した」と述べています。1
回目の点検で受けた指摘は対応が終わり、安全な
状態にあるとわかるので (B) が正解です。2 文目に
出てきた sail through は点検に「通る」という意
味でここでは使われています。(C) は、2 番目のメー
ルで特に問題に関する言及はなかったので不正
解です。

185. 点検証明書について正しいものは何ですか。

(A) オフィス内で目立つようにしておくことが求められている。

(B) メールで送られる。

(C) Lian さんの署名が必要だ。

(D) 記録の中に保管しておく必要がある。

Martin さんは 2 番目のメールの後半で、「証明書はオフィスの目立つ場所に掲示することが法律で定められている」と述べていますので、(A) が正解です。(A) は第 1 段落 8 文目を言い換えています。この文は動詞に require があるので that 節以下で仮定法現在を用いています。文中の prominent が (A) では visible となっているところもポイントです。この文法事項と語彙はいずれも 990 点取るには知っておかなければいけない知識ですので、素早く意味を取って言い換えに気付けるようにしておきましょう。

- ☐ inspection 点検 ☐ concern 不安な点、心配 ☐ highlight ～を強調する ☐ workflow 作業の流れ
- ☐ at capacity 能力いっぱいに ☐ caution 注意事項 ☐ note ～に気付く ☐ first aid 応急手当て
- ☐ acceptable 受け入れ可能な ☐ ventilation 換気 ☐ house（物品など）～を収める、収容する
- ☐ comply with ～に応じる、適合する ☐ standard 基準 ☐ ensure ～を確実にする、保証する
- ☐ maintain ～を維持する ☐ strictly 厳しく ☐ enforce ～を遵守させる ☐ incur ～を負う ☐ penalty 罰
- ☐ closure 閉鎖 ☐ adhere to（規則などを）遵守する ☐ cooperation 協力 ☐ inform ～に知らせる
- ☐ presently 現在 ☐ paperwork 事務処理 ☐ officially 公的に ☐ certificate 証明書
- ☐ prominent 目立った ☐ unacceptable 受け入れられない ☐ expire 期限が切れる ☐ inspector 検査官
- ☐ partially 部分的に

WINSTON——Sheryl Park さんは一家の伝統を引き継いでいる。6 歳になったときから、父親と祖父が鉄道車両の模型を組み立てるのを手伝ってきた。その父親も祖父も他界した今、彼女は伝統を存続させるため、自分の子どもたちにその技術を教えようとしている。Park さんは国内のさまざまな地域の列車の歴史について研究し、本物になるべく忠実になるよう作り上げることに多くの時間を割いている。その過程で特に彼女が気に入っているのは、組み立てるうちに歴史がよみがえるのを目にすることだ。例えば Park さんのこれまでの最高傑作は、1800 年代に彼女の住む Winston の中心街から、遠く離れた郊外の Marble City や Fernburg、Sterling、Wood Forest へと人や製品を運んでいた都市間列車の模型だ。Park さんの父親や祖父が列車の組み立てに専念していたのに対し、**186** 彼女は近年列車以外へと制作活動を広げてきている。土木技師を生業として、彼女は模型の組み立てに、その専門技術を生かしている。**186**「現在私は、沿線の歴史的な橋や建物、史跡も含む鉄道全体を組み立てています」彼女はこのことが列車が最盛期だったころの活力を伝えるのに役立つと言う。

これは趣味の世界の芸術家について伝えるシリーズの 5 番目の記事です。このシリーズをもっとお読みになるには www.northernidahonews.com/hobbyartists まで。

宛先：parks@quickmail.com
差出人：garydiedrick@bg.com
件名：特注プロジェクト
日付：3 月 2 日

Park さま

私は Bentel Gardens で特別イベントの担当をしております。**188** 最近 Park さまと Park さまの作品について、オンラインの *Northern Idaho News* の最新版で読み、興味を持ちました。**188** 理事会で話し合った結果、私どもの公園でのユニークな展示会に協力をお願いすることを満場一致で決定しました。**189** 私どもの市独自の要素を有する歴史的な鉄道模型の組み立てを依頼したく思っております。これは、他の公園も真似ようと、Park さまのところに列ができるような、素晴らしいアイデアです。そして **188** 最初の展示会が成功した暁には、1 年に 1 点ずつコレクションを増やしていくお手伝いをお願いできればとも考えています。

もし今回の提案にご興味をお持ちいただけましたら、914-555-2332 までお電話いただくか、私、garydiedrick@bg.com までメールをお送りください。詳細、お支払い、予定などについて話し合いができますでしょうか。ご検討よろしくお願いします。

どうぞよろしくお願いいたします。

Gary Diedrick
Bentel Gardens イベント責任者

Bentel Gardens 鉄道模型

Bentel Gardens の植物が生い茂る熱帯環境を探索していると、列車や路面電車が皆さんの四方八方を走る、魔法のような模型の世界へお連れいたします。**189** 模型になった Cherryville の建造物が室内の雰囲気に魔法をかけます。

ほぼ 1 カ月の間、この種のものとしては初となる展示会にお越しになり、展示中の作品をぜひご覧ください。Sheryl Park さんによるこの独創的な展示作品は、**190** Idaho Railroad 駅や Belle Vista Cottage、Trolley Barn といった Cherryville の歴史的建造物のミニチュアレプリカを呼び物としています。

ねじ、靴下、家具、そして機械に至るまであらゆるものを製造してきた長い歴史が Cherryville にはあります。かつて鉄道は、国中の市場に商品を運ぶ主要な手段でした。州間高速道路がより多くの運搬を担っているとはいえ、今日でも鉄道は Cherryville から多くの製品を運んでいます。Bentel Gardens にお越しになり、歴史の一端をお楽しみください。この展示会は 12 月 3 日から 1 月 6 日まで行われています。ツアーは毎日開催されています。時間についてはウェブサイトをご覧ください。入場料をお支払いいただければツアーは無料ですが、事前の申し込みが必要です。入場料や開館時間などについての詳細は、www.bentelgardens.com をご確認ください。

186. 記事によると、Park さんは何を家族の伝統に加えましたか。

(A) 楽器のレプリカ
(B) 沿線の造造物の組み立て
(C) 列車の車体に描かれた絵
(D) 列車を運転する人型模型

記事の第 1 段落後半で expanded on とあり、Park さんが制作活動の手を広げていることがわかります。その後、「沿線の歴史的な橋や建造物、史跡」も作っているとわかるので、正解は (B) です。

---

187. 記事の第 1 段落・16 行目にある outlying に最も意味が近いのは

(A) 目立つ　　　　　(B) 産業の
(C) 不規則に広がる　**(D) 遠く離れた**

outlying がある一文を見ると、from downtown Winston ... to the outlying suburbs という構文になっていることが見て取れます。中心街から郊外という範囲を示しているので、この outlying は (D) の remote「遠く離れた」と同じ意味です。outlying という単語の意味がわからなくても、文脈から推測しましょう。

---

188. Diedrick さんについて述べられていないことは何ですか。

(A) Park さんの作品についてインターネットで知った。
(B) 鉄道模型を作る技術を学びたいと思っている。
(C) Bentel Gardens で展示会を開催することを計画している。
(D) Park さんと今後も一緒に事業をすることを検討している。

メールの第 1 段落 2 文目で、インターネットで Park さんの芸術作品を知ったことがわかるので、(A) はこれに該当します。また、続く文で Bentel Gardens で展示会を行う計画があることを述べているので、(C) がこれに該当します。同じ段落の 6 文目には、展示会が成功した場合、毎年収蔵作品を拡充することが記載されているので、(D) も本文に合致します。以上から、残った (B) が正解です。

---

189. Bentel Gardens について何がわかりますか。

(A) 海外に支部がいくつかある。
(B) Cherryville 市内にある。
(C) 地元の雑誌に特集される予定だ。
(D) 10 年間営業してきている。

メールの第 1 段落 4 文目で、Diedrick さんが Park さんに「私どもの市独自の要素を有する歴史的な鉄道模型の組み立てを依頼したい」と言っています。さらに、お知らせの第 1 段落 2 文目で「模型になった Cherryville の建造物」と述べていることから、メールの our city とは Cherryville 市のことだとわかります。以上から、正解は (B) です。

190. Cherryville について正しいものは何ですか。

(A) 人気のある観光地だ。
(B) 1年をとおして寒冷な気候だ。
(C) Park さんの父親がそこに住んでいたことがある。
(D) 町の歴史的建造物の1つは Belle Vista Cottage だ。

お知らせの第2段落に「Idaho Railroad 駅や Belle Vista Cottage、Trolley Barn といった Cherryville の歴史的建造物」とあり、地域の主要なスポットが挙げられている中に含まれているので、(D) が正解です。(A) は、人気の観光地かどうかは明確に読み取れないので不正解です。

□ masterpiece 傑作、名作 □ outlying 中心から離れた □ expand 拡大する、拡張する
□ expertise 専門知識 □ landmark ランドマーク、歴史的建造物 □ convey ～を伝える
□ intrigue ～の興味をそそる □ board of directors 取締役会 □ unanimously 満場一致で
□ extend ～を差し出す □ commission ～を任命する、製作を依頼する □ enviable うらやましい
□ proposition 提案 □ consideration 考慮 □ lush 緑豊かな □ lend enchantment to ～を魅力的にする
□ ambiance 環境、雰囲気 □ screw ねじ □ machinery 機械 □ primary 最初の
□ transport ～を輸送する □ interstate 州間の（複数の州にまたがる）□ exhibit 展示
□ registration 登録 □ admission fee 入館料 □ replica レプリカ、複製

http://www.perks4you.net/about/

Perks4You ― 従業員の皆さまに大幅な節約を

従業員向け割引ネットワーク、Perks4You で職場がさらによくなります。Perks4You を利用すれば従業員の方々がご自宅やオフィスの近く、また出張中でも休暇中でもどこにいても、毎日のお買い物に企業割引が受けられます。

当社の従業員さま向け割引プログラムは、御社に代わって従業員の皆さまへ下記のサービスをご提供いたします。
・191 全国各地の 30 万店超のレストラン、小売店、遊園地などで何度でもご利用できる割引
・191 一流ブランドや地域の特産物に最大 50%割引
・従業員さま専用の割引ウェブサイト
・より早く簡単にアクセスできるモバイルクーポンアプリ
・従業員さま用割引カード
・191 通話料無料のカスタマーサービス

今すぐこちらをクリックして、192 90 日間無料のトライアルにお申し込みを！

宛先：Ted Pfister <tedpfister@lamrock.com>
差出人：Sue Blanc <sueblanc@lamrock.com>
件名：要望
日付：7 月 12 日

Pfister さま

Lamrock と Perks4You との間で無期限の契約を結んでいただきありがとうございます。最初の 90 日間に、カードを何度も使って 600 ドル以上も節約することができました！　ですが、1 つお願いしたいことがあります。同僚の何人かもそうですが、地元のジムの会員になりたいとずっと思っているのですが、193 割引があれば会員登録へのきっかけになると思うのです。実際、今よりもっと運動すれば、より健康的になり、仕事においても生産性が高まると思うのです。もし Perks4You カードにジムが追加されれば、ありがたいです！

また、プログラムについて同僚と話している中で、小売店やレストランでカードが使えるかどうかが聞き忘れている人が多くいることがわかりました。しかしもしそうなら、彼らは大幅な割引のチャンスを逃していることになります！　195 今ではカードの使い方がちゃんとわかってきた

ので、カードが使用可能な店のお買い得品や使える場所についてまとめたものを書くことができます。そうすれば、カードのメリットに全員の目が行き、概してプログラム全体がより価値あるものになるでしょう。お時間があるときにお考えをお聞かせください。

ご検討お願いいたします。

Sue Blanc

名前： Ashley Gillett　　　日付： 11 月 14 日
部署： 購買部

Perks4You カードの利用	なし ___	2 回 ___	何度も ✕
カードへの満足度	とても満足 ✕	まあまあ ___	あまり満足ではない ___

今日まで節約した金額の概算　800 ドル

コメント：
会社が最初にこのプログラムに申し込んだときには、どれほど多くの割引が利用できるのか、あまりよくわかっていませんでした。しかし Sue Blanc が Perks4You との間を取り持ってくれて以来、あらゆる場所でカードを使うことを楽しんでいます！　**195** 毎月届く Sue のニュースレターはとてもためになりますし、簡単に買い物や他の用事を済ませられます。例えば、この前の週に車のオイル交換をする必要があったのですが、Sue の直近のニュースレターに Perks4You が使える自動車修理工場の情報があり、すぐにその 1 つに行って、用事を済ませることができました。そして今では Sue のおかげで、地元のお店やレストランでカードが利用可能であることを知らせてくれる表示を掲げているので、忘れずにカードを使うことも簡単になりました。最後に、カードなしで入会した場合に比べてかなり安い金額で、先月 Workout Jungle に入会しました。7 月に Pfister さんが Sue のメールを真剣に受け止めてくださったことをとてもうれしく思っています。今ではたくさんの割引のおかげで節約できているだけでなく、健康にもなっていることを感じています。

全体的に見て、割引で買い物をしたり活動したりするのは楽しくてわくわくします！　そして会社が私のことを気にかけてくれていると感じています。とても感謝しています。

191. Perks4You により提供されないものは何ですか。

(A) 毎月送られてくる紙のクーポン
(B) 全国の店舗で使える割引
(C) いくつかの商品の半額値引き
(D) 電話による無料サポート

Perks4You が提供しているものはウェブサイトで箇条書きでまとめられています。1つ目に「全国各地」とあるので (B) がこれに該当し、2つ目で「最大50%割引」と言っているので (C) もこれに該当します。また、最後には「通話料無料のカスタマーサービス」とあるので (D) も本文と合致します。toll-free は、料金がかからないという意味です。よって、述べられていない (A) が正解です。

---

192. Perks4You の会員制度について正しいものは何ですか。

(A) 3カ月で終了する。
(B) 最初は料金がかからない。
(C) 経営幹部のためだけのものだ。
(D) 全てを準備するのに1カ月かかる。

ウェブサイトの最後の文で「登録すれば90日間無料」と言っています。ここから、会員の始めの段階は費用がかからないことがわかりますので、(B) が正解です。実際、Blanc さんは最初の90日間ガッツリ利用しているようですね。「90日間」とあるので (A) も引っかかりそうですが、これは無料の期間のことで、会員の期間が終わるわけではありません。

---

193. メールの中で Blanc さんは何を述べていますか。

(A) Perks4You カードをなくしてしまった。
(B) ジムで働く友人に偶然会った。
(C) 車でレストランへ行った。
(D) 健康になるための励ましが欲しいと思っている。

メールの第1段落4〜5文目で、割引があればジム会員登録のきっかけになり、健康増進が図れると説明しているので、(D) が正解です。4文目の motivation が (D) では incentive に、また5文目の make us healthier が get fit に言い換えられています。

---

194. ウェブサイトの第2段落・6行目にある private に最も意味が近いのは

(A) 攻撃的な   (B) 相互作用的な
(C) 統合的な   **(D) 専用の**

private は日本語でプライベートと言うように「私的な」という意味もありますが、ここでは「専用の」という意味で使われています。これと同じ意味を持つのは (D) の special です。

195. アンケート調査から何がわかりますか。

(A) Blanc さんの提案が認められた。
(B) Pfister さんは全従業員のフィットネスクラブへの申し込みを行った。
(C) 割引プログラムは新しい従業員への贈り物だった。
(D) Perks4You はスタッフが参加できる活動を計画している。

メールの第 2 段落 3 文目で Blanc さんは「カードが使える店や場所をまとめたものを書ける」と提案しています。その後、アンケート調査で Gillett さんは、「Sue の毎月届くニュースレターはとても有益だ」と言っているので、Sue さんの提案が通ったと考えられます。よって、(A) が正解です。この問題は両文参照型問題でした。(B) は、会社としてPerks4You card の登録はしていますが「フィットネスクラブに全員加入する」という内容は出てきません。

□ workplace 職場 □ corporate 法人の、企業の □ label 〜と分類する □ on behalf of 〜に代わって
□ unlimited-use 無制限に利用できる □ coupon クーポン □ access 〜にアクセスする、入手する
□ toll-free フリーダイヤルの（通話料無料の） □ permanently 永久に、恒久的に □ membership 会員権
□ motivation 動機付け、モチベーション □ physically 身体的に
□ the ins and outs of（物事）の一部始終、詳細 □ highlight 〜を強調する
□ worthwhile 価値のある、やりがいのある □ estimate 見積り、推測
□ vast array of 多数の〜、ずらりと並んだ〜 □ be at one's fingertips すぐに利用できる
□ liaison 連絡、連携 □ newsletter 会報、ニュースレター □ informative 有益な □ automotive 自動車の
□ garage 修理工場 □ acceptance 受け入れ □ nationwide 全国的に □ incentive 動機、誘因

Grand Palace Hotel
宴会場予約申込書

お名前： Jasmine Bertelli　　　　日付： ２月６日
団体名： Edwards Furniture
電話番号： 982-555-1122　　　　メール： bertelli@edwardsfurniture.com

イベントの日付： ５月 19 日　　　時間： 午後５時 30 分から午後９時
イベントの種類： 宴会　　　　予定ご利用人数： **197** 386 人

ご希望のお食事： ビュッフェ、デザート、キャッシュバー

音響／映像の有無：
マイク　×　　　演壇　×　　　スクリーン　×　　　モニター ＿＿　　　プロジェクター　×
電話 ＿＿　　　フリップチャートとペン ＿＿

特別な要望：
196 ゲストの人数が多いので、当方で用意した 30 分間の動画を見られない人が何人か出てきそうです。この問題への対処方法があれば、教えてください。また、グルテンフリー、デイリーフリーの食事、ナッツを使用していない食事、そしてビーガンのお客さまと従業員の食事が必要です。ついでながら、私は会議に出ていることが多いので、メールを送ってくださされば連絡がつくかと思います。電話して私が出なければ、留守番電話メッセージを残してください。

宛先： Jasmine Bertelli <bertelli@edwardsfurniture.com>
差出人： Nicholas Armstrong <nicholas@grandpalacehotel.com>
件名： 宴会
日付： ２月 16 日

Bertelli さま

予約確定のための内金をどうもありがとうございました。次回の内金の期限はメニュー決定後となります。その件で、お客さまが予約フォームに書かれた特別なご要望について確認させてください。食事制限のあるお客さまには全ての制限を満たすお食事が必要でしょうか。あるいはグルテンフリーの品目だけが必要なお客さまが何人か、デイリーフリーの品目だけが必要なお客さまが何人か、ナッツを使用していない品目が必要なお客さまが何人か、ビーガン向けの品目だけが必要なお客さまが何人かいらっしゃるということでしょうか。この質問へのお答え次第で、ご提供できるお食事が変わってきます。この情報をいただけましたら、**198** メニュー品目のリストを作成して、そちらからお選びいただけます。メールでこのリストをお送りしますので、同じ方法

でお返事をいただければと思います。

ありがとうございます、よい 1 日をお過ごしください。

Nicholas Armstrong
Grand Palace Hotel イベントプランナー
555-9605 内線 422

投稿者：Jasmine Bertelli

197 当社で 5 月に Grand Palace Hotel において 400 人以上の規模の宴会を開催した際、私がホテルを相手に宴会の手配を行う担当でした。イベントの担当者が突然新しい担当に変更になるまでは、計画は順調に進んでいました。何が起こったのか、なぜそれまでの担当者がうちの応対をできなくなったのかについて何の説明もありませんでしたが、後に彼が何らかの理由で退職したことがわかりました。その上、全てを一からやり直すようなもので、その時点までのうちの具体的な指示はどれも新しい担当には伝えられていなかったようです。その人は明らかに新米で、食事制限や食事の要望といったことに日々対処している人であれば考える必要のないことを、彼女に繰り返し言わなければならず、とても苛立たしかったです。ですが、意思疎通がようやくうまくいくと、予定していたとおりに全てが進みました。宴会が始まって 1 時間半後に流される予定の動画に関しては、**199** 全員が快適に動画を見ることができるように、ホテル側は親切にも前方の大きなスクリーンに加えて、追加のモニターをいくつか部屋のあちこちに準備してくれました。残念ながら、**199** 部屋の後方にあったスピーカーの 1 つに技術的な問題があり、そこに座っていたゲストの何人かは動画の音声が聞こえづらかったようです。**199** 幸い、食事についてはケータリングスタッフの手際は素晴らしかったです。食事制限が必要なゲストが何人かいたのですが、スタッフからはそれに留意していただき、準備をしてくれました。スタッフは食べ物が混ざってしまわないように、全てのものにわかりやすく張り紙を付け、また通常の食べ物と特別な食事とを分けてくれました。担当になった当初は大変なこともありましたが、全体としては Grand Palace Hotel のサービスには満足しました。

196. 予約に関して何が当てはまりますか。

(A) 宴会には大きな部屋が必要だ。
(B) イベントの日の半年以上前に予約が行われた。
(C) ホテルは動画を撮ることを頼まれた。
(D) ゲスト向けの特別な駐車場の要望が含まれていた。

オンラインフォームの「特別な要望」欄より、参加人数が多いことがわかっているので、今回の宴会には大きな会場が必要になると考えられます。よって、(A) が正解です。ビデオは依頼者が用意したとあるので、(C) は誤りです。

197. Bertelli さんについて何がわかりますか。

(A) 以前 Grand Palace Hotel で多くのイベントに参加したことがある。
(B) イベント前に予定していたゲストの人数を変更した。
(C) 次の宴会で受付係となる。
(D) 2 月 6 日には町にいなかった。

Bertelli さんはオンラインフォームに利用人数を 386 人と記入していますが、オンラインレビューの 1 文目を見ると 400 人以上が参加したとわかります。予約時よりも多くの人が参加したので、(B) が正解です。最初の見積もりの段階から変更になるというのは TOEIC ではよくあることで、このような問題は両文参照型問題として登場するケースが多いです。

198. Armstrong さんはどんなことをすると述べていますか。

(A) 予算について Bertelli さんに電話をかける
(B) Bertelli さんに利用可能な駐車場について伝える
(C) Bertelli さんと支払いプランについて話し合う
(D) Bertelli さんに食事のメニューを選んでもらう

メールの後半で Armstrong さんは、メニュー品目リストを作成するので、Bertelli さんにそこから選んで返事をするよう頼んでいます。よって、(D) が正解です。

199. 宴会について述べられていないことは何ですか。

(A) 音響機器の 1 つが機能していなかった。
(B) 全員が動画をよく見ることができた。
(C) 開始時刻が 30 分遅れた。
(D) 食事には問題がなかった。

オンラインレビューの 7 文目の「全員が快適に動画を見ることができた」という記述が (B) に該当し、8 文目の「後方スピーカーの 1 つに問題があり、音が聞こえづらかった」という記述が (A) に該当します。また、9 文目以降でスタッフの対応に感謝しているので、(D) も本文に合致します。よって、本文に言及のない (C) が正解です。

200. オンラインレビューの第1段落・9行目にある novice に最も意味が近いのは

(A) 消費者
(B) インストラクター
(C) 権威
(D) 初心者

novice の箇所を見ると、「新しいイベントプランナーは明らかに〜だった」とあります。これに続く文で食事制限などについて不満を述べていることから、「初心者」という意味の (D) が正解です。novice はもともと「新しい」という意味で、ここから「新人、初心者」の意味になりました。

☐ banquet 宴会 ☐ projector プロジェクター ☐ remedy 〜を改善する
☐ gluten-free グルテンを含まない ☐ deposit 頭金 ☐ portion 部分 ☐ clarify 〜を明らかにする
☐ dietary 食事の ☐ restriction 制限 ☐ via 〜経由で ☐ smoothly 円滑に ☐ moreover さらに
☐ convey 〜を伝える、伝達する ☐ frustrating いらいらする ☐ reiterate 〜を繰り返す
☐ be on the same page 同じ考えである ☐ proceed 進む、進行する ☐ monitor 画面、モニター
☐ comfortably 快適に ☐ accordingly それに応じて（要望に応じて）☐ cross-contamination 混合、混入
☐ revise 〜を修正する ☐ upcoming 来る、近々予定している ☐ budget 予算 ☐ delay 遅れる

Follow-up 1　正解一覧

Part 5

No.	ANSWER	No.	ANSWER	No.	ANSWER
101	B	111	D	121	D
102	A	112	A	122	A
103	A	113	A	123	B
104	B	114	B	124	A
105	B	115	B	125	B
106	A	116	B	126	B
107	A	117	C	127	A
108	A	118	C	128	A
109	A	119	C	129	A
110	A	120	C	130	A

Part 6

No.	ANSWER	No.	ANSWER
131	B	141	C
132	A	142	C
133	A	143	A
134	B	144	C
135	A	145	A
136	B	146	D
137	A	147	A
138	B	148	D
139	A	149	A
140	A	150	C

Part 7

No.	ANSWER	No.	ANSWER	No.	ANSWER	No.	ANSWER	No.	ANSWER
151	D	161	C	171	B	181	A	191	C
152	D	162	D	172	A	182	A	192	C
153	A	163	A	173	A	183	B	193	B
154	B	164	A	174	A	184	A	194	B
155	B	165	D	175	B	185	A	195	A
156	C	166	A	176	A	186	A	196	B
157	A	167	C	177	A	187	A	197	B
158	B	168	C	178	A	188	C	198	C
159	A	169	C	179	A	189	C	199	C
160	A	170	A	180	A	190	D	200	A

Follow-up 1

101. 液晶テレビの技術に重点的に投資することによって、会社は再起を果たした。

(A) 名詞「敵、競争相手」
(B) 名詞「逆境、不運」
(C) 形容詞「逆の、不都合な」
(D) 副詞「逆に、不都合に」

□ invest 投資する □ liquid crystal 液晶

空所直前に動詞 turned、その後に前置詞 into があることに注目しましょう。名詞の (B) を入れると、turn X into Y「X を Y に変える」という形ができます。「ピンチをチャンスに変えた」となり、意味が通ります。選択肢のうち、(A)「敵、競争相手」も名詞ですが、意味がずれます。(A) の同義語には competitor や opponent があります。

102. プレゼンの一部を変更し、ジュニアエグゼクティブはアジアでのオフィス開設が理にかなった措置であることを ATX 社の役員に納得させた。

(A)「部分」　　(B)「論理的な」
(C)「推薦状」　　(D)「新入社員」

□ executive 幹部
□ board of directors 取締役
□ logical 筋の通った、論理的な

空所直前に some、直後に of があります。空所には名詞が入るとわかるので、正解は (A) です。(A) は、日本語でパーツと言うと機械の部品のようなイメージを持つ人もいるかもしれませんが、文章などの一部分を指す場合にもこの語は使われます。TOEIC もパート 1 から 7 までありますよね。

103. 経営者は仕事が時間内に終わるよう尽力した。

(A)「～を超えて」　　**(B)「最大限の」**
(C)「さらに遠い」　　(D)「前方の」

□ ensure ～を確かめる

effort を適切に修飾できるのは (B) です。「最大限の努力」という意味になります。(C) は形容詞 far の比較級ですが、空所前には the があります。よって、ここには最上級が入ることになってしまうので、(C) は不正解です。

104. 従業員数人が突然病欠したため、チームは売上目標を達成できなかった。

(A)「～を説得する」　　**(B)「～をやり遂げる」**
(C)「～に慣らす」　　(D)「～を考案する」

選択肢には動詞が並んでいます。空所後の target と相性がいいのは (B) です。

105. Helion Electronics は、チップ 1000 個を出荷する契約に同意したと言われている。

(A) 動詞 agree「同意する」の原形
(B) ing 形
(C) 過去形・過去分詞
(D) 名詞「合意」

選択肢には agree のさまざまな形が並んでいます。空所直前に have があるので、過去分詞の (C) を入れて have agreed とすると、後ろの to the contract にうまくつながります。be said to 不定詞で「～だと言われている」という意味です。今回は to 不定詞に当たる箇所に to 不定詞の完了形が使われているので、動詞 is said よりも以前のことを表しているとわかります。

106. コストの点で見ると、ウェブサイト変更を正当化することは難しいだろう。

(A) 「～に関して、～の観点から」
(B) 「～と同じ量」
(C) 「～と同様に」
(D) 「～に追い付くために」

 ☐ justify 正当化する

文意を取っていくと、ウェブサイト変更は不適切ということが読み取れます。空所直後の名詞 cost とのつながりも考えて、選択肢をそれぞれ当てはめてみましょう。正解は (A) です。

---

107. 1日無料セミナーでは、職場でのストレスへの向き合い方を身に付けることができます。

(A) 動詞 confront 「～に立ち向かう」の原形
(B) 受動態＋前置詞
(C) 完了形
(D) 原形＋前置詞

☐ complimentary 無料の

動詞 confront の用法が問われています。空所直後に名詞 stress があることに注目しましょう。confront は人を主語に、困難などを目的語に取って、X confront Y「X（人）がY（困難など）に立ち向かう」という用法があります。したがって正解は (A) です。confront は他動詞なので、(D) は文法的に当てはまりません。

---

108. その事故の考えられる原因の１つは、監督者が安全な職場環境を提供できなかったことにある。

(A) 「危険な」　　　　(B) 「安全な」
(C) 「起こりそうな」　(D) 「選択の」

☐ probable 可能性のある ☐ inability 無力、できないこと

working environment を修飾する形容詞を選ぶ問題です。文から、事故の原因は監督者が労働環境を提供できなかったことにあるとわかります。(B) を入れて「安全な職場環境」とすると、つじつまが合います。正解は (B) です。

---

109. Arrow Restaurant は食材を低価格で仕入れることができるため、手ごろなお値段で食事ができます。

(A) 動詞 account 「説明する」の３人称・単数・現在形＋前置詞
(B) 原形＋前置詞
(C) 名詞「会計係」
(D) 過去形・過去分詞

☐ reasonable （値段が）手ごろな

意味を取っていくと空所の前は「低価格で仕入れができること」、空所の後は「料理の値段が手ごろなこと」とあります。この２つの関係を考えましょう。選択肢を見ると account のさまざまな形が並んでいますが、X accounts for Y で「XがYの理由となっている」という意味です。文の主語は ability と単数形ですので、(A) を入れるとつじつまが合います。

---

110. Smith さんは夫が海外出張に行くときは、たいてい一緒に行く。

(A) 動詞 accompany 「～にともなう」の３人称・単数・現在形
(B) 過去形の受動態
(C) ing 形
(D) 現在形の受動態＋前置詞

選択肢には動詞 accompany が形を変えて並んでいます。文中に副詞 usually があるので、時制は現在形を用いると考えます。また、空所後に名詞が来ているので、(B) と (C) はまず切り捨てられます。(D) は通常は be accompanied by という形で使われますし、出張に行くのは夫とあるので、文意が通りません。正解は (A) です。

111.
制御室の担当者は、いかなる状況でも決して機械から目を離してはいけない。

(A) 「ほとんどない」　(B) 「いくらかの」
(C) 「どんな」　　　　**(D) 「少しもない」**

- [ ] circumstance 状況
- [ ] machinery 機械
- [ ] unattended 監視されていない

空所の直前に under、直後に「状況」という名詞が来ています。よってどんな状況かを表せるように、空所に入るものを考えます。空所の前後で「担当者は〜どんなときでも機械を無人にして放っておくべき」とあります。このままでは意味が通らないので、否定語の (D) を入れると、「(どんな状況でも) 目を離してはいけない」ということになり、文意に合います。よって、正解は (D) です。

112.
報じられているところによると、Asset Pummel 社は Vitalic Holdings と大規模プロジェクトで協力する予定だ。

(A) 「協力する」　(B) 「〜を移転させる」
(C) 「〜を案内する」　(D) 「〜を生み出す」

- [ ] reportedly 伝えるところによれば
- [ ] scale 規模

空所直後に with が来ていることに注目します。この形を取るのは (A) です。cooperate は自動詞、cooperate with で「〜と協力する」という意味です。

113.
高齢の両親を介護する時間をもっとつくるため、Carstens さんは管理職のポストを手放すことにした。

(A) 動詞 relinquish「〜を譲る、引き渡す」の原形
(B) ing 形
(C) 過去形・過去分詞
(D) 3 人称・単数・現在形

- [ ] managerial 管理職の

空所直前に decided to とあります。decide to V の形だと気付けば、空所には動詞の原形が入るとわかります。よって、正解は (A) です。

114.
プロジェクトが始まるまでに、Glover さんはプロジェクトの全段階を完璧に理解することを求められた。

(A) 動詞 complete「〜を完了させる」の 3 人称・単数・現在形
(B) 副詞「完璧に」
(C) 過去形・過去分詞
(D) 名詞「完了」

空所の前まででですでに文が完成していることがわかります。よって、副詞の (B) が正解です。

115.
生産性が下がっていることへの対策として、Memorica 社は作業員向けの週 1 回のヨガクラスを導入した。

(A) 「改善」　　　(B) 「診察、診断」
(C) 「集中」　　　(D) 「価値」

空所の後で生産性が悪いことについて触れられています。(A) を入れると、「低い生産性への対策としてヨガクラスを導入した」となり、前の内容とうまくつながります。よって、正解は (A) です。

116. 縮小している市場を回復させるために、革新的なアイデアが求められている。

(A) 「縮小している」　(B) 「前の、優先する」
(C) 「拡大している」　(D) 「比較の」

□ revive 〜を復活させる、回復させる
□ innovative 革新的な

空所後の market を修飾する形容詞を問う問題です。空所前に動詞 revive「〜を再生させる・回復させる」が出てきているので、「市場」はマイナスの状況にあると考えられます。そこで、(A) を入れると意味が通ります。

117. 小規模な事故が発生した後で、Woodrock Leaf 社は時々しか設備点検をしていなかったとわかった。

(A) 名詞「場合、出来事」
(B) 形容詞「時折の」
(C) **副詞「時折」**
(D) 名詞の複数形

□ inspect 〜を点検する

that 節内の主語は Woodrock Leaf Corp で、空所は動詞 inspect の前にあります。動詞を修飾できるのは副詞ですので、正解は (C) です。副詞は他の副詞も修飾できます。空所前の only は occasionally にかかっています。

118. 広告キャンペーンは製品の売り上げの増大につながった。

(A) 「(〜であると) わかった」
(B) 「〜を満足させた、満たした」
(C) **「(〜に) 終わった」**
(D) 「〜とみなした」

空所直後には前置詞 in があるので、この in とともに使われる動詞を選びましょう。(C) が正解です。result in で「〜という結果に終わる」という意味です。

119. 求人への応募者数が急増したのは、最近当社のウェブサイトを見直したためだと考えられる。

(A) 「〜を参照した」
(B) 「〜を支持した、表した」
(C) **「〜が原因だと考えた」**
(D) 「〜という結果になった」

□ revision 修正、改訂

空所前に「応募者の増加」、空所後に「ウェブサイトの見直し」とあります。(C) を入れると、「ウェブサイトを見直したので、応募者が増えたのだと考えられる」という因果関係が成立します。よって、正解は (C) です。ascribe X to Y で、「X は Y が原因だとみなす」という意味です。今回はこの受け身形、X is ascribed to Y という形が使われています。

120. 配布資料が網羅的で講義も体系的だったので、ソフトウエアエンジニア向けの研修コースは評判になった。

(A) 「解放、発売」　(B) **「評判」**
(C) 「方法」　(D) 「適性」

□ generate 〜を生み出す
□ comprehensive 包括的な、広範囲の

動詞 generated に合う目的語を選ぶ問題です。また、直前に形容詞 positive があるので、(B) を入れると、「評判になった」となり意味が通ります。主語が The series of training sessions と長いですが、文の構造を把握しましょう。

75

121. Goldberg さんの会議中の態度から、彼がその提案書に一切興味がないことがわかる。

(A) 動詞 have「～を持っている」の原形
(B) 3 人称・単数・現在形
(C) 過去完了形
(D) 助動詞＋完了形

✎ ☐ attitude 態度 ☐ proposal 提案

異なる形の have から適切なものを選ぶ問題です。空所前の動詞 suggest が現在形になっているため、that 節の中も同様に現在形にします。よって、正解は (B) です。suggest を提案の意味で使用した場合は、that 節以下の動詞は仮定法現在で原形となりますが、ここでは「示唆する」という意味で用いています。TOEIC ではまれにこのような問題も登場しますので、よく文を読んで正しい選択ができるようにしておきましょう。

122. 重要なデータを削除してしまったことに従業員は気付いたが、その後、幸運にも比較的簡単に復元できるとわかった。

(A)「気前よく」
(B)「比較的、相対的に」
(C)「軽率にも、不注意にも」
(D)「おそらく」

✎ ☐ discover ～に気が付く、発見する ☐ delete ～を削除する ☐ restore ～を元に戻す

空所直後の easily を修飾する副詞を選ぶ問題です。「比較的簡単に」と程度を表す (B) が正解です。

123. Grand Station の閉鎖が長引いているため、大勢の通勤客は我慢ができなくなってきている。

(A)「更新」　　　　**(B)「我慢、忍耐」**
(C)「返金」　　　　(D)「代案、選択肢」

✎ ☐ closure 閉鎖

動詞 lose の目的語となる名詞を選ぶ問題です。文の後半では「閉鎖の延長」という「不便さ」を原因として挙げています。ここから、(B) を入れると「我慢できなくなってきている」となり、意味が通ります。

124. 上演開始前、他の人の迷惑にならないように携帯電話の電源を切るようアナウンスがあった。

(A)「他の」　　　　(B)「他の人」
(C)「お互い」　　　　(D)「その人」

✎ ☐ disturb ～の邪魔をする ☐ patron 顧客、観客

空所直後に patrons という名詞が来ています。選択肢の中で直後に名詞を取ることができるのは (A) だけです。(D) も直後に名詞を取れますが、patrons は複数形で意味も通らないので誤りです。

125. 台風の影響で郵便業務が混乱していなければ、特許の申請は時間内に受理されていただろう。

(A)「万一」　　　　**(B) 助動詞の過去形**
(C) be 動詞の過去形　　　(D)「もし～ならば」

✎ ☐ disrupt (交通・通信など)～を一時不通にする ☐ patent 特許

主節に would have＋過去分詞があることにまず注目します。空所の後からカンマまでは、「主語＋not＋動詞の過去分詞形」の形です。if が省略されて倒置になったと気付けば、正解は (B) だとわかります。文中に disrupted という動詞があるため、ここでは (C) の be 動詞は使えません。

76

126. Green-bay Language Center は、教師向けの上級者対象のクラスをいくつか開講している。

(A) 「破壊される」
(B) 「適合させられる」
(C) 「接近される」
(D) 「資格のある、能力のある」

空所前の代名詞 those は複数の人を指しています。また、空所後の as に注目できると、(D) が入るとわかります。be qualified as で「〜の資格がある」という意味です。those (who are) qualified as ... と、those にかかっています。

127. 販売会議の後、CEO は現行の戦略をやめ、新しい戦略を採用することを決定した。

(A) 「〜の概要を説明する」
(B) 「〜を積み込む」
(C) 「協力する」
(D) 「〜を断念する」

and adopt a new one とあり、この one は strategy のことを指しています。new one と current strategy が対比されているので、(D) が正解です。(C) は自動詞のため、文法的に当てはまらないということ、覚えていますか？

 □ adopt 〜を採用する

128. 今度のピクニックの料理を注文するときに、Ito さんは前回のピクニックと同じ量の食べ物を注文するよう指示を受けた。

(A) 「感謝の」　　(B) 「等しい」
(C) 「あらゆる」　　(D) 「緊急の」

空所直後の to に注目しましょう。この to と合うのは (B) です。equal to で「〜に等しい」という意味です。他の選択肢は空所後の to と合わないので、どれも不正解です。

□ upcoming 来る、もうすぐ起こる

129. その新聞の編集長には、新聞の見出しを修正する理由があった。

(A) 動詞 revise「〜を修正する」の原形
(B) ing 形
(C) 過去形・過去分詞
(D) to 不定詞

選択肢には動詞 revise のさまざまな形が並んでいます。空所の前に前置詞 for が来ていますので、空所には動名詞が入ります。よって、(B) が正解です。今回は直前に前置詞 for があるため、(D) の to 不定詞は合いません。

□ headline 見出し

130. Franklin Bookstore では、フィクションといった他のジャンルのものに比べて、歴史本がよく売れている。

(A) 「誰か」　　(B) 「別の」
(C) 「それらの」　　(D) 「両方の」

in comparison with「〜と比較して」とあり、歴史本と、those 以下の2つが対比されていることに注目します。また空所の後の such as で、ジャンルの例として「フィクション」が提示されています。(B) を入れると、「フィクションといった歴史以外のジャンルのもの (those)」となり、意味が通ります。正解は (B) です。

□ in comparison with 〜と比べて
□ genre ジャンル、分野
□ fiction フィクション

77

問題 131-134 は次の広告に関するものです。

11 月 2 日と 3 日、4 日は 1 周年記念セール！

Rosebay Shopping Mall は 11 月に 1 周年を祝って、ご愛顧いただいているお客さまに、一部商品で最大 50％の割引と、商品券が当たるチャンスをご提供いたします。

当モールの 50 店舗のいずれかにお立ち寄りいただくか、8 つのレストランのいずれかでお食事をしていただきますと、30 ドル以上のご購入ごとに福引券を 1 枚差し上げます。50 ドルから 1,000 ドル相当の商品券が当たる方も出てくるかもしれません。

Rosebay Shopping Mall は家族連れでもお楽しみいただけるモールです。11 月 2 日にモールに来店されたお子さま先着 50 名に、キャンディ詰め合わせのプレゼントがあります。

ぜひ当モールにお買い物にお越しいただき、景品をゲットしましょう。1,000 ドルの商品券を引き当てるのはあなたかもしれません！

131.

(A) 動詞 celebrate「～を祝う」の現在完了進行形
(B) 未来進行形
(C) 過去形・過去分詞
(D) 現在完了形

空所の後の文で will be offering と未来進行形が使われており、この文章ではこれから行われるイベントの宣伝をしています。選択肢の中で未来のことを表すことができるのは (B) だけです。TOEICでは未来進行形がよく使われますので、しっかり確認しておきましょう。

132.

(A) モール内のレストランでお食事なさる方はクーポンをもらえません。
(B) 1 回のご購入が 30 ドル以上の場合にかぎり、クーポンとの引き換えが可能です。
(C) 50 ドルから 1,000 ドル相当の商品券が当たる方もいらっしゃるかもしれません。
(D) 福引の景品には商品券は含まれません。

空所は段落の最後の文なので、その直前を見ていきましょう。1 回の購入が 30 ドル以上で福引券 1 枚がもらえる、とあります。よって、福引に関連した内容を述べている (C) が正解です。(A) は同じ段落の最初の文に、食事をしても福引券がもらえるとあるので、矛盾します。直前の文では福引券をもらえるという内容で、(B) はもう商品券について述べていますが、つながりが見えません。(D) は福引の景品に商品券が含まれていることは本文中に何度も出てきます。

133.

(A) 動詞 visit「～を訪れる」の to 不定詞の受動態
(B) 過去形・過去分詞
(C) ing 形
(D) 原形

空所の前に「先着 50 人の子ども」という主語が来て、空所の後に will be treated と動詞があります。よって、空所の動詞は「子ども」を修飾する分詞の形にする必要があるので、(C) が正解です。今回は主語の子どもが、モールに行くという能動の関係になるので、過去分詞の (B) は不正解です。

134.

(A)「それらのもの、人」
(B)「もう一方のもの、人」
(C)「(不特定の) 1 人、1 つ」
(D)「おのおの」

空所前に You may be the とあります。主語の You を受けることができるのは (C) です。one は不特定の 1 人のことですが、ここでは後ろの to 不定詞に修飾される形で特定の人を指しています。(A) は複数の人を表しますが、空所の直前に the があるのでここでは入りません。(B) は別の人がいる前提で、「(残りの) 他の人」という意味ですが、何に言及しているか不明です。(D) は「おのおの」が何を指すかわからず、文中の You を受けるには不適切です。

✎ □ patron 顧客、観客 □ dine 食事をする □ raffle ticket 福引券 □ coupon クーポン
□ exceed ～を超える □ redeemable 買い戻しできる、(商品などに) ～を交換できる

問題 135-138 は次の記事に関するものです。

Sakura Animation College は、この 9 月より 3D アニメーションクラスを開講すると発表した。定評のある 3D アニメーション監督、Catherine Ito 氏がこのコースを担当する。

声明で同校校長の Paul Miyamoto 氏は、自身のかつての教え子である Ito 氏が学校には必要不可欠な人材であると述べた。また Ito 氏は、恩師の下で働けることを光栄に思うと述べた。彼女は 10 歳のとき、初めて Miyamoto 氏が手がけた 1 本の映画を見た。あの人生を変えるような経験がなければ、アニメーターにはなってはいなかったと語ったと伝えられている。

出願者が多くなることが予想されているが、施設が限られているため同校が受け入れる学生はわずか 30 人である。出願手続きは、近くウェブサイトに掲載される予定。

135.

(A) 動詞 teach「〜を指導する」の3人称・単数・現在形
(B) 未来表現
(C) 過去形・過去分詞
(D) 現在完了形

選択肢には動詞 teach のさまざまな形が並んでいます。空所を含む文の前に、「9月から新しいクラスを開講する」とありますので、Ito さんはこれからコースを教えるとわかります。ここから未来表現の (B) を選びます。根拠を確実に押さえて解答しましょう。

136.

(A)「〜ゆえに」 (B)「〜にかかわらず」
(C)「〜に関しては」 (D)「〜の代わりに」

空所前の文では Miyamoto さんが言ったことが紹介されています。ここで (C) を入れると、視点を変えて今度は Ito さんについて述べるとわかります。空所後には Ito さんが感じたことが書かれているので、Miyamoto さんと Ito さんの発言が対比されています。(A)・(B)・(D) はどれも文意に合わず不正解です。

137.

(A)「〜のために」 (B)「〜の上に」
(C)「(ある時点) で」 (D)「〜に、〜で」

「何歳のときに」と言う場合の前置詞は (C) at です。ここでの at は、at the end of this week「今週末」といった、具体的な時点を指すときに使われます。(A) は期間を、(B) はより具体的な曜日・日付を、(D) は月や季節といった時間の幅が広いものを指す際に使います。前置詞の使い分けの問題はパート5の前半にも出現しやすいので、苦手な場合は整理しておきましょう。

138.

(A) 昨年、35人の学生がこのコースを修了した。
(B) このコースは10年以上もの間、人気を博している。
(C) 残念なことに、Ito 氏はこのコースを教えることができない。
(D) 出願手続きは、近くウェブサイトに掲載される予定。

選択肢をそれぞれ当てはめてみましょう。このコースは9月に初めて開講するものなので、まず (A) と (B) は誤りです。(C) は Ito さんがこのコースを担当することがもう確定しているので、本文と矛盾しています。ということで、文章の最後に募集情報の参照先を述べた (D) が正解です。

 □ indispensable 不可欠な □ asset 財産 □ privileged 光栄な □ mentor メンター、教育係
□ animator アニメーター、アニメーション製作者 □ procedure 手順、手続き

■ 問題 139-142 は次の情報に関するものです。

安全性確保のための製品回収

WRZ 社は Warmy ブランドの電気炉、モデル WRZ03 の自主回収を開始する。WRZ 社品質管理部の調査で、同型炉は耐熱性が不十分な断熱材を使用している可能性があることが判明した。このことが原因で火災につながる恐れがある。

該当モデルは、2017 年 3 月に製造された WRZ03。シリアルナンバーの 170301～170430 の炉が回収の対象となる。購入者はフロントパネルに付いているラベルで確認できる。

購入者は、直ちに同型炉の使用をやめ、WRZ 社サービスセンター（enquiries@wrz.co.jp）にメールするか、フリーダイヤル 08-3376-3382 まで連絡を。WRZ 社広報担当者は「できるだけ早く弊社までご連絡ください。弊社の技術者がお客さまのご自宅にお伺いし、必要な修理を実施いたします」と述べた。

139.

(A) 「（結果的に）〜になる」
(B) 「〜を回避する」
(C) 「〜によってもたらされる」
(D) 「〜を免れる」

文意に合う動詞を選ぶ問題です。空所前の This は「製品の耐熱性が不十分であること」を指しています。よって、空所後の「火災のリスク」につながる (A) result in が正解です。(C) come from は「〜の結果として生じる」という意味ですが、これでは因果関係が逆になってしまいます。

140.

(A) 動詞 manufacture「〜を製造する」の ing 形
(B) 過去形・過去分詞
(C) 3 人称・単数・現在形
(D) to 不定詞

空所を含む文では、主語が The model、動詞が is、補語が the WRZ03 という第 2 文型で、空所はこの補語の直後にあります。選択肢には動詞 manufacture のさまざまな形が並んでいますが、WRZ03 とはモデルの名前で、これは製造されるものです。よって正解は過去分詞の (B) です。

141.

(A) 動詞 carry「〜を付けている」の過去形・過去分詞
(B) 助動詞＋完了形
(C) 現在形
(D) 未来表現

選択肢には動詞 carry のさまざまな形が並んでいるので、直前の affected は名詞 Furnaces を後ろから修飾していると考えられます。carry は商品の箱やラベルなどを主語にして「（警告や情報など）〜を載せている」という意味があります。ここでは製品に番号が付いているという状態を言っているので、現在形の (C) が適切です。

142.

(A) 代わりに、弊社のウェブサイトで、さまざまな種類の用具の注文が可能です。
(B) 通信量が大変多いので、弊社へのご連絡はメールのみでお願いします。
(C) 弊社の技術者がお客さまのご自宅にお伺いし、必要な修理を実施いたします。
(D) ご購入の皆さまは特に何もする必要はありません。

空所の前でサービスセンターに連絡するよう言っているので、この内容に合うものを考えると、(C) が正解です。(B) は直前で電話でも連絡可と言っているので、本文と矛盾します。(D) はこの段落の 1 文目でサービスセンターに連絡するように言っているので、誤りです。

□ initiate 〜に着手する □ voluntary 自主的な □ furnace 炉 □ insulation 断熱材
□ inadequate 不適切な □ resistance 耐性 □ serial number シリアルナンバー、製品番号
□ range 〜の範囲にわたる □ adhere to 〜に付着する □ via 〜を経由して、〜を通して
□ toll free フリーダイヤル □ spokesperson 広報担当者 □ reassure 〜に再確認する
□ alternatively 代わりに □ correspondence 対応

問題 143-146 は次の招待状に関するものです。

Williams さま

Williams さまを Business Startup Seminar へご招待でき、うれしく思います。同セミナーは、9 月 21 日午前 10 時に Chamber of Commerce Building で開催の予定です。

まず初めに Sunrise State の Chamber of Commerce 所長、Henry Clark 氏の開会のあいさつがあります。その後、Smart Engineering の CEO、David Andersen 氏の講演があります。タイトルは「初めて起業する人が向き合う課題、および素晴らしい地位を築くための確実な仕組みの作り方」です。

部屋の大きさの都合上、イベントの参加定員は 100 人です。したがいまして、参加をお考えでしたら、できるだけ早く同封の用紙にご記入の上、ご登録ください。Janet Lynn（jlynn@yeo.com）がどんな質問にも喜んでお答えいたします。

敬具

Mark Reynolds
会長

143.

(A) 動詞 hold「〜を開く」の ing 形
(B) to 不定詞の受動態
(C) to 不定詞
(D) 過去形・過去分詞

選択肢には動詞 hold のさまざまな形が並んでいます。空所の前に is scheduled とあるので、後ろには to 不定詞を使って、be scheduled to V「〜する予定だ」の形にします。また、この文の主語 seminar は、「開催される」ものですので、受動態を選びます。以上より、(B) が正解です。

144.

(A) 過去完了形の受動態
(B) 現在完了形の受動態
(C) 過去形の受動態
(D) be 動詞＋to 不定詞の受動態

follow の用法は、X follow Y＝Y be followed by X「X は Y に続いている＝Y の後に X が起こる」となっています。空所の後に by があるので、ここは受け身の関係が成立するとわかります。また、文章中のセミナーは未来の出来事ですので、予定を示すことのできる (D) が正解です。be＋to 不定詞で「予定」の他にも、「義務」や「命令」などを表すことができます。

145.

(A)「伝統的な、従来の」(B)「フィードバック」
(C)「同封の」　　　　(D)「入国」

選択肢には形容詞、名詞が並んでいます。文意を取っていくと空所の前で参加登録を促しています。よって、空所直後の名詞 form を適切に修飾できるのは (C) です。他の選択肢は、セミナーの申し込みという文脈に合わないため、不正解です。

146.

(A) 残念ながら、ご登録の締め切り日はすでに過ぎています。
(B) 登録用紙が必要な場合はこちらまでご連絡ください。
(C) 8 月末までに Henry Clark さんにお電話いたします。
(D) Janet Lynn (jlynn@yeo.com) がどんな質問にも喜んでお答えいたします。

空所の前の文でセミナーへの参加登録の案内をしていますので、最後に問い合わせ先を伝えている (D) を入れると、うまくつながります。(A) は締め切りが過ぎたのにイベント案内をしているとしたら矛盾してしまいます。(B) では a form とありますが、直前の文では form に定冠詞の the が使われていることから、特定の用紙を指していることがわかります。したがって (B) を入れても前の文とうまくつながりません。(C) は Henry Clark さんに電話する意味がわかりません。

□ Chamber of Commerce 商業会議所 □ novice 新人の □ entrepreneur 起業家、事業主
□ foolproof 極めて簡単な □ secure 〜を確保する □ enviable うらやましい □ register 登録する
□ Yours Faithfully（手紙の結びのあいさつで）敬具 □ deadline 締め切り □ registration 登録
□ obtain 〜を手に入れる □ at one's disposal 〜の自由になる

問題 147-148 は次の広告に関するものです。

冬まで待っていないで、今日電話して暖房器具の点検を！
ガスの点検込み

Johnson Heating & Air Conditioning
325-555-2906
サービス対象地区は Ellis と River City、Brandywine、そして今や Malingo も！

Johnson Heating & Air Conditioning が選ばれる理由
✓ ご自宅にも職場にも販売
✓ 点検および取り付け
✓ 年中無休
✓ **147** 認可済・保険加入済
✓ 低価格—**148** どこの競合他社の価格にも負けません！
✓ 融資制度あり
✓ 満足度お墨付き

本日の予約なら暖房器具の清掃がたったの 50 ドル！
値引きは 10 月 31 日まで有効

147. Johnson Heating & Air Conditioning について正しいものは何ですか。

(A) サービスが保険でカバーされている。
(B) 居住用建物向けのサービスは取り扱っていない。
(C) 最新のウェブサイトがある。
(D) オンラインで予約を受け付けている。

箇条書きの4つ目の項目でLicensed and insuredとあるので、保険が適用されるとわかります。よって、(A) が正解です。

148. Johnson Heating & Air Conditioning のサービスについて何が示されていますか。

(A) 11月に利用できるようになる。
(B) ほとんどが1日で完了する。
(C) パッケージで販売されている。
(D) 他社に負けない価格である。

Johnson Heating & Air Conditioning を選ぶ理由の1つが低価格で、「どこの競合他社の価格にも負けません」と言っています。よって、(D) が正解です。

□ furnace 暖房 □ residential 住居の □ installation 設置 □ license 資格を持った
□ insure ~を保証する □ finance ~に融資する、資金を調達する □ guarantee ~を保証する

📷 問題 149-151 は次の方針に関するものです。

www.MavisJewelry.com の返品条件

www.MavisJewelry.com で購入したものについて、いかなる理由であれ、ご満足いただけない場合には、購入日から 30 日以内であれば、喜んで返品、交換、返金もしくは商品券を発行いたします。 **149** 返品される商品は購入時の状態のままで、例えば、傷や汚れ、サイズ変更やお直しがなく、磨滅もない状態でお渡しいただくことが条件です。各商品付属のギフト用の箱やベルベットポーチもご返却いただきます。文字が刻印された商品や特注サイズの指輪といった特注品を返品される場合は、20%の返品手数料が適用されます。

Mavis Jewelry オンラインストアは、返品された商品が本物であるかどうかを確認する権利を有しています。当店の品質保証部が確認次第返金手続きが行われます。 **150** **151** 返金額は返品商品の価格から配送料、取扱手数料、保険料を差し引いたものになります。7～10 営業日内に、元の購入の際に使われた銀行口座宛に返金いたします。

注意：
◆ この返品条件は国内注文にのみ適用されます。
◆ 全国の実店舗において購入された商品の返品条件の詳細については、レシートの裏面をご覧ください。

149. 返品商品について正しいものは何ですか。

(A) 元の状態での返品が必要だ。
(B) 購入者が返品しなければならない。
(C) 購入後 3 週間のみ受け付けている。
(D) 特注商品は返品できない。

第 1 段落 2 文目より、返品商品は購入時の状態と同じということが強調されています。よって、in their original condition とした (A) が正解です。(B) の購入者が返品するというのは、本文に明確な記述がないので誤りです。

150. Mavis Jewelry について示されていないことは何ですか。

(A) 特注を受けている。
(B) 海外で商品を販売している。
(C) 商品の包装を行う。
(D) 返品商品に対して全額返金している。

第 2 段落 3 文目に、返金額は返品商品の価格から配送料などを差し引いたものになると書いてあります。(D) はこれに矛盾しているので、正解は (D) です。(A) は第 1 段落 4 文目から、刻印やサイズ変更など特注品を扱っていることがわかります。(B) は、第 3 段落 2 文目でこの返品条件は国内商品かぎりと言っていることから、海外でも販売を行っていることが推測できます。第 1 段落 3 文目にギフト箱などの記載があるので、(C) はこれに該当します。

151. 返金について何が示されていますか。

(A) 電話でのみ受け付けている。
(B) 20 ドル以上の商品についてのみ受け付けている。
(C) 5 日以内に処理される。
(D) 手数料を払うのが条件だ。

第 2 段落 3 文目に「返金額は返品商品の価格から配送料、取扱手数料、保険料を差し引いたものになる」とありますので、手数料がいくらかかかることがわかります。よって (D) が正解です。

□ return policy 返品規定 □ be dissatisfied with 〜に不満である □ refund 返金、払い戻し
□ scratch 傷 □ blemish 傷、しみ □ sizing サイズの調整 □ alteration 変更
□ accompany 一緒に添える □ fee 手数料 □ engrave 〜を彫る □ reserve 〜を保持する
□ confirm 〜を確認する □ authenticity 信頼性、本物であること □ assurance 確実さ、保証
□ verify 〜を実証する □ receipt 領収証 □ purchaser 購入者 □ packaging パッケージ、包装
□ refund 〜を返金する

DUNE PARK─Dune Park Hospital は最近、 **153** 新しい公式ウェブサイトを公開した。この念願のサイトの開設にこぎつけたのは、病院の患者サポート室に何年にもわたって問い合わせがあったためだ。部門の広報担当 Harriet Flannagen 氏は「 **153** ご利用の皆さまは診療記録や支払いについての情報、重要な日付が書かれたカレンダーなどがどこで見つかるのか見当もつきませんでした」と言う。ウェブサイトによって、住民が必要な情報を容易に見つけられるよう期待されている。サイトには、医療記録や求人募集、病院の最新情報、病院がその年に運営する講座への登録やその他の情報が掲載されている。「市民の皆さまと絶えず協力して、当院の透明性の確保に努めています」と Flannagen 氏は語る。「そうした考えから、当院に関して皆さまがお探しになっているほとんど全ての情報を、 **152** ウェブサイトにアクセスして見つけ出すことができます」。病院側は新しいウェブサイトはすぐに地域社会に役立つとしている。ウェブサイト www.dph.org にアクセスして、自由にコメントできる。

152. Flannagen 氏は何と述べていますか。

(A) 情報は毎日ウェブサイトに更新される。
(B) 問題はオンラインチャットで解決できる。
(C) 住民は情報収集に協力する。
**(D) 人々が情報をすぐ入手できるようになって
ほしいと病院は思っている。**

Flannagen さんの発言が数回引用されていますが、文の後半で「新しいウェブサイトにアクセスすれば、必要な情報を見つけられる」と述べています。これを at people's fingertips と言い換えている (D) が正解です。

---

153. [1]、[2]、[3]、[4] と記載された箇所のうち、次の文が入るのに最もふさわしいのはどれですか。

「この念願のサイトの開設にこぎつけたのは、病院の患者サポート室に何年にもわたって問い合わせがあったためだ」

(A) [1]
(B) [2]
(C) [3]
(D) [4]

挿入文は、長年問い合わせがあった結果、this well-needed tool ができたと読むことができます。この tool とは文章からウェブサイトのことだと考えられます。[1] にこの文を入れると、直前のウェブサイトの公表を受けて、その理由を説明していることになります。[1] の後、利用者の声を具体例として紹介している文にもうまくつながります。よって正解は (A) です。

☐ unveil ～を公開する ☐ billing 請求の、精算の ☐ spokesperson 広報担当者
☐ straightforward わかりやすい、単純な ☐ registration 登録 ☐ citizen 市民
☐ in the loop (決定の) 一員となって、関与して ☐ transparent 透明な、明快な ☐ asset 財産
☐ via ～を経由して、～を介して ☐ gathering 集めること ☐ be at one's fingertips すぐに利用できる

Test 1 Follow-up 1

91

発行日：2018 年 12 月 16 日

Promotion King
ノースカロライナ州 Adelais 27007
Winter Court 1190 番地
連絡先：Gary Feldman
gary@promotionking.com
704-555-2876　内線 136

お客さま：Jamous Dealership
155 ワシントン州 Tamaska 98003
154 （2009 年 7 月〜）Helena Parkway 717 番地
連絡先：Cynthia Clough
c-clough@jamous.com
206-555-2388　内線 44

商品番号	商品内容	数量	単価	詳細	合計
9833	紺色 T シャツ、**155** L サイズ	100 枚	2.50 ドル	ロゴ白	250 ドル
5645	紺色キャップ、調節可能	100 個	3.00 ドル	ロゴ白	300 ドル
1026	白色タッチペン	50 本	0.75 ドル	ロゴ紺	0 ドル
					総計：550 ドル

注意：500 ドル以上ご注文いただいた感謝の印として同梱いたしました無料の商品をお使いください。今回の商品にご満足いただき、**155** さらにご注文をご希望の場合、会計時に 10％割引が適用されるコード「FREE10」をお使いください。またのご注文をお待ちしております。Promotion King で必要なものは何でもお探しください。当店では何百という販促製品を取りそろえています。現在の特価品については、在庫一掃セールのページをチェックするのをお忘れなく！

154. Jamous Dealership について何がわかりますか。

(A) 従業員が 100 人いる。
(B) 支店がいくつかある。
(C) 最近設立された会社だ。
(D) 過去に Promotion King を利用したことがある。

請求書の冒頭から、Promotion King との取引は 2009 年から行われていることがわかります。以前から取引があったということなので、(D) が正解です。

155. 請求書で述べられていないことは何ですか。

(A) 発送先
(B) 洋服のサイズ
(C) 今後の割引の機会
(D) Promotion King の支店数

(A) は請求書上部に住所が記載されています。また注文内訳のところで T シャツのサイズがありますので、(B) も本文の記述と合います。(C) は、NOTE のところに今後購入する際の割引についての情報が記載されています。よって残った (D) が正解です。支店数についての言及はありません。

□ ext. 内線番号（extension の略）□ quantity 数量 □ adjustable 調整できる □ stylus 尖筆、針
□ token 印 □ appreciation 感謝 □ promotional 販売促進の □ clearance 在庫一掃
□ utilize ～を利用する

宛先：Yvonne Masters <masters@atc.com>
差出人：Bert Hanus <hanus@atc.com>
件名：夏のインターン
日付：5 月 15 日

こんにちは、Yvonne

今月の 20 日からそちらの部署で夏のインターンが始まることを再度確認したく、連絡しています。配置されるインターンの氏名は Andrew Clemens で、159 Freighton University でマーケティングを専攻していますので、彼をそちらの部署に配置しました。157 159 例年の学生と同様、マーケティング部の部長として Clemens さんを温かく迎えてあげてください。予定を空けてもらう必要はありませんが、1 日か 2 日は行動をともにし、156 また彼がスタッフ全員の顔と名前を覚えられるよう、部員と一緒にランチに連れていってあげてください。

インターンシップの期間中、会社は彼や他のインターンを正社員と同様に扱います。つまり、Clemens さんの勤務時間は午前 9 時から午後 5 時までで、この時間を守っていただければと思います。遠慮なく Clemens さんには必要な作業の方法を指導してください。将来的に必ず、そちらの部署と彼の両方のためになりますので。最後に Clemens さんは来年度末に卒業予定なので、インターンシップ終了後に、彼を正社員として雇い入れる可能性があります。会社にとって有為な人材となるかどうかを判断するために、157 158 仕事に対する彼の考え方と勤務態度を評価してください。当方でインターンシップ終了までに書類を作成し、Clemens さんには通知しますので、8 月 1 日までに決めてください。

インターンシッププログラム成功のために協力していただき、ありがとうございます！

Bert Hanus
人事部

156. Clemens さんについて何がわかりますか。

(A) 以前その会社で働いたことがある。
(B) Masters さんのチームのスタッフに会ったことがない。
(C) Masters さんと一緒に働けるよう頼んだ。
(D) その会社でのインターン後に学校から単位をもらう。

第 1 段落 4 文目で「スタッフ全員の顔と名前を覚えられるよう、Clemens さんを食事に連れていくように」と述べています。Clemens さん自身はこれから一緒に働くことになる社員をまだ知らないことがわかりますので、(B) が正解です。

---

157. Masters さんについて正しくないものは何ですか。

(A) 以前にもインターンと一緒に働いたことがある。
(B) 部長だ。
(C) インターンシッププログラムに最近変更を加えた。
(D) Clemens さんを採用するか将来決めることができる。

第 1 段落 3 文目で Masters さんは「例年の学生と同様、マーケティング部の部長として、Clemens さんを迎えてほしい」とお願いされているので、(A) と (B) がこれに該当します。また、第 2 段落後半で Clemens さんを評価するようお願いし、評価の結果を伝える期限が書いてあります。今後 Clemens さんの採用の可否を決定できると考えられますので、(D) がこれに該当します。よって、本文で述べられていない (C) が正解です。

---

158. Hanus さんの会社について何が示されていますか。

(A) 異なる市場に拡張しつつある。
(B) 有能な社員を求めている。
(C) 他社向けにマーケティングキャンペーンを行っている。
(D) 若手従業員のコンピューター技術を高く評価している。

Hanus さんの会社について述べられていることは何かが問われています。第 2 段落 5 文目に Clemens さんを正社員として雇い入れる可能性があるとありますが、その後、Hanus さんは Masters さんに会社にとって有益な存在かどうかを評価するよう頼んでいます。インターン生が自動的に入社するのではなく、能力のある人材を探していることがわかるので、このことを capable personnel とした (B) が正解です。

---

159. [1]、[2]、[3]、[4] と記載された箇所のうち、次の文が入るのに最もふさわしいのはどれですか。

「というわけで、彼をそちらの部署に配置しました」

(A) [1]　　　　(B) [2]
(C) [3]　　　　(D) [4]

挿入文冒頭に This is why とあるので、部署配置の理由としてふさわしい文が直前に来ると考えます。[1] の前ではインターン生が紹介されており、彼は「マーケティングを専攻している」とあります。また、空所直後には「マーケティング部の部長として」と書いてあります。よって、「マーケティングを専門にした学生だから、マーケティング部の部長である Masters さんのところに配置した」という流れに合うので、(A) が正解です。

☐ appreciate ～に感謝する ☐ employment 雇用 ☐ completion 完成、修了 ☐ evaluate ～を評価する
☐ ethic 倫理 ☐ attitude 態度 ☐ determine ～を決定する ☐ paperwork 事務処理
☐ Human Resources 人事部 ☐ modification 修正 ☐ expand 拡大する ☐ personnel 人材
☐ marketing campaign マーケティングキャンペーン

問題 160-161 は次のテキストメッセージのやり取りに関するものです。

Ben Baruch（午後 1 時 1 分）
今朝メールで送った契約書の草案のことだけど、どう思った？

Anjali Nanayakara（午後 1 時 2 分）
どれ？　今日は何ももらってないけど。

Ben Baruch（午後 1 時 3 分）
そう？　どうしてだろう。 **161** 今、もう一度送る。 **160** 変更を加えて、Price さんに午後 3
時までに送らないといけないから、すぐそれについて何かコメントしてくれれば助かるんだけど。
いつも君の意見を大切にしてるんだ。

Anjali Nanayakara（午後 1 時 7 分）
メール受け取った。今すぐざっと目を通して、AMC 社に行く途中で電話する。

96

160. Baruch さんについて何が示されていますか。

(A) ある文書に関して意見を欲しがっている。
(B) すでに Price さんに仕事を送った。
(C) 取引契約に応じることを忘れた。
(D) 午前中はオフィスにいなかった。

午後 1 時 3 分のメッセージで、契約書の草案について変更する必要があるので確認してほしいと伝えています。これをフィードバックとした (A) が正解です。

---

161. 午後 1 時 7 分に、Nanayakara さんが "Okay, I got it" と書くとき、何を意図していますか。

(A) オフィスへ向かう際に Baruch さんに連絡をする。
(B) 迷惑メールボックスの中に、Price さんからのメッセージを見つけた。
(C) Baruch さんから文書の草案を受け取った。
(D) 午後 3 時に Price さんに相談する。

問われている表現の前には、「もう一度送る」と Baruch さんが言っていました。I got it はそれを受けているので、これは I got the draft of the contract という意味だとわかります。よって (C) が正解です。

Test **1** Follow-up **1**

 □ feedback 意見、反応、フィードバック □ document 文書 □ bargain 契約、取引

問題 162-164 は次のメールに関するものです。

宛先：Alexander McMillan <alexm@taylorhouse.com>
差出人：Gloria Chen <gloriac@taylorhouse.com>
件名：研修プログラム
日付：8月22日

Alex

依頼どおり、研修プログラムについて調べました。 **162** しっかりとした研修プログラムを実施している会社は格段に、他社よりも離職率が低く、従業員満足度や生産性が高く、売り上げもよいなど、他にもいろいろメリットはあるようです。研修プログラムは多額の費用がかかると思うでしょう。まあ実際かかります。でもその投資のリターンはとても大きいので、他がどうして行わないのか疑問に思っている会社があるそうです。仮にうちで研修プログラムを社内に取り入れると決めた場合、当然、プログラムの効果を評価することが大切です。そのためには、後々比較するための基本データを今から入手しておく必要があるでしょう。とにかくもう遅いので、家に帰ります。もしよければ、明日の午前中にもっと詳しく話しましょう。会社にはいませんが、一日家で仕事をしているので電話してください。

ああ、ところで、今日一日ずっとコピー機が故障していました。 **164** 会社で直し方のわかる人が誰もいなくて、Stacy Bardell が Office Solutions に電話をかけてくれました。彼女がコピー機修理担当者と故障について話をし、全て対応してくれます。明日の修理で解決するといいんですが。最新情報はこれで全てです。出張がうまくいくことを願ってます！

Gloria
397-555-9999

162. 研修プログラムについて正しくないもの
は何ですか。

(A) 売り上げの増加に貢献する。
(B) 従業員の在宅勤務を可能にする。
(C) 会社が従業員をより長くつなぎ留めておく
のに役立っている。
(D) 従業員の生産性の向上に役立っている。

第1段落2文目で研修プログラムのメリットとし
て、離職率の低下をはじめとして、従業員満足度や
生産性の向上、売り上げの増加が挙げられていま
す。(A)・(C)・(D)がこれに該当するので、残った
(B)が正解です。

163. McMillan さんの会社について何がわか
りますか。

(A) 業務改善の方法を検討している。
(B) 海外へ事業を拡大している。
(C) 他の会社への研修事業を行っている。
(D) 経験豊富な修理工が多くいる。

第1段落から、研修プログラムを取り入れている
企業のメリットが述べられており、McMillan さん
と Chen さんの会社が研修の実施を検討している
ことがうかがえます。よって、これを言いまとめて
いる (A) が正解です。

164. Bardell さんについて何が述べられてい
ますか。

(A) Office Solutions で働いている。
(B) オフィス用品を発注した。
(C) 技術者の応対をする。
(D) コピー機について Chen さんに連絡した。

Bardell さんは第2段落、コピー機故障のところで
出てきます。第2段落2～3文目に Bardell さん
が修理の人と連絡を取って、コピー機修理に対応
するとあります。よって (C) が正解です。

☐ markedly 著しく ☐ turnover rates 離職率 ☐ measure ～を測る ☐ baseline 基準値
☐ comparison 比較 ☐ in depth 広く、徹底的に ☐ update 最新情報 ☐ contribute 貢献する
☐ boost 増加、向上 ☐ enable（人）に～を可能にする ☐ remotely 離れて ☐ productivity 生産性
☐ expand ～を拡大する

📷 問題 165-167 は次の記事に関するものです。

コロラド州、ルイビル―アオナガタマムシ（EAB）はアジア原産のメタリックグリーンの甲虫。
自然環境下では生息数が抑制されあまり多くなかったため、1990 年代に北米に偶然持ち込まれ
るまではあまり知られていなかった。原生地以外で、**165** EAB が原因で何百万本というトネリ
コの木々が枯れ、それがきっかけとなってこの昆虫について非常に多くの研究が行われてきた。
これまでのところ、EAB を食い止めるのに殺虫剤が最適なことが判明したが、効果を最大限にす
るためには、その種類や時期を慎重に決定しなければならない。

166 処置は昆虫のライフサイクルの 2 つの段階、すなわち成虫と幼虫の段階で行われると効果
的である。それゆえ、殺虫剤の使用は虫が毒素と接触する時期、成虫は 3 月、幼虫は 5 月が最適
だ。**166** EAB の幼虫はトネリコの樹皮の内側に巣くうが、そのため殺虫剤の効果は限定的だ。
土壌浄化や樹幹注入用の浸透性殺虫剤が、**167** 毒素を幹や枝の隅々にまで行き渡らせるほどに
健康な木々には功を奏する。さらに成長した木々では、保証はできないものの、樹幹散布が頼み
の綱かもしれない。同時に、殺虫剤は木の損傷の広がりを阻止するのみであり、**166** 損傷を元に
戻すことはできないことに留意することが重要である。

当局者は常時地域の木々の健康状態を調査している。ただ、被害樹木の観察や被害経路に関する
具体的な情報収集は行っていない。こうしたことから、地域のトネリコの木々の健康状態や将来
起こりうるあらゆる変化に対して注意を払うことは、地域の樹木医や有資格団体の責務である。

処置に関する詳細な情報は、トネリコを EAB から守るためのオンラインガイド、www.EAB.info
を参照のこと。

165. トネリコの木々について何が示されていますか。

(A) 殺虫剤で処置されたほとんどが十分に回復する。

(B) 起伏に富んだ地域に植えられているところだ。

(C) アジアから北米に持ち込まれた。

(D) 虫に食われてダメージを受ける。

第1段落3文目に「EAB が原因で何百万本というトネリコの木々が枯れ」という記述があります。また、文章全体で EAB がトネリコにもたらす被害とその対処法について述べているので、(D) が正解です。

---

166. アオナガタマムシについて正しくないものは何ですか。

(A) 夏の間に数が増える。

(B) 一生において2つの脆弱な時期がある。

(C) 幼虫のときには木の幹の中に住んでいる。

(D) 回復不能のダメージをトネリコの木に与える。

第2段落1文目で、「殺虫剤の効き目のある時期が2つある」と述べているので、(B) はこれに当てはまります。また、第2段落中ほどに「EAB の幼虫はトネリコの樹皮の内側に巣くう」とあるので、(C) も当てはまります。第2段落の最後に they cannot reverse it とあるので、これを irreversible damage と言い換えた (D) も当てはまります。(A) は本文中に言及がないため、これが正解です。

---

167. [1]、[2]、[3]、[4] と記載された箇所のうち、次の文が入るのに最もふさわしいのはどれですか。

「さらに成長した木々では、保証はできないものの、樹幹散布が頼みの綱かもしれない」

(A) [1]　　　　　(B) [2]

(C) [3]　　　　(D) [4]

挿入文冒頭の As for はそれまでの内容と関連してはいるものの、新しい話題を提示する際に用いられます。[3] の直前の文を見ると、「殺虫剤は健康な木々には効果的」とあるので、「さらに成長した木々では」とこれと対比させて新しい話に移っていることがわかります。よって、正解は (C) です。

問題 168-171 は次の書評に関するものです。

おススメ ★★★★☆

投稿者：George Knudtson | 日付：7 月 1 日 18 時 15 分

『A Birthday Gift: 10 Stories for the Days Leading Up to Your Special Day』
著者：Marcy Staples | 233 ページ、Maurition Press 社、28 ドル

168 ベストセラー作家で詩集『L Is for Lace』で最もよく知られている Marcy Staples が戻って来ました。**168** 子ども 2 人を育てるため 7 年間、一時的に筆をおいた後、活動を再開し、秀作を出版しました。『A Birthday Gift: 10 Stories for the Days Leading Up to Your Special Day』がそれで、彼女の人生の 1 つの節目に発表された必読の小説です。**168** 同書で Staples は何年にもわたって誕生日に彼女が得た直観その全てを織り込んでいます。その中には謎めいたものもあれば、笑ってしまうようなものもありますが、佳作の 1 つ、亡き母の誕生日にその母の思い出にふける男性についての『A Mother's Touch』は、涙を誘うと同時に、亡くなった最愛の人の特別な日に、誰もが経験する悲しみに光を当てています。この本は一人でも、また他の人とでも毎年読み返すのがいいでしょう。子どもの誕生日に一緒に読めたらと思いましたが、子どもが理解するには難しく、これはもっと後になってからにしないといけませんね。

170 『A Birthday Gift』の装幀は美しく、贈り物にはぴったりです。驚くほど美しいので、身近な人に贈らないわけにはいきません。それだけでもすごいですが、さらに Staples は収益の 10 パーセントを彼女が懇意にしている慈善団体 Those in Need に寄付しています。

発売後、同書は全国売上ランキングで 1 カ月間第 3 位となり、その後第 2 位にランクを上げ、発売後 1 カ月半で第 1 位に輝きました。その人気ぶりから、Staples はさまざまなテレビ番組でインタビューを受けたり、全国で講演をしています。さらに、唯一 Barbara Sue Shuffles に第 1 位の座を譲ってしまいましたが、Grace Trinka Franklin、Shirley D. Linden とともに、Staples はこの作品で Women's Literary Award にノミネートされた 4 人の作家の 1 人となりました。**171** ノミネートされた人は People's Choice コンテストにエントリーされましたが、Women's Literary Award 勝者は Library of Congress の記念銘板にその名を刻まれました。

168. Staples さんについて正しくないものは何ですか。

(A) 子どもたちの面倒を見るために休みを取っていた。
(B) 詩で有名になった。
(C) 普段、昼食後に子どもたちに本の読み聞かせをしている。
(D) 誕生日の思い出から着想を得た。

第1段落1文目の「詩集『L Is for Lace』で最もよく知られている」という箇所に (B) が該当し、2文目の「子育てのため一時ペンをおいた」という箇所に (A) が該当します。3文目には「誕生日に彼女が得た直観の全てを織り込んだ」とあるので、これに (D) が該当します。weaves all the epiphanies が難しい表現でしたが、わかりましたでしょうか? 出現機会は少ないので、わからなくても、前後の文面から「誕生日から物語を作ったのかな」と見当を付けてみましょう。以上から、残った (C) が正解です。

169. 第1段落・9行目にある elicits に最も意味が近いのは

(A) ～を理解する　　**(B) ～を引き出す**
(C) ～を一致させる　(D) ～を認識する

ここでの elicits は、「『A Mother's Touch』は、涙を誘う」のように「～を引き出す、もたらす」という意味で使われています。これと同じ意味になるのは、(B) causes です。

170. 『A Birthday Gift』について何が示されていますか。

(A) ギフトとして贈るのにふさわしい。
(B) あらゆる年齢の人向けのものだ。
(C) Staples さんはすでに続編を書き終えている。
(D) Staples さんは彼女の子どもたちに助けてもらって執筆した。

第2段落1文目で「『A Birthday Gift』の装幀は美しく、贈り物にはぴったりです」と述べていますので、(A) が正解です。(B) の「あらゆる年齢の人々」は、第1段落7文目に「子どもには理解しにくい」という記述があるので当てはまりません。

171. Staples さんは賞のノミネート者として何を受け取りましたか。

(A) 有名なテレビ司会者に会うこと
(B) 別のコンテストで勝つためのチャンス
(C) 名前の入った銘版
(D) Library of Congress への訪問

文章の最後の文で、「ノミネートされた人は People's Choice コンテストにエントリー」とあるので、(B) が正解です。(C) はコンテストにノミネートされた人ではなく、勝者のことなので不正解です。

□ temporarily 一時的に □ retire ～を退職する □ landmark ランドマーク、画期的な
□ weave ～を織る、組み立てる □ epiphany 物語 □ exceedingly 極めて
□ elicit (笑いなど) ～を誘い出す、引き出す □ universal 普遍的な □ package ～を包装する □ gift 贈る
□ stunning 素晴らしい □ generously 気前よく □ contribute ～を寄付する □ proceeds 収入、所得
□ nominate (人) を指名する、ノミネートする □ nominee 指名された人、候補者 □ plaque 額
□ sequel 続編

問題 172-175 は次のオンラインチャットでの話し合いに関するものです。

Malachi McNamara（午前 8 時 12 分）
やあ、みんな。木曜日の Amos 社での大きな会議に同席するよう、Roberts さんが頼んできたんだ。 **172** Amos 社向けに会社が作った試作品について説明するのを手伝うためなんだ。けど、午前中は新入社員を見学に連れて行くことになっていて、誰か手伝ってくれる人いないかな？

Martha Green（午前 8 時 13 分）
おめでとう！ すごいですね。

Malachi McNamara（午前 8 時 14 分）
172 **173** ありがとう、Martha。選ばれて光栄だよ。

Greig Dupe（午前 8 時 14 分）
あと 2 日しかないね。午前中ずっとミーティングで、予定を変更できない。

Francine Vyborny（午前 8 時 15 分）
見学を別の日にすることはできない？

Malachi McNamara（午前 8 時 15 分）
初日にやってもらいたいみたいなんだ。

Greig Dupe（午前 8 時 16 分）
午後でもいいなら、私がやっておこうか。

Malachi McNamara（午前 8 時 17 分）
ありがとう。じゃあ、それで決まりだね。 **174** 新入社員は日中どこかの時間で会社のビデオを見ないといけないから、それを午前中にすればいいとして、1 時はどう？

Greig Dupe（午前 8 時 18 分）
了解。 **175** でもルーム A は会議で午前中ずっと押さえてあって。

Malachi McNamara（午前 8 時 19 分）
大丈夫。人事に聞いて、他に空いている部屋がないか確認する。

Martha Green（午前 8 時 20 分）
それか、休憩室でならいつでもできるんじゃない。コーヒーを入れに来られれば、誰も気にしないと思う。

Malachi McNamara（午前 8 時 20 分）
そうだね。その方がむしろ都合がいいかもね。Roberts さんにそれで問題がないか聞いておく。それが部署全体に迷惑をかけることになると思わないでくれるといいんだけど。

Greig Dupe（午前 8 時 22 分）
ところで、カードキーやコンピューターのログイン、プリンターとかについて説明する必要はある？

Malachi McNamara（午前 8 時 24 分）
いや。会社の人に新人の顔を知ってもらうために、各部署を見て回って、簡単に挨拶するだけだから。見学が終わって、他のことを片付けるのに 2、3 時間は見るんじゃないかな。

172. McNamara さんについて述べられていないことは何ですか。
(A) 近々行われる新しい試作品の発表に同席するよう頼まれた。
(B) 木曜日はオフィスにいない。
(C) 新入社員向けのビデオを作成した。
(D) Roberts さんと一緒に行動できて幸運に感じている。

冒頭のメッセージで、McNamara さんが試作品の説明のために Amos 社を訪問するとわかりますので、(A) と (B) はこれに当てはまります。また、8 時 14 分に McNamara さんが「選ばれて光栄」と言っているので (D) はこれに当てはまります。よって、残った (C) が本文では述べられておらず、これが正解です。新入社員向けのビデオを McNamara さんが作成したという内容は本文にはありません。

173. 午前 8 時 13 分に Green さんが "That's a big compliment" と書くとき、何を意図していると考えられますか。
(A) 助言を求められてうれしく思っている。
(B) McNamara さんが抜擢されて感心している。
(C) 新入社員とともに働くことができて光栄に思っている。
(D) 会議室を予約できて安心している。

前の文脈で「同席者に選ばれた」ということがわかり、Green さんのメッセージに対して McNamara さんは「選ばれて光栄」と返しています。ここから「感心している」という意味の (B) が正解です。compliment は名詞で「賞賛、賛辞」という意味で、that's a big compliment で「それはすごいことだね」と相手を褒める場合に使います。(A) は Green さん自身が助言するわけではないので不正解です。(C) は新入社員のオリエンテーションに関するもので、ここでは不正解です。(D) の会議室とはこの時点では何のことか不明です。

174. 新入社員について何が示されていますか。
(A) 午前中にビデオを見る。
(B) 人数は前年より今年の方が多い。
(C) もうすでにオリエンテーションを終えている。
(D) Amos 社との会議に出席する。

8 時 17 分のメッセージからビデオを見ることがわかりますので、(A) が正解です。(D) の Amos 社との会議は、冒頭の McNamara さんの発言に出てきました。しかしこれは McNamara さんが頼まれた仕事で、新入社員のオリエンテーションとは関連がないため不正解です。

175. ルーム A について正しいものは何ですか。
(A) 木曜日の午前中はずっと使われる。
(B) 小さすぎて新入社員全員は入らない。
(C) 休憩室のすぐ隣にある。
(D) 別の部署のところにある。

8 時 18 分のメッセージから、見学の日の木曜日は Room A は Dupe さんが午前中打ち合わせで押さえていることがわかります。よって、(A) が正解です。

□ recruit 新人 □ compliment 褒め言葉、お世辞 □ reschedule ～の予定を変更する □ login ログイン
□ leftover 残りの □ upcoming 来る、予定している □ prototype 試作品
□ flatter ～を得意がらせる、うれしくさせる □ relieve ～を安心させる □ orientation オリエンテーション

William Bettendorf 校長

5 月 4 日

Nameth High School
メリーランド州 Harland 20601
Spring Street 435 番地

Bettendorf さま

176 改めまして、昨日は Nameth High School の運営部長職の面接の機会をいただき、ありがとうございました。この職には細かい配慮と複数の業務を同時に行うスキルが不可欠であるとのお話をお聞きして、自分こそがこの職にふさわしい候補者であると意を強くした次第です。

私は今のところまだ詳しくはありませんが、NJN と LDFS という 2 つのプログラミング言語についての幅広い知識が運営部長には必須であることは承知しております。ですが、私の強みの 1 つは、新しい作業や技術を身に付けるスピードにあります。例えば、大学生のころには編集助手として、ただ 1 度のセミナーで **180** ウェブサイトを作るためのソフトウエア、TypePress を使いこなせるようになりました。わずか 2 カ月で、新人の編集のインターンに TypePress のセミナーを行っていました。新採用の運営部長は 7 月 31 日までには勤務を開始するとおっしゃっていました。面接後、**177** NJN と LDFS の両方の使い方に関する 6 週間の講座を受講し始めました。両プログラミング言語を使いこなせるよう、目下奮闘中です。

私のリーダーとしての経験、組織運営力、そして技術的な理解力をもって、Nameth High School の皆さんの重要なメンバーとなるべく万全の準備を整えているところです。面接のお時間いただいたことに感謝するとともに、この職についてお返事をお聞きするのを楽しみにしております。

敬具

Helen Frasier

宛先：Helen Frasier <hlfrasier@uno.com>
差出人：Ronald Falconer <falconer@nhs.edu>
件名：歓迎します
日付：6 月 30 日

こんにちは、Helen

Nameth High School のメンバーにお迎えすることを、私たち全員がとても心待ちにしていることをお伝えしたく、取り急ぎご連絡しています。合意したとおり、**177** 初出勤日は7月8日火曜日です。午前7時にこちらに来てください。ご参考までに、服装規定はビジネスカジュアルです。

当校では授業時間外のスケジュールについてはあまり厳密ではありませんので、勤務時間については火曜日に来たときに話し合いましょう。**178** 最初の数日の予定の概要は次のとおりです。新規雇用者用の書類に記入して、私が担当するオリエンテーションに参加してもらいます。新しい仕事と学校の両方に慣れてもらうために、Leslie Bryant に実地研修をしてくれるよう頼んでおきました。担当していただく仕事のあらゆる部分につき彼女は経験してきています。オフィスは彼女の隣なので研修を続けることもできます。加えて、全職員との顔合わせのためのミーティングの予定を立てました。出勤の火曜日までには、予定を確定し準備しておくようにします。ところで、職員へのコンピューターシステムの研修を実施していただくために今後の日程を調整しているところです。また、**180** 現在学校のウェブサイトの変更も考えているので、大学時代にHelen さんが学んだソフトウエアについて助言をお願いすることもあるかもしれません。全てが決定し次第、詳しくお伝えします。

差し当たり、何かご質問があれば遠慮なく私にメールか電話をください。私の番号は 555-7237 です。私たち一同、一緒に働くことを本当に楽しみにしています。

Ronald Falconer
Nameth High School、秘書

176. Bettendorf さんについて何が示されていますか。

(A) Frasier さんから書類を受け取る必要がある。
(B) Frasier さんの面接官を務めた。
(C) 学校のコンピューターシステムについて詳しい。
(D) Falconer さんとオフィスを共有する。

手紙の第1段落で、Frasier さんは Bettendorf さんに面接のお礼を述べていますので、正解は (B) です。(A) については、書類の記入を求める内容はメールにありましたが、Bettendorf さんからの要望ではありませんので、不正解です。

177. Frasier さんについて述べられていないことは何ですか。

(A) 7月から新しい仕事を始める。
(B) 新しい職員へのオリエンテーションを行う。
(C) いくつかのプログラミング言語を学び始めた。
(D) 新しい仕事のための技術をすでに学んでいる。

Frasier さんについて述べられていないことが問われています。手紙の第2段落終わりの方で「ソフトウエアに関する6週間の講座を始めた」という箇所が (C)(D) に当てはまります。さらに、メールの第1段落2文目の「初出勤日は7月8日」という箇所が (A) に当たるので、残った (B) が正解です。(B) の run はここでは他動詞として使われ、「～を実施する」という意味ですが、Frasier さんはオリエンテーションを受ける側ですね。

178. Falconer さんについて何が示されていますか。

(A) 郵便で Frasier さんに書類を送った。
(B) Frasier さんのミーティングに同行する。
(C) 火曜日に Frasier さんの面接をしたいと思っている。
(D) Frasier さんの勤務開始後の数日間の手配をしている。

メールの第2段落2文目で「最初の数日の予定の概要は次のとおり」とあり、その後 Falconer さんが、Frasier さんが最初の数日間で学校に慣れるためのいろいろな準備を行っていることがわかりますので (D) が正解です。

179. メールの第2段落・7行目にある created に最も意味が近いのは

(A) ～を押しのけた
(B) ～に滞在した
(C) ～を作成した
(D) ～を見つけ出した

該当箇所を読むと、「ミーティングの予定を立てた」ということなので、ここでの create は「作成する」という意味です。よって正解は (C) です。draw up は最終的な完成だけでなく、仮に作成した上で相手にお伺いを立てるようなニュアンスも含みます。

180. Nameth High School のウェブサイトについて正しいものは何ですか。

(A) デザインはほとんどの学校で使用されているものと似ている。
(B) かなり複雑だ。
(C) 学校の年度始めに更新された。
(D) リニューアルは TypePress を使用するかもしれない。

手紙の第 2 段落中ほどで Frasier さんは「大学生のころにソフトウエア、TypePress を使いこなせるようになった」と述べています。また、メールの第 2 段落終わりで、「現在学校のウェブサイトの変更を検討中で、Frasier さんが大学で学んだソフトウエアについて助言をお願いしたい」と述べています。よって、ウェブサイトの改良には TypePress が使われるかもしれないとわかるので、(D) が正解です。

□ interview（人）と面接をする □ multitasking 複数の仕事を同時にする □ essential 不可欠な、主要な
□ confident 自信のある □ ideal 理想的な □ operation 操業 □ extensive 広範な
□ programming language プログラミング言語 □ leadership リーダーシップ □ organizational 組織の
□ overly 過度に □ paperwork 事務処理、手続き □ orientation オリエンテーション □ aspect 面、角度
□ be adjacent to 〜の隣である □ on-going 進行中の、継続している □ finalize 〜を仕上げる、決定する
□ improvement 改善 □ don't hesitate to 遠慮なく〜してください
□ interviewer インタビュアー、面接官 □ organize 取り仕切る □ complex 複雑な □ renewal 再開、更新

宛先：ceo@liangoods.com
差出人：louise@inspect.com
件名：点検結果報告
日付：11 月 15 日

Lian さま

年次点検の際は工場をご案内いただき、ありがとうございました。状況は概ね悪くありませんでしたが、対応をお願いしたい懸念事項がいくつかありました。報告書全文のコピーは郵送しますので、一両日中には届くかと思います。取り急ぎ懸念事項をここに挙げておきますが、詳しくは報告書をご覧ください。

第一に、作業の流れはスムーズでしたが、生産ラインはフル稼働状態です。もし増産の計画があるようでしたら、今後の点検に合格するには生産ラインをもう一つ増やすことが求められることにご注意ください。第二に、工場入口の扉を除いて、安全標識は全ての場所にきちんと取り付けられていました。従業員と場内へ入る全ての人向けに、起こりうる危険を警告する標識を取り付けてください。また、貴社が従業員に対して応急処置の訓練を実施していないことに気付きました。全従業員は 2 年に 1 度、講座を受講することが求められています。**181** 基準に合う講座と機関の一覧は、当社のウェブサイトでご覧になれます。最後に、化学原料が保管されている倉庫に換気装置はあるものの、**182** 当方の基準を満たしていません。これは、工場全体の空気の質を維持するためにも直ちに改善する必要があります。適切なシステムについては私どものウェブサイトをご確認ください。

183 私どもには厳格に法を遵守する義務があります。ですから、次の点検日、1 月 8 日までには改善が完了していることが必須です。この日までに問題がそのままであれば、貴社には罰則が科せられます。**183** 2 カ月以内に行われる次の点検日までに問題が解決していない場合は、工場閉鎖の恐れもあります。以上の懸念事項を真摯に受け止めてください。私は貴社の法令遵守のお役に立てればと思っており、また貴社のご成功を願っております。もし何かご質問があれば、**183** 下記番号まで私に直接ご連絡ください。

よろしくお願いします。

Louise Martin
検査官
812-555-3479 内線 53

宛先：ceo@liangoods.com
差出人：louise@inspect.com
件名：点検結果報告
日付：1 月 12 日

Lian さま

1 月 8 日の点検にご協力いただき、ありがとうございました。 **184** 今回、貴社の工場は問題なく合格されたことをここにご報告します。点検手続きはほぼ完了しました。現在、事務手続きを終わらせて、署名中です。記録保管用にコピーをメールでお送りします。また原本は役所へ送付します。正式に受理されれば検査済証明書が発行されます。通常 1 カ月程度かかりますので、受け取りまでにしばらくお待ちください。 **185** 証明書はオフィスの目立つ場所に掲示することが法律で定められています。次回の貴社工場の点検の際に確認いたします。

よろしくお願いします。

Louise Martin
検査官
812-555-3479 内線 53

181. Martin さんについて正しいものは何ですか。

(A) **Lian さんに、詳細はウェブサイトにアクセスするよう促している。**
(B) Lian さんの会社に対して措置が講じられるよう勧めている。
(C) Lian さんがよい建設請負業者を見つけるのを手伝う。
(D) 地元の警察に勤めている。

最初のメールの第 2 段落 7 文目で、「基準に合う講座と機関の一覧は、当社のウェブサイトでご覧になれます」と言っています。つまり、訓練を行うために必要な情報をウェブサイトで見るように促していますので、(A) が正解です。(B) の against は「〜に対抗して」という意味の前置詞ですが、Martin さんは改善を求めているだけです。よって (B) は不正解です。

182. 倉庫についてどんな問題が示されていますか。

(A) 化学薬品のラベルが誤っている。
(B) **設備が適切ではない。**
(C) 扉が完全には閉まらない。
(D) 休憩室に近すぎる。

最初のメールの第 2 段落 8 文目で、「倉庫の換気装置が当方の基準を満たしていない」と述べているため、正解は (B) です。8 文目の説明を improperly equipped と表現しているのはいかにも TOEIC らしい表現ですね。

183. 1 通目のメールの中で工場の改善変更事項について述べられていないことは何ですか。

(A) 2 カ月以内に行われるべきだ。
(B) 法に従って行われなければならない。
(C) Martin さんと電話でその件を話し合うことができる。
(D) **会社の保険で費用がまかなわれる。**

最初のメールの第 3 段落 1 文目「厳格に法を遵守する義務がある」が (B) に該当し、その後 4 文目「2 カ月以内に行われる次の点検日までに問題が解決していない場合は、工場閉鎖の恐れがある」が (A) に該当します。さらに最後の「下記番号まで直接ご連絡ください」という箇所は (C) に該当するため、残った (D) が正解です。

184. Martin さんは 2 回目の点検について何と言っていますか。

(A) 予定していたよりも完了するのに長くかかった。
(B) **前回の点検時よりもスムーズに実施された。**
(C) 別の日に予定が変更された。
(D) 工場長自身が工場内を案内した。

Martin さんは 2 番目のメールで、「貴社の工場は問題なく合格した」と述べていますので、前回指摘された点が改善され、点検がスムーズに終わったことが推測できます。よって、(B) が正解です。

185. Martin さんによれば、次の点検時までに何が起こりますか。

(A) メイン倉庫の隣の部屋を点検する。
(B) 以前の点検報告書を求める。
(C) 別の検査官を一緒に連れてくる。
(D) 点検証明書がきちんと掲示されているかを確認する。

Martin さんは Lian さんに対して2番目のメールの後半で、次回の点検で証明書が目立つ場所に掲示されているか確認すると述べています。よって、(D) が正解です。

□ inspection 点検 □ concern 不安な点、心配 □ highlight ～を強調する □ workflow 作業の流れ □ at capacity 能力いっぱいに □ caution 注意事項 □ note ～に気付く □ first aid 応急手当て □ acceptable 受け入れ可能な □ ventilation 換気 □ house（物品など）～を収める、収容する □ comply with ～に応じる、適合する □ standard 基準 □ ensure ～を確実にする、保証する □ maintain ～を維持する □ strictly 厳しく □ enforce ～を遵守させる □ incur ～を負う □ penalty 罰 □ closure 閉鎖 □ adhere to（規則などを）遵守する □ cooperation 協力 □ inform ～に知らせる □ presently 現在 □ paperwork 事務処理 □ officially 公的に □ certificate 証明書 □ prominent 目立った □ recommend ～を薦める □ contractor 建設業者 □ incorrectly 誤って □ label ～にラベルを貼る、明示する □ improperly 不適切に □ equip ～を装備する、備える □ tightly しっかりと □ smoothly 円滑に □ reschedule ～の予定を変更する □ correctly 正しく □ display ～を表示する、掲示する

113

Grand Palace Hotel
宴会場予約申込書

お名前： Jasmine Bertelli　　　日付： 2月6日
団体名： Edwards Furniture
電話番号： 982-555-1122　　　メール： bertelli@edwardsfurniture.com

イベントの日付： 5月19日　　　時間： **189** 午後5時30分から午後9時
イベントの種類： 宴会　　　予定ご利用人数： 386人

ご希望のお食事： ビュッフェ、デザート、キャッシュバー

音響／映像の有無：
マイク　×　　演壇　×　　スクリーン　×　　モニター　＿＿＿　プロジェクター　×
電話　＿＿＿　　フリップチャートとペン　＿＿＿

特別な要望：
ゲストの人数が多いので、**189** 当方で用意した30分間の動画を見られない人が何人か出てきそうです。この問題への対処方法があれば、教えてください。また、グルテンフリー、デイリーフリーの食事、ナッツを使用していない食事、そしてビーガンのお客さまと従業員の食事が必要です。ついでながら、私は会議に出ていることが多いので、メールを送ってくだされば連絡がつくかと思います。電話して私が出なければ、留守番電話メッセージを残してください。

宛先： Jasmine Bertelli <bertelli@edwardsfurniture.com>
差出人： Nicholas Armstrong <nicholas@grandpalacehotel.com>
件名： 宴会
日付： 2月16日

Bertelli さま

186 予約確定のための内金をどうもありがとうございました。次回の内金の期限はメニュー決定後となります。その件で、お客さまが予約フォームに書かれた特別なご要望について確認させてください。食事制限のあるお客さまには全ての制限を満たすお食事が必要でしょうか。あるいはグルテンフリーの品目だけが必要なお客さまが何人か、デイリーフリーの品目だけが必要なお客さまが何人か、ナッツを使用していない品目が必要なお客さまが何人か、ビーガン向けの品目だけが必要なお客さまが何人かいらっしゃるということでしょうか。この質問へのお答え次第で、ご提供できるお食事が変わってきます。この情報をいただきましたら、メニュー品目のリストを作成して、そちらからお選びいただけます。メールでこのリストをお送りしますので、同じ方法

でお返事をいただければと思います。

ありがとうございます、よい1日をお過ごしください。

Nicholas Armstrong
Grand Palace Hotel イベントプランナー
555-9605 内線 422

投稿者：Jasmine Bertelli

当社で5月に Grand Palace Hotel において 400 人以上の規模の宴会を開催した際、**187** 私が
ホテルを相手に宴会の手配を行う担当でした。イベントの担当者が突然新しい担当に変更になる
までは、計画は順調に進んでいました。何が起こったのか、なぜそれまでの担当者がうちの応対
をできなくなったのかについて何の説明もありませんでしたが、後に彼が何らかの理由で退職し
たことがわかりました。その上、全てを一からやり直すようなもので、その時点までのうちの具
体的な指示はどれも新しい担当には伝えられていなかったようです。 **190** その人は明らかに新
米で、食事制限や食事の要望といったことに日々対処している人であれば考える必要のないこと
を、彼女に繰り返し言わなければならず、とても苛立たしかったです。ですが、意思疎通がようや
くうまくいくと、予定していたとおりに全てが進みました。 **189** 宴会が始まって1時間半後に
流される予定の動画に関しては、全員が快適に動画を見ることができるように、ホテル側は親切
にも前方の大きなスクリーンに加えて、追加のモニターをいくつか部屋のあちこちに準備してく
れました。残念ながら、**190** 部屋の後方にあったスピーカーの1つに技術的な問題があり、そこ
に座っていたゲストの何人かは動画の音声が聞こえづらかったようです。幸い、食事については
ケータリングスタッフの手際は素晴らしかったです。 **190** 食事制限が必要なゲストが何人かい
たのですが、スタッフからはそれに留意していただき、準備をしてくれました。スタッフは食べ
物が混ざってしまわないように、全てのものにわかりやすく張り紙を付け、また通常の食べ物と
特別な食事とを分けてくれました。担当になった当初は大変なこともありましたが、全体として
は Grand Palace Hotel のサービスには満足しました。

186. Grand Palace Hotel での宴会への支払いについて何が示されていますか。

(A) **部分的な支払いで部屋と日付が押さえられた。**
(B) 内金はイベント後に戻ってくる。
(C) 前もって支払うと値引きがある。
(D) Edwards Furniture は Bertelli さんに払い戻しをしなければならない。

メールの1文目で「予約確定のための内金をどうもありがとうございました」とお礼を述べています。よって正解は (A) です。文中の deposit を (A) では partial payment と言い換えています。

---

187. Bertelli さんについて正しいものは何ですか。

(A) Edwards Furniture に最近採用された。
(B) 2月末までにはゲストの人数を最終決定した。
(C) 宴会の予約を遅れて取った。
(D) **宴会の企画を担当している。**

オンラインレビューの1文目で、「私がホテルを相手に宴会の手配を行う担当でした」という記述があるので、(D) が正解です。(B) は、宴会の手配が2月に始められたことはわかりますが、人数確定がいつだったのかはどの文書にも書かれていません。

---

188. メールの第1段落・7行目にある draw up に最も意味が近いのは

(A) 〜を発明する　　(B) 〜を製造する
(C) 〜を配布する　　**(D) 〜の草案を書く**

ここでの draw up は「（提案するメニューを）仮に作成する」という意味で使われています。よって、選択肢の中では (D) が正解です。draft は検討や変更を加えるための原案を作成することを意味します。名詞でも「下書き、草稿」の意味でよく使われます。

---

189. 宴会のゲストについて何がわかりますか。

(A) 出された食べ物に不満があった。
(B) 車で来た人はほとんどいなかった。
(C) 部屋の装飾に感銘を受けた。
(D) **午後7時15分の時点では動画を見ていた。**

オンラインフォームの冒頭から宴会開始時間が午後5時半だとわかります。次にオンラインレビュー7文目に、開始1時間半後にビデオを見たとあり、さらにオンラインフォームの中では30分のビデオと書いてあります。よって、宴会が開始されて1時間半後の午後7時から7時半の間はビデオを流していることがわかるので、(D) が正解です。複数の文書にヒントが散りばめられていることに気付き、かつ時間の流れを把握していないと解答にたどり着くのが難しい問題です。

190. 宴会について述べられていないことは何
ですか。

(A) 経験の浅いスタッフが対応に当たった。
(B) 部屋は予定よりも窮屈だった。
(C) 食事制限のある人への配慮があった。
(D) 音響機器の 1 つが故障していた。

オンラインレビューの 5 文目で、新人の担当者に
変更になったという部分が (A) に一致します。レビ
ューの最後の方で、食事制限がある人へのホテル
側の対応について言及されているので、(C) は本文
に合致します。そして 8 文目には、スピーカーに問
題があったと書かれているので、(D) も本文に合致
します。以上から本文に言及のない (B) が正解で
す。

□ banquet 宴会 □ projector プロジェクター □ remedy 〜を改善する
□ gluten-free グルテンを含まない □ deposit 頭金 □ portion 部分 □ clarify 〜を明らかにする
□ dietary 食事の □ restriction 制限 □ via 〜経由で □ smoothly 円滑に □ moreover さらに
□ convey 〜を伝える、伝達する □ novice 新人 □ frustrating いらいらする □ reiterate 〜を繰り返す
□ be on the same page 同じ考えである □ proceed 進む、進行する □ monitor 画面、モニター
□ comfortably 快適に □ accordingly それに応じて（要望に応じて）□ cross-contamination 混合、混入
□ finalize 〜を最終的に決める □ payment 支払い □ partial 部分的な、一部分の
□ reimburse （人）に払い戻す、返金する □ be dissatisfied with 〜に不満である □ decoration 装飾
□ inexperienced 経験の浅い □ cramped 狭苦しい、窮屈な

問題 191-195 は次の記事とメール、お知らせに関するものです。

WINSTON——Sheryl Park さんは一家の伝統を引き継いでいる。6 歳になったときから、父親と祖父が鉄道車両の模型を組み立てるのを手伝ってきた。**191** その父親も祖父も他界した今、彼女は伝統を存続させるため、自分の子どもたちにその技術を教えようとしている。Park さんは国内のさまざまな地域の列車の歴史について研究し、本物になるべく忠実になるよう作り上げることに多くの時間を割いている。その過程で特に彼女が気に入っているのは、組み立てるうちに歴史がよみがえるのを目にすることだ。例えば Park さんのこれまでの最高傑作は、1800 年代に彼女の住む Winston の中心街から、遠く離れた郊外の Marble City や Fernburg、Sterling、Wood Forest へと人や製品を運んでいた都市間列車の模型だ。Park さんの父親や祖父が列車の組み立てに専念していたのに対し、彼女は近年列車以外へと制作活動を広げてきている。土木技師を生業として、彼女は模型の組み立てに、その専門技術を生かしている。「現在私は、沿線の歴史的な橋や建造物、史跡も含む鉄道全体を組み立てています」。彼女はこのことが列車が最盛期だったころの活力を伝えるのに役立つと言う。

これは趣味の世界の芸術家について伝えるシリーズの 5 番目の記事です。このシリーズをもっとお読みになるには www.northernidahonews.com/hobbyartists まで。

宛先：parks@quickmail.com
差出人：garydiedrick@bg.com
件名：特注プロジェクト
日付：3 月 2 日

Park さま

私は Bentel Gardens で特別イベントの担当をしております。最近 Park さまと Park さまの作品について、**192** オンラインの *Northern Idaho News* の最新版で読み、興味を持ちました。理事会で話し合った結果、私どもの公園でのユニークな展示会に協力をお願いすることを満場一致で決定しました。市独自の要素を有する歴史的な鉄道模型の組み立てを依頼したく思っております。これは，他の公園も真似ようと、Park さまのところに列ができるような、素晴らしいアイデアです。そして最初の展示会が成功した暁には、1 年に 1 点ずつコレクションを増やしていくお手伝いをお願いできればとも考えています。

もし今回の提案にご興味をお持ちいただけましたら、914-555-2332 までお電話いただくか、私、garydiedrick@bg.com までメールをお送りください。**193** 詳細、お支払い、予定などについて話し合いができますでしょうか。ご検討よろしくお願いします。

どうぞよろしくお願いいたします。

Gary Diedrick
Bentel Gardens イベント責任者

Bentel Gardens 鉄道模型

Bentel Gardens の植物が生い茂る熱帯環境を探索していると、**195** 列車や路面電車が皆さんの四方八方を走る、魔法のような模型の世界へお連れいたします。模型になった Cherryville の建造物が室内の雰囲気に魔法をかけます。

195 約 1 カ月間、この種のものとしては初となる展示会にお越しになり、展示中の作品をぜひご覧ください。Sheryl Park さんによるこの独創的な展示作品は、Idaho Railroad 駅や Belle Vista Cottage、Trolley Barn といった Cherryville の歴史的建造物のミニチュアレプリカを呼び物としています。

ねじ、靴下、家具、そして機械に至るまであらゆるものを製造してきた長い歴史が Cherryville にはあります。かつて鉄道は、国中の市場に商品を運ぶ主要な手段でした。州間高速道路がより多くの運搬を担っているとはいえ、今日でも鉄道は Cherryville から多くの製品を運んでいます。Bentel Gardens にお越しになり、歴史の一端をお楽しみください。この展示会は 12 月 3 日から 1 月 6 日まで行われています。ツアーは毎日開催されています。時間についてはウェブサイトをご覧ください。**195** 入場料をお支払いいただければツアーは無料ですが、事前の申し込みが必要です。入場料や開館時間などについての詳細は、www.bentelgardens.com をご確認ください。

191. 記事によると、Park さんについて何がわかりますか。

(A) 子どものころ列車に乗るのが好きだった。
(B) 趣味を資金集めの活動にした。
(C) 一家の伝統を次の世代に引き継ぎたいと思っている。
(D) プロの芸術家になるために仕事を辞めることを考えている。

記事の冒頭で、「父親も祖父も他界した今、彼女は伝統を存続させるため、自分の子どもたちにその技術を教えようとしている」という記載がありますので、(C) が正解です。(A) はありそうな話ですが、Park さんがのめりこんだのは「鉄道車両の模型づくり」です。「列車の歴史を調べた」とは言っていますが「乗車した」という記述はありません。

192. *Northern Idaho News* について正しいものは何ですか。

(A) 主に 20 代の人々に読まれている。
(B) 普段は Winston のニュースを報じる。
(C) デジタル形式で読むことができる。
(D) 定期購読が必要だ。

メールの第 1 段落 2 文目で Diedrick さんは「オンライン版を読んだ」と述べているので、この記事はインターネットでも見ることができると考えられます。よって、正解は (C) です。(B) は、今回の記事は確かに Winston にまつわる記事でしたが、usually とあるように通常扱っているかどうかには触れていないので、ここでは不正解です。

193. Diedrick さんの提案には何が示されていますか。

(A) Park さんは展示会で案内をする。
(B) Park さんの作品に対して報酬が支払われる。
(C) Park さんは除幕式に参加する。
(D) Park さんは Bentel Gardens で講義をする。

メールの第 1 段落で Diedrick さんは Park さんに仕事の依頼をしています。また、第 2 段落では詳細について話し合いたいので、連絡してほしいと述べていますが、payment「お支払い」とあるので、(B) が正解だとわかります。(A) は、ツアーが行われることはお知らせに書かれていますが、Diedrick さんからの提案内容には含まれていません。

194. メールの第 1 段落・3 行目にある unanimously に最も意味が近いのは

(A) 内緒で　　　　　　**(B) 集団で**
(C) 一時的に　　　　　(D) 実際的に

ここでの unanimously は、「満場一致で、異論なく」という意味なので、正解は (B) です。collectively は「集団で」という意味がありますので、「理事会の総意で決めた」→「満場一致」ということです。

195. Bentel Gardens での展示会について述べられていないことは何ですか。

(A) 展示会での写真撮影は禁止されている。
(B) 路面電車の模型も展示には含まれている。
(C) 約1カ月間開催される。
(D) 展示会の訪問客は入場料を支払う必要がある。

お知らせの第1段落で、「列車や路面電車が走る」とあるので (B) は本文に一致します。第2段落では、イベントが1カ月間開催されると述べられているので、(C) はこれに該当します。第3段落の後半では入場料がかかることが述べられていますので、(D) も本文と合致します。以上から、(A) が正解となります。第3段落7文目は入場料が無料ではなく、入場料を払えばツアーは無料、という意味なので注意してください。

☐ masterpiece 傑作、名作 ☐ outlying 中心から離れた ☐ expand 拡大する、拡張する
☐ expertise 専門知識 ☐ landmark ランドマーク、歴史的建造物 ☐ convey ～を伝える
☐ intrigue ～の興味をそそる ☐ board of directors 取締役会 ☐ unanimously 満場一致で
☐ extend ～を差し出す ☐ commission ～を任命する、製作を依頼する ☐ enviable うらやましい
☐ proposition 提案 ☐ consideration 考慮 ☐ lush 緑豊かな ☐ lend enchantment to ～を魅力的にする
☐ ambiance 環境、雰囲気 ☐ screw ねじ ☐ machinery 機械 ☐ primary 最初の
☐ transport ～を輸送する ☐ interstate 州間の（複数の州にまたがる）☐ exhibit 展示
☐ registration 登録 ☐ admission fee 入館料 ☐ fundraising 資金集めの ☐ generation 世代
☐ format フォーマット、形式 ☐ subscription 購読 ☐ proposal 提案 ☐ unveiling 初公開、除幕式
☐ prohibit ～を禁じる

---

http://www.perks4you.net/about/

Perks4You — 従業員の皆さまに大幅な節約を

従業員向け割引ネットワーク、Perks4You で職場がさらによくなります。Perks4You を利用すれば従業員の方々がご自宅やオフィスの近く、また **196** 出張中でも休暇中でもどこにいても、毎日のお買い物に企業割引が受けられます。

当社の従業員さま向け割引プログラムは、御社に代わって従業員の皆さまへ下記のサービスをご提供いたします。
・全国各地の 30 万店超のレストラン、小売店、遊園地などで何度でもご利用できる割引
・一流ブランドや地域の特産物に最大 50％割引
・従業員さま専用の割引ウェブサイト
・**196** より早く簡単にアクセスできるモバイルクーポンアプリ
・従業員さま用割引カード
・通話料無料のカスタマーサービス

今すぐこちらをクリックして、**196** 90 日間無料のトライアルにお申し込みを！

宛先：Ted Pfister <tedpfister@lamrock.com>
差出人：Sue Blanc <sueblanc@lamrock.com>
件名：要望
日付：7 月 12 日

Pfister さま

Lamrock と Perks4You との間で無期限の契約を結んでいただきありがとうございます。最初の 90 日間に、カードを何度も使って 600 ドル以上も節約することができました！　ですが、1 つお願いしたいことがあります。同僚の何人かもそうですが、地元のジムの会員になりたいとずっと思っているのですが、割引があれば会員登録へのきっかけになると思うのです。実際、今よりもっと運動すれば、より健康的になり、仕事においても生産性が高まると思うのです。**200** もし Perks4You カードにジムが追加されれば、ありがたいです！

また、プログラムについて同僚と話している中で、小売店やレストランでカードが使えるかどうか聞き忘れている人が多くいることがわかりました。しかしもしそうなら、彼らは大幅な割引のチャンスを逃していることになります！　**197** 今ではカードの使い方がちゃんとわかってきた

122

ので、カードが使用可能な店のお買い得品や使える場所についてまとめたものを書くことができます。そうすれば、カードのメリットに全員の目が行き、概してプログラム全体がより価値あるものになるでしょう。お時間があるときにお考えをお聞かせください。

ご検討お願いいたします。

Sue Blanc

名前： Ashley Gillett　　　日付： 11 月 14 日
部署： 購買部

Perks4You カードの利用　　なし ____　　　　2 回 ____　　　何度も ×
198 カードへの満足度　　とても満足 ×　　　　まあまあ ____　　　あまり満足ではない ____
今日まで節約した金額の概算　800 ドル

コメント：
会社が最初にこのプログラムに申し込んだときには、どれほど多くの割引が利用できるのか、あまりよくわかっていませんでした。しかし Sue Blanc が Perks4You との間を取り持ってくれて以来、あらゆる場所でカードを使うことを楽しんでいます！　毎月届く Sue のニュースレターはとてもためになりますし、簡単に買い物や他の用事を済ませられます。例えば、この前の週に車のオイル交換をする必要があったのですが、Sue の直近のニュースレターに Perks4You が使える自動車修理工場の情報があり、すぐにその 1 つに行って、用事を済ませることができました。そして今では Sue のおかげで、地元のお店やレストランでカードが利用可能であることを知らせてくれる表示を掲げているので、忘れずにカードを使うことも簡単になりました。最後に、カードなしで入会した場合に比べてかなり安い金額で、先月 Workout Jungle に入会しました。 **200** 7 月に Pfister さんが Sue のメールを真剣に受け止めてくださったことをとてもうれしく思っています。今ではたくさんの割引のおかげで節約できているだけでなく、健康にもなっていることを感じています。

全体的に見て、割引で買い物をしたり活動したりするのは楽しくてわくわくします！　そして会社が私のことを気にかけてくれていると感じています。とても感謝しています。

123

196. Perks4You について述べられていない
ことは何ですか。

(A) 旅行先で割引を受けることができる。
(B) 日々新しい企業をネットワークに加えている。
(C) 従業員向けに無料のトライアル期間を設けている。
(D) 会員制度には携帯電話のアプリが含まれている。

ウェブサイトの冒頭で、「出張中でも休暇中でも」と述べているので (A) がこれに該当します。(A) の travel destinations は「旅先」なので、ビジネス・休暇を問わず、旅行先を表すときに使える表現です。ウェブサイトの箇条書きの 4 つ目に「モバイルクーポンアプリ」とあるので (D) はこれに該当し、ウェブサイトの最後には「90 日間無料のトライアル」と書かれているので (C) も本文と合致します。以上から本文で述べられていない (B) が正解です。

197. Blanc さんは、なぜ従業員向けに何かを
書くことを提案していますか。

(A) Pfister さんにそうするように頼まれたから。
(B) それがボーナスを得るのに役立つと思っているから。
(C) 割引カードの利用について、多くの経験があるから。
(D) 仕事で別の職位に就きたいと思っているから。

メールの第 2 段落 3 文目で Blanc さんが「もうカードの使い方がわかってきた」と言っているので、(C) が正解です。この文にある ins and outs という表現は「中と外」、つまり中も外も全てを意味しますので、それくらい精通するほどカードを使用したことがわかります。

198. Gillett さんについて正しいものは何ですか。

(A) Perks4You カードに満足した。
(B) Blanc さんとミーティングをした。
(C) Lamrock の新しい従業員だ。
(D) 自分でアンケート調査票を作成した。

アンケート調査のはじめの所の「カードの満足度」で、Gillett さんは「とても満足」にチェックを入れています。よって (A) が正解です。(B) は、Gillett さんは Blanc さんのニュースレターを見てはいるものの、直接打ち合わせをしたとは書いてありません。また (C) も、新入社員であるとの記述はありません。(D) は、Gillett さんはアンケートに回答していますが、自分でアンケートを作成したわけではないので、ここでは不正解です。

199. アンケート調査の第 1 段落・2 行目にある vast に最も意味が近いのは

(A) 濃い   (B) 唯一の
(C) 幅広い   (D) 固形の

vast の後に、array of discounts と続いています。ここでは割引の種類の幅広さを言っているので、正 解 は (C) で す。the vast array of は the wide variety of と同じような意味です。

200. Gillett さんは何を述べていますか。

(A) 新しい車を購入する。
(B) 今ではより頻繁に外食している。
(C) ジムで割引を受けている。
(D) 他人に使い走りをさせている。

メールの第1段落で Blanc さんは「Perks4You カードにジムが追加されれば、ありがたい」と述べており、その後アンケート調査の後半で Gillett さんは、7月に Pfister さんが Blanc さんのメールを真剣に受け止めてくれてうれしく思うと述べています。よって Workout Jungle はジムのことだと考えられます。よって、(C) が正解です。アンケート調査の Finally から始まる1文には、仮定法と比較が入っています。この文の a lot は比較級 less を強調しており、また would have はこの前に使用された動詞（joined）を省略した形です。

□ workplace 職場 □ corporate 法人の、企業の □ label ～と分類する □ on behalf of ～に代わって
□ unlimited-use 無制限に利用できる □ coupon クーポン □ access ～にアクセスする、入手する
□ toll-free フリーダイヤルの（通話料無料の）□ permanently 永久に、恒久的に □ membership 会員権
□ motivation 動機付け、モチベーション □ physically 身体的に
□ the ins and outs of （物事）の一部始終、詳細 □ highlight ～を強調する
□ worthwhile 価値のある、やりがいのある □ estimate 見積り、推測
□ vast array of 多数の～、ずらりと並んだ～ □ be at one's fingertips すぐに利用できる
□ liaison 連絡、連携 □ newsletter 会報、ニュースレター □ informative 有益な □ automotive 自動車の
□ garage 修理工場 □ acceptance 受け入れ □ phase 段階

Follow-up 2　正解一覧

Part 5	Part 6	Part 7

Part 5

No.	ANSWER (A B C D E ?)	No.	ANSWER (A B C D E ?)
101	A	111	D
102	A	112	C
103	C	113	D
104	C	114	C
105	C	115	D
106	C	116	C
107	B	117	C
108	B	118	A
109	A	119	C
110	A	120	D

Part 6

No.	ANSWER (A B C D E ?)	No.	ANSWER (A B C D E ?)	No.	ANSWER (A B C D E ?)
121	A	131	D	141	B
122	A	132	C	142	D
123	A	133	D	143	C
124	B	134	B	144	D
125	B	135	C	145	C
126	A	136	D	146	C
127	B	137	C	147	B
128	C	138	C	148	A
129	A	139	D	149	D
130	A	140	A	150	D

Part 7

No.	ANSWER (A B C D E ?)	No.	ANSWER (A B C D E ?)	No.	ANSWER (A B C D E ?)	No.	ANSWER (A B C D E ?)	No.	ANSWER (A B C D E ?)
151	A	161	A	171	B	181	C	191	D
152	A	162	A	172	C	182	C	192	D
153	C	163	A	173	D	183	C	193	D
154	A	164	D	174	B	184	C	194	B
155	D	165	A	175	D	185	A	195	A
156	C	166	B	176	A	186	C	196	D
157	D	167	B	177	C	187	A	197	C
158	A	168	B	178	D	188	B	198	D
159	C	169	A	179	C	189	A	199	D
160	A	170	D	180	A	190	A	200	D

Follow-up 2

101. [(A) 工夫を凝らした (E) 強く印象に残る] プレゼンの後、ジュニアエグゼクティブ はアジアでのオフィス開設が理にかなっ た措置だと ATX 社の役員に納得させた。

(A)「手の込んだ」　　(B)「親密な」
(C)「自動化した」　　(D)「架空の」
(E)「感動的な」

□ logical 筋の通った、論理的な

名詞 presentation を修飾する形容詞を選ぶ問題で す。(A) と (E) を入れると、文の後半で会社の役員を 説得できたという内容とうまくつながります。 elaborate は「手の込んだ」という意味ですが、こ の文で使われているように、「工夫を凝らした」と いう意味にもなります。

---

102. 大方の従業員の期待を上回り、広告キャ ンペーンは大成功となった。

(A)「〜を上回る」　　(B)「妥協する」
(C)「〜だと考える」　(D)「〜を上回る」
(E)「〜を上回る」

□ expectation 期待、予想

空所の前はこれで文が完成しています。空所後に 目的語があるので、空所以降は分詞構文になって いるとわかります。空所後の名詞 expectations と 相性がいいのは (A)・(D)・(E) です。いずれも「期 待を上回る」という意味です。(A) の原形は eclipse ですが、これは名詞では「月食、日食」と いう意味です。月や太陽に影をつくることから、 「〜を上回る」というイメージです。(D) はアイス クリームなどの topping を連想すると「あ、確か に上にある」と考えられますね。私はそうやって 覚えました。

---

103. Green-bay Language Center は、各生 徒のレベルに合わせた 3 つの異なるクラ スを開講している。

(A)「全体の」　　　　(B)「反対の」
(C)「異なる」　　　　(D)「古くて価値のある」
(E)「推論的な、思索的な」

□ gear to 〜に合わせる、〜向けにする

classes を修飾するのに適した形容詞を選ぶ問題 です。空所の前には 3 という数字が出てきて、その 後、「各生徒の能力に合わせたクラス」とあります。 そこで、(C) distinct「異なる」を入れると、文意に 合います。この問題に出てきた選択肢の単語は頻 出語ですので、わからなかったら調べておきましょ う。

---

104. 台風の影響で郵便業務が [(A) 麻痺して (E) 混乱して] いなければ、特許の申請は 時間内に受理されていただろう。

(A)「〜を麻痺させた」
(B)「〜に過剰請求した」
(C)「〜を収穫した、刈り入れた」
(D)「〜を強めた」　　(E)「〜を混乱させた」

□ patent 特許

カンマの後に「申請は時間内に受理されていただろ う」と仮定法過去完了が使われていますが、こ れは実際には締め切りに間に合わなかったという ことです。よって、正解は (A) と (E) です。(A) は 「(身体機能など) を麻痺させる」という意味です が、ここでは業務が滞ったと解釈できます。難し い語で TOEIC での出現頻度は少ないですが、このよ うな使い方もあることを覚えておきましょう。

---

105. Franklin Bookstore では、歴史本に比べ て、フィクションの本がよく売れている。

(A)「〜を説明している」
(B)「追跡された」
(C)「〜を使い尽くしている」
(D)「〜に関する」
(E)「〜について通知された」

□ fiction フィクション　□ in comparison with 〜と比べて

in comparison with「〜と比較して」とあり、フィ クションの本と、those 以下の 2 つが対比されて います。those は books のことを指しています。 those (books) と historical events の関係性を考 えた上で、選択肢を検討しましょう。正解は (A) と (D) です。(B) は過去分詞形になっており、目的語は 取れないので文法的に成立しません。

106. 仕事が時間内に終了できないため、経営者は追加で作業員を探す羽目になった。

(A)「転任している」　(B)「制限的な」
(C)「追加の、増補の」　(D)「即刻の」
(E)「追加の」

workers を適切に修飾できるのは (C) と (E) です。文頭に「仕事が時間内に終了できない」とあることに注目しましょう。(C) の supplementary は、上級者でも意外と意味が取れない語ですので、ここでしっかり押さえておきましょう。

---

107. その新聞の編集長には、翌日の新聞の見出しを修正する [(B) 十分な (E) 複数の] 理由があった。

(A)「絵のような」　**(B)「十分な」**
(C)「有利、強み」　(D)「おおよその」
(E)「複数の」

選択肢には形容詞が並んでいます。空所後の名詞 reasons を適切に修飾できるのは (B) と (E) です。(C) vantage は vantage point「見晴らしのよい地点」など、観光に関するトピックに出題されることもあるので、TOEIC 満点を目指す場合は押さえておきましょう。

□ revise ～を修正する、改訂する
□ headline 見出し

---

108. Arrow Restaurant の提供する値段が手ごろなのは、食材を低価格で仕入れることができるのが主な理由だ。

(A)「～を批評する」　**(B)「～を調達する」**
(C)「～を仕入れる」　(D)「～に耐える」
(E)「～を示す」

選択肢には動詞が並んでいます。Arrow Restaurant の値段がお手ごろな理由を考えましょう。空所後の名詞 ingredients を目的語に取ることができるのは (B) と (C) です。

□ reasonable (値段が) 手ごろな
□ largely 主として、大部分は

---

109. 徹底的な調査の後、検査官は随時機械を新しくしていくことを提案した。

(A)「徹底的な、完全な」
(B)「徹底した」　(C)「矛盾した」
(D)「追加の」　(E)「静的な」

選択肢には形容詞が並んでいます。直後の examination を修飾できるのは (A)・(B)・(D) です。(A) は careful と同義語で、(B) は「考えうる全ての (＝whole)」という意味にもなります。

□ examination 点検、試験
□ occasional 時々の、随時の
□ machinery 機械

---

110. Polarica Electronics は、最近の流れに追い付くためにウェブサイトを全面的に変えた。

(A)「厳しく」　**(B)「劇的に」**
(C)「同様に」　(D)「任意に」
(E)「徹底的に、全面的に」

選択肢には副詞が並んでいます。空所前に「ウェブサイトを変えた」とあるので、(B) か (E) を入れると、変更の程度を表すことができます。

□ trend 傾向

111. 情報を入力中、従業員はうっかり顧客情報を削除してしまった。

(A) 「〜を捜した」　　　(B) 「〜を欠いていた」
(C) 「〜を削除した」　(D) 「消えた」
(E) 「〜を削除した」

目的語 customer's data「顧客情報」に合う動詞を選びましょう。また、文からデータ入力中という状況が読み取れ、文の最後には「誤って」ともあります。そこで、(C) と (E) を入れると文意が通ります。(B) の lack「〜を欠く」では意味がずれてしまいます。

---

112. 配送網拡大にともなう業務過多に対処するため、先月追加で [(A) 有能な (E) 経験のある] 従業員が数名採用された。

(A) 「有能な」　　　(B) 「しばしばの」
(C) 「広い」　　　　　(D) 「客観的な」
(E) 「実務経験のある」

空所には形容詞が並んでいます。直後の employees を適切に修飾できるのは (A) と (E) です。

 □ excessive 過剰な　□ workload 作業量　□ widen 〜を広げる、拡大する

---

113. 配布資料が [(B) 網羅的で (E) 詳しく] 講義も体系的だったので、ソフトウエアエンジニア向けの研修コースは評判になった。

(A) 「信頼できる」　　　**(B) 「網羅的な」**
(C) 「届くことができる」
(D) 「透明な、明白な」　**(E) 「詳細な」**

選択肢には形容詞が並んでいます。handouts を適切に修飾できるものを選びましょう。また、この一文は講座が人気になった理由を述べていますので、(B) と (E) を入れるとうまくつながります。(A) は、dependable information「信用できる情報」や、dependable friends「頼りになる友達」といったように、情報や人に用いることができます。

□ novice 新人の
□ generate 〜を生み出す
□ publicity 世間の注目、評判

---

114. Grand Station が改修工事によって閉鎖されているため、旅行客はバスかタクシー以外に飛行場に行く方法がない。

(A) 「構成、編成」　　　**(B) 「改修」**
(C) 「変形」　　　　　(D) 「訂正」
(E) 「工事」

空所直前に「〜で閉鎖されている」とあるので、work「工事」を修飾できる語が入ります。正解は (B) と (E) です。(C) は、あるものが姿かたちを変えて別のものになること（a complete change）を指すので、ここでは不正解です。

---

115. 今度のピクニックの料理をケータリングサービスを使って注文するときに、Ito さんは予算内に収めるよう指示を受けた。

(A) 「〜にもかかわらず」
(B) 「〜によって」　　**(C) 「〜を通じて」**
(D) 「〜の過程で」　　　(E) 「〜にしたがって」

空所前は「食事を注文するときは」とあるので、「〜によって」という意味の (B) と (C) を入れると、食事の手配先を表すことができます。この2つはパート7の言い換え問題などで問われることもあるので、押さえておきましょう。(A) ですが、前置詞 despite の同義語として出題されることもあるので、この語も要チェックです。

□ upcoming 来る、もうすぐ起こる　□ budget 予算

116.
Smith さんは夫が海外出張に行くときは締め切りの近い仕事がなければ、たいてい夫と一緒に行く。

(A)「〜を除いて」　　　(B)「確かに、実に」
(C)「代わりに」
(D)「それでも」
(E)「〜の他には」

空所前までは「夫の出張に Smith さんはたいていついていく」という意味です。(A) を入れると、空所から後は「締め切りがあるとき以外は」となり、例外を提示できます。正解は (A) です。その他の選択肢はここでは意味が通らないため、不正解です。(E)but も except の関連語として知られていますが、このような時や条件を表す接続詞 when に付くことはないのでここでは不正解です。

✎ □ accompany 〜と同行する □ deadline 締め切り

117.
販売会議の冒頭、Pak さんは競合他社に対処する現行の戦略について手短に概要を説明した。

(A)「独占的に」　　　　(B)「簡単に」
(C)「手短に」　　　　　(D)「一般的に」
(E)「大まかに」

動詞 outline「〜の概要を説明する」を修飾するのに適切な副詞を選ぶ問題です。これと相性がいいのは (B)・(C)・(E) です。この 3 つは同義語ではありませんが、説明するという動作に対しては意味が通ります。

✎ □ outline 〜の概要を説明する

118.
他の方の迷惑にならないように、上演中は携帯電話の電源をお切りください。

(A)「〜の心を乱す」
(B)「〜にとって代わる」
(C)「〜に迷惑をかける」
(D)「〜を築く、鍛造する」
(E)「〜の気分を害する」

空所直前の in order (not) to は目的を表します。文では上演中は携帯電話の電源を切るよう言っているので、(A)・(C)・(E) を入れると、「人に迷惑をかけないように」となり、意味が通ります。(D) は時折、パート 5 〜 7 に出現しますので、余裕があれば覚えておきましょう。

✎ □ patron 顧客、観客

119.
チームリーダー向けの講演の主なテーマは、いかに折よくプロジェクトを終わらせるかについてだった。

(A)「延期」　　　　　　(B)「テーマ」
(C)「言い回し」　　　　(D)「信頼」
(E)「題目」

選択肢には名詞が並んでおり、空所前に main という形容詞、空所後に of があります。また文全体を見ると、後ろに be 動詞があり、「いかに〜するかだった」と続いていることがわかります。空所に (B) と (E) を入れ「その講演の主なテーマ」とすると、文意が通ります。(E) subject にはいろいろな意味がありますので、辞書などでも確認しておきましょう。

✎ □ aim at 〜を狙う、〜向けにする
□ accomplish 〜を達成する
□ timely タイミングの良い、時季のよい
□ completion 完成、完了

120.
当社のウェブサイトを見直したところ、求人への応募者数の増加につながった。

(A)「(電気などの) 供給停止」
(B)「未払い金」　　　(C)「預金、手付金」
(D)「改善」　　　　　(E)「修正」

空所は冒頭の The の直後にあるので、主語になる名詞を選ぶ問題です。また、中ほどの resulted in は「〜という結果になった」という意味です。(D) と (E) を入れると「改良・修正→応募者の増加」と、つじつまが合います。

✎ □ result in 〜に終わる

121. Helion Electronics は、書面にて合意がないかぎり、チップ 1000 個を出荷する合意を遵守することが求められる。

(A)「(契約などを) 厳守する」
(B)「〜を守る」
(C)「〜を見習う、まねる」
(D)「(法律など) を守る」
(E)「〜を圧倒する」

空所直前に「〜することが期待されている」とあり、直後の目的語が「合意」となっています。よって、「(約束・規則などを) 守る」という意味の (A)・(B)・(D) が正解です。

---

122. 液晶テレビに重点を置くという決定は、かえって会社の総売上高に悪影響を及ぼした。

(A)「〜を適合させた、調節した」
(B)「〜を解決した、決心した」
(C)「〜に影響を及ぼした」
(D)「〜に悪影響を及ぼした」
(E)「〜を主張した」

空所には動詞が並んでいます。意味を取っていくと、文の前半からこの会社は液晶テレビに重点を置くことにしたとわかります。空所に (C) と (D) を入れると、この決定が売上高に「悪影響を及ぼした」となり、文意が通ります。

✎ □ liquid crystal 液晶
　　□ adversely 反対方向に、逆に

---

123. Asset Pummel 社と Vitalic Holdings の共同事業は、年間 600 万ドルの利益を生み出すと見込まれている。

(A)「復元される」　　　(B)「見込まれる」
(C)「放棄される、撤回される」
(D)「除外される」　　　(E)「予測される」

空所前に It is とあり、選択肢には動詞の過去分詞が並んでいるので、これは受け身の文です。また、It は形式主語で It＝that 節以降であることに注目します。以上より、that 節を目的語に取ることのできる動詞を探します。正解は (B) と (E) です。(E) は将来の予測を表すことがあります。

✎ □ involve 〜を関わらせる
　　□ generate 〜を生み出す
　　□ annually 毎年、年に一度

---

124. Goldberg さんは経験豊富だったが、上司は彼に講習会に参加するよう求めた。

(A)「十分な量」　　　(B)「多量、豊富さ」
(C)「材料」　　　　　(D)「共同」
(E)「授業料」

空所の後には of が来ているので、空所には名詞が入ります。(B) を入れると、plenty of「たくさんの〜」という形ができます。正解は (B) です。(A) は、enough experience「十分な経験」のように形容詞として用いるため、ここでは当てはまりません。

---

125. Memorica 社は従業員の集中力を高めるために、週 1 回のヨガクラスを [(A)(B) 取り入れ (E) 実施し] た。

(A)「〜を導入した、取り入れた」
(B)「〜を提供した」　　　(C)「〜を加速した」
(D)「〜を曲げた」　　　　(E)「〜を実施した」

選択肢には動詞の過去分詞が並んでいますので、それぞれ当てはめて、目的語の class と合うか見てみましょう。正解は (A)・(B)・(E) です。どれも出題されやすいので押さえておきましょう。

126. 高齢の両親を介護する時間をもっとつくるため、Carstens さんは [(A) 管理職の (C) 役員の] ポストを手放すことにした。

(A) 「管理の」　　　　　(B) 「勤勉な」
(C) 「役員の」　　　　　(D) 「繰り返しの」
(E) 「それぞれの」

選択肢には形容詞が並んでいます。直後に position という名詞があるので、これを適切に修飾できるのは (A) と (C) です。この 2 つはどちらも役職に関わりのある語で、(A) は「管理職の」、(C) は「役員の」という意味です。(B) は人の性質を表すときに使われます。

 □ relinquish ~を（しぶしぶ）やめる、あきらめる

---

127. 従業員数人が突然病欠したため、チームは仕事を期日までに終える方法を考え出さなくてはならなかった。

(A) 「~の場合には」　　(B) 「~を除いて」
(C) 「~の理由で」　　　(D) 「~のせいで」
(E) 「~にもかかわらず」

意味を取っていくと、カンマ前で病欠の社員が何人かいたことがわかります。後半では「仕事を終える方法を考え出さなくてはならなかった」とあるので、(C) と (D) を入れるとうまくつながります。この 2 つはどちらも、「~のため」という理由を表す表現です。理由を表す前置詞句はいくつかあり、どれもよく問われます。他の選択肢はここでは不正解ですが、TOEIC には頻出ですので、しっかりと押さえておいてください。

□ devise ~を工夫する、考案する

---

128. 建設現場の状態が安全ではないことについて、監督者は [(D) 注意喚起を受け (E) 知らされ] ていた。

(A) 「実施される、強要される」
(B) 「引き起こされる」　(C) 「絶滅寸前の」
(D) 「警告される」　　　(E) 「通知される」

空所後に that 節があることに注目しましょう。選択肢の中で that 節を取ることができるのは (D) と (E) だけです。caution/notify X that 「X に~だと注意喚起する／知らせる」という形で用いますが、今回は受け身形で使われています。

□ unsafe 安全でない

---

129. 1 日無料セミナーは、職場で強いストレスにさらされる人を対象にしています。

(A) 「紛らわしい」　　　(B) 「激しい」
(C) 「多目的な」　　　　(D) 「深刻な」
(E) 「深刻な、厳しい」

選択肢には形容詞が並んでいます。直後の名詞 stress を適切に修飾できるのは (B)・(D)・(E) です。acute はごくまれにパート 7 にも登場する難語です。

□ complimentary 無料の　□ confront ~に直面させる

---

130. マニュアルによると、担当者はいかなる状況でも決して制御室を無人にしてはいけないと [(A)(E) 規定されて (B) なって] いる。

(A) 「~を規定する」　　(B) 「~を述べる」
(C) 「~を失う」　　　　(D) 「~を再舗装する」
(E) 「~を規定する」

選択肢には動詞が並んでいます。主語 The manual と相性がいいのは (A) と (E) 「規定する」、(B) 「述べる」の 3 つです。この 3 つはそれぞれが TOEIC では言い換え問題、パラフレーズとして登場しますので押さえておきましょう。(C) と (D) は今回不正解ですが、こちらも TOEIC ではよく出題されますので、抜かりなく押さえておきましょう。

□ circumstance 状況　□ unattended 番人のいない

Test **1** Follow-up **2**

■ 問題 131-134 は次の情報に関するものです。

安全性確保のための製品回収

WRZ 社は Warmy ブランドの電気炉、モデル WRZ03 の自主回収を開始する。WRZ 社品質管理部の調査で、同型炉は耐熱性が不十分な断熱材を使用している可能性があることが判明した。[(B) このことが原因で火災につながる恐れがある (E) ホットラインに購入者から問い合わせが多くあり、検査が実施された]。

該当モデルは、2017 年 3 月に製造された WRZ03。シリアルナンバーの 170301〜170430 の炉が回収の対象となる。購入者はフロントパネルに付いているラベルで確認できる。

購入者は、直ちに同型炉の使用をやめ、WRZ 社サービスセンター（enquiries@wrz.co.jp）にメールするか、フリーダイヤル 08-3376-3382 まで連絡を。WRZ 社広報担当者は「できるだけ早く弊社までご連絡ください。弊社の技術者がお客さまのご自宅にお伺いし、必要な修理を実施いたします。」と述べた。

131.

(A) 「~を使う」　　(B) 「~を軽減する」
(C) 「~を始める」　(D) 「~を始める」
(E) 「~を始める」

選択肢には動詞の ing 形が並んでいます。空所後の voluntary recall を目的語に取ることができるのは (C)・(D)・(E) です。どれも「~を始める」という意味があります。

132.

(A) 動詞 discover「~がわかる」の未来表現
(B) 過去形・過去分詞
(C) 助動詞＋完了形
(D) 過去形の受動態
(E) 現在完了形の受動態

選択肢には動詞 discover のさまざまな形が並んでいます。直前の文に自主回収を開始するとあるので、問題が判明したのは過去のことだと考えられます。また、主語は品質管理部なので、能動態を使います。よって (B) が正解です。

133.

(A) それらの部品は不足が見込まれている。
(B) このことが原因で火災につながる恐れがある。
(C) そのため、炉を設置するのに約2時間かかる。
(D) 炉には何の欠陥も見つかっていない。
(E) ホットラインに購入者から問い合わせが多くあり、検査が実施された。

空所の前に「電気炉の耐熱性に問題がある」と書いてあるので、火災に言及した (B) と、今回検査をするに至った背景を述べている (E) が正解です。(A) は parts が何を指しているか不明、(C) の炉の設置にかかる時間は文脈に合いません。(D) はこれまでの内容と矛盾しています。

134.

(A) 「要するに」　　(B) 「完全に」
(C) 「すぐに」　　(D) 「急速に」
(E) 「長い目で見て」

選択肢にはさまざまな副詞が並んでいます。空所の前の「使用中止」という動作を適切に修飾できるのは (B) と (C) です。(D) は日本語では「急速に」という訳ですが、本来「(数が) ますます増える」という意味合いなので、ここでは不正解です。

□ voluntary 自主的な　□ furnace 炉　□ inadequate 不適切な　□ resistance 耐性
□ serial number シリアルナンバー、製品番号　□ range ~の範囲にわたる　□ adhere to ~に付着する
□ via ~によって、~を経由して　□ toll free フリーダイヤル　□ spokesperson 広報担当者
□ reassure ~に再確認する　□ shortage 不足　□ result in ~に帰する、~に終わる　□ fault 欠陥、不備
□ detect ~を見破る、見つける　□ examination 試験、検査　□ hotline ホットライン　□ inquiry 問合せ

Williams さま

Williams さまを Business Startup Seminar へご招待でき、[(A) わくわくしております (C) 喜ばしく思います]。同セミナーは、9 月 21 日午前 10 時に Chamber of Commerce Building で開催の予定です。

まず初めに Sunrise State の Chamber of Commerce 所長、Henry Clark 氏の開会のあいさつがあります。その後、Smart Engineering の CEO、David Andersen 氏の講演があります。タイトルは「初めて起業した人が向き合う課題、および素晴らしい地位を築くための確実な仕組みの作り方」です。

[(B) 今回のセミナーには募集を上回る数の申し込みが予想されます (D) 部屋の大きさの都合上、イベントの参加定員は 100 人です]。したがいまして、参加をお考えでしたら、できるだけ早く同封の用紙にご記入の上、ご登録ください。Janet Lynn（jlynn@yeo.com）がどんな質問にも喜んでお答えいたします。

敬具

Mark Reynolds
会長

135.
(A) 「わくわくして」
(B) 「ぞっとするような」
(C) 「喜んで」
(D) 「疑い深い」
(E) 「気が進まない」

選択肢にはさまざまな形容詞が並んでいます。空所の前に we are、空所後に to 不定詞が来ているので、(A) と (C) を入れると、be thrilled/delighted to 「喜んで〜する」という形ができます。(A) の方は、より口語的に使われることが多いです。

136.
(A) 「〜を手に入れる」
(B) 「〜を手に入れる」
(C) 「〜に異議を唱える」
(D) 「〜を箇条書きにする」
(E) 「〜をやめる」

選択肢には動詞が並んでいます。空所後の名詞 position を目的語に取ることができるのは (A) と (B) です。attain はパート 7 のフォーマルな文書で登場することが多いです。secure は「〜を確保する」という語でパート 5 ではおなじみですね。

137.
(A) このセミナー中、写真撮影は許可されていません。
(B) 今回のセミナーには募集を上回る数の申し込みが予想されます。
(C) このセミナーには事前登録は必要ではありません。
(D) 部屋の大きさの都合上、イベントの参加定員は 100 人です。
(E) Henry Clark 氏はそちらからのお返事をもういただいております。

空所は段落の冒頭にある文で、その後、順接の接続副詞 Therefore が来ています。続く文で早めの登録を促しているので、その理由を考えましょう。正解は (B) と (D) です。残りの選択肢はどれも、Therefore からの文と論理的につながりません。

138.
(A) 「〜なので」 **(B) 「もし〜ならば」**
(C) 「〜だが」 **(D) 「もし〜ならば」**
(E) 「〜なので」

選択肢には接続詞などが並んでいます。この文章はイベントへの招待状ですが、Robert さんが参加するかどうかはまだ決まっていません。ですので (B) と (D) を入れると、「もし参加するつもりなら」という条件を表すことになり、文意に合います。(D) は Should SV で「もし〜なら」という仮定の表現です。リーディングでは時折出現しますので押さえておきましょう。

□ Chamber of Commerce 商業会議所 □ novice 新人の □ entrepreneur 起業家、事業主
□ foolproof 極めて簡単な □ enviable うらやましい □ register 登録する □ enclosed 同封された
□ at one's disposal 〜の自由になる □ Yours Faithfully（手紙の結びのあいさつで）敬具
□ oversubscribe 〜を（募集）より多く申し込む □ registration 登録

Sakura Animation College は、この 9 月より 3D アニメーションクラスを開講すると発表した。定評のある 3D アニメーション監督、Catherine Ito 氏がこのコースを担当する。

声明で同校校長の Paul Miyamoto 氏は、自身のかつての教え子である Ito 氏が学校には必要不可欠な人材であると述べた。また Ito 氏は、恩師の下で働けることを光栄に思うと述べた。彼女は 10 歳のとき、初めて Miyamoto 氏が手がけた 1 本の映画を見た。あの人生を変えるような経験がなければ、アニメーターになってはいなかったと語ったと伝えられている。

出願者が多くなることが予想されているが、施設が限られているため同校が受け入れる学生はわずか 30 人である。出願手続きは、近くウェブサイトに掲載される予定。

139.

(A)「買い戻しできる」　**(B)「有名な」**
(C)「首尾一貫した」　**(D)「有名な」**
(E)「眺めがよい」

選択肢にはさまざまな形容詞が並んでいます。空所後の director を適切に修飾することができるのは (B) と (D) です。他の選択肢は監督の性質を表すものとしては合わないので、ここでは不正解です。

140.

(A)「人材」　　　　　(B)「見落とし、監視」
(C)「人工のもの」　(D)「最大の目玉」
(E)「才能のある人」

選択肢には名詞が並んでいます。空所の前を見ると、Ito さんが学校にとって貴重な存在であることがわかります。よって、「人材」を意味する (A) が正解です。asset は「資産」という金融用語として用いられることが多いですが、「貴重なものや人」という意味もあります。(E) talent は「生まれ持った才能、才能のある人」という意味ですが、talent to という使い方はしないため、誤りです。他の選択肢は人物を指すことができないので、ここでは不正解です。

141.

(A) Ito 氏は、映画の上映は来月始まると聞いた。
(B) Ito 氏は、恩師の下で働けることを光栄に思うと述べた。
(C) Miyamoto 氏は、Ito 氏を雇いたいとは思っていなかった。
(D) 面識はないが、Ito 氏は Miyamoto 氏を尊敬している。
(E) たくさんの学生が Miyamoto 氏のクラスを受講できることを大いに喜んでいる。

空所前では Miyamoto さんの発言が紹介されていますが、空所後は She とあり、Ito さんについて述べています。よって、As for と話題を転換している (B) が正解です。(A) は具体的に何の映画について言っているのか不明です。(C) と (D) はそれぞれ事実と異なります。(E) はコースを担当するのは Ito さんですので不正解です。

142.

(A)「～だが」
(B)「～なので、～して以来」
(C)「～かまたは～か」
(D)「～した後で」
(E)「もし～でなければ」

選択肢には接続詞が並んでいます。空所後には「出願者が多くなることが予想される」とありますが、その後「定員はわずか 30 人」と述べています。前後の関係を考えて、逆接の (A) を入れるとうまくつながります。

□ indispensable 不可欠な　□ animator アニメーター、アニメーション製作者　□ procedure 手順、手続き
□ privileged 光栄な　□ mentor メンター、教育係

11 月 2 日と 3 日、4 日は、1 周年記念セール！

Rosebay Shopping Mall は 11 月に 1 周年を祝って、お客さまに一部商品で最大 50 ％の割引と、商品券が当たるチャンスをご提供いたします。

当モールの 50 店舗のいずれかにお立ち寄りいただくか、8 つのレストランのいずれかでお食事をしていただきますと、30 ドル以上のご購入ごとに福引券を 1 枚差し上げます。50 ドルから 1,000 ドル相当の商品券が当たる人も出てくるかもしれません。

Rosebay Shopping Mall は家族連れでもお楽しみいただけるモールです。11 月 2 日にモールに来店されたお子さま先着 50 名に、キャンディ詰め合わせのプレゼントがあります。

ぜひ当モールにお買い物にお越しいただき、景品をゲットしましょう。1,000 ドルの商品券を引き当てるのはあなたかもしれません！

143.
(A)「物売り」　　　　(B)「常連客」
(C)「顧客」　　　　　(D)「よき指導者」
(E)「運搬人」

選択肢にはさまざまな名詞が並んでいます。空所を含む文の主語はモールだと考えられ、空所の後に「50%の割引」とあります。よって (B) と (C) を入れるとうまくつながります。

144.
(A)「手付金」　　　　(B)「駐車」
(C)「福引」　　　　　(D)「配達」
(E)「巡回」

直後の ticket という名詞を適切に修飾できるものを選びます。次の文で「商品券が当たる」とあるので、(C) が正解です。TOEIC では、他に lottery や drawing も「抽選、くじ引き」という意味で使われることがあります。

145.
(A) 動詞 have「～を持っている」の過去形・過去分詞
(B) 未来完了形　　　(C) 未来表現
(D) 助動詞＋完了形　(E) 現在完了形

選択肢には、動詞 have のさまざまな形が並んでいます。空所後の商品券をゲットするチャンスは記念セールでの話ですので、未来のことです。よって正解は (C) です。(B) は未来のある時点で何かが完了するときに使うので、今回は不正解です。

146.
(A) 1,000 ドルの商品券を引き当てるのはあなたかもしれません。
(B) 豪華クルーズ船ツアーに当たるかもしれません。
(C) 割引クーポンをお店でスタッフにご提示ください。
(D) 当モールの 2 周年記念にぜひお越しください。
(E) 大きな駐車場が地元企業の支援で建設される。

空所は最後のシメの文です。空所直前でモールに足を運んで景品をゲットしましょう、と宣伝しています。よって、最大の目玉である 1,000 ドル商品券が当たる可能性を示唆した (A) が正解です。(B) の「クルーズツアー」や、(E) の「駐車場」については本文で述べられていません。(C) は、本文では商品券の話もありましたが、空所前の一文と合いません。(D) は「2 周年」とありますが、本文冒頭で「1 周年」と言っているので、矛盾しています。

Test **1** Follow-up **2**

　□ dine 食事をする　□ luxurious 豪華な　□ coupon クーポン　□ in the vicinity of ～の近くに
　□ immediate じかの、すぐ隣の

問題 147-148 は次の請求書に関するものです。

発行日：2018 年 12 月 16 日

Promotion King
ノースカロライナ州 Adelais 27007
Winter Court 1190 番地
連絡先：Gary Feldman
gary@promotionking.com
704-555-2876　内線 136

お客さま：Jamous Dealership
ワシントン州 Tamaska 98003
（2009 年 7 月～）Helena Parkway 717 番地
連絡先：Cynthia Clough
c-clough@jamous.com
206-555-2388　内線 44

商品番号	商品内容	数量	単価	詳細	合計
9833	紺色 T シャツ、L サイズ	**148** 100 枚	2.50 ドル	ロゴ白	250 ドル
5645	紺色キャップ、**147** 調節可能	100 個	3.00 ドル	**147** ロゴ白	300 ドル
1026	白色タッチペン	50 本	0.75 ドル	ロゴ紺	0 ドル
				総計：	550 ドル

注意：500 ドル以上ご注文いただいた感謝の印として同梱いたしました無料の商品をお使いください。今回の商品にご満足いただき、さらにご注文をご希望の場合、会計時に 10％割引が適用されるコード「FREE10」をお使いください。またのご注文をお待ちしております。Promotion King で必要なものは何でもお探しください。当店では何百という販促製品を取りそろえています。現在の特価品については、在庫一掃セールのページをチェックするのをお忘れなく！

147. Jamous Dealership から注文のあった キャップについて何がわかりますか。

(A) 他の商品とは別に配送された。
(B) 価格は 10%割り引かれた。
(C) 文字入れは価格に含まれている。
(D) 大きい頭にも小さい頭にも合う。
(E) 12 月に発売された。

ロゴについては注文内訳の Extra Details 欄で言及 があるので、ロゴを lettering と言い換えた (C) が 正解です。同じ注文内訳の Description 欄に adjustable、つまりフリーサイズとあります。よっ て、(D) も正解です。本文では次回注文時に 10%引 きとあるので、(B) は不正解です。

148. 注文について正しくないものは何です か。

(A) 請求書は 12 月 1 日に発行された。
(B) 迅速に処理される。
(C) 電話で注文があった。
(D) 送料は必要ではない。
(E) T シャツ 50 枚以上が含まれる。

送料の請求については、注文内訳や NOTE 欄を見 ても言及がありません。よって、(D) は本文と一致 しています。次に注文内訳から T シャツの注文数 は 100 枚なので、50 枚以上と言っている (E) は本 文と合います。よって、正解は (A)・(B)・(C) です。

□ ext. 内線番号（extension の略）□ quantity 数量 □ adjustable 調整できる □ stylus 尖筆、針
□ token 印 □ appreciation 感謝 □ promotional 販売促進の □ clearance 在庫一掃
□ separately 別々に □ expedite（荷物など）を急送する

問題 149-150 は次のテキストメッセージのやり取りに関するものです。

Ben Baruch（午後 1 時 1 分）
今朝メールで送った契約書の草案のことだけど、どう思った？

Anjali Nanayakara（午後 1 時 2 分）
どれ？　**149** 今日は何ももらってないけど。

Ben Baruch（午後 1 時 3 分）
そう？　どうしてだろう。今、もう一度送る。変更を加えて、Price さんに午後 3 時までに送らないといけないから、すぐそれについて何かコメントしてくれれば助かるんだけど。　**150** いつも君の意見を大切にしてるんだ。

Anjali Nanayakara（午後 1 時 7 分）
メール受け取った。今すぐざっと目を通して、**150** AMC 社に行く途中で電話する。

---

149. 午後1時2分に、Nanayakaraさんが "Which one" と書くとき、何を意図していますか。

(A) Baruchさんが助けを求めていることに動揺している。
(B) 忙しすぎてBaruchさんに連絡することができない。
(C) Baruchさんが契約書に同意するつもりでいることに驚いている。
(D) Baruchさんからのメールに気付いていない。
(E) 契約書には問題があると思っている。

午後1時1分にBaruchさんが契約書の草案について聞いています。ですが、NanayakaraさんはWhich oneの後、「今日何ももらってない」と述べています。ここから契約書の草案が送られたことに全く気付いていないとわかりますので、(D) が正解です。

---

150. Nanayakaraさんについて何がわかりますか。

(A) 契約書を修正する時間がなかった。
(B) しばしばBaruchさんに助言している。
(C) Priceさんのメールアドレスを知る必要がある。
(D) 電話で意見を述べるつもりだ。
(E) AMC社で働いている。

午後1時3分にBaruchさんが「いつもNanayakaraさんの意見を大切にしている」と言っています。ここからNanayakaraさんはよくBaruchさんにアドバイスしていることが推測されますので、(B) が正解です。また、午後1時7分にNanayakaraさんはBaruchさんに電話すると言っているので、(D) も正解です。以上より、正解は(B) と (D) です。

Test 1 Follow-up 2

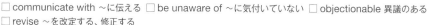

□ communicate with 〜に伝える □ be unaware of 〜に気付いていない □ objectionable 異議のある
□ revise 〜を改定する、修正する

www.MavisJewelry.com の返品条件

www.MavisJewelry.com で購入したものについて、いかなる理由であれ、ご満足いただけない場合には、**151** 購入日から 30 日以内であれば、喜んで返品、交換、返金もしくは商品券を発行いたします。返品される商品は購入時の状態のままで、例えば、傷や汚れ、サイズ変更やお直しがなく、磨滅もない状態でお渡しいただくことが条件です。各商品付属のギフト用の箱やベルベットポーチもご返却いただきます。文字が刻印された商品や特注サイズの指輪といった特注品を返品される場合は、20%の返品手数料が適用されます。

Mavis Jewelry オンラインストアは、返品された商品が本物であるかどうかを確認する権利を有しています。**151** 当店の品質保証部が確認次第、返金手続きが行われます。**152** **153** 返金額は返品商品の価格から配送料、取扱手数料、保険料を差し引いたものになります。7～10 営業日内に、元の購入の際に使われた銀行口座宛に返金いたします。

注意：
◆ この返品条件は国内注文にのみ適用されます。
◆ 全国の実店舗において購入された商品の返品条件の詳細については、レシートの裏面をご覧ください。

151. オンラインでの購入品の返品について何が示されていますか。

(A) 商品が本物だと証明されてはじめて返金が認められる。
(B) 返品条件はレシートに書かれている。
(C) 商品は海外の Mavis Jewelry の店舗に返品することができる。
(D) 購入日から 1 カ月以内であれば認められる。
(E) 未開封の贈答用商品のみ返品できる。

第 1 段落 1 文目に、購入から 30 日以内であれば商品の返品が可能とあるので、30 日を 1 カ月とした (D) が正解です。また、第 2 段落 2 文目に「当店の品質保証部が確認次第、返金手続きが行われます」とあるので、これを once items are proven to be genuine と言い換えた (A) も正解です。よって正解は (A) と (D) です。レシートの裏に書いてあるのは実店舗での購入時の返品条件ですので、(B) は誤りです。

152. 返品手数料について示されていないことは何ですか。

(A) 25 ドルの手数料が返品商品全てに適用される。
(B) 欠陥のある返品商品は 20%の手数料が課される。
(C) 返品されなかった箱に対して顧客は料金を請求される。
(D) 取扱手数料が含まれる。
(E) 保険料が返金される金額から差し引かれる。

第 2 段落 3 文目の、手数料がかかることに加え、保険料も差し引かれるという箇所が (D) と (E) に当てはまります。(A) の 25 ドルの手数料の適用と (C) の箱代の請求はどちらも本文に記述がありません。また、(B) の 20％手数料というのは特注品の返品の際に適用されるものです。以上より、(A)・(B)・(C) が正解です。

153. Mavis Jewelry について正しいものは何ですか。

(A) 顧客に割引クーポンを使うよう奨励している。
(B) 返品の際の送料は負担しない。
(C) 返品された商品を再販売のため実店舗に売っている。
(D) 7～10 営業日内に注文品を発送している。
(E) 使用済み商品の返品に対して、景品を渡している。

第 2 段落 3 文目から、返金額から送料が差し引かれることになっていますので、送料を負担しないとした (B) が正解です。

☐ return policy 返品規定 ☐ be dissatisfied with ～に不満である ☐ refund 返金、払い戻し
☐ scratch 傷 ☐ blemish 傷、しみ ☐ sizing サイズの調整 ☐ alteration 変更
☐ accompany 一緒に添える ☐ fee 手数料 ☐ engrave ～を彫る ☐ reserve ～を保持する
☐ confirm ～を確認する ☐ authenticity 信頼性、本物であること ☐ assurance 確実さ、保証
☐ verify ～を実証する ☐ receipt 領収証 ☐ fee 手数料 ☐ processing fee 事務手数料 ☐ flawed 傷のある
☐ deduct ～を差し引く ☐ resale 再販売 ☐ prove ～を証明する ☐ genuine 本物の、真の

冬まで待っていないで、今日電話して暖房器具の点検を！
155 ガスの点検込み

Johnson Heating & Air Conditioning
325-555-2906
サービス対象地区は Ellis と River City、Brandywine、そして今や Malingo も！

Johnson Heating & Air Conditioning が選ばれる理由
✓ ご自宅にも職場にも販売
✓ 点検および取り付け
✓ 年中無休
✓ 認可済・保険加入済
✓ **154** 低価格―どこの競合他社の価格にも負けません！
✓ 融資制度あり
✓ 満足度お墨付き

155 本日の予約なら暖房器具の清掃がたったの 50 ドル！
値引きは 10 月 31 日まで有効

154. Johnson Heating & Air Conditioning について何が示されていますか。

(A) 競合他社より価格が低い。
(B) 31 年間営業を続けている。
(C) 新規の顧客を取ることはない。
(D) 常連客に対して暖房器具の無料点検を行っている。
(E) 地元では唯一の暖房設備会社だ。

Johnson Heating & Air Conditioning を選ぶ理由の 1 つが低価格で、「どこの競合他社の価格にも負けません」と言っています。よって (A) が正解です。(E) には「地元で唯一の暖房設備会社」とありますが、地元で唯一かどうかは本文で言及していないので誤りです。

155. Johnson Heating & Air Conditioning のサービスについて正しいものは何ですか。

(A) 暖房器具の点検にはガスの無料点検が含まれている。
(B) 作業の完了まで通常 1 週間を要する。
(C) 常連客に対してのみ割引が付いている。
(D) 顧客に予約を取ることを求めている。
(E) 顧客は常に割引が受けられる。

冒頭の部分に、この暖房器具点検サービスにはガスの点検も含まれるとありますので、(A) が正解です。2 文目では主語、The service が省略されていますね。次に、最後の部分で予約するように言っていますので、(D) も正解です。以上より、正解は (A) と (D) です。

Test **1** Follow-up **2**

□ furnace 暖房　□ residential 住居の　□ installation 設置　□ license 資格を持った
□ insure ～を保証する　□ finance ～に融資する、資金を調達する　□ guarantee ～を保証する
□ inspection 検査、点検

問題 156-159 は次のオンラインチャットでの話し合いに関するものです。

Malachi McNamara（午前 8 時 12 分）
やあ、みんな。 **156** 木曜日の Amos 社での大きな会議に同席するよう、Roberts さんが頼んできたんだ。Amos 社向けに会社が作った試作品について説明するのを手伝うためなんだ。 **157** **158** けど、午前中は新入社員を見学に連れて行くことになっていて、誰か手伝ってくれる人いないかな？

Martha Green（午前 8 時 13 分）
おめでとう！　すごいですね。

Malachi McNamara（午前 8 時 14 分）
ありがとう、Martha。選ばれて光栄だよ。

Greig Dupe（午前 8 時 14 分）
あと 2 日しかないね。午前中ずっとミーティングで、予定を変更できない。

Francine Vyborny（午前 8 時 15 分）
見学を別の日にすることはできない？

Malachi McNamara（午前 8 時 15 分）
159 初日にやってもらいたいみたいなんだ。

Greig Dupe（午前 8 時 16 分）
午後でもいいなら、私がやっておこうか。

Malachi McNamara（午前 8 時 17 分）
158 ありがとう。じゃあ、それで決まりだね。新入社員は日中どこかの時間で会社のビデオを見ないといけないから、それを午前中にすればいいとして、1 時はどう？

Greig Dupe（午前 8 時 18 分）
了解。でもルーム A は会議で午前中ずっと押さえてあって。

Malachi McNamara（午前 8 時 19 分）
大丈夫。人事に聞いて、他に空いている部屋がないか確認する。

Martha Green（午前 8 時 20 分）
それか、休憩室でならいつでもできるんじゃない。コーヒーを入れに来られれば、誰も気にしないと思う。

Malachi McNamara（午前 8 時 20 分）
そうだね。その方がむしろ都合がいいかもね。Roberts さんにそれで問題がないか聞いておく。それが部署全体に迷惑をかけることになると思わないでくれるといいんだけど。

Greig Dupe（午前 8 時 22 分）
ところで、カードキーやコンピューターのログイン、プリンターとかについて説明する必要はある？

Malachi McNamara（午前 8 時 24 分）
いや。会社の人に新人の顔を知ってもらうために、各部署を見て回って、簡単に挨拶するだけだから。 **159** 見学が終わって、他のことを片付けるのに 2、3 時間は余るんじゃないかな。

156. Amos 社との会議について正しいものは何ですか。

(A) 夕方から始まる予定だ。
(B) McNamara さんは彼らの機器を修理してみるつもりだ。
(C) Roberts さんは会議で説明する際のサポートを必要としている。
(D) そのための資料は Green さんが準備する。
(E) 会場は別の場所に変更になった。

冒頭のメッセージで、この会社に対して Roberts さんが McNamara さんと一緒になって試作品の説明を行うとありますので、(C) が正解です。

157. 午前 8 時 12 分に McNamara さんが "Anyone able to help?" と書くとき、何を意図していると考えられますか。

(A) 試作品の機器を運ぶ手助けを必要としている。
(B) 代わりの人を探している。
(C) 誰かに見学に一緒に参加してもらいたいと思っている。
(D) Roberts さんがどこにいるかを知る必要がある。
(E) まだ会議の資料を準備していない。

help の内容を見極めましょう。冒頭のメッセージで、Amos 社へのプレゼンと新入社員の見学の予定が重なってしまったことがわかります。よって代わりの人を探しているとした (B) が正解です。

158. McNamara さんについて何が示されていますか。

(A) 木曜日は予定がかぶっている。
(B) Roberts さんの個人秘書だ。
(C) 部署の中では一番最近入ったメンバーだ。
(D) 見学時間を調整する。
(E) 会議室の予約を担当している。

冒頭のメッセージで Amos 社のプレゼンと新入社員の見学が同じ日に予定されていることがわかりますので、(A) が正解です。また、中ほどの Dupe さんとのやりとりで見学を午後に行えるよう調整することがわかるので (D) も正解です。

159. 見学について述べられていないことは何ですか。

(A) 仕事の時間が余る。
(B) 他の従業員との昼食がある。
(C) 他の日に予定を変更することはできない。
(D) スケジュールが重なって中止になるかもしれない。
(E) 必修のコンピューター研修の後に行われる。

8 時 15 分に McNamara さんが見学の日程変更はできないと言っているので (C) が、また最後のメッセージで見学後 2、3 時間は他のことをするのに使えるとあるので (A) が本文に合致します。よって、言及のない (B)・(D)・(E) が正解です。

□ recruit 新人 □ compliment 褒め言葉、お世辞 □ reschedule ～の予定を変更する □ login ログイン
□ leftover 残りの □ device 機械 □ convey ～を伝える □ venue 会場 □ prototype 試作品
□ replacement 代わりの人 □ schedule conflict 予定が重なること □ mandatory 強制の、義務の

151

Test **1** Follow-up **2**

問題 160-162 は次のメールに関するものです。

宛先：Alexander McMillan <alexm@taylorhouse.com>
差出人：Gloria Chen <gloriac@taylorhouse.com>
件名：研修プログラム
日付： **162** 8月22日

Alex

160 **161** 依頼どおり、研修プログラムについて調べました。 **160** しっかりとした研修プログラムを実施している会社は格段に、他社よりも離職率が低く、従業員満足度や生産性が高く、売り上げもよいなど、他にもいろいろメリットはあるようです。研修プログラムは多額の費用がかかると思うでしょう。まあ実際かかります。でもその投資のリターンはとても大きいので、他がどうして行わないのか疑問に思っている会社があるそうです。仮にうちで研修プログラムを社内に取り入れると決めた場合、当然、プログラムの効果を評価することが大切です。そのためには、後々比較するための基本データを今から入手しておく必要があるでしょう。とにかくもう遅いので、家に帰ります。 **161** もしよければ、明日の午前中にもっと詳しく話しましょう。 **161** 会社にはいませんが、一日家で仕事をしているので電話してください。

ああ、ところで、今日一日ずっとコピー機が故障していました。会社で直し方のわかる人が誰もいなくて、Stacy Bardell が Office Solutions に電話をかけてくれました。 **162** 彼女がコピー機修理担当者と故障について話をし、全て対応してくれます。明日の修理で解決するといいんですが。最新情報はこれで全てです。出張がうまくいくことを願ってます！

Gloria
397-555-9999

---

160. 研修プログラムについて何が述べられていますか。

(A) 従業員が職場でより満足して働けるのに役立っている。
(B) McMillan さんの会社では効果があった。
(C) McMillan さんは導入を検討している。
(D) 最低 10 人のトレーナーが必要だ。
(E) コンピューターの不具合に対処する方法についてだ。

第 1 段落 2 文目に、研修プログラムを行うことは従業員の満足につながるとあります。本文の higher employee satisfaction を employees stay happier at work と言い換えた (A) が正解です。また第 1 段落 1 文目から、Chen さんに研修プログラムを調べるように言ったのは McMillan さんだとわかり、その後、Chen さんは研修プログラムを取り入れる際の進め方を述べているので、(C) も正解です。

161. McMillan さんについて示されていないことは何ですか。

(A) 自分でコピー機を修理した。
(B) 1 週間に一度 Chen さんに会う。
(C) 研修プログラムについて話し合いたいと思っている。
(D) かつて Office Solutions で働いていた。
(E) 8 月 23 日はオフィスにはいない。

第 1 段落 1 文目で McMillan さんが Chen さんに研修プログラムについて調べるように依頼したことがわかり、また、第 1 段落の最後で Chen さんが電話してくださいと言っています。McMillan さんは研修プログラムについて詳しく話したがっていると考えられるので、(C) は本文と合います。正解は (A)・(B)・(D)・(E) です。(A)・(B)・(D) は本文に記載がなく、(E) は 23 日にオフィスにいないのは Chen さんなので、本文と矛盾しています。

162. Office Solutions について何が示されていますか。

(A) ウェブサイトを更新する。
(B) 来週まで予約で埋まっている。
(C) 8 月 23 日にコピー機を点検する。
(D) Bardell さんと連携する。
(E) 研修プログラムを行うつもりだ。

Office Solutions については第 2 段落に出てきます。3 文目から、Bardell さんが Office Solutions と連絡を取って、コピー機修理の件について対応することがわかります。よって (D) は正解です。さらに 8 月 22 日の翌日、つまり 8 月 23 日にコピー機の修理に来ることが第 2 段落 4 文目からわかりますので、(C) も正解です。以上より、正解は (C) と (D) です。

□ markedly 著しく □ turnover rates 離職率 □ measure ～を測る □ baseline 基準値
□ comparison 比較 □ in depth 広く、徹底的に □ update 最新情報 □ malfunction （機械の）故障
□ renew ～を一新する、新しくする

コロラド州、ルイビル—アオナガタマムシ（EAB）はアジア原産のメタリックグリーンの甲虫。自然環境下では生息数が抑制されあまり多くなかったため、**163** 1990 年代に北米に偶然持ち込まれるまではあまり知られていなかった。原生地以外で、EAB が原因で何百万本というトネリコの木々が枯れ、それがきっかけとなってこの昆虫について非常に多くの研究が行われてきた。これまでのところ、EAB を食い止めるのに殺虫剤が最適なことが判明したが、効果を最大限にするためには、その種類や時期を慎重に決定しなければならない。

処置は昆虫のライフサイクルの 2 つの段階、すなわち成虫と幼虫の段階で行われると効果的である。 **164** それゆえ、殺虫剤の使用は虫が毒素と接触する時期、成虫は 3 月、幼虫は 5 月が最適だ。EAB の幼虫はトネリコの樹皮の内側から食っていくが、そのため殺虫剤の効果は限定的だ。土壌浄化や樹幹注入用の浸透性殺虫剤が、毒素を幹や枝の隅々にまで行き渡らせるほどに健康な木々には功を奏する。さらに成長した木々では、保証はできないものの、樹幹散布が頼みの綱かもしれない。同時に、殺虫剤は木の損傷の広がりを阻止するのみであり、損傷を元に戻すことはできないことに留意することが重要である。

当局者は常時地域の木々の健康状態を調査している。ただ、被害樹木の観察や被害経路に関する具体的な情報収集は行っていない。こうしたことから、地域のトネリコの木々の健康状態や将来起こりうるあらゆる変化に対して注意を払うことは、地域の樹木医や有資格団体の責務である。

164 殺虫剤での処置についての詳しい情報は、トネリコを EAB から守るためのオンラインガイド、www.EAB.info を参照のこと。

163. アオナガタマムシについて何が示されていますか。

(A) **誤って北米に持ち込まれた。**
(B) 枯れる前に木から離れる。
(C) 土壌でほんの数カ月の間だけ生存する。
(D) 野生環境下でよく研究された。
(E) **特定の木を傷つける。**

第1段落冒頭で EAB はアジア原産だが、偶然北米に持ち込まれたと述べられていますので、accidentally を by mistake と言い換えた (A) が正解です。また、この文章全体で EAB がトネリコの木々にもたらす被害について書かれていますので、(E) も正解です。よって、正解は (A) と (E) です。

164. 殺虫剤について正しくないものは何ですか。

(A) 専用のウェブサイトに説明がある。
(B) **アオナガタマムシよりも木に対してより害を与える。**
(C) 1 年のある時期に塗布される必要がある。
(D) **アオナガタマムシを食い止めるためにアジアで使われている。**
(E) **木の葉に直接散布するのが最も効果的だ。**

第2段落2文目で成虫と幼虫向けの塗布時期が3月と5月と明記されていますので (C) がこれに当てはまります。また文章の最後で、詳細な情報はウェブサイトに掲載されているとあるので、(A) がこれに当てはまります。(B) は本文に記載がなく、(D) に関しては、第1段落1〜2文目で、アジア原産だが自然環境下では生息数が抑制されあまり多くなかったためあまり知られていなかったとあるので、誤りです。(E) は塗布する場所については樹幹などいくつかの部分が挙げられていますが、葉については触れられていません。よって正解は (B)・(D)・(E) です。

165. [1]、[2]、[3]、[4]、[5] と記載された箇所のうち、次の文が入るのに最もふさわしいのはどれですか。

「ただ、被害樹木の観察や被害経路に関する具体的な情報収集は行っていない」

(A) [1]   (B) [2]
(C) [3]   (D) **[4]**
(E) [5]

挿入文にある However と they に注目します。they の後は「木の状態を観察したり、情報を収集したりしない」といった内容なので、この they はおそらく人を指しています。[4] の直前の文では、主語が officials「役人」となっているので、挿入文をここに入れると they の指すものとして合います。また、この officials で始まる文では「木の健康状態を調べている」とあり、挿入文の内容「荒れた木の状態や被害の状況を観察していない」と逆接の However でつなぐこともできます。よって、正解は (D) です。

✎ ☐ emerald ash borer (EAB) 青長玉虫（アオナガタマムシ） ☐ metallic メタリックの ☐ beetle 甲虫
☐ spark 〜を引き起こす ☐ insecticide 殺虫剤 ☐ timing タイミング、時季 ☐ optimal 最適の
☐ larvae 幼生、幼虫（larva の複数形） ☐ toxin 毒素 ☐ manner 方法 ☐ systemic 浸透性の
☐ treatment 処置、処理 ☐ injection 注入、注射 ☐ professional 専門家 ☐ occur 生じる、起こる
☐ survive 生き残る ☐ harm 〜に害を与える ☐ administer 〜を管理する ☐ spray 〜にスプレーをかける
☐ infested（害虫などが）寄生した

■ 問題 166-167 は次の記事に関するものです。

DUNE PARK—Dune Park Hospital は最近、新しい公式ウェブサイトを公開した。この念願のサイトの開設にこぎつけたのは、**167** 病院の患者サポート室に何年にもわたって問い合わせがあったためだ。部門の広報担当 Harriet Flannagen 氏は「ご利用の皆さまは診療記録や支払いについての情報、重要な日付が書かれたカレンダーなどがどこで見つかるのか見当もつきませんでした」と言う。ウェブサイトによって、住民が必要な情報を容易に見つけられるよう期待されている。**166** サイトには、医療記録や求人募集、病院の最新情報、病院がその年に運営する講座への登録やその他の情報が掲載されている。「市民の皆さまと絶えず協力して、当院の透明性の確保に努めています」と Flannagen 氏は語る。「そうした考えから、当院に関して皆さまがお探しになっているほとんど全ての情報を、ウェブサイトにアクセスして見つけ出すことができます」。病院側は新しいウェブサイトはすぐに地域社会に役立つとしている。**166** ウェブサイト www.dph.org にアクセスして、自由にコメントできる。

166. ウェブサイトについて何が述べられていますか。

(A) 雇用面で病院の助けとなっている。
(B) 人々はウェブサイトについて自分の意見を表明できる。
(C) 古いウェブサイトに取って代わる。
(D) 住民によって管理されている。
(E) 人々はウェブサイトから講座に申し込むことができる。

文章の中ほどに求職関係の情報があるので、(A) が正解です。その後、同じ文中に研修と授業への参加に関する情報もありますので、(E) も正解です。さらに最後の文から、コメントをウェブサイトに残すことができるとわかりますので、(B) も文章に合います。以上より正解は (A)・(B)・(E) です。

167. [1]、[2]、[3]、[4] と記載された箇所のうち、次の文が入るのに最もふさわしいのはどれですか。

「部門の広報担当 Harriet Flannagen 氏は『ご利用の皆さまは診療記録や支払いについての情報、重要な日付が書かれたカレンダーなどがどこで見つかるのか見当もつきませんでした』と言う」

(A) [1]　　　　　　**(B) [2]**
(C) [3]　　　　　　(D) [4]
(E) [5]

挿入文では病院の広報担当の発言が引用されていますが、これは利用者が抱えていた問題を表しています。[2] の直前の文では、「ウェブサイトを開設したのは、問い合わせがたくさん来たから」だと言っています。挿入文はこの具体的な例を紹介していると考えられるので、正解は (B) です。

Test **1** Follow-up **2**

宛先：Yvonne Masters <masters@atc.com>
差出人：Bert Hanus <hanus@atc.com>
件名：夏のインターン
日付：5 月 15 日

こんにちは、Yvonne

170 今月の 20 日からそちらの部署で夏のインターンが始まることを再度確認したく、連絡しています。配置されるインターンの氏名は Andrew Clemens で、Freighton University でマーケティングを専攻していますので、彼をそちらの部署に配置しました。例年の学生と同様、**168** マーケティング部の部長として Clemens さんを温かく迎えてあげてください。予定を空けてもらう必要はありませんが、1 日か 2 日は行動をともにし、また彼がスタッフ全員の顔と名前を覚えられるよう、部員と一緒にランチに連れていってあげてください。

インターンシップの期間中、会社は彼や他のインターンを正社員と同様に扱います。つまり、Clemens さんの勤務時間は午前 9 時から午後 5 時までです。この時間を守っていただければと思います。遠慮なく Clemens さんには必要な作業の方法を指導してください。将来的に必ず、そちらの部署と彼の両方のためになりますので。**169** 最後に Clemens さんは来年度末に卒業予定なので、インターンシップ終了後に、彼を正社員として雇い入れる可能性があります。**170** 会社にとって有為な人材となるかどうかを判断するために、仕事に対する彼の考え方と勤務態度を評価してください。**170** 当方でインターンシップ終了までに書類を作成し、Clemens さんには通知しますので、8 月 1 日までに決めてください。

インターンシッププログラム成功のために協力していただき、ありがとうございます！

Bert Hanus
人事部

168. Masters さんについて何がわかりますか。

(A) 彼女の部署は人手が足りていない。
(B) Clemens さんは彼女が担当する最初のインターンとなる。
(C) 何人かインターンを雇う予定だ。
(D) マーケティング部で働いている。
(E) 現在マーケティングのアシスタントを探している。

第 1 段落 4 文目に「マーケティング部の部長として」とありますので、(D) が正解です。(B) は同じ箇所に「例年の学生と同様」とあるので、Clemens さんは Masters さんが初めて担当するインターンではないことがわかります。(C) は several interns とありますが、メールでは Clemens さん一人しか紹介されていないので、本文と矛盾しています。

---

169. Clemens さんについて述べられていないことは何ですか。

(A) 以前その会社でインターンの経験がある。
(B) 5 月 15 日に Hanus さんにメールを送った。
(C) 部署の会議への参加は許可されていない。
(D) 卒業までまだ時間がある。
(E) 会社で終身雇用を提示される可能性がある。

Clemens さんは第 2 段落 4 文目で「来年度末に卒業する」ことと、「評価次第では正社員雇用の可能性がある」ことについて言及されていることから、(D) と (E) がそれぞれ記載に該当します。(A) と (C) はいずれも本文で述べられておらず、(B) は 5 月 15 日にメールを送ったのは Hanus さんなので本文と矛盾しています。よって正解は (A)・(B)・(C) です。

---

170. インターンシッププログラムについて何が示されていますか。

(A) インターンには修了証書が与えられる。
(B) 会社が適当な人を雇うことにつながる。
(C) 毎年 5 月に始まる。
(D) 丸 1 週間の研修がある。
(E) 2 カ月以上続く。

第 2 段落 4 文目以降で会社に有益な人材かどうかを評価するよう Masters さんに言っています。会社はインターン生の働きぶりを見た上で採用を決めることができるので、(B) は正解です。同じ段落の 6 文目に、「インターン終了までに書類を作成し、Clemens さんには通知しますので、8 月 1 日までに決めてください」とあります。第 1 段落冒頭の「今月 20 日からインターンが始まる」という記載から、Clemens さんは 5 月 20 日から 8 月 1 日までは働いていることがわかります。2 カ月以上は続くと言えるので、(E) も正解です。

---

171. [1]、[2]、[3]、[4]、[5] と記載された箇所のうち、次の文が入るのに最もふさわしいのはどれですか。

「つまり、Clemens さんの勤務時間は午前 9 時から午後 5 時までです」

(A) [1]   (B) [2]
(C) [3]   (D) [4]
(E) [5]

挿入文に「午前 9 時から午後 5 時まで」と勤務時間が述べられている点に注目しましょう。[3] の直前の文ではインターンを正社員と同様に扱うと書いてあります。さらに [3] の直後には these hours とあるので、これは挿入文で言及のあった時間について指していると考えられます。よって正解は (C) です。

☐ appreciate ～に感謝する ☐ employment 雇用 ☐ completion 完成、修了 ☐ evaluate ～を評価する
☐ ethic 倫理 ☐ attitude 態度 ☐ determine ～を決定する ☐ asset 財産 ☐ paperwork 事務処理
☐ Human Resources 人事部 ☐ employ ～を雇う ☐ marketing マーケティング
☐ intern インターンとして働く ☐ permanent 永久的な ☐ reward ～に報酬を与える ☐ certificate 修了証

📷 問題 172-175 は次の書評に関するものです。

おススメ ★★★★☆
投稿者：George Knudtson | 日付：7 月 1 日 18 時 15 分

『A Birthday Gift: 10 Stories for the Days Leading Up to Your Special Day』
著者：Marcy Staples | 233 ページ、Maurition Press 社、28 ドル

ベストセラー作家で詩集『L Is for Lace』で最もよく知られている Marcy Staples が戻って来ました。子ども 2 人を育てるため 7 年間、一時的に筆をおいた後、活動を再開し、秀作を出版しました。『A Birthday Gift: 10 Stories for the Days Leading Up to Your Special Day』がそれで、彼女の人生の 1 つの節目に発表された必読の小説です。同書で Staples は何年にもわたって誕生日に彼女が得た直観その全てを織り込んでいます。**172** その中には謎めいたものもあれば、笑ってしまうようなものもありますが、佳作の 1 つ、亡き母の誕生日にその母の思い出にふける男性についての『A Mother's Touch』は、涙を誘うと同時に、亡くなった最愛の人の特別な日に、誰もが経験する悲しみに光を当てています。この本は一人でも、また他の人とでも毎年読み返すのがいいでしょう。子どもの誕生日に一緒に読めたらと思いましたが、**172** 子どもが理解するには難しく、これはもっと後になってからにしないといけませんね。

　『A Birthday Gift』の装幀は美しく、贈り物にはぴったりです。驚くほど美しいので、身近な人に贈らないわけにはいきません。それだけでもすごいですが、さらに **174** Staples は収益の 10 パーセントを彼女が懇意にしている慈善団体 Those in Need に寄付しています。

発売後、同書は全国売上ランキングで 1 カ月間第 3 位となり、その後第 2 位にランクを上げ、**175** 発売後 1 カ月半で第 1 位に輝きました。その人気ぶりから、Staples はさまざまなテレビ番組でインタビューを受けたり、全国で講演をしています。さらに、唯一 Barbara Sue Shuffles に第 1 位の座を譲ってしまいましたが、Grace Trinka Franklin、Shirley D. Linden とともに、Staples はこの作品で Women's Literary Award にノミネートされた 4 人の作家の 1 人となりました。ノミネートされた人は People's Choice コンテストにエントリーされましたが、Women's Literary Award 勝者は Library of Congress の記念銘板にその名を刻まれました。

172. 『A Birthday Gift』について述べられていないことは何ですか。

(A) Staples さんが懇意にしている慈善団体に寄贈された。
(B) Staples さんの最高傑作の詩を呼び物にしている。
(C) さまざまな物語から成る。
(D) 執筆に 7 年かかった。
(E) 理解するのが難しいと感じる人もいる。

第 1 段落 4 文目に、「謎めいたものや笑ってしまうようなものもある」とあり、いくつかの物語があるとわかるので、(C) がこれに該当します。同じ段落 7 文目で Knudtson さんが「子どもが理解するには難しい」と言っているので、(E) はこれに当てはまります。以上から、残った (A)・(B)・(D) が述べられていないため正解です。

173. 第 2 段落・1 行目にある stunning と意味的に言い換え可能な語は

(A) 暗示的な　　　(B) 高価な
(C) 魅力のある　　(D) 驚くほどの
(E) 予備の

直前に本の装幀が美しいとあるので、この stunning は「驚くほど美しい」という意味で使われています。これと同じ意味のものは (C) と (D) です。

174. 『A Birthday Gift』の売上金について何が示されていますか。

(A) 一部は新しい賞の資金に割り振られる。
(B) Staples さんの子どもたちの教育資金になる。
(C) 若手作家を支援するために使われる。
(D) 慈善活動の立ち上げに使われることになっている。
(E) 一部は団体に寄付されることになっている。

第 2 段落 2 文目で、「Staples は収益の 10 パーセントを彼女が懇意にしている慈善団体 Those in Need に寄付している」と言っていますので、(E) が正解です。proceeds は名詞で「収益」を意味します。似たような形ですが、proceedings「手順、議事録、訴訟」という表現もありますので混同しないようにしましょう。

175. Staples さんの本が全国売上ランキングで第 1 位になったのはいつだと考えられますか。

(A) 発売から 1 週間後
(B) 発売から 2 週間後
(C) 発売から 1 カ月後
(D) 発売から 1 カ月半後
(E) 発売から 2 カ月半後

第 3 段落 2 文目で「発売後 1 カ月半で第 1 位になった」と述べていますので、(D) が正解です。数字がいくつか出てきているので、惑わされないようにしましょう。

□ temporarily 一時的に　□ retire 〜を退職する　□ landmark ランドマーク、画期的な
□ weave 〜を織る、組み立てる　□ epiphany 物語　□ exceedingly 極めて
□ elicit（笑いなど）〜を誘い出す、引き出す　□ universal 普遍的な　□ package 〜を包装する　□ gift 贈る
□ stunning 素晴らしい　□ generously 気前よく　□ contribute 〜を寄付する　□ proceeds 収入、所得
□ nominate（人）を指名する、ノミネートする　□ nominee 指名された人、候補者　□ plaque 額
□ portion 部分　□ allocate 〜を割り当てる　□ fund 〜に資金を出す　□ highlight 〜を強調する
□ achieve 〜を達成する　□ rank ランク、順位

問題 176-180 は次の 2 通のメールに関するものです。

宛先：ceo@liangoods.com
差出人：louise@inspect.com
件名：点検結果報告
日付：11 月 15 日

Lian さま

年次点検の際は工場をご案内いただき、ありがとうございました。状況は概ね悪くありませんでしたが、対応をお願いしたい懸念事項がいくつかありました。**176** 報告書全文のコピーは郵送しますので、一両日中には届くかと思います。取り急ぎ懸念事項をここに挙げておきますが、詳しくは報告書をご覧ください。

第一に、作業の流れはスムーズでしたが、生産ラインはフル稼働状態です。もし増産の計画があるようでしたら、今後の点検に合格するには生産ラインをもう一つ増やすことが求められることにご注意ください。第二に、工場入口の扉を除いて、安全標識は全ての場所にきちんと取り付けられていました。従業員と場内へ入る全ての人向けに、起こりうる危険を警告する標識を取り付けてください。また、**178** 貴社が従業員に対して応急処置の訓練を実施していないことに気付きました。全従業員は 2 年に 1 度、講座を受講することが求められています。**177** 基準に合う講座と機関の一覧は、当社のウェブサイトでご覧になれます。最後に、化学原料が保管されている倉庫に換気装置はあるものの、当方の基準を満たしていません。これは、工場全体の空気の質を維持するためにも直ちに改善する必要があります。適切なシステムについては私どものウェブサイトをご確認ください。

私どもには厳格に法を遵守する義務があります。ですから、次の点検日、1 月 8 日までには改善が完了していることが必須です。この日までに問題がそのままであれば、貴社には罰則が科せられます。**179** 2 カ月以内に行われる次の点検日までに問題が解決していない場合は、工場閉鎖の恐れもあります。以上の懸念事項を真摯に受け止めてください。**179** 私は貴社の法令遵守のお役に立てればと思っており、また貴社のご成功を願っております。もし何かご質問があれば、下記番号まで私に直接ご連絡ください。

よろしくお願いします。

Louise Martin
検査官
812-555-3479 内線 53

宛先：ceo@liangoods.com
差出人：louise@inspect.com
件名：点検結果報告
日付：1月12日

Lian さま

1月8日の点検にご協力いただき、ありがとうございました。今回、貴社の工場は問題なく合格されたことをここにご報告します。点検手続きはほぼ完了しました。現在、事務手続きを終わらせて、署名中です。記録保管用にコピーをメールでお送りします。また原本は役所へ送付します。 **180** 正式に受理されれば検査済証明書が発行されます。通常1カ月程度かかりますので、受け取りまでにしばらくお待ちください。証明書はオフィスの目立つ場所に掲示することが法律で定められています。次回の貴社工場の点検の際に確認いたします。

よろしくお願いします。

Louise Martin
検査官
812-555-3479　内線 53

176. 1回目の点検報告書について正しいもの
は何ですか。

(A) 完成に2週間かかる。
(B) Martin さんは Lian さんと直接会ってそれ
について話し合う。
(C) Lian さんは点検後すぐにコピーを受け取っ
た。
(D) Martin さんが作成した。
(E) 詳細な説明がある。

最初のメールの3文目で Martin さんが、懸念事項
をまとめた報告書を送るので一両日中には届くと
言っています。このメールを書いている Martin さ
ん本人が報告書を仕上げたと考えられるので、(D)
が正解です。また、第1段落の最後の文で、「詳し
くは（郵送する）紙の報告書をご覧ください」と
言っているので、(E) も正解です。以上より、正解は
(D) と (E) です。

177. 応急処置の訓練について Martin さんは
何と言っていますか。

(A) Lian さんは訓練の修了を免除されている。
(B) 従業員は毎年再教育講座を受講しなければ
ならない。
(C) 講座情報はオンラインで閲覧できる。
(D) 認証機関の一覧が入手可能だ。
(E) 社内用認定講座の手配が可能だ。

最初のメールの第2段落7文目に「受講できる講
座と機関の一覧は、当社のウェブサイトで確認で
きる」と言っていますので、(C) と (D) が正解です。

178. 1通目のメールの中で Martin さんはど
んな懸念事項を述べていますか。

(A) 現時点での工場レイアウトが非効率だ。
(B) 安全対策が見落とされていた。
(C) 化学薬品の使用について従業員の研修が不
十分である。
(D) 従業員が誤った扉を使用していた。
(E) ここ数カ月で法律が変わった。

最初のメールで Martin さんが述べている懸念事項
について問われています。メールの第2段落5文
目で、Martin さんは「貴社が従業員に対して応急
処置の訓練を実施していない」と指摘しています。
つまり安全に関わる対応が不十分だったとわかる
ので、(B) が正解です。

179. 工場に対して変更がなかった場合、何が
示唆されていますか。

**(A) Lian さんの会社が閉鎖される可能性があ
る。**
(B) 会社の代表が Martin さんに会わなければな
らなくなる。
(C) Lian さんがいくつかの書類を準備しなけれ
ばならなくなる。
(D) Martin さんは研修会を開催する。
(E) 会社が違法操業していることになる。

最初のメールの第3段落1文目で「法を遵守させ
る義務がある」と書いてあります。懸念事項が改
善されないということは法令違反の状態にあると
いうことですので、(E) が正解です。また、同段落4
文目で「問題が解決していない場合は、工場閉鎖
の恐れもある」と述べているので、(A) も正解です。
以上より、正解は (A) と (E) です。

180. 2通目のメールの中で点検の事務手続きについて述べられていないことは何ですか。

(A) Lian さんは州にコピーを送る必要がある。

(B) 第三者機関が承認印を押さなければならない。

(C) 完了後、書類が発行される。

(D) Lian さんが話し合いのために州の役所に出頭しなければならない。

(E) 全ての手続きの完了に1カ月かかる。

点検の事務手続きについて述べられていないことが問われています。2番目のメールの第1段落6文目で「検査済証明書が発行される」と言っているので、これが (C) に該当します。これに続く文で「通常1カ月程かかる」と述べられているので、(E) がこれに該当しています。以上から、述べられていない (A)・(B)・(D) が正解です。

☐ inspection 点検 ☐ concern 不安な点、心配 ☐ highlight ～を強調する ☐ workflow 作業の流れ
☐ at capacity 能力いっぱいに ☐ caution 注意事項 ☐ note ～に気付く ☐ first aid 応急手当て
☐ acceptable 受け入れ可能な ☐ ventilation 換気 ☐ house（物品など）～を収める、収容する
☐ comply with ～に応じる、適合する ☐ standard 基準 ☐ ensure ～を確実にする、保証する
☐ maintain ～を維持する ☐ strictly 厳しく ☐ enforce ～を遵守させる ☐ incur ～を負う ☐ penalty 罰
☐ closure 閉鎖 ☐ adhere to（規則などを）遵守する ☐ cooperation 協力 ☐ inform ～に知らせる
☐ presently 現在 ☐ paperwork 事務処理 ☐ officially 公的に ☐ certificate 証明書
☐ prominent 目立った ☐ detailed 詳しい ☐ be exempt from ～を免除されている
☐ certified 資格のある ☐ certification 認証、証明書 ☐ layout レイアウト、配置
☐ inefficient 不十分な、非効率な ☐ measure 方法 ☐ overlook ～を見過ごす ☐ failure 失敗
☐ illegally 違法に ☐ approval 承認 ☐ completion 完了 ☐ trigger ～を引き起こす ☐ issuance 発行
☐ document 文書

Test 1 Follow-up 2

165

William Bettendorf 校長

5 月 4 日

Nameth High School
メリーランド州 Harland 20601
Spring Street 435 番地

Bettendorf さま

改めまして、昨日は Nameth High School の運営部長職の面接の機会をいただき、ありがとうございました。**182** この職には細かい配慮と複数の業務を同時に行うスキルが不可欠であるとのお話をお聞きして、自分こそがこの職にふさわしい候補者であると意を強くした次第です。

182 183 私は今のところまだ詳しくはありませんが、NJN と LDFS という 2 つのプログラミング言語についての幅広い知識が運営部長には必須であることは承知しております。ですが、**181** 私の強みの 1 つは、新しい作業や技術を身に付けるスピードにあります。例えば、大学生のころには編集助手として、ただ 1 度のセミナーでウェブサイトを作るためのソフトウエア、TypePress を使いこなせるようになりました。わずか 2 カ月で、**183** 新人の編集のインターンに TypePress のセミナーを行っていました。**182** 新採用の運営部長は 7 月 31 日までには勤務を開始するとおっしゃっていました。面接後、NJN と LDFS の両方の使い方に関する 6 週間の講座を受講し始めました。両プログラミング言語を使いこなせるよう、目下奮闘中です。

私のリーダーとしての経験、組織運営力、そして技術的な理解力をもって、Nameth High School の皆さんの重要なメンバーとなるべく万全の準備を整えているところです。面接のお時間いただいたことに感謝するとともに、この職についてお返事をお聞きするのを楽しみにしております。

敬具

Helen Frasier

宛先：Helen Frasier <hlfrasier@uno.com>
差出人：Ronald Falconer <falconer@nhs.edu>
件名：歓迎します
日付：6 月 30 日

こんにちは、Helen

Nameth High School のメンバーにお迎えすることを、私たち全員がとても心待ちにしていることをお伝えしたく、取り急ぎご連絡しています。合意したとおり、**182** **183** 初出勤日は 7 月 8 日火曜日です。午前 7 時にこちらに来てください。ご参考までに、服装規定はビジネスカジュアルです。

当校では授業時間外のスケジュールについてはあまり厳密ではありませんので、勤務時間については火曜日に来たときに話し合いましょう。最初の数日の予定の概要は次のとおりです。新規雇用者用の書類に記入して、私が担当するオリエンテーションに参加してもらいます。新しい仕事と学校の両方に慣れてもらうために、Leslie Bryant に実地研修をしてくれるよう頼んでおきました。担当していただく仕事のあらゆる部分につき彼女は経験してきています。**185** オフィスは彼女の隣なので研修を続けることもできます。加えて、全職員との顔合わせのためのミーティングの予定を立てました。出勤の火曜日までには、予定を確定し準備しておくようにします。ところで、職員へのコンピューターシステムの研修を実施していただくために今後の日程を調整しているところです。また、現在学校のウェブサイトの変更も考えているので、大学時代に Helen さんが学んだソフトウエアについて助言をお願いすることもあるかもしれません。全てが決定し次第、詳しくお伝えします。

差し当たり、何かご質問があれば遠慮なく私にメールか電話をください。私の番号は 555-7237 です。私たち一同、一緒に働くことを本当に楽しみにしています。

Ronald Falconer
Nameth High School、秘書

181. Frasier さんの大学時代について何が示されていますか。

(A) 2 つの分野を修めた。
(B) 他の学生のレポートをチェックしていた。
(C) 新しい技術を素早く学んだ。
(D) 学生新聞の編集長だった。
(E) たった 6 週間で TypePress を学んだ。

Frasier さんは手紙の第 2 段落 2 文目で「強みの 1 つは新しい作業や技術を身に付けるスピード」と自負しています。その例として大学時代に学んだソフトウエアを挙げています。よって、正解は (C) です。(E) は、具体的な期間については示されていないのでここでは不正解です。

---

182. 運営部長について何がわかりますか。

(A) 給料は昨年よりもわずかだが高くなる。
(B) 別の言語を流暢に話さなければならない。
(C) 一度にたくさんのことをこなす能力がなければならない。
(D) NJN と LDFS に精通していなければならない。
(E) Bettendorf さんが指定した日付までに役職は埋まった。

運営部長については、最初の手紙で諸条件が記載されています。まず第 1 段落 2 文目で「複数の業務を同時に行うスキルが不可欠」とあるので、(C) は正解です。第 2 段落 1 文目には必須とされるソフトウエアが挙げられているので (D) も正解です。次に第 2 段落後半に、「7 月 31 日までに勤務開始」とあります。メールの第 1 段落 2 文目には「初出勤日は 7 月 8 日」とあるので、手紙にあった日付までにこのポストが埋まったとわかります。ここから (E) も正解です。よって正解は (C)・(D)・(E) です。

---

183. Frasier さんについて述べられていないことは何ですか。

(A) Nameth High School に通学していた。
(B) 7 月 8 日午前 7 時に学校に着かなければならない。
(C) 面接の時点で職務要件を全て満たしているわけではなかった。
(D) 以前編集のインターンに講義をしたことがある。
(E) 初出勤日の前に Bettendorf さんと会う。

手紙の第 2 段落初めに NJN と LDFS の知識が必須とありますが、Frasier さんはこの 2 つに詳しくないと述べています。よって、職務要件を全て満たしているわけではなかったとした (C) がこれに当たります。また同じ段落の中ほどに「新人の編集のインターンに TypePress のセミナーを行っていた」とありますので、(D) はこれに該当します。また、メールで初出勤日は 7 月 8 日で、午前 7 時に来るよう言われているので、(B) がこれに当たります。残った (A) と (E) が記載がないので、この 2 つが正解です。

---

184. 手紙の第 2 段落・4 行目にある mastered と意味的に言い換え可能なのは

(A) ～の面倒を見た
(B) ～を支配した
(C) ～に熟達するようになった
(D) ～の範囲を超えた
(E) ～を投げ捨てた

master の後ろには TypePress というソフトウエアの名前が来ているので、「使いこなす、習熟する」という意味です。よって、(C) が正解です。become adept at で「～に習熟する、～を身に付ける」という意味です。

185. Bryant さんについて正しいものは何ですか。

(A) 職員に Frasier さんを紹介する。
(B) 現在の運営部長だ。
(C) Frasier さんを継続的に支援する。
(D) TypePress の使い方に精通している。
(E) 彼女のオフィスは Frasier さんのオフィスの近くだ。

メールの第 2 段落中ほどに「オフィスは Bryant さんの隣なので研修を続けることもできる」という記載があるので、(C) と (E) が正解です。(C) の ongoing は「継続した」という意味です。

□ interview（人）と面接をする □ multitasking 複数の仕事を同時にする □ essential 不可欠な、主要な
□ confident 自信のある □ ideal 理想的な □ operation 操業 □ extensive 広範な
□ programming language プログラミング言語 □ leadership リーダーシップ □ organizational 組織の
□ overly 過度に □ paperwork 事務処理、手続き □ orientation オリエンテーション □ aspect 面、角度
□ be adjacent to ～の隣である □ on-going 進行中の、継続している □ finalize ～を仕上げる、決定する
□ improvement 改善 □ don't hesitate to 遠慮なく～してください □ essay 小論文 □ proficient 上手な
□ requirement（求人の）必須条件 □ editorial 編集職の □ assistance 支援、手助け

---

http://www.perks4you.net/about/

Perks4You — 従業員の皆さまに大幅な節約を

従業員向け割引ネットワーク、Perks4You で職場がさらによくなります。Perks4You を利用すれば従業員の方々がご自宅やオフィスの近く、また出張中でも休暇中でもどこにいても、毎日のお買い物に企業割引が受けられます。

当社の従業員さま向け割引プログラムは、御社に代わって従業員の皆さまへ下記のサービスをご提供いたします。
・全国各地の 30 万店超のレストラン、小売店、遊園地などで **186** 何度でもご利用できる割引
・一流ブランドや地域の特産物に最大 50％割引
・従業員さま専用の割引ウェブサイト
・**186** より早く簡単にアクセスできるモバイルクーポンアプリ
・従業員さま用割引カード
・通話料無料のカスタマーサービス

今すぐ<u>こちら</u>をクリックして、90 日間無料のトライアルにお申し込みを！

宛先：Ted Pfister <tedpfister@lamrock.com>
差出人：Sue Blanc <sueblanc@lamrock.com>
件名：要望
日付：7 月 12 日

Pfister さま

Lamrock と Perks4You との間で無期限の契約を結んでいただきありがとうございます。最初の 90 日間に、カードを何度も使って 600 ドル以上も節約することができました！　ですが、1 つお願いしたいことがあります。同僚の何人かもそうですが、地元のジムの会員になりたいとずっと思っているのですが、割引があれば会員登録へのきっかけになると思うのです。実際、今よりもっと運動すれば、より健康的になり、仕事においても生産性が高まると思うのです。もし Perks4You カードにジムが追加されれば、ありがたいです！

また、プログラムについて同僚と話している中で、小売店やレストランでカードが使えるかどうか聞き忘れている人が多くいることがわかりました。しかしもしそうなら、彼らは大幅な割引のチャンスを逃していることになります！　今ではカードの使い方がちゃんとわかってきたので、

187 カードが使用可能な店のお買い得品や使える場所についてまとめたものを書くことができます。そうすれば、カードのメリットに全員の目が行き、概してプログラム全体がより価値あるものになるでしょう。お時間があるときにお考えをお聞かせください。

ご検討お願いいたします。

Sue Blanc

名前： Ashley Gillett 日付： 11 月 14 日
部署： 購買部

Perks4You カードの利用 なし ＿＿＿ 2 回 ＿＿＿ 何度も ×
カードへの満足度 とても満足 × まあまあ ＿＿＿ あまり満足ではない ＿＿＿
今日まで節約した金額の概算 800 ドル

コメント：
会社が最初にこのプログラムに申し込んだときには、どれほど多くの割引が利用できるのか、あまりよくわかっていませんでした。**189** **190** しかし Sue Blanc が Perks4You との間を取り持ってくれて以来、あらゆる場所でカードを使うことを楽しんでいます！ **187** **189** 毎月届く Sue のニュースレターはとてもためになりますし、簡単に買い物や他の用事を済ませられます。例えば、この前の週に車のオイル交換をする必要があったのですが、**190** Sue の直近のニュースレターに Perks4You が使える自動車修理工場の情報があり、すぐにその 1 つに行って、用事を済ませることができました。そして今では Sue のおかげで、地元のお店やレストランでカードが利用可能であることを知らせてくれる表示を掲げているので、忘れずにカードを使うことも簡単になりました。最後に、カードなしで入会した場合に比べてかなり安い金額で、先月 Workout Jungle に入会しました。7 月に Pfister さんが Sue のメールを真剣に受け止めてくださったことをとてもうれしく思っています。今ではたくさんの割引のおかげで節約できているだけでなく、健康にもなっていることを感じています。

全体的に見て、割引で買い物をしたり活動したりするのは楽しくてわくわくします！ そして会社が私のことを気にかけてくれていると感じています。とても感謝しています。

186. Perks4You について正しいものは何ですか。

(A) 事業主だけがプログラムに申し込める。
(B) オンラインでの買い物に対して速達が無料で利用できる。
(C) カードは回数無制限で利用できる。
(D) 従業員の割引の利用状況は識別番号でわかる。
(E) 携帯電話を使えば割引を受けられる。

ウェブサイトの箇条書きの最初の項目で「何度でもご利用できる割引」とあり、4つ目には「モバイルクーポンアプリ」について述べられていますので、(C) と (E) が正解です。

---

187. Sue さんのニュースレターについて何がわかりますか。

(A) よくある質問が載っている。
(B) 定期的に発行される。
(C) Perks4You カードが利用できる場所を取り上げている。
(D) 読むには購読が必要だ。
(E) 通常は発行前に Pfister さんにより校正される。

メールの第2段落3文目で、Blanc さんはカードが使える店や場所をまとめたものを書けると提案しています。次にアンケート調査のコメント欄でニュースレターが発行されていることがわかりますので、(B) と (C) が正解です。本文の monthly を (B) では on a regular basis と言い換えています。(D) については、ニュースレターが有料かどうかは言及されていません。(A) や (E) も一見ありえそうですが、根拠となる記述はありません。

---

188. メールの第2段落・6行目にある worthwhile と意味的に言い換え可能なのは

(A) 実行可能な　　　　**(B) 有益な**
(C) 適格の　　　　　　**(D) 価値のある**
(E) 適切な

ここでの worthwhile は「価値のある、役立つ」という意味です。よって、これに近い意味の (B) と (D) が正解です。worthwhile は他にも、useful や helpful などでも言い換えられそうですね。

---

189. Blanc さんについて述べられていないことは何ですか。

(A) Perks4You のカスタマーサービスの担当者だ。
(B) 家族との休暇からちょうど戻ってきたところだ。
(C) 従業員が割引対象のサービスをより簡単に見つけられるようにした。
(D) 会社と Perks4You の間を取り持っている。
(E) 健康関連商品の割引が少ないことを不満に思っている。

アンケート調査のコメント欄の最初の方で「Sue Blanc が Perks4You との間を取り持ってくれて」と言っているので、(D) がこれに該当します。またその次の文では「Sue のニュースレターはとてもためになる」と述べ、その例として自動車修理工場などを挙げています。よって、(C) も本文に合致します。以上から、本文に言及のない (A)・(B)・(E) が正解です。

190. Gillett さんについて何が示されていますか。

(A) 最近車に関するトラブルが多い。
(B) Blanc さんのニュースレターの手伝いをしている。
(C) Perks4You カードの使用をしばらくやめる。
(D) プログラム対象の店の数に感心している。
(E) 自動車修理工場で割引を受けた。

アンケート調査の最初の方で「あらゆる場所でカードを使うことを楽しんでいます」と言っているので (D) が正解です。また、4 文目に Blanc さんのニュースレターに、Perks4You が使える自動車修理工場が載っており、すぐにオイル交換をしてもらえたとあります。よって、(E) も正解です。Perks4You を使うと割引が受けられるというのはウェブサイトに記述があるので、この問題では複数の文書を見なくてはいけませんね。

□ workplace 職場 □ corporate 法人の、企業の □ label 〜と分類する □ on behalf of 〜に代わって
□ unlimited-use 無制限に利用できる □ coupon クーポン □ access 〜にアクセスする、入手する
□ toll-free フリーダイヤルの（通話料無料の）□ permanently 永久に、恒久的に □ membership 会員権
□ motivation 動機付け、モチベーション □ physically 身体的に
□ the ins and outs of （物事）の一部始終、詳細 □ highlight 〜を強調する
□ worthwhile 価値のある、やりがいのある □ estimate 見積り、推測
□ vast array of 多数の〜、ずらりと並んだ〜 □ be at one's fingertips すぐに利用できる
□ liaison 連絡、連携 □ newsletter 会報、ニュースレター □ informative 有益な □ automotive 自動車の
□ garage 修理工場 □ acceptance 受け入れ □ business owner 事業主 □ infinite 無制限の
□ activate 〜を起動する、作動する □ frequently 頻繁に □ basis 基準 □ subscription 購読
□ proofread 〜を校正する □ representative 担当者 □ be unsatisfied with 〜に不満である
□ lack of 〜の欠如、〜がないこと □ assist 〜を支援する

WINSTON——Sheryl Park さんは一家の伝統を引き継いでいる。6歳になったときから、父親と祖父が鉄道車両の模型を組み立てるのを手伝ってきた。その父親も祖父も他界した今、**192** 彼女は伝統を存続させるため、自分の子どもたちにその技術を教えようとしている。Park さんは国内のさまざまな地域の列車の歴史について研究し、本物になるべく忠実になるよう作り上げることに多くの時間を割いている。その過程で特に彼女が気に入っているのは、組み立てるうちに歴史がよみがえるのを目にすることだ。例えば Park さんのこれまでの最高傑作は、1800年代に彼女の住む Winston の中心街から、遠く離れた郊外の Marble City や Fernburg、Sterling、Wood Forest へと人や製品を運んでいた都市間列車の模型だ。**191** Park さんの父親や祖父が列車の組み立てに専念していたのに対し、彼女は近年列車以外へと制作活動を広げてきている。土木技師を生業として、彼女は模型の組み立てに、その専門技術を生かしている。「現在私は、沿線の歴史的な橋や建造物、史跡も含む鉄道全体を組み立てています」彼女はこのことが列車が最盛期だったころの活力を伝えるのに役立つと言う。

これは趣味の世界の芸術家について伝えるシリーズの5番目の記事です。このシリーズをもっとお読みになるには www.northernidahonews.com/hobbyartists まで。

宛先：parks@quickmail.com
差出人：garydiedrick@bg.com
件名：特注プロジェクト
日付：3月2日

Park さま

私は Bentel Gardens で特別イベントの担当をしております。最近 Park さまと Park さまの作品について、オンラインの *Northern Idaho News* の最新版で読み、興味を持ちました。理事会で話し合った結果、私どもの公園でのユニークな展示会に協力をお願いすることを満場一致で決定しました。市独自の要素を有する歴史的な鉄道模型の組み立てを依頼したく思っております。これは、他の公園も真似ようと、Park さまのところに列ができるような、素晴らしいアイデアです。そして最初の展示会が成功した暁には、1年に1点ずつコレクションを増やしていくお手伝いをお願いできればとも考えています。

192 もし今回の提案にご興味をお持ちいただけましたら、914-555-2332 までお電話いただくか、私、garydiedrick@bg.com までメールをお送りください。詳細、お支払い、予定などについて話し合いができますでしょうか。ご検討よろしくお願いします。

どうぞよろしくお願いいたします。

Gary Diedrick
Bentel Gardens イベント責任者

Bentel Gardens 鉄道模型

193 Bentel Gardens の植物が生い茂る熱帯環境を探索していると、列車や路面電車が皆さんの四方八方を走る、魔法のような模型の世界へお連れいたします。模型になった Cherryville の建造物が室内の雰囲気に魔法をかけます。

ほぼ 1 カ月の間、この種のものとしては初となる展示会にお越しになり、展示中の作品をぜひご覧ください。**192** Sheryl Park さんによるこの独創的な展示作品は、Idaho Railroad 駅や Belle Vista Cottage、Trolley Barn といった Cherryville の歴史的建造物のミニチュアレプリカを呼び物としています。

ねじ、靴下、家具、そして機械に至るまであらゆるものを製造してきた長い歴史が Cherryville にはあります。かつて鉄道は、国中の市場に商品を運ぶ主要な手段でした。州間高速道路がより多くの運搬を担っているとはいえ、今日でも鉄道は Cherryville から多くの製品を運んでいます。Bentel Gardens にお越しになり、歴史の一端をお楽しみください。この展示会は 12 月 3 日から 1 月 6 日まで行われています。ツアーは毎日開催されています。**195** 時間についてはウェブサイトをご覧ください。**195** 入場料をお支払いいただければツアーは無料ですが、事前の申し込みが必要です。入場料や開館時間などについての詳細は、www.bentelgardens.com をご確認ください。

191. Park さんの父親について何がわかりますか。

(A) 列車のレプリカを作るのに最低限の料金しか取らなかった。
(B) 本物の橋の建設に関わっていた。
(C) 彼の主な関心は鉄道のレプリカを作ることだった。
(D) 彼は鉄道会社のオーナーだった。
(E) 冬の時期に Bentel Gardens をよく訪れていた。

記事の第１段落７文目で、「Park さんの父親や祖父が列車の組み立てに専念していた」とありますので、(C) が正解です。stuck は stick の過去形で、stick to で「〜にこだわる」という意味です。Park さんの父親と祖父は「列車組み立てに専念していたが、それ以外のものに興味を示していない」ということだとわかります。

---

192. Park さんについて示唆されていないものは何ですか。

(A) Bentel Gardens と契約を結んだ。
(B) 子どもたちに家族の伝統を引き継ごうとしている。
(C) 主に高い建物のミニチュアレプリカを作っている。
(D) 最新作で賞を授与された。
(E) 子どものころ Cherryville に住んでいた。

NOT 問題で正解が複数あるのはやっかいですが、高地トレーニングだと思ってチャレンジしてみてください。メールの最終段落で、Diedrick さんが Park さんに契約などについて話し合いたいので、イベントに興味があれば連絡してほしいと言っており、その後、お知らせで Park さんがイベントに関わっています。何らかの取り決めがなされたことがわかりますので、(A) は本文に合致します。(B) は記事の第１段落３文目に言及があります。よって、本文に記述がない (C)・(D)・(E) が正解です。

---

193. 展示中の列車のミニチュアについて何が示されていますか。

(A) 美しく装飾されているものもある。
(B) 一般公開は午前中のみだ。
(C) 公園中を移動する。
(D) チャリティーの資金集めのために作られた。
(E) それを作るために後援者による寄付を使って支払った。

お知らせの第１段落に、「Bentel Gardens の植物が生い茂る熱帯環境を探索していると、列車や路面電車が皆さんの四方八方を走る」と書かれていますので、(C) が正解です。(B) は、午前中のみの公開かどうかは、はっきりとは書かれていません。What is indicated about...? のタイプの問題は、実際に本文に書かれていることが前提になりますので、思い込みで選択しないようにしましょう。

---

194. メールの第１段落・２行目にある intrigued と意味的に言い換え可能なのは

(A) 迷惑をかけた　　　　**(B) 引きつけた**
(C) 元に戻した　　　　　**(D) 興味をかきたてた**
(E) 気をそらせた

問われている intrigued を含む文の後で、Diedrick さんは Park さんに仕事の依頼をしています。よって、肯定的な意味合いの言葉が来ると考えられるので、正解は (B) と (D) です。intrigue は「好奇心をそそる、興味をそそる」という動詞なので、was intrigued は「関心を持った」ということです。

195. Bentel Gardens のツアーについて正しいものは何ですか。

(A) ツアーの予定はインターネットに掲載されている。

(B) 費用はかからない。

(C) 予約が必要だ。

(D) 1週間に1度だけ開催される。

(E) 約30分間行われる。

お知らせの第3段落6文目で「ツアーの時間についてはウェブサイトをご覧ください」とあるので、(A) がこれに該当します。また、これに続く文「事前の申し込みが必要」という箇所が (C) に該当します。この文で「入場料をお支払いいただければ無料」とあり、その後、入場料についての詳細はウェブサイトにアクセスするよう述べているので、(B) も本文に合致します。よって、正解は (A)・(B)・(C) です。ツアーの開催頻度については第3段落6文目に「毎日行われる」とあるので、(D) はこれに矛盾しています。(E) のようなツアーの所要時間は書かれていません。

- ☐ masterpiece 傑作、名作 ☐ outlying 中心から離れた ☐ expand 拡大する、拡張する
- ☐ expertise 専門知識 ☐ landmark ランドマーク、歴史的建造物 ☐ convey ～を伝える
- ☐ intrigue ～の興味をそそる ☐ board of directors 取締役会 ☐ unanimously 満場一致で
- ☐ extend ～を差し出す ☐ commission ～を任命する、製作を依頼する ☐ enviable うらやましい
- ☐ proposition 提案 ☐ consideration 考慮 ☐ lush 緑豊かな ☐ lend enchantment to ～を魅力的にする
- ☐ ambiance 環境、雰囲気 ☐ screw ねじ ☐ machinery 機械 ☐ primary 最初の
- ☐ transport ～を輸送する ☐ interstate 州間の（複数の州にまたがる） ☐ exhibit 展示
- ☐ registration 登録 ☐ admission fee 入館料 ☐ minimal 最小限の ☐ replica レプリカ、複製
- ☐ view 見る ☐ sponsorship スポンサー、後援 ☐ donation 寄付

Grand Palace Hotel
宴会場予約申込書

お名前： Jasmine Bertelli　　　日付： 2月6日
団体名： Edwards Furniture
電話番号： 982-555-1122　　メール： bertelli@edwardsfurniture.com

イベントの日付： 5月19日　　　時間： 午後5時30分から午後9時
イベントの種類： 宴会　　　　　予定ご利用人数： 386人

ご希望のお食事： **196** ビュッフェ、デザート、キャッシュバー

音響／映像の有無：
マイク　×　　演壇　×　　スクリーン　×　　モニター　＿＿　プロジェクター　×
電話　＿＿　　　フリップチャートとペン　＿＿

特別な要望：
ゲストの人数が多いので、当方で用意した30分間の動画を見られない人が何人か出てきそうです。この問題への対処方法があれば、教えてください。また、グルテンフリー、デイリーフリーの食事、ナッツを使用していない食事、そしてビーガンのお客さまと従業員の食事が必要です。ついでながら、私は会議に出ていることが多いので、**199** メールを送ってくだされば連絡がつくかと思います。電話して私が出なければ、留守番電話メッセージを残してください。

宛先：Jasmine Bertelli <bertelli@edwardsfurniture.com>
差出人：Nicholas Armstrong <nicholas@grandpalacehotel.com>
件名：宴会
日付：2月16日

Bertelli さま

196 予約確定のための内金をどうもありがとうございました。次回の内金の期限はメニュー決定後となります。 **198** その件で、お客さまが予約フォームに書かれた特別なご要望について確認させてください。食事制限のあるお客さまには全ての制限を満たすお食事が必要でしょうか。あるいはグルテンフリーの品目だけが必要なお客さまが何人か、デイリーフリーの品目だけが必要なお客さまが何人か、ナッツを使用していない品目が必要なお客さまが何人か、ビーガン向けの品目だけが必要なお客さまが何人かいらっしゃるということでしょうか。この質問へのお答え次第で、ご提供できるお食事が変わってきます。この情報をいただけましたら、メニュー品目のリストを作成して、そちらからお選びいただけます。メールでこのリストをお送りしますので、

同じ方法でお返事をいただければと思います。

ありがとうございます、よい 1 日をお過ごしください。

Nicholas Armstrong
Grand Palace Hotel イベントプランナー
555-9605 内線 422

投稿者：Jasmine Bertelli

当社で 5 月に Grand Palace Hotel において 400 人以上の規模の宴会を開催した際、私がホテルを相手に宴会の手配を行う担当でした。イベントの担当者が突然新しい担当に変更になるまでは、計画は順調に進んでいました。何が起こったのか、なぜそれまでの担当者がうちの応対をできなくなったのかについて何の説明もありませんでしたが、後に彼が何らかの理由で退職したことがわかりました。 **200** その上、全てを一からやり直すようなもので、その時点までのうちの具体的な指示はどれも新しい担当には伝えられていなかったようです。 **200** その人は明らかに新米で、食事制限や食事の要望といったことに日々対処している人であれば考える必要のないことを、彼女に繰り返し言わなければならず、とても苛立たしかったです。ですが、意思疎通がようやくうまくいくと、予定していたとおりに全てが進みました。宴会が始まって 1 時間半後に流される予定の動画に関しては、全員が快適に動画を見ることができるように、ホテル側は親切にも前方の大きなスクリーンに加えて、追加のモニターをいくつか部屋のあちこちに準備してくれました。残念ながら、部屋の後方にあったスピーカーの 1 つに技術的な問題があり、そこに座っていたゲストの何人かは動画の音声が聞こえづらかったようです。幸い、食事についてはケータリングスタッフの手際は素晴らしかったです。食事制限が必要なゲストが何人かいたのですが、スタッフからはそれに留意していただき、準備をしてくれました。スタッフは食べ物が混ざってしまわないように、全てのものにわかりやすく張り紙を付け、また通常の食べ物と特別な食事とを分けてくれました。担当になった当初は大変なこともありましたが、全体としては Grand Palace Hotel のサービスには満足しました。

179

196. 宴会場の予約について、当てはまらない ものは何ですか。

(A) いくつかの設備が使用される。
(B) 支払いは一括でなければならない。
(C) 参加者には夕食がふるまわれる。
(D) ゲストは自分の飲み物の代金を自分で支払う。
(E) 食事はそれぞれのテーブルで出される。

オンラインフォームでは食事はビュッフェ形式だとあります。それぞれのテーブルに提供されるわけではないので (E) は本文と矛盾しています。またメールの冒頭より、Bertelli さんが内金を支払ったことがわかるので、(B) も本文と矛盾があります。よって、正解は (B) と (E) です。この問題が NOT 問題であることにも注意してくださいね！　(D) ですが、フォームの Catering needs の項目で cash bar（有料で飲み物を売るバー）とあり、本文に当てはまるため不正解です。

---

197. オンラインフォームの特別な要望欄・2 行目にある put together と意味的に言い換え可能なのは

(A) 〜を建設した　　　**(B) 〜を編集した**
(C) 〜に合った　　　　(D) 〜を結合した
(E) 〜を積み重ねた

「こちらで〜した 30 分間の動画」とあるので、ここでの put together は「編集した、取りまとめた」という意味です。この意味に該当する語は (B) です。今回は目的語が動画やビデオの類ですので、他の選択肢はいずれも不正解です。

---

198. Armstrong さんは Bertelli さんに何をするよう求めていますか。

(A) ケータリングスタッフと直接会う
(B) 彼女の会社の住所をメールで彼に送る
(C) グルテンフリーのデザートを届けさせる
(D) 決定前に試食する
(E) 食事制限について詳しい情報を与える

Armstrong さんは Bertelli さんにメールの 3 文目で「お客さまが予約フォームに書かれた特別なご要望について確認させてください」と切り出し、その後、食事制限に関する情報を求めています。よって、(E) が正解です。私は海外駐在経験がありますが、食事を出すイベントを行う場合は、このように細かく参加者の食事制限を聞いた上で開催することが多いため、dietary restrictions という表現はすぐに覚えました。

---

199. Armstrong さんについて正しいものは何ですか。

(A) Bertelli さんの希望する方法で彼女に連絡した。
(B) 彼のメールアドレスが変わった。
(C) 5 月 19 日に Bertelli さんに会った。
(D) Bertelli さんに宴会の日程を変更するよう頼んだ。
(E) 過去 Edwards Furniture の顧客だった。

オンラインフォームで Bertelli さんは「メールが一番連絡がつく」と述べています。Armstrong さんは、この文書にあるとおりメールで連絡をしていることがわかります。ここから、Armstrong さんは Bertelli さんの好む手段で連絡を取っているとわかりますので、(A) が正解です。

200. オンラインレビューの中で、新しいイベントプランナーについて何が示されていますか。

(A) 宴会の詳細について情報を与えられていなかった。

(B) 宴会があった夜は会場にいなかった。

(C) 音響の問題を解決することができた。

(D) 以前レストランで働いていたことがある。

(E) 経験が不足していた。

オンラインレビューの4文目で「具体的な指示はどれも新しい担当には伝えられていなかったようだ」とあるので、(A) が正解です。また、これに続く文で「その人は明らかに新米だった」と言っています。これを経験が不足していたと言い換えた (E) も正解です。(B) と (D) は本文で触れられておらず、(C) は8文目でスピーカーに関する問題は解決できなかったとわかるので、いずれも不正解です。

□ banquet 宴会 □ projector プロジェクター □ remedy ~を改善する
□ gluten-free グルテンを含まない □ deposit 頭金 □ portion 部分 □ clarify ~を明らかにする
□ dietary 食事の □ restriction 制限 □ via ~経由で □ smoothly 円滑に □ moreover さらに
□ convey ~を伝える、伝達する □ novice 新人 □ frustrating いらいらする □ reiterate ~を繰り返す
□ be on the same page 同じ考えである □ proceed 進む、進行する □ monitor 画面、モニター
□ comfortably 快適に □ accordingly それに応じて（要望に応じて）□ cross-contamination 混合、混入
□ attendee 参加者 □ reschedule ~の予定を変更する □ lack 欠けている

Test 2　正解一覧

Part 5

No.	ANSWER	No.	ANSWER	No.	ANSWER
101	B	111	B	121	B
102	C	112	C	122	B
103	B	113	B	123	B
104	D	114	C	124	C
105	B	115	A	125	A
106	C	116	C	126	C
107	C	117	B	127	D
108	C	118	A	128	C
109	D	119	A	129	A
110	D	120	C	130	D

Part 6

No.	ANSWER	No.	ANSWER
131	D	141	C
132	B	142	C
133	A	143	C
134	C	144	A
135	C	145	C
136	D	146	C
137	A	147	C
138	D	148	C
139	A	149	A
140	D	150	D

Part 7

No.	ANSWER	No.	ANSWER	No.	ANSWER	No.	ANSWER	No.	ANSWER
151	B	161	A	171	D	181	C	191	C
152	B	162	A	172	C	182	C	192	B
153	C	163	D	173	B	183	B	193	D
154	D	164	D	174	B	184	A	194	C
155	C	165	C	175	B	185	D	195	A
156	D	166	C	176	C	186	A	196	D
157	B	167	D	177	C	187	D	197	D
158	C	168	D	178	A	188	C	198	D
159	A	169	D	179	B	189	D	199	A
160	A	170	C	180	A	190	B	200	D

Test2

KIWAMERO!

101. 契約書によると、ビルの入居者はごみを適切に処理しないと別途料金が請求される。

(A) 「不適切な」　　　　(B) 「生産的な」
(C) 「必須の」　　　　　(D) 「簡潔な」

□ tenant（不動産の）借り主、テナント
□ disposal 廃棄

選択肢には形容詞が並んでいます。文の後半に「別途料金が請求される」とあるので、このような事態につながる状況を考えます。(A) が正解です。この語は proper「適切な」の反意語です。

102. その家具メーカーは家具の大量生産を始めたことで、ごく短期間で大きな市場比率を占めるに至った。

(A) 「割合」　　　　　　(B) 「消費」
(C) 「規模」　　　　　　(D) 「連続、ひと続き」

□ massive 大量の

空所前に on a massive とあることに注目します。on a big (massive) scale で「大規模に」という意味です。生産規模の拡大の結果、「短期間で大きな市場比率を占めた」と、文意が通ります。正解は (C) です。(A) は on a daily rate のような表現で用いられることがありますが、この場合は「料金」を意味します。

103. 裕福な観光客の数が増加していくにつれて、高級ホテルの需要も高まっている。

(A) 「立ち振る舞い、行動」
(B) 「要請」
(C) 「獲得」
(D) 「需要」

□ rise 上昇する

文頭の as は「〜につれて」という接続詞です。文の前半の「裕福な観光客の数が増加」という点に注目しましょう。(D) を入れると、それにともなう高級ホテルの需要増と、つじつまが合います。正解は (D) です。(B) は「需要、要求」という意味では可算名詞として使われます。ここでは luxury hotels を受けている以上、複数形にする必要があるため不正解です。

104. 従業員は新しいソフトの使い方がわからず、ましてそれを使ってプレゼンをすることなどできなかった。

(A) 「〜に関するかぎりでは」
(B) 「〜するかぎり」
(C) 「まして〜（ない）」
(D) 「〜について言えば」

空所の前の部分が完結した文で、カンマをはさんで空所が来ています。空所の後は SV の成立した文ではないので、(C) が正解です。let alone は否定文の後に来ると「ましてや〜」という意味で、このように文の後に付け加えるような形で使います。(A) と (B) は後ろに SV のある完成した文が来る必要があります。(D) は後ろに名詞が来なければいけないので不正解です。

105. 以前に同様の問題を経験していたため、Jeffery さんは顧客からの問い合わせに難なく対応することができた。

(A) 動詞 experience「〜を経験する」の ing 形
(B) 過去形・過去分詞
(C) 分詞の完了形
(D) 原形

□ inquiry 問い合わせ、質問

選択肢には動詞 experience が形を変えて並んでおり、その後名詞句が続いています。よって、前半部分は主語がないので、分詞構文の形だとわかります。また、カンマ以降を見ると、「顧客からの問い合わせに対応できた」とあるので、分詞の完了形の (C) を入れると、これ以前に「すでに同様の問題を経験していたため」となり、意味が通ります。よって正解は (C) です。

106. 年次報告書用に、Fisher さんは普段よりもやや品質のよい用紙を注文した。

(A) 形容詞「高い」
(B) 副詞「非常に」
(C) 形容詞の比較級
(D) the＋形容詞の最上級

 □ somewhat いくぶん

空所後の than に注目できれば、比較級の (C) が正解だとわかります。この問題は、拙速に名詞を修飾するから形容詞と考えるのではなく、形容詞の比較級や最上級もあると自分の中でアラートを鳴らして解かないと間違ってしまう可能性があるので気を付けましょう。

---

107. 既存のお客さまに対して、KS Telecommunications は電話だけでなく、チャットでも技術サポートをご提供しております。

(A)「～を統合する」 (B)「～を聞く」
(C)「～を提供する」 (D)「～に接続する」

□ existing 既存の □ message メッセージを送る

選択肢には動詞が並んでいるので、support を目的語に取るものを選ぶ問題です。また、KS Telecommunications は会社名だとわかるので、「～を提供、供給する」という意味の (C) provides が正解です。(D) の access「～に接続する」は目的語にはシステムやネットワークが来ます。

---

108. 交渉の中で、Gable さんは輸送費を事前に支払うよう求めた。

(A) 動詞 pay「～を支払う」の原形
(B) ing 形
(C) 受動態
(D) 名詞「支払い」

□ negotiation 交渉

文の構造を見ると、主語が Ms. Gable、動詞が asked です。さらに、asked の後に that 節が続いています。この主節の動詞 ask が「要求」を表す場合、that 節以降には仮定法現在が使われます。そのため、空所には動詞の原形が入ります。また、空所の主語「輸送費」は「支払われる」ものですので、正解は (C) です。

Test
2

---

109. 操作設定を変えるだけで、エンジニアはタービンの問題を解決することができた。

(A) 形容詞 mere「単なる、ほんの」の最上級
(B)「ただ～から」
(C)「ただ～として」
(D) 副詞「ただ」

□ setting 設定 □ overcome ～を克服する □ turbine タービン

文の構造を見ると、By 以降が副詞句となって主節にかかっていると考えられます。空所後に動詞 change の ing 形があるので、動詞を修飾することのできる副詞の (D) が正解です。merely は「単に」という意味で、同義語には just などがあります。

---

110. 毎月最終金曜日には、人気のスーパーはフルーツの詰め合わせを 20％割引で提供している。

(A) 動詞 assort「詰め合わせる」の原形
(B) 形容詞「各種取りそろえた」
(C) ing 形
(D) 名詞「詰め合わされたもの」

□ thriving 繁栄する、繁盛する

空所直前に an、直後に of があるので、空所には名詞が入るとわかります。よって、正解は (D) です。(A) は日本語で「アソート」というと、名詞をイメージしてしまうかもしれませんので、注意しましょう。また (C) は空所直前に冠詞 an があるので動詞の ing 形は入りません。

111. 経営陣が入れ替わった後ではあったが、Gatethrough Manufacturing は昨年、黒字を維持した。

(A) 名詞「利益」
(B) 形容詞「利益が多い」
(C) 動詞 profit「利益を得る」の ing 形
(D) to 不定詞

remained に注目しましょう。remain という動詞は第2文型（SVC）で用いられ、S＝C という関係が成り立ちます。C には通常、名詞や形容詞が入ります。主語、Gatethrough Manufacturing を説明し、文法的に当てはまるのは形容詞の (B) だけです。remain は be 動詞で置き換えることもできます。第2文型の動詞として他に用いられるものには turn や stay、prove などがあり、パート5でも頻出です。

---

112. Meling Supermarket は毎月、店の会員限定の大幅な割引を提供している。

(A) 動詞 avail「〜に役立つ」の原形
(B) 形容詞「利用できる」
(C) 名詞「利用できること」
(D) 副詞「利用できる状態で」

□ substantial 相当な

空所直前に「割引」、後ろに「店の会員限定」とあります。(B) を入れ、「会員限定で利用可能な割引」とすると意味が通ります。正解は (B) です。形容詞は通常、名詞の前に置かれますが、available は後ろから名詞を修飾することもあります。他にも native や responsible、imaginable、vulnerable といった形容詞は名詞の後ろに置かれることがあるので、覚えておきましょう。

---

113. Evans さんは仮の報告書を待つ間、心配そうな様子だった。

(A)「位置している」　　(B)「仮の」
(C)「熟練した」　　　　(D)「ピークの、最大の」

直後の report を適切に修飾できるのは (B) です。preliminary report で「まだできていないが、現段階での仮のレポート（＝レポート速報）」を意味します。「心配そうな様子」というのもヒントになりますね。(C) の skillful「腕のよい」は主に人を修飾する際に使われます。

---

114. 従業員は全員、迷惑メールを受信しないようにコンピューターの設定を変更することを勧めます。

(A)「〜を修正する」　　(B)「〜を混雑させる」
(C)「〜を通さない」　　(D)「〜を容易にする」

□ spam スパム

空所には動詞が並んでいるので、パソコンの設定変更の目的が to 不定詞以降で述べられると考えられます。空所の後には「迷惑メール」とあるので、(C) を入れると意味が通ります。filter は日本語で言うと、ろ過に使うフィルターですが、「フィルターを通して、取り除く」と解釈できます。

---

115. 幸運にも、もうかるビジネスの話がフォーラムで Gordon さんのところに転がり込んできた。

(A)「利益の上がる、もうかる」
(B)「腐りやすい」
(C)「多数の、複合的な」
(D)「伝記の」

□ forum フォーラム、公開討論会

選択肢には形容詞が並んでいます。空所直後の business opportunity を適切に修飾できるのは (A) です。opportunity が単数形なので、(C) はまずここには入らないので、注意しましょう。

116. 店舗2階の空室が、過剰在庫の収納室に決まった。

(A) 「暗記される」　　(B) 「昇進させられる」
(C) 「指定される」　　(D) 「改装される」

✎ ☐ vacant 空いている
　☐ excess 過剰な、余剰の

空所後に前置詞 as があるので、(C) が正解です。designate X as Y で「X を Y に指定する」という意味で、今回はこれが受け身形で使われています。(D) は、convert X (in)to Y「X を Y に変える」と、前置詞に to/into を用いますので、ここでは不正解です。

---

117. 他の多くのコンテストと異なり、Miles Painting Contest への申込手順は非常に複雑だ。

(A) 「～に関するかぎりでは」
(B) 「(最大で) ～まで」
(C) 「～にもかかわらず」
(D) 「～と対照的に、異なって」

空所直後に「他の多くのコンテスト」とあり、カンマ以降の部分で Miles Painting Contest という特定のコンテストについて述べていることに注目します。(D) を入れると、あるコンテストと他の多くのコンテストを比較、対比することになるので文意に合います。よって、(D) が正解です。

---

118. 自動車会社は第1四半期には利益が減少したが、最近になって増加してきた。

(A) 主格の代名詞　　(B) 所有格の代名詞
(C) 所有代名詞　　　(D) 目的格の代名詞

✎ ☐ profit 利益

文頭に Although があり従属節が続いています。その後、空所後に動詞が来ているので、主語が抜けているとわかります。よって正解は (A) です。(C) は所有代名詞で、具体的に誰かが所有しているものを指しますが、この文脈では特に該当するものがありません。

---

119. 研究者の努力のおかげで、その病気の治療法の発見に向かって進歩が見られた。

(A) 名詞「向上、進歩」
(B) 動詞 progress「進歩する」の3人称・単数・現在形
(C) ing 形
(D) 過去形・過去分詞

✎ ☐ cure 治療法

空所前に some という形容詞があり、空所後には動詞が続いているので、名詞が入るとわかります。よって、正解は (A) です。他の選択肢は動詞がさまざまに変化した形なので、不正解です。

---

120. 新薬開発のために、Human Mind Pharmaceutical 社は十分な資金を調達する必要がある。

(A) 「以前の」　　　(B) 「はっきりと」
(C) 「十二分の」　　(D) 「かなり」

✎ ☐ pharmaceutical 製薬の
　☐ procure ～を手に入れる、得る

選択肢には形容詞や副詞が並んでいます。funds を適切に修飾できるのは (C) です。(D) は「かなり」という意味ですが、副詞なので空所には入りません。

121. 家庭の都合で急用が入り会議に出席できなくなったので、Davis さんは同僚に代わりに会議に出席してくれるよう頼んだ。

(A) 「~の目的で」　　(B) **「~の代わりに」**
(C) 「~を犠牲にして」　(D) 「~を必要として」

✏️ ☐ prevent X from doing X が~しないようにする

急用で予定が合わず、同僚に会議への出席を頼んだことが空所前からわかります。よって (B) in place of 「~の代わりに」が正解です。

---

122. 国の経済が最近よくなっているという明るい兆しが見える。

(A) 動詞 encourage 「~を励ます、元気づける」の原形
(B) ing 形
(C) 過去形・過去分詞
(D) to 不定詞

選択肢には動詞 encourage 「~を励ます」のさまざまな形が並んでいます。空所前には述語 have seen があり、空所後にその目的語となる signs が来ていると考えられます。この名詞を適切に修飾できる形は (B) です。(C) の過去分詞だと「励まされた」という受け身の意味になってしまうので、続く signs に合いません。

---

123. 契約は、4 月 5 日もしくは 4 月の第一日曜日のいずれか早い方まで効力がある。

(A) 「~するとき」
(B) 「どちらが~しても」
(C) 「~するもの」
(D) 「~するたびに」

文の構造を見ると、空所前で The contract runs ... と文が完成しており、空所後には動詞 comes が来ています。whichever は複合関係代名詞で先行詞を含んでいるため、その後に主語は不要です。よって (B) を入れると、「どちらか早い方」という意味になります。正解は (B) です。(A) と (D) は空所直後に主語がないため文が成立しません。(C) はカンマの後に来ているため、不正解です。what は関係詞の非制限用法としては使えません。

---

124. 事業を拡大して売り上げを増やすために、Toch 社は製品を全国的に販売するための効果的な新戦略を模索している。

(A) 名詞「効果」　　　(B) 名詞の複数形
(C) 形容詞「効果的な」 (D) 副詞「効果的に」

✏️ ☐ expand ~を拡大する
　　☐ bolster ~を拡大する、増進する
　　☐ nationwide 国中で

空所直前に冠詞 an、直後に new strategy とあります。(C) を入れると、effective と new が並んで strategy を修飾していることになります。正解は (C) です。副詞の (D) は直後の形容詞 new を修飾することになるので、意味が通りません。

---

125. Xylom 社の経営陣は、前四半期の記録的な利益を上回ることを目指している。

(A) 「~を上回る」
(B) 「~を引き渡す、明け渡す」
(C) 「~を翻す、逆にする」
(D) 「~を持つ余裕がある」

✏️ ☐ aim to V ~することを狙う　☐ profit 利益

空所前 aim to V 「~を目指す」という表現が出てきています。また、空所後に the record profits 「記録的な利益」とあるので、これと相性のいい動詞は (A) surpass 「~を上回る」です。

126. Wilma Bakery は、地域の大半の店より
も幅広い種類の商品を扱っているため、
成功している。

(A) 形容詞「幅広い」　　**(B) 形容詞の比較級**
(C) 形容詞の最上級　　　(D) 副詞「広く」

空所が冠詞と名詞に囲まれているため、形容詞が
入ります。その後読み進めて、空所の後に than が
あることに注目できれば、比較級である (B) が正解
だとわかります。wide variety of と早合点して、
(A) に飛びつかないように注意してください。

---

127. 参加者のほとんどはイベントが満足から
は程遠いと感じ、特に時間管理の点で一
層の改善を求めた。

(A) 動詞 satisfy「～を満足させる」の原形
(B) 名詞「満足」
(C) 形容詞「満足のいく」
(D) 副詞「満足のいくように」

 □ improvement 改善

前半に found という動詞があり、the event という
目的語が直後に来ています。その後に far from ＋空
所と続いていることから、これが第 5 文型だと気
付けば、形容詞の (C) が正解だとわかります。far
from は「～とは程遠い状態」という意味です。第
5 文型、SVOC の O が the event なので、これを
修飾するのに名詞である (B) は不適切です。

---

128. 調査によれば、今よりも交通の便がいい
場所へ空港が移転することを望んでいる
市民がほとんどだ。

(A)「蛍光性の」
(B)「義務的な」
(C)「要約された」
(D)「アクセスしやすい」

□ citizen 市民

選択肢には形容詞が並んでいます。空所後の area
を適切に修飾できるのは (D) です。an accessible
area で「行きやすい場所」という意味です。(A)
fluorescent「蛍光の」は fluorescent light「蛍光
灯」などに使われます。

---

129. 大型ディスカウントストアの急増によ
り、多くの地域商店は安定した売り上げ
を維持することが困難だと感じている。

(A)「反復」　　　　　　**(B)「急増」**
(C)「目的」　　　　　　(D)「配管工」

□ maintain ～を維持する
□ stable 安定した

文頭 Because of で理由が述べられており、後半で
は地元商店が苦境に立たされていることが読み取
れます。ここで (B) を入れると、その原因として
「大型ディスカウント店の急増」が挙げられている
とわかります。よって正解は (B) です。この語は細
胞分裂のように、バーッと増えていく、というイメー
ジがあります。

---

130. 以前の営業戦略の有効性を綿密に評価し
た結果、チームは手法を変えることにし
た。

(A) 動詞 evaluate「～を評価する」の原形
(B) 名詞「評価」
(C) ing 形
(D) 過去形・過去分詞

□ thorough 徹底した　□ effectiveness 有効性　□ tactic 手法

空所の直前には形容詞があり、直後は of が来てい
るので、名詞が入ります。よって、正解は (B) です。

Test
2

問題 131-134 は次のプレスリリースに関するものです。

StarElectronics は今日、Bluebird Business Park に 20 エーカーの土地を購入したと発表しました。Bluebird Business Park は最近開発された 210 エーカーの地区で、国道 54 号線で簡単に行ける場所にあります。

Mark Chan CEO は、複数の場所で行われている業務を今回購入した土地に一元化する予定だと述べており、それにより製造工程の効率化、迅速化を図りたい考えです。建設は 3 月に始まり、来年 2 月には完成の予定です。

StarElectronics は少なくとも 500 人の地元住民の雇用に 2500 万ドルを投じる方針です。これにより奨励金受け取りのための郡の全ての条件を満たすことになり、税制上の優遇を受ける資格を有します。

131.

(A) 関係副詞
(B) 主格・目的格の関係代名詞
(C) 関係代名詞
(D) 主格・目的格の関係代名詞

空所前、カンマより前の部分で文が成立しており、空所の後に動詞が来ています。よって、主格の関係代名詞 (D) が入ります。この which は前の park を指しています。主格の関係代名詞には (B) もありますが、これはカンマの付く非制限用法では使いませんので、不正解です。

132.

(A) 動詞 consolidate「〜を一元化する」の現在完了形
(B) 未来表現
(C) 過去形・過去分詞
(D) 過去完了形

選択肢には、動詞 consolidate のさまざまな時制が並んでいます。第一段落から、土地購入の発表をしたのが今日とわかり、第二段落では「建設は 3 月に始まる」とあります。よって、拠点を 1 つにまとめるのはこれからだと考えられるので、(B) が正解です。

133.

(A)「彼は」　　　　(B)「全ての人」
(C)「どちらでも」　　(D)「何、〜するもの」

空所前の文で CEO の発言が引用されています。その後、空所を含む文では会社の構想が述べられています。ここまでの登場人物は StarElectronics か CEO のどちらかです。そこで選択肢を見ると、CEO の Mark Chan を指すことのできる (A) が正解です。

134.

(A) 製造工程は以前より複雑になります。
(B) Mark Chan は、Bluebird Business Park が全国的に有名になるだろうと言っています。
(C) StarElectronics は少なくとも 500 人の地元住民の雇用に 2,500 万ドルを投じる方針です。
(D) 現在ある工場のうちの 1 つは本社の近くにあります。

空所は最終段落の冒頭です。空所の後、this が主語になっているので、this はこの空所の部分を指していると考えられます。その後、「これにより奨励金受け取りのための郡の全ての条件を満たす」と述べられているので、奨励金の条件として適切なものを考えましょう。正解は (C) です。(A) は生産工程が複雑になることと奨励金受け取り条件のつながりが見えません。(B) は「示唆している」と不確実な内容ですので文脈と合わず、(D) の headquarters は文中で何を指しているのか不明です。

Test 2

☐ accessible（場所などに）行きやすい ☐ operation 操業 ☐ acquisition 取得物
☐ thus このように、よって ☐ aim to V 〜することを狙う ☐ streamline 〜を合理化する
☐ expedite 〜を迅速にする ☐ fulfill（条件）を満たす ☐ prerequisite 前提、条件 ☐ financial 財政的な
☐ incentive 報奨金 ☐ adequately 適切に ☐ tax benefit 税金の控除 ☐ nationwide 全国で
☐ invest 〜を投資する ☐ hire 〜を雇う ☐ existing 既存の ☐ in the proximity of 〜の近くに
☐ headquarters 本社

宛先：Catherine Washington
差出人：Lulu Kenya
日付：8月1日
件名：ご支援ありがとうございます

Catherine さま

当校に毎月ご寄付いただき、ありがとうございます。Catherine さまの惜しみないご支援のおかげで、当校も大きく変わりました。

ご寄付のおかげで、地元の新卒者には比較的よい給料を提示することができました。先月、教師1人の求人広告を出しましたが、応募者は50人以上に上りました。慎重に検討した結果、大学を卒業したばかりで経験は浅いですが、Haji Turay 先生を採用しました。Turay 先生は新米ですが、教えることに関しては光るものを持っています。彼はもうすでに生徒の間で大変人気があります。

Catherine さまの思いやりのあるご支援に対し改めて感謝いたします。今後も長きにわたって、当校にご支援いただければと願っております。

敬具

Lulu Kenya
Matthew Memorial Elementary School 校長

135.
(A) 「感情の」　　　　　(B) 「毎年恒例の」
(C) 「気前がいい」　　　(D) 「医学の」

選択肢には、さまざまな形容詞が並んでいます。空所後の名詞 support を適切に修飾できるのは (C) です。generous support/donation「惜しみない支援／寄付」はよく用いられますので、セットで覚えておきましょう。

136.
(A) 「彼らを」　　　　　(B) 「彼を」
(C) 「彼女を」　　　　　(D) 「私たちを」

X enables Y to V で「X で Y が〜できるようにする」という意味です。空所が Y に当たりますので、誰がよい給料を提示したのかを考えましょう。また、これに続く文が We で始まっており、求人募集を出したという内容ですので、正解は (D) です。このように企業や組織に所属する人の場合、1 人称の複数形を使うこともできます。

137.
(A) 「応募者」　　　　　(B) 「アウトレット」
(C) 「専門家」　　　　　(D) 「支店」

選択肢には名詞が並んでいます。空所の前に「求人募集をした」とあり、空所後に「50 人以上に上った」と言っていますので、「応募者」を意味する (A) が正解です。空所後の number は動詞として「(〜の数に) 達する」という意味で使われています。時折パート 5 に出現することもあるので、知らなかった場合は要チェックです。

138.
(A) できるだけ早く、この手紙にご返答ください。
(B) 残念ですが、そちらの申し出をお受けできません。
(C) 地元のイベントへのご参加に感謝いたします。
(D) Catherine さまの思いやりのあるご支援に対し改めて感謝いたします。

空所後は「今後ともよろしくお願いします」といったようなメッセージで締めくくっているので、改めてお礼を述べている (D) を入れると、うまくつながります。このメールは特に返事を求めるものではないので、(A) は文意に合いません。(B) のオファーを受け入れられないということは本文と矛盾しており、(C) の地元のイベントとは何のことか不明です。

Test **2**

□ donation 寄付、寄贈　□ enable (人が) 〜することを可能にする　□ comparatively 比較的
□ number 〜を数える　□ consideration 検討、考慮　□ novice 新人　□ aptitude 適性
□ participation 参加

求人

Whitemoon Textile Mill は最高品質を誇る繊維製品を取り扱っています。当社では現在、国際調達部門でプロのバイヤーの経験者を募集しています。応募の条件は少なくとも5年以上の国際的な繊維・紡績糸調達経験を有することです。さらに、繊維の染色工程の知識があれば優遇いたします。

アジア諸国への出張は頻繁にあります。中国語や他のアジア言語に堪能であれば尚いいですが、必須ではありません。

この職に興味のある人は履歴書を Wendy Huang（whuang@wtm.com）宛にお送りください。提出期限は11月15日です。書類選考に通った応募者には11月20日までに面接を実施いたします。

139.
(A)「調達する」　　(B)「廃棄する」
(C)「指導する」　　(D)「開始する」

選択肢には動詞の ing 形が並んでいます。空所後の fibers and yarns を目的語に取るのは (A) です。空所前の一文に buying specialist とあるのに気付くと、簡単に正解できるかもしれません。

140.
(A) それらの繊維製品は全てアジア諸国からの輸入品です。
(B) したがって、業界未経験の大学新卒者からの応募を歓迎いたします。
(C) しかしながら、調理器具を十分理解していることが必須です。
(D) さらに、繊維の染色工程の知識があれば優遇いたします。

空所は段落の最後の文です。この文書は求人広告で、空所前の一文では応募者に求める条件が書かれています。(D) を入れると、追加の要件を挙げていることになるので、うまくつながります。(A) は求人の条件に対して製品の製造元を説明しているので文意に合わず、(B) は空所前にある「少なくとも 5 年以上の経験」と矛盾するので不正解です。(C) は調理器具という今回のトピックに合わない内容が出てくるため、これも文意に合わず不正解です。

141.
(A)「仕切りで区切られたスペース」
(B)「講義」
(C)「職」
(D)「大学」

ここまで読んできて、この文書は求人募集だとわかっています。また、空所の後で履歴書を送るよう伝えているので、「職」を表す (C) が正解です。

Test 2

142.
(A) 動詞 invite「～を招く」の過去形の受動態
(B) 助動詞＋完了形の受動態
(C) 未来形の受動態
(D) 過去完了形の受動態

選択肢には、動詞 invite のさまざまな形が並んでいます。この文書は求人募集なので、面接に来る人はまだ決まっておらず、選考はこれからのことだとわかります。選択肢の中で未来を表すことができるのは (C) だけです。

□ specialist 専門家　□ fiber 繊維　□ yarn 紡績糸　□ duty 義務、職務　□ frequent 頻繁な
□ fluency 流暢さ　□ résumé 履歴書　□ submission 提出　□ deadline 締め切り　□ screening 審査
□ accordingly よって、従って　□ appreciate ～を高く評価する

新しい Central Library が開館

待望久しい Central Library 新館が昨日、Chestnut Park に開館した。この開館を機に Chestnut Town Community の新しい時代が始まる。町長は昨日、図書館は地域社会の文化拠点としての役割を果たすと述べた。図書館にはプロジェクターを備えたセミナールームが 2 室あり、そこでは多くのワークショップや講座の開催が予定されている。小さな子ども連れの家族も利用可能だ。児童書コーナーにはキッズルームがある。熱心な生徒向けには広々とした学習室が設けられている。また、インターネットが利用できる PC ステーションがあるため、生徒などの学習者はあらゆる種類のデータベース上の情報にアクセスが可能だ。ロビーには StarFront Coffee の支店があるため、利用者はコーヒー片手に本を読むこともできる。

143.
(A) 動詞 begin「～を始める」の現在完了形
(B) 3人称・単数・現在形
(C) 原形
(D) 助動詞＋完了形

選択肢には、動詞 begin のさまざまな形が並んでいます。空所前の This opening は単数形ですので、(B) が正解です。「この開館を機に新しい時代が始まる」という意味です。(D) は仮定法を使う文脈や根拠となるワードがないので、ここでは不正解です。

144.
(A)「～として」   (B)「～を通って」
(C)「～に向かって」   (D)「～のために」

選択肢には前置詞が並んでおり、空所直前には動詞 serve があるので、この動詞が自動詞として使われているとわかります。(A) を入れ、serve as「～として役割を果たす」とすると、意味が通ります。正解は (A) です。

145.
(A) 図書館では著名な教師が数多く働いていた。
(B) そのため、図書館で勉強することはできない。
(C) 館内にはプロジェクターを備えたセミナールームが2室ある。
(D) それから彼は、2階の棚がいくつか壊れているのに気付いた。

空所後に「そこでは多くのワークショップや講座が予定されている」とあるので、この there の指す場所に関連する内容が空所に入ります。よって、セミナールームについて述べている (C) が正解です。(B) は Therefore が文脈としてつながらないので、不正解です。その他の選択肢も前後の文と関連がないため、不正解です。

146.
(A)「それにもかかわらず」
(B)「さらに」
(C)「さもなければ」
(D)「その後」

空所の前の文に「生徒向けに」とあり、施設の紹介をしています。空所のある文でも students and other learners と、主に生徒向けの内容が続いているとわかります。よって、追加を表す (B) が正解です。furthermore＝additionally＝also と認識しておいてください。

Test **2**

□ long-awaited 長く待たれていた、待ちわびられていた □ era 時代 □ cultural hub 文化の中心地
□ numerous 数多くの □ diligent 勤勉な □ database データベース □ patron 利用者
□ distinguished 卓越した、優れた □ equip ～に備えつける □ projector プロジェクター

問題 147-148 は次の用紙に関するものです。

車のレンタル申請

Apis Rental Maris Airport 店
インディアナ州 Gray 46011 N. Central 大通り 913 番地
月曜日～金曜日 午前 6 時～午後 10 時
土曜日～日曜日 午前 6 時～午後 6 時

運転手のお名前：Amy Foreman
ご住所：テキサス州 Lippold 75662 Angelic 通り 209 番地
メール：amyfore@hunch.com
電話：214-555-2388

車のタイプ：☐ コンパクト　　☐ 標準　☐ フルサイズ　☐ ミニバン
　　　　　　☐ フルサイズバン　☑ その他　要望欄参照

ご利用開始日：6 月 20 日　時間：午後 3 時
ご返却日：6 月 24 日　時間：午前 9 時
受け取り場所：Maris Airport　返却場所（受け取り場所と異なる場合）：
追加装備：☑ GPS　☐ チャイルドシート　☐ 追加の運転手

注：運転される方は自動車保険の加入が義務付けられています。ご自身で加入されていない場合には、Apis Rental の一時保険をご契約いただきます。

特記事項、ご要望：
乗車予定は大人 3 人で（合計 4 人）、**148** 各々がスーツケースを 2 個ずつ持っていきます。車種については特に気にしませんが、**148** 全部積めるだけの十分なスペースが必要で、また **147** 空港から滞在予定のホテルまでの道順についてあまり詳しくないので、ナビゲーションシステムも必要です。それと、大した問題ではないですが、**148** マニュアル車は運転できません。

---

147. Foreman さんについて何がわかりますか。

(A) 空港へ人を車で迎えに行かなければならない。

(B) ナビゲーションシステムが欲しいと思っている。

(C) 電話で予約をした。

(D) 友人の故郷を訪ねる予定だ。

「特記事項、ご要望」で Foreman さんは「空港から滞在予定のホテルまでの道順についてあまり詳しくないので、ナビゲーションシステムが必要」と述べています。よって (B) が正解です。1 番目の問題でも手がかりが文章後半に出てくる場合もありますので、注意して読んでいきましょう。

148. 用紙に示されていないことは何ですか。

(A) Foreman さんは広いスペースのある車を希望している。

(B) 乗客には荷物がいくつかある。

(C) Foreman さんは自動車保険に入っていない。

(D) Foreman さんにはマニュアル車ではない車が必要だ。

用紙で示されていないことが問われています。「特記事項、ご要望」での複数のスーツケースを持っていくという箇所が (B) に該当し、その次の文の全部積めるだけの十分なスペースが必要という箇所が (A) に該当します。さらにその後 Foreman さんは、「マニュアル車が運転できない」と言っていますので、(D) も本文に合致します。よって述べられていない (C) が正解です。

Test **2**

□ obligatory 義務の　□ temporary 一時的な　□ picky えり好みする、好き嫌いの多い
□ navigation ナビゲーション、案内　□ manual（自動車の）マニュアル

お知らせ

フィッシングは、秘密情報の収集に広く使われている詐欺の一種です。一見ご利用の金融機関から来ているように見えるメールで、お客さまの個人情報を確認するよう求められます。**150** こういったメールはご利用銀行のウェブサイトそっくりのサイトへお客さまを誘導します。そこから、詐欺やなりすまし犯罪に使われかねない秘密情報を提供することを求められます。

149 お客さまとお客さまの情報を守るために、Genesis Bank はお客さまに写真を選んでいただくようお願いしています。そしてこれを秘密情報を含むオンラインでのやりとり全てに追加します。こうすることで、お客さまは当行からのメールが本物であることがわかります。当行から受け取ったメールに、お選びいただいた写真が入っていない場合には、直ちにご連絡ください。Genesis Bank がメールで個人情報をお尋ねすることは決してありません。

149. お知らせの目的の１つは何ですか。

(A) オンライン通信システムに加えた変更を知らせること
(B) 有益な講演に参加するよう従業員に勧めること
(C) Genesis Bank 新支店のオープンを顧客に知らせること
(D) 今度の合併についての情報を共有すること

第１段落では詐欺の手口の１つを説明し、第２段落ではその対策として銀行側が取った措置について紹介しています。この措置の具体的な内容を「オンライン通信システムに加えた変更」とした (A) が正解です。

150. [1]、[2]、[3]、[4] と記載された箇所のうち、次の文が入るのに最もふさわしいのはどれですか。

「そこから、詐欺やなりすまし犯罪に使われかねない秘密情報を提供することを求められます」

(A) [1]　　　　　**(B) [2]**
(C) [3]　　　　　(D) [4]

挿入文には From there とあるので、これ以前に何らかの場所に関する記述があることがわかります。[2] の直前の文で、偽のサイトに誘導するとあるので、ここに入れると文意が通ります。よって正解は (B) です。

Test 2

☐ phishing フィッシング ☐ widespread よく広まった ☐ fraud 詐欺 ☐ financial institution 金融機関
☐ verify 〜が正しいことを確かめる ☐ legitimate 正当な ☐ announce 〜を知らせる
☐ informative 知識を与える、有益な ☐ inform (人) に知らせる ☐ upcoming 来る、予定している
☐ merger 合併 ☐ identity theft 個人情報の窃盗

宛先：customerservice@cabinetcity.com
差出人：fanara@directmail.com
件名：問題
日付：12 月 29 日

Cabinet City 御中

つい先日、**152** 貴社ウェブサイトで Shelf1000 のキャビネットを注文し、予定どおり 12 月 27 日に配送されました、ありがとうございます。**151** ですが、キャビネットの品質には不満があります。キャビネットの扉の 1 つは、色がもう一方と比べて暗いだけでなく、**152** 扉の立て付けが悪くきちんと開閉しません。箱からキャビネットの部品を取り出して組み立ててすぐに、以上の問題に気付きました。

届いたキャビネットの品質は受け入れられないものであり、**152** 貴社のウェブサイトで見た見本のキャビネットとは違います。サイト上のものと同等の品質と仕上がりの品を代わりに送ってください。また、不良品のキャビネットの返送料については、無料で手配していただきたいと思います。

この問題をすぐに解決していただきたいので、**153** 10 日以内にお返事をください。いただけない場合は、苦情申し立ての手続きを始めます。この件についてさらに話し合う場合は、私の電話番号 344-555-9871 まで遠慮なくお電話ください。注文番号は CK3279855 です。

敬具

Wesley Fanara

151. Fanara さんについて何が示されていますか。

(A) 初めての顧客だ。
(B) 購入品について不満に思っている。
(C) 注文番号が見つからない。
(D) キャビネットを作っている。

第1段落2文目から Fanara さんは注文した商品の品質に対して不満があるとわかります。本文の dissatisfied を unhappy に言い換えた (B) が正解です。

152. Fanara さんが購入したキャビネットについて正しくないものは何ですか。

(A) インターネットで注文した。
(B) 割引価格で購入した。
(C) ウェブサイトの見本とは違って見える。
(D) 扉に欠陥がある。

第1段落1文目からネット注文したということがわかるので、(A) は本文に合致します。同じ段落3文目には扉の立て付けが悪いとあるので、(D) はこれに該当します。そして第2段落1文目の「ウェブサイトで見た見本のキャビネットとは違う」という内容が (C) に該当するので、残った (B) が正解です。値引きに関しては特に言及がありません。

153. Fanara さんはメールで何を述べていますか。

(A) 修理工にキャビネットを直してほしいと思っている。
(B) キャビネットの塗装をやり直してほしいと思っている。
(C) キャビネットの欠けている部品を手に入れたいと思っている。
(D) Cabinet City から連絡がほしいと思っている。

メールの最後の段落で Fanara さんは 10 日以内に返答するよう言っています。メールの宛先は Cabinet City ですので、この会社に連絡を求めていることがわかります。以上より (D) が正解です。

Test **2**

□ appreciate 〜を感謝する □ dissatisfied with 〜に不満である □ stain 着色剤
□ misaligned 調整されていない、取り付けが不良である □ assemble 〜を組み立てる
□ unacceptable 受け入れられない □ replacement 代わりの品、代替品 □ faulty 欠陥のある、不良の
□ resolve 〜を解決する □ file 〜を提起する □ complaint 苦情 □ repaint 〜にペンキを塗り直す

問題 154-156 は次の記事に関するものです。

ネバダ州、Missimi— **154** Missimi の地元企業 Pet Stop は、アイオワ州を拠点とする大型店 Pet Care & Supply と 11 月 9 日付で合併すると今日発表した。会社の幹部は従業員の福利厚生と退職金制度について話し合うため、今月後半に労働組合の幹部と会合を持つ予定。Pet Stop 側は、この合併が投資家からの信頼の向上と顧客基盤の拡大を促進することにつながると期待を寄せている。

155 この合併により、アイオワ州の Pet Care & Supply の工場で、Pet Stop が特許を持つケージの組み立てが可能となる。 **156** それと引き換えに、Pet Care & Supply の請負業者が建設と品ぞろえの決定を担当する形で、**155** Pet Stop の店舗をアイオワ州とミズーリ州に開店する。 **156** さらに、犬や猫などのペットとケージに加え、Pet Stop の店舗には今後豊富な種類のペットフードや水槽、グルーミング用品などが並ぶことになる。

Pet Care & Supply は環境に配慮したビジネスへの取り組みを継続していくことになる。Pet Care & Supply は全国に 39 店舗を有する。詳細については www.PetCareSupply.com で。

155 詳細は 11 月 1 日の株主総会後に発表されることになっている。

---

154. Pet Stop について正しいものは何です
か。

(A) 11 月 9 日に閉店する。
(B) オーナーが退任を考えている。
(C) 重役の 1 人が辞任する。
(D) Missimi にある。

第 1 段落 1 文目で「Missimi の地元企業」と書い
てあるので、ここから (D) が正解です。文中で固有
名詞に初めて言及する際は、この文のように固有
名詞の後にカンマを置いて、その説明が続くこと
が多いです。

155. 合併について示されていないことは何で
すか。

(A) さまざまな州に支店ができることになる。
(B) Pet Care & Supply はケージを製造する。
(C) 年末に完了する。
(D) 細部についてはまだ詰めている最中だ。

第 2 段落 1 文目から、合併に伴い Pet Care &
Supply は Pet Stop が特許を持つケージの組み立
てができるとわかります。よって (B) はこれに該当
します。そして同じ段落の 2 文目から、ネバダ州以
外にも店舗拡大することがわかりますので (A) は
ここに該当します。また、最後の文で株主総会後に
詳細は発表とあるので、(D) はここに該当します。
以上から、本文に言及のない (C) が正解です。

156. Pet Care & Supply について何がわかり
ますか。

(A) 動物向けの栄養補助食の販売に徐々に慣れ
ていく。
(B) より多くの社員を雇う予定だ。
(C) ペットの 1 日預かり所を開設する予定だ。
(D) Pet Stop の店舗で水槽を扱い始める。

第 2 段落 1 文目では合併による Pet Care &
Supply のメリットが述べられています。その後 In
exchange「それと引き換えに」とあるので、Pet
Stop が得るメリットが続くとわかります。2 文目
に Pet Stop 新店舗オープンの話があり、次の文は
Furthermore と続いているので、3 文目の内容も
Pet Care & Supply との合併によって Pet Stop に
もたらされるメリットと考えられます。よって正
解は (D) です。aquarium は「水族館」を意味する
ことが多いですが、今回のように水槽のことを指
す場合もあります。

Test **2**

☐ locally 地元で ☐ merge 合併する ☐ effective（日付の日から）実行される ☐ official 役員、職員
☐ retirement 退職 ☐ investor 投資家 ☐ confidence 信頼 ☐ widen ～を広げる
☐ patented 特許で保護された ☐ contractor 請負人 ☐ furthermore さらに
☐ furry ふわふわの、毛皮で覆われた ☐ grooming 手入れ ☐ uphold ～を支える、支持する
☐ maintain ～を維持する ☐ commitment 関与 ☐ environmentally friendly 環境に配慮した
☐ practice 実践、実行 ☐ nationwide 全国で ☐ shareholders meeting 株主総会
☐ retire 定年退職する、引退する ☐ executive 重役 ☐ resign 辞職する ☐ manufacture ～を製造する
☐ negotiate ～を取り決める ☐ supplement サプリメント

Annette Finch（午前 11 時 32 分）
158 Miles さん、2 時の会議を明日に変更してもらえませんか。娘を学校へ迎えに行かなければならないんです。 **157** 保健室の先生によれば、娘は熱があるので、私は今日は戻ってこられそうにありません。

Miles Allen（午前 11 時 34 分）
わかりました。正午が空いてますから、それでよければ。でも、お子さんと一緒に家にいなくてもいいんですか。

Annette Finch（午前 11 時 35 分）
母が来てくれるんです。あいにく今日は母の都合が悪いんです。正午で構いません。他の人にも知らせてもらえますか。それから、昼食を持ってきます。

Miles Allen（午前 11 時 36 分）
それはいいですね。私もそうします。他の人については大丈夫です。きちんとやります。では、お子さんお大事にしてください。明日よろしくお願いします！

157. Finch さんの娘について何が示されていますか。

(A) 携帯電話を置き忘れた。
(B) 体調がよくない。
(C) 毎日自分で昼食を作る。
(D) 放課後はたいてい祖母の家へ行く。

11 時 32 分に Finch さんは娘が熱を出したので、学校へ迎えに行くと事情を説明しています。これを「体調がよくない」とした (B) が正解です。

158. 午前 11 時 34 分に Allen さんが "That's fine" と書くとき、何を意図していると考えられますか。

(A) Finch さんに自分のメモを渡してもいいと思っている。
(B) Finch さんの娘を迎えにいくことができる。
(C) Finch さんの母親に電話をかける。
(D) 予定を変更することができる。

That's fine の前に Finch さんは 2 時の会議を翌日にずらせられるか聞いています。それに対する応答としては、予定の変更が可能であるという意味の (D) が正解です。

 □ misplace ～を置き忘れる

4 月 5 日

Chai Suparat さま
Thai House 総料理長
ネブラスカ州 Chilton 68244
W. Rosee 通り 1322 番地

Suparat さま

The Clara Mead Foundation を代表して、3 月 19 日に Spring Gourmet Food Show にて開催された今年の Meet the Chefs の会を大成功のうちに終えることにご助力いただきましたことにお礼申し上げます。**159** Suparat さまの実演が大勢の人々を引き寄せ、決して驚くようなことではありませんが、準備されたサンプルの品全てがすぐになくなり、素晴らしい料理の才能をお持ちであることを証明していました。参加を楽しんでいただけたなら幸いです。また今回の取り組みは貴店の売り上げアップという形で、10 倍にもなって還元されるものと確信しています。

Meet the Chefs のようなイベントを通して、The Clara Mead Foundation は食品業界のあらゆる分野の人々と出会うことができます。**160** The Clara Mead Foundation はこの会を開催したことで、Gourmet Food Association から惜しみない寄付を賜りました。Suparat さまのご参加がなければ、こうしたことは実現しなかったでしょう。

年間を通じてさまざまな活動やイベントに時間や才能や名前を提供してほしいという依頼を多々受けられているかと思いますが、そんな中で今回の活動にご協力いただき、大変光栄に思っております。今後、またご一緒にお仕事ができることを楽しみにしております。

ところで、もし The Clara Mead Foundation への入会にご関心がおありでしたら、同封の会員申込書にご記入の上、ネブラスカ州 Chilton 68242 Willow 通り 3421 番地の The Clara Mead Foundation までお送りください。また、1-800-555-6323 まで直接ご連絡いただいても結構です。

心を込めて

Karen Dubrovka
イベント責任者

159. Suparat さんについて何が示されていますか。

(A) イベントで料理を作った。
(B) レストランで 10 年以上働いてきた。
(C) 人々に会に参加するよう勧めた。
(D) 最近財団のために寄付を集めた。

第 1 段落 2 文目から、Suparat さんがイベントで調理したことがわかります。よって、(A) が正解です。

160. Meet the Chefs について正しいものは何ですか。

(A) 夏に開催された。
(B) 財団のための資金を集めた。
(C) 前年とは別の会場で開催された。
(D) 何人かのタイの料理人が呼び物だった。

第 2 段落 2 文目からイベントを通じて The Clara Mead Foundation は寄付を受けたことがわかりますので、(B) が正解です。イベント会場については特定されていないので (C) は不正解です。

Test 2

□ on behalf of ～を代表して □ foundation 財団 □ crowd 群衆 □ surprisingly 驚くべきことに
□ devour ～をむさぼり食う □ testify 実証する、証拠となる □ tenfold 10 倍に □ generous 気前のよい
□ donation 寄付 □ participation 参加 □ enclose ～を同封する □ venue 会場

RITAVILLE— **161** 地域社会のエンパワーメントという目的のもと、Ritaville 在住者が 50 人ほど Transform Ritaville キャンペーンで意見を出し合うため、水曜日の夜に集まった。**161** **162** Idea Exchange という全 12 回の会合の今回が第 1 回目で、Ritaville をよりよくするための方法について地域住民間での討論を進めるため、Transform Ritaville が主催した。**162** 参加者は小グループの中で意見を出し合い、その後各グループの代表者がそれぞれのグループの考えを聴衆に向けて発表した。

第 1 回目の会合のテーマは仕事と経済。経済の発展を目指す上で最も効果的な方法は起業家精神を持つことだということが研究によって明らかになったので、Idea Exchange 参加者は起業数を増やす方法に重点を置いて話し合った。より多くの事業の創出は、雇用の増加と失業率の低下に直接つながる。これを Ritaville で推進するためにさまざまな意見が出された。そのうちの 1 つは、起業家はしばしば既存の企業から財政支援と指導の両方を得るのだから、企業と起業家の間の関係性の構築を支援するというものであり、もう 1 つの案は、地域に移住者を受け入れることに関するものだった。移住者の方が地元住民に比べ起業の可能性ははるかに高い。**163** 最後に、参加者は Ritaville 住民自身のキャリアディベロップメントについて討論した。若者の教育だけに焦点を当てるのではなく、働く人々を対象とした職業能力開発プログラムを実施することも重要だという点については多くの参加者が同意した。Transform Ritaville の広報マネージャーの Jude Latham 氏は、出された意見全てを幹部が再検討し、Ritaville で起業家を支援していく環境づくりに最も役立つと考えられるものから実行に移していくと話した。

詳細を知るため、あるいは Transform Ritaville の Idea Exchange に参加するためには、Transform Ritaville のウェブサイト www.TransformRitaville.com にアクセスするか、555-2891 の Latham 氏に電話を。Transform Ritaville は常時、新規の参加者を募集している。

161. Ritaville について何が示されていますか。

(A) 多くの外国人が住んでいる。
(B) 全国的な調査事業の対象の一部になっている。
(C) 住民は町をよりよくしようとしている。
(D) 首長たちからはこれ以上革新的なアイデアは出て来ない。

第1段落1文目で、地域社会のエンパワーメントという目的のもと、Ritaville 在住者が50人ほど集まったとあります。またその後、今回の会合は Idea Exchange というものの初回であり、Ritaville をよりよくしていくための議論を促進する場だと紹介されていますので、正解は (C) です。(C) の better は動詞で「〜をよくする」という意味で、improve と同義語です。

162. Idea Exchange について述べられていないことは何ですか。

(A) Latham さんが討論を仕切る。
(B) 住民はグループで作業する。
(C) Ritaville についての問題が議論される。
(D) 全部で12回行われる。

第1段落2文目「今回が全12回の会合の第1回目」という箇所が (D) に該当し、同じ文の後半で Idea Exchange の目的が Ritaville をよりよくしていくための議論を促進することだと紹介されています。よって (C) はこれに該当します。そして第1段落3文目に「小グループで意見を出し合った」とあるので、(B) も本文に合致します。よって、残った (A) が正解です。Latham さんがマネジャーだとは書いてありますが、議論を率いる人物とは書いてありません。

163. [1]、[2]、[3]、[4] と記載された箇所のうち、次の文が入るのに最もふさわしいのはどれですか。

「若者の教育だけに焦点を当てるのではなく、働く人々を対象とした職業能力開発プログラムを実施することも重要だという点については多くの参加者が同意した」

(A) [1]　　　　　(B) [2]
(C) [3]　　　　　**(D) [4]**

挿入文は The general consensus で始まっているので、直前に何らかの議論が来ると考えられます。また、[4] の前の文を見ると、住民がキャリアディベロップメントについて討論したとあるので、ここに入れると文意が通ります。よって正解は (D) です。

Test
2

□ empowerment エンパワーメント、権限の付与　□ brainstorm ブレーンストーミングをする
□ gathering 集まり、集会　□ facilitate 〜を円滑に進める　□ representative 代表、担当者
□ entrepreneurship 起業家精神　□ boost 〜を押し上げる、盛り上げる　□ economy 経済
□ creation 創設、つくること　□ correlate 相互に関連がある　□ unemployment rate 失業率
□ connection つながり　□ entrepreneur 起業家　□ funding 資金提供　□ mentorship いい助言
□ existing 既存の　□ welcome 〜を迎える　□ immigrant 移民　□ implement 〜を実行する
□ entrepreneurial 起業家の　□ ecosystem 生態系　□ countrywide 全国の　□ innovative 革新的な
□ consensus 合意

問題 164-167 は次のオンラインチャットでの話し合いに関するものです。

Nielsen, Barbara（午前 10 時 12 分）：こんにちは、Diaz さま。Berkhouse Airlines サポートにお問い合わせいただき、ありがとうございます。今日はどのようなご用件でしょうか。

Diaz, Ferdinand（午前 10 時 13 分）：6 週間ほど前に **165** Afta City への往復チケットを予約したんですが、**164** 現地では最近の嵐で大規模停電が起きているので、予約をキャンセルして返金をお願いしたいんです。

Nielsen, Barbara（午前 10 時 13 分）：承知いたしました、Diaz さま。ご予約情報を確認いたします。確認番号を教えていただけますか。

Diaz, Ferdinand（午前 10 時 14 分）：はい。R58H3312 です。

Nielsen, Barbara（午前 10 時 14 分）：ありがとうございます。少々お待ちください。

Nielsen, Barbara（午前 10 時 16 分）：ただ今確認しております。そうですね、拝見したところ、こちらのご旅行に対して旅行保険に加入されていないようです。恐れ入りますが、この場合にはクーポン券のご提供しかできません。譲渡不可で、有効期限は 1 年になります。

Diaz, Ferdinand（午前 10 時 17 分）：でも、ニュースで Berkhouse Airlines が現地発着便を欠航にしていると言っていました。あと Afta City 当局は、しばらくの間電気は復旧しないと見込んでいます。貴社の返金条件には、航空会社による欠航便は返金されるとありますが。

Nielsen, Barbara（午前 10 時 18 分）：おっしゃるとおりでございます。ですが、お客さまの便は欠航になってはいません。来月の便について決定する前に、Berkhouse Airlines は動向を見守ることにしています。

Diaz, Ferdinand（午前 10 時 20 分）：それでは困ります。ぎりぎりまで決定がなされないかもしれないんですよね。それでは、どこか他の場所へ旅行を計画したり、飛行機を予約したり、ホテルの部屋を取ったり、そういったことをするのが間に合わなくなってしまいます。では、どうしたらいいんですか？　他に私が行きたい場所まで Berkhouse Airlines のフライトがあるかどうか、わからないですし。

Nielsen, Barbara（午前 10 時 21 分）：申し訳ございません、Diaz さま。何ができるか検討いたしますので、少々お待ちください。

Nielsen, Barbara（午前 10 時 24 分）：お待たせいたしました、Berkhouse Airlines は現在こちらの行き先への便には返金をしておりませんが、**166** 状況が状況ですので予約内容の変更をいたします。変更手数料はかかりません。これでお役に立つでしょうか。

Diaz, Ferdinand（午前 10 時 25 分）：そうですね。先に他の選択肢を検討したかったのですが、そのような提案をいただけましたので…。

Diaz, Ferdinand（午前 10 時 25 分）：同じ日に同じ名義で、**165** 代わりに Duruge 行きに変更したいと思います。

Diaz, Ferdinand（午前 10 時 26 分）：ところで、**167** 今のチケット料金で Duruge までカバーできますか。

Nielsen, Barbara（午前 10 時 27 分）：差額は出るかもしれません。フライトについて調べて、プランをいくつか提示しますので、少々お待ちください。

---

164. Diaz さんについて何が示されていますか。

(A) 休暇中にトラブルに見舞われている。
(B) Afta City で停電が起きていることに気付いた。
(C) 病気のため予約便をキャンセルしなければならない。
(D) 予約情報をなくした。

10 時 13 分のメッセージで Diaz さんは「Afta City で、嵐で停電が起きている」と述べていますので、(B) が正解です。

---

165. Diaz さんについて示されていないことは何ですか。

(A) 旅行保険を購入しなかった。
(B) 飛行機のクーポン券を受け取りたくないと思っている。
(C) もとの計画どおりに旅行に行くつもりだ。
(D) 航空会社が動くまで待つこともできた。

Diaz さんは 10 時 13 分のメッセージで、Afta City 行きのチケットを購入したと言っています。ですがその後、10 時 25 分には Duruge に行きたいと言っているので、(C) は明らかに本文と矛盾しています。よって、(C) が正解です。

---

166. Berkhouse Airlines について正しいものは何ですか。

(A) しばしば Duruge 行きの割引航空券を提供している。
(B) 週末には Duruge 行きの便はない。
(C) ウェブサイトのメンテナンス中だ。
(D) Diaz さんにはフライト変更の手数料を請求しない。

10 時 24 分の Nielsen さんのメッセージに、払い戻しは今回の状況では応じられないが、変更については手数料は取らないとあるので、正解は (D) です。

---

167. 午前 10 時 27 分に Nielsen さんが "There may be a difference" と書くとき、何を意図していると考えられますか。

(A) 同じ日に代わりの便の空きはないかもしれない。
(B) Duruge の天気を確認するのに数分かかる。
(C) 一方のフライトがもう一方よりも価格が高いかもしれない。
(D) フライトの時間が重ならないかもしれない。

10 時 26 分に Diaz さんが今のチケット料金で Duruge 行きがカバーできるか聞いています。それに対して There may be a difference と Nielsen さんが返していますので、この difference とは料金に関わる内容だと考えられます。よって、(C) が正解です。

Test 2

□ refund 返金　□ confirmation 確認　□ restore ～を復旧する　□ refund policy 返金規定
□ modify ～を修正する、変更する　□ apply ～を適用する　□ fee 手数料　□ circumstance 状況
□ illness 病気　□ undergo ～を受ける　□ maintenance メンテナンス　□ overlap 部分的に重なる

普通 ★★★☆☆
投稿者：Cheryl Christensen | 日付：5 月 28 日 21 時 55 分

『Cook It Easy』
Harry Mulvain 著 | 192 ページ、ハードカバー、Torrossian Publishing、32 ドル

Mulvain 氏の同名ブログを基にした新刊『Cook It Easy』は楽しくておいしいレシピを 100 個ほど収録しています。簡単なものばかりですが、**168** 驚くほど短時間でできるものもあれば、時間がかかるものもあります。簡単にできるのに、レシピはまるで熟練のシェフが作ったようで、宴会にはもってこいです。ですが、初めは尻込みする人もいるかもしれませんが、実際は料理の初心者でも、レシピのほとんどの料理をそつなく作れます。これは、的確な計量テクニックからチョコレートを湯煎で溶かす方法まであらゆることを説明している「Before You Begin」のセクションのおかげです。

171『Cook It Easy』の中のすてきな写真を見れば、本書が New Cookbook Contest で最優秀ビジュアル賞を受賞したことも驚くには当たりません。ですから、本書はコーヒーテーブルに置いておくのにぴったりです。私は、見れば迷わずレシピに沿って進められる手順ごとの写真が気に入っています。ただ、どのレシピにも写真が付いていると期待はできません。私のお気に入りのセクションは、シーフードや卵、パスタなど難しい食材の調理方法を、深く掘り下げた説明とわかりやすい写真とで完璧に指導してくれる「Never Overcook」です。幸い、もうこれでドライサーモンを楽しんでいるふりなどする必要はなくなりました。さらに、チャーハンやブラウニーといったいつものレシピにひねりが加えられている点も、料理を冒険的なものにしてくれています。そしてあらゆる人の興味をかき立てる流行の食材もレシピに数多く組み込まれています。

ですが、『Cook It Easy』には残念な点が 3 つあります。まず 1 点目は、**170** 本のあちこちに見られる数多くの誤植です。通常、誤植はただ迷惑なだけですが、『Cook It Easy』では材料の分量に多少の誤りがあり、このことで、初心者が料理した場合、大失敗に終わる可能性があります。2 点目は、私は前菜で 1 セクション、メインディッシュで別のセクションというように、コースで出て来る順番に編集されている料理本がいいのですが、**170**『Cook It Easy』ではレシピの順番がばらばらです。**170** しかし、索引だけは全てが載っていて使いやすいです。3 点目は、もっと多くのレシピや新しいレシピがあると思っていました。

全体として、本書のある面は刺激的ですが、別の面は大きな期待外れでした。Community Judge グループは『Cook It Easy』に Peer Choice Award を授与し、その隔週誌のコラム「You Be the Cook」で取り上げました。一方で、Culinary Treats はこの新しい料理本を「大きな失望」と評しました。もしこの料理本の購入を検討中でしたら、ご自身の求める本に合うかどうかを判断する際に、この書評をご参考にしてください。

168. 『Cook It Easy』について何が示されていますか。

(A) メインディッシュのレシピしか載っていない。

(B) 目次がない。

(C) おなじみのレシピに特別な工夫がない。

(D) レシピのいくつかは時間がかかる。

第1段落2文目でレシピについて述べている箇所があります。「驚くほど短時間でできるものもあれば、時間がかかるものもある」と書かれていますので、(D) が正解です。この文は代名詞 All で始まっていますが、これは前の文のレシピのことを指しています。

169. 第2段落・17行目にある arouse に最も意味が近いのは

(A) 〜を懇願する   **(B) 〜を引きつける**

(C) 〜を明確にする   (D) 〜を動かす

arouse を含む文は「あらゆる人の興味を〜する流行の食材もレシピに数多く組み込まれている」という意味になっています。ここから、arouse は、「引きつける、魅了する」という意味の (B) と似た意味なので、これが正解です。arouse は少し難しめの語彙ですが、過去に登場したことのある語です。arouse one's interest で「人の興味を引く」という意味になります（excite と類義語）。

170. Christensen さんにより示唆されていないことの1つは何ですか。

(A) 『Cook It Easy』はうまく構成されていない。

(B) 『Cook It Easy』本文には多くの誤りがある。

(C) 『Cook It Easy』の中のレシピは面白くない。

(D) 『Cook It Easy』の索引は使い勝手がよい。

第3段落2文目で、本のあちこちに誤植があると指摘されているので、(B) がこれに該当します。次に同じ段落の4文目にレシピの順番がばらばらとあるので (A) も本文に当てはまります。次の文では「索引だけは使いやすい」と言っているので、(D) がこれに該当します。よって、残る (C) が正解です。

171. 『Cook It Easy』は新しい料理本として何を得ましたか。

(A) Culinary Treats からの全面的支持

(B) 翻訳版を出版する機会

(C) 有名シェフによる序文

(D) 写真に対する賞

第2段落1文目に「本の中の豪華な写真を見れば、本書が New Cookbook Contest で最優秀ビジュアル賞を受賞したことも驚くには当たらない」とあるので、正解は (D) です。

☐ simplicity シンプルさ ☐ feast 宴、宴会 ☐ skilled 腕のいい ☐ intimidated おびえて
☐ duplicate 〜を再現する ☐ flawlessly 傷がなく、完璧に ☐ measure 〜を測る ☐ melt 〜を溶かす
☐ double boiler 湯せん用の二重鍋 ☐ ideal 理想的な ☐ confidently 自信を持って
☐ instruct 〜に指示する ☐ moreover さらに ☐ twist ひねり、特別な工夫 ☐ trendy 流行の
☐ incorporate 〜を組み込む ☐ arouse one's interest (人) の興味を引く ☐ typo 誤植
☐ measurement 測定値、測量値 ☐ potentially 潜在的に ☐ disaster 災害、惨事
☐ whatsoever (強調で) 少しも ☐ index 索引 ☐ comprehensive 包括的な ☐ aspect 点
☐ letdown 失望 ☐ bestow 〜を授与する ☐ lack 〜が欠けている ☐ time-consuming 時間のかかる
☐ structure 構造 ☐ disorganized 体系的でない ☐ error 誤り ☐ thumbs up 賛成 ☐ foreword 前書き

◉ 問題 172-175 は次のウェブページに関するものです。

---

http://www.wordflowinternational.com

Word Flow International

当クラブについて	**教育**	会員	教材	イベント

人前で話す秘訣

教育はあらゆる人の人生において不可欠なものであり、世界のどんな社交の場でも重要なものとなっています。当クラブの **172** 落ち着いた環境でコミュニケーションとリーダーシップのスキルを学び、かつ完璧なものとし、さまざまな訓練を通して実社会で役立つ技術を身に付けられるプロジェクトに取り組んでみませんか。Word Flow International の創設者が確立した次の 4 つの基本理念に基づいたカリキュラムで、自分のペースで技術を磨いていきましょう。

175 経験からの学習—リーダーの役割を果たし、スピーチを行うことで、実践を通して技術の向上を図ります。
175 仲間の意見—協力的で率直な相互評価を通して成長しましょう。
175 指導—専任の指導者がプログラム中励まし、指導支援し、思っていた以上に多くの目標を達成するお手伝いをします。
175 自分のペースで学習—Word Flow International の教育は、ご自身のペースで無理なく技術が身に付くよう工夫されています。

173 Word Flow International の教育は「コミュニケーションプログラム」と「リーダーシッププログラム」から成っています。「コミュニケーションプログラム」は **173** 教科書「コミュニケーション力強化」に沿って進められ、効果的なスピーチを行うのに必要な基本技術を身に付けられる 10 のスピーチの課題を行います。同様に、「リーダーシッププログラム」は教科書「リーダー育成」に沿って進められ、有能なリーダーになるために必要な基本技術を身に付けられる 10 のリーダーシップの課題を行います。この 2 つのプログラムは別々に受講することも、同時に受講することも可能です。プログラムの中では、さまざまな成果に対して表彰が行われます。

非会員の皆さまへ　Word Flow Clubs にいらっしゃって、ご自分にぴったりのものを見つけてください。**174** クラブにご満足いただけましたら、入会委員長に入会の申し込み用紙をご請求ください。年会費は 80 ドルで、国際会費と地域クラブ会費が含まれています。新たに会員になられる場合には入会金 20 ドルも必要です。

---

172. Word Flow International について何が
わかりますか。

(A) 営業を始めて 10 年になる。
(B) 会合はさまざまな環境で開かれる。
(C) 会員の特定の技術が改善するよう支援する。
(D) 1 年に 1 度チャリティーイベントを企画し
ている。

第1段落2文目からコミュニケーションやリーダーシップの技能を学ぶことができるとわかるので、この2つを specific skills とした (C) が正解です。文章の冒頭から何らかの教育機関のサイトだと考えられます。

173. Word Flow International の教育につい
て述べられていないことは何ですか。

(A) 会員が修めるコースは 2 つある。
(B) 会員は 24 回のスピーチに一緒に取り組む。
(C) プログラムは基本技術を教えるよう設計さ
れている。
(D) 会員は一連の課題を遂行する。

第3段落に Word Flow International のカリキュラムが詳しく説明されています。コミュニケーションプログラムとリーダーシッププログラムの2つから成っているとあるので、(A) は本文に合致します。各プログラムには、基本技術を身に付ける 10 個の課題が含まれているとあるので、(C) と (D) はこの箇所に当てはまります。以上より、本文に言及のない (B) が正解です。

174. Word Flow Clubs の会員資格について
何が示されていますか。

(A) クラブへの参加には紹介が必要だ。
**(B) 入会前にクラブを体験してみることができ
る。**
(C) 新会員はリーダー的立場を務めなければな
らない。
(D) 申込書はウェブサイトからダウンロードで
きる。

最後の段落で、クラブに見学に来てみて満足したら会員申し込みをするよう宣伝していますので、入会前に試せることがわかります。よって、正解は (B) です。

175. [1]、[2]、[3]、[4] と記載された箇所のう
ち、次の文が入るのに最もふさわしいの
はどれですか。

「Word Flow International の創設者が
確立した次の 4 つの基本理念に基づいた
カリキュラムで、自分のペースで技術を
磨いていきましょう」

(A) [1]   **(B) [2]**
(C) [3]   (D) [4]

挿入文の following four guiding principles「次の 4 つの基本理念」がヒントです。この 4 つの理念が何なのかが紹介されると考えられるので、[2] が適切です。

☐ resource 資料 ☐ vital 重要な ☐ leadership リーダーであること ☐ discipline 訓練法
☐ feedback フィードバック ☐ peer 仲間 ☐ evaluation 評価 ☐ supportive 助けになる
☐ mentor メンター、教育係 ☐ direct ～を指導する ☐ gear ～を合うようにする
☐ comprise ～を構成する ☐ participation 参加 ☐ competent 有能な、能力のある
☐ deliver a speech スピーチをする、演説をする ☐ similarly 同様に ☐ separately 別々に
☐ recognition 表彰 ☐ accomplishment 達成、成果 ☐ chairperson 会長 ☐ dues 会費
☐ environment 環境 ☐ annually 毎年、年単位で ☐ curriculum カリキュラム
☐ guiding principle 指導原理 ☐ founder 創業者

Test
2

問題 176-180 は次の 2 通のメールに関するものです。

宛先：concierge@middleplazahotel.com
差出人：jengrist@zero.com
件名：予約
日付：8 月 4 日

こんにちは

来週そちらのホテルに到着する予定です。私の名前で 1 部屋取ってあり、確認番号は 234SS97IJ2 です。8 月 12 日にチェックアウトの予定になっていますが、**176** 2 日延泊したいと思っています。お願いできますでしょうか。Rewards Club の番号は 707234902 で、現在の予約に使った同じクレジットカードに 2 日分の料金を追加課金していただいて構いません。Rewards Club の会員ですので、無料 Wi-Fi が含まれますね。

旅行中の観光について調べているのですが、8 月 12 日にガンボアとパナマ運河に行きたいと考えています。ホテルまでの送迎付きで、この 2 カ所を訪問するツアーを探していただけますでしょうか。現地のいい雰囲気を味わいたいですが、ジップラインやキャノピーツアーのような、高所でのアクティビティーには興味がありません。

また、チェックアウトの日にトクメン国際空港への空港シャトルバスを予約したいと思っています。**178** 飛行機は午前 7 時 35 分出発の予定で、3 時間前には空港に着いていたいです。バスで空港へ行くときの所要時間がわからないので、ちょうどよい時間のバスを選んで、予約してもらえますか。バスがホテルと空港の間を 30 分間隔で走っていることは知っています。

よろしくお願いいたします。

Jen Grist

宛先：jengrist@zero.com
差出人：concierge@middleplazahotel.com
件名：Re：予約
日付：8 月 5 日

Grist さま

パナマシティーの Middle Plaza Hotel を選んでいただき、ありがとうございます。2 日間のご延泊をお客さまのご予約に入れました。

ご依頼の件ですが、Highlight Tours でガンボアとパナマ運河の両方へ行くツアーを予約しました。Highlight Tours は 8 月 12 日午前 8 時に Middle Plaza Hotel へお客さまをお迎えに上がります。ツアーでは、**179** 運河でボートに乗り、Gamboa Resort でご昼食を取り、在来種の動物と触れ合える **179** 動物救護センターを訪問します（熱帯雨林を通るロープウエーは特別にお客さまのツアーには入れませんでした）。それからミラフローレス閘門を見に行きます。そこでは、稼働中の閘門を見学したり、パナマ運河に関するビデオを見たり、**179** 博物館を見て回ることができます。ツアー後、Middle Plaza Hotel に午後 5 時に戻る予定です。このツアーが気に入っていただけたら幸いです。

空港シャトルバスについてですが、こちらは無料で、10 分でトクメン国際空港に到着します。ただ、あいにく始発は午前 5 時です。運行が始まるまでお待ちになり、空港に午前 5 時 10 分に到着されるか、あるいは **178** 午前 4 時 25 分までにタクシーにご乗車になって、10 分で到着されるかのどちらかになります。タクシー代はおよそ 10 ドルです。**180** 決まりましたらお知らせください、手配をいたします。

追って、お部屋とツアーの両方のご予約について確認のメールを別々にお送りします。Middle Plaza Hotel を選んでいただき、重ねてお礼申し上げます。ご滞在を心待ちにしております！

よろしくお願いします。

コンシェルジュ兼旅行プランナー　Eugenio Morales

176. Grist さんはなぜホテルに連絡を取っていますか。

(A) 部屋をアップグレードしなければならない。
(B) 眺めのいい部屋を取りたいと思っている。
(C) 予定をキャンセルする必要がある。
(D) 予約を延長したいと思っている。

最初のメールの第 1 段落 3 文目で、8 月 12 日にチェックアウトの予定だが、2 日延泊したいという要望を伝えていますので、(D) が正解です。本文の add two days to my reservation が (D) では extend her booking と言い換えられています。

177. 1 通目のメールの第 2 段落・1 行目にある researching に最も意味が近いのは

(A) 〜を並べている　　(B) 〜に出会っている
(C) 〜を調べている　　(D) 〜を広げている

ここでの research は「〜を調べる」という意味です。選択肢にはさまざまな句動詞が並んでいますが、これと同じ意味を持つのは (C) です。look into の他にも look up も似たような意味があります。前者は主に問題や課題などの調査、後者は言葉を調べるといったときに使われることが多いです。(A)・(B)・(D) もよく用いられる表現ですので、意味をチェックしておきましょう。

178. Grist さんについて正しいものは何ですか。

(A) 7 時 25 分発のシャトルバスに乗る。
(B) 空港まで 3 時間かけて車で行く。
(C) もっと遅い時間の飛行機に変更するつもりだ。
(D) 希望の時間に空港に着ける。

最初のメールの第 3 段落 2 文目で Grist さんは、「飛行機は午前 7 時 35 分出発の予定で、3 時間前には空港に着いていたい」と述べています。それに対して、Morales さんは 2 番目のメール第 3 段落で空港へ行くのにバスかタクシーを提案しています。タクシーの場合、午前 4 時 25 分までに乗れば、10 分で空港に着くとのことですので、Grist さんの希望の時間までに空港まで行けるとわかります。よって (D) が正解です。

179. Grist さんのツアーに含まれていないものは何ですか。

(A) 動物救護センターの見学
(B) 博物館バーチャルツアー
(C) 博物館見学
(D) 運河クルーズ

Grist さんのツアーについては 2 番目のメールの第 2 段落に詳しく書いてあります。運河やリゾート、動物救護センターへ行き、その後、閘門や博物館を見て回るとはありますが、(B) のようなバーチャルツアーの話は出てきません。よって正解は (B) です。

180. Morales さんは Grist さんに何をするよう頼んでいますか。

(A) トクメン国際空港への移動手段を知らせること

(B) 部屋とツアーの確認のためのメールを事前に印刷すること

(C) 旅行前にオンラインで空港シャトルバスを予約すること

(D) ツアー料金を支払いにホテルのフロントに出向くこと

2番目のメール第3段落で空港シャトルバスについて、有料か無料か、そしてバスとタクシーの時間帯についてのオプションを提示しています。バスは無料ですが運行は午前5時に始まるので指定の時間に着かないこと、またタクシーだとお金はかかるが時間どおりに着くという2点が述べられています。本文ではこの2つから選択するようお願いしています。よって、これを踏まえた (A) が正解です。

□ confirmation 確認 □ canopy 天蓋のように覆うもの □ assistance 支援、手助け
□ reflect ～を反映する □ rescue 救援、救助 □ purposely 意図的に □ aerial 空中の
□ rainforest 熱帯雨林 □ upgrade ～をアップグレードする、～のグレードを上げる
□ extend ～を延長する □ depart 出発する □ desired 要求された □ itinerary 旅程
□ virtual tour バーチャルツアー □ inform（人に）～を知らせる □ confirm ～を確認する

Jack Unzicker の予定（6 月 2 日 - 6 日）

182 月曜日： 午前 9 時 　新しい顧客 Heather Dunbar 氏と Silver Feather 社でミーティング

午前 10 時 30 分 　チームを Social Media Conference へ派遣することに関し Nakai 氏と話し合う（先方のオフィスにて）：Nakai 氏が出張に出発できるよう、早急に開始（10 時 30 分より前に）… 午前 9 時のミーティングが長引いた場合には、電話での話し合いを予定

181 火曜日： 午後 0 時 　Jaroo 社の新規顧客 Steve Settle 氏と会社の基本的な広告規約についてランチミーティング

午後 3 時 　Southeast Quarterly の広告の有効性についてチームと話し合い

水曜日： 午後 2 時 　広告の変更について協議するため Reickel Shoes の James 氏と Landmark News を訪問

木曜日： 午後 3 時 　Debra Fox Jewelry のロゴデザイン変更のアイデア締め切り—メールで送信

金曜日： 娘の誕生日祝いのため休み

午前 9 時 　Susie と友だちを Jarrell Mountain State Park へ連れていく

午前 10 時 　パークレンジャーと Heron Trail ハイキングツアー

午前 11 時 30 分 　パーティーのため Burgers and More へ：ランチ、ケーキ、プレゼント

午後 3 時 　友だちを家まで送る

宛先：d-unzicker@advertisethis.com
差出人：heather@silverfeather.com
件名：約束
183 **185** 日付：5 月 30 日

Unzicker さま

急なお知らせとなってしまい申し訳ありませんが、**182** 来週月曜日午前 9 時に約束していた予定を後ろにずらせますでしょうか。予定外の出張が入ってしまい、**183** 今晩中には町を出なければならず、月曜日の夜遅くまで戻りません。難しいかとは思いますが、**183** 代わりに水曜日の同じ時間にお会いできますでしょうか。また、私のオフィスで会うことになっていましたが、**184**

その日の午後に別の約束でそちらの近くへ行く予定なので、わざわざお越しいただく必要はありません。

ロゴに関してですが、こちらで希望するもの（例えば色、バランス、動き、フォントなど）について、いくつか考えがあります。思い付いたアイデアのスケッチも少し描いてみました。 **185** 今夜、空港から全部メールでお送りします。そうすれば、ミーティングの際により多くの時間を話し合いの時間に割けると思いますので。私のアイデアのどれかを使用するという結論になるだろうと言っているわけではありません。何しろ、Unzicker さんがこの地域では最も優れたロゴデザイナーだと聞いて一緒に仕事をすることに決めたわけです。ただ、どんな素晴らしいロゴでも、辿りつくまでには、多くのスケッチが必要でした。一緒に考え、アイデアを持ち寄って創造力を膨らませて、プロジェクトを進めましょう！

では、早急にご都合をお知らせください。これまでは電話で話していましたが、やっとお会いして、お目にかかることができるのを楽しみにしています！

よろしくお願いします。

Heather Dunbar
Silver Feather 社

181. Unzicker さんについて何が示されていますか。

(A) 「Southeast Quarterly」にコラムを執筆している。
(B) いつも金曜日に休みを取る。
(C) 火曜日に新しい顧客と会う。
(D) 転職を考えている。

スケジュールを見ると、火曜日に新規顧客の Jaroo 社の Steve Settle さんとランチミーティングの予定が入っているとわかります。よって、正解は (C) です。

---

182. Unzicker さんの 6 月 2 日の予定について正しいものはどれですか。

(A) 予定の 1 つが別の日程に変更になる可能性がある。
(B) Nakai さんは彼に会議の参加を申し込んでほしいと思っている。
(C) 午前 10 時 30 分まで電話相談を受ける。
(D) 出張のために町を出なければならない。

スケジュールの月曜日の箇所より、新しい顧客 Heather Dunbar さんと Silver Feather 社で会うことになっているとわかります。一方でメールの冒頭では Dunbar さんが Unzicker さんに日程変更を願い出ています。このメールの送信日は 5 月 30 日なので、来週の月曜日とは 6 月 2 日のことだと考えられます。スケジュールに入っていた 6 月 2 日の予定が変更となる可能性があるので、(A) が正解です。

---

183. Dunbar さんについて述べられていないことは何ですか。

(A) 5 月 30 日に町を出なければならない。
(B) Unzicker さんの会社から遠く離れた町に住んでいる。
(C) Unzicker さんと水曜日に会いたいと思っている。
(D) 月曜日に町に戻ってくる。

メールの日付は 5 月 30 日とあり、第 1 段落 2 文目で「今日町を出て、月曜日の夜に戻ってくる」と述べています。よって、(A) と (D) は本文に合致します。同じ段落の 3 文目では Unzicker さんに水曜日に会えないか尋ねているので、(C) はこれに該当します。以上より、残った (B) が正解です。

---

184. メールによると、Unzicker さんの Dunbar さんとのミーティングについて考えられるものは何だと思われますか。

(A) 場所が変わるかもしれない。
(B) 10 人以上の人が参加する。
(C) 予定より長くなる。
(D) 昼食を食べながら行う。

メールの第 1 段落最後の文より、Dunbar さんは「その日に別の約束でそちらの近くへ行く予定なので、Unzicker さんにわざわざお越しいただく必要はない」と述べています。ここから、ミーティングの場所が Dunbar さんの会社から Unzicker さんの会社へと変更になると考えられます。以上より、(A) が正解です。

185. メールによると、Dunbar さんは何をすると言っていますか。

(A) 同僚とロゴの選択肢について検討する
(B) Unzicker さんに郵便で荷物を送る
(C) 夕方、マネジャーと連絡を取る
(D) 5 月 30 日の遅くに Unzicker さんにメールを送る

メール第 2 段落の 3 文目で、Dunbar さんは今晩アイデアのスケッチをメールで送ると書いています。よって、(D) が正解です。パート 7 では、this evening や tomorrow という表現が出た場合、手紙やメールの冒頭にある送信日時を手がかりにして「いつなのか」を考えさせる問題がよく出題されます。点在している複数の情報を結び付けられるかが問われています。

□ protocol 規約の原案 □ effectiveness 有効性 □ redesign ～のデザインをやり直す
□ park ranger 公園管理人 □ postpone ～を延期する □ unexpected 予想外の
□ unlikely 起こりそうもない □ symmetry 対称、調和、均整 □ motion 動き □ headway 前進
□ reschedule ～の予定を変更する □ consultation 相談 □ probable あり得る

Test
2

8 月 21 日

Doris Stanford さま
Marvelous Mile Gift Shop
フロリダ州 Darvin 32003
W. Roosevelt Street 70 番地

Stanford さま

私は Stanford さまのギフトショップの大ファンです。特に、そちらで販売されている手作りの工芸品が気に入っています。 **186** 私のせっ器の花瓶を貴店に置かれれば、大変満足されるのではないかと思っています。こちらは贈り物にはぴったりの価格で、希望小売価格は 20 ～ 35 ドルです。1 回当たりの最低発注数は花瓶 10 点と、お手ごろに設定しております。売れ筋のものの中から 2 点を同梱いたしましたが、実際は多くのデザインの中からお選びいただけます。店頭での商品の動きをしっかりと把握するために、まずは 5 ～ 10 種類、さまざまなデザインをご注文になることをお勧めします。

当方では安心のお試しプランを提供しております。60 日間の委託で、花瓶 20 点をお店でご販売になれます。ご来店のお客さまにご好評だった場合は、オンラインでのご注文が可能です。飛ぶように売れると確信しています。

直接お会いして、もっと多くの花瓶のサンプルをご覧に入れるため、来週そちらのギフトショップにお伺いしようと思っています。何かご質問があれば、そのときまでにメールでお気軽にお問い合わせください。

敬具

Leonard Brown
Brown Pottery
www.brownpottery.com
leo@brownpottery.com

宛先：Leonard Brown <leo@brownpottery.com>
差出人：Trudy Vollkommer <vollkommer@theartisanshop.com>
件名：将来の顧客
日付：11 月 6 日

Brown さま

187 本日友人のギフトショップを訪ね、そこで Brown さまのすてきな花瓶をお見かけしまし

た。友人の Doris Stanford さんは、そちらの花瓶がヒット商品となって多くのお客さんでにぎわうようになったので、**187** 大変満足していると言っていました。先週新たに入荷したものが、すでに半分も売れたと話していました。**187** お客さんは趣味で集めている人だけでなく、贈り物として花瓶を購入している人もいるようです。中には新しいデザインのものの入荷時期を聞いてくる人もいて、入荷するといち早く飛んできて買い占めるのです。さて、Brown さまの作品を私の店で取り扱う方法を彼女が簡単に教えてくれました。当店では私自身のものも含め、主に職人の手による工芸品を販売しています。

今度の木曜日にそちらの地域に伺う予定で、もしかしたら昼食の時間あたりに工房にお邪魔できるかもしれません。**189** そのときは花瓶を拝見し、委託商品を何点か持ち帰って休暇中、試しに店に置こうと思っています。もしお時間があればお知らせください。メールか電話（778-555-2379）でご連絡ください。以上、どうぞよろしくお願いいたします。

敬具

Trudy Vollkommer

Brown Pottery――注文書
190 12 月 1 日午前 11 時 35 分

店名：The Artisan Shop
住所：オハイオ州 Hampton 43114 Sierra Vista 通り 435 番地
連絡先：Trudy Vollkommer
メール：vollkommer@theartisanshop.com
電話：778-555-2379

商品番号	個数	単価	計
AG36	6	13 ドル	78 ドル
AK22	6	14 ドル	84 ドル
CM04	6	16 ドル	96 ドル
FR17	6	18 ドル	108 ドル
FS06	10	18 ドル	180 ドル

小計：546 ドル
送料・手数料：32.50 ドル
総計：578.50 ドル

190 午前 10 時までのご注文で、在庫があれば商品を即日発送いたします。発送後、発送のお知らせと追跡情報を記載したメールを送信いたします。

ご注文いただき、ありがとうございます。

186. Brown さんは何と述べていますか。

(A) 自分の商品を置いてくれる店を新たに探している。
(B) いつも新しい種類の花瓶を制作している。
(C) 10 年前に事業を始めた。
(D) 花瓶を 1 つ制作するのに 1 カ月かかる。

手紙の第 1 段落 3 文目で、自作の花瓶を Stanford さんの店に置いてもらえないか頼んでおり、その後、商品の詳細や注文の仕方などを説明しています。したがって (A) が正解です。花瓶のデザインはさまざまあるということは第 1 段落 7 文目からわかりますが、(B) のようにいつも新しい花瓶を製作しているというのは言いすぎです。

187. Vollkommer さんがメールで述べていないことは何ですか。

(A) Stanford さんは Brown さんの製品に満足している。
(B) Stanford さんの店を訪れたことがある。
(C) Stanford さんの店の客の何人かは花瓶を自分用に買っている。
(D) かつて Marvelous Mile Gift Shop で働いていた。

メールの第 1 段落の冒頭で Vollkommer さんは「本日友人のギフトショップを訪れた」と述べているので、(B) はこの箇所に当てはまります。また、同じ段落の 2 文目の「友人の Stanford さんは Brown さんの花瓶に大変満足している」という箇所が (A) に当てはまります。そして、同段落の中ほどから、お客さんの中には趣味で Brown さんの花瓶を集めている人がいるとわかるので (C) も本文に合致しています。よって、言及のない (D) が正解です。

188. メールの第 1 段落・8 行目にある chiefly に最も意味が近いのは

(A) 元々は　　　　　　**(B) 主に**
(C) 定期的に　　　　　(D) 明らかに

chiefly は「主に」という意味ですので、正解は (B) です。mainly という副詞にも chiefly と似た意味がありますので覚えておきましょう。

189. Vollkommer さんが Brown さんの工房へ行くことについて正しいものは何ですか。

(A) 夕方になる。
(B) 彼女はそのとき売れ残っている商品を交換する。
(C) 個人的に Brown さんが工房の案内をする。
(D) 商品をいくつか持ち帰るかもしれない。

メールの第 2 段落 2 文目で、Vollkommer さんは Brown さんに「商品を何点か持ち帰って」と書いています。よって (D) が正解です。

190. 注文書から何が推測されますか。

(A) Brown さんは自分で注文品を届ける。

(B) Vollkommer さんの注文品はおそらく 12 月 2 日に発送される。

(C) Vollkommer さんは小売価格を支払わなければならない。

(D) Brown Pottery は包装料を負担する。

注文書の最終段落の冒頭に、午前 10 時までのご注文で、在庫があれば商品を即日発送とありますが、注文書の冒頭を見ると、注文日が「12 月 1 日午前 11 時 35 分」となっています。午前 10 時を過ぎているので、発送日は最速でも翌日の 12 月 2 日になると考えられます。よって、(B) が正解です。この問題の答えは 1 つの文書の中にありましたが、複数箇所の手がかりを見て解くタイプの問題です。

□ artwork 芸術作品 □ stoneware せっ器（陶磁器の一種）□ vase 花瓶 □ range 及ぶ □ retail 小売り
□ reasonably 手ごろな値段で □ enclose ～を同封する □ consignment 委託販売
□ confident 自信のある □ potential 見込みがある □ shipment 積み荷
□ collection コレクション、集めたもの □ frantically 必死になって □ rundown 報告、概要
□ chiefly 主に □ artisan 職人 □ confirmation 確認 □ unsold 売れなかった □ packaging fee 包装料金

問題 191-195 は次の手紙とウェブページに関するものです。

---

3 月 10 日

Marilyn Funk
Vixen Public Library 気付
マサチューセッツ州 Vixen 01001
N. Elgin Street 612 番地

Funk さま

Vixen Public Library で勤務した日々は実に楽しいものでしたが、児童対応図書館員の職を辞めることをお伝えしなければなりません。今年の初めに、娘の家族がカリフォルニアに引っ越し、私は国を横断して、当地の隣町まで娘たちについて行くことに決めました。孫の成長を見守るのを楽しみながら、本に対する愛情を育んでいくつもりです。**192** Vixen Public Library で子どもたちに本を読み聞かせたり、興味を引く本を一緒に探したりしたことが恋しくなることと思います。職場の皆さんは私にとって家族のようなものなので、皆さんとも離れ離れになってしまうのは寂しいかぎりです。**194** 私は 4 月 30 日付で退職します。

193 この 10 年間、キャリア開発と人としての成長の機会をいただき、ありがとうございます。図書館のスタッフの方々にもご支援いただき感謝しています。引き継ぎの期間に何かお手伝いできることがあれば、お知らせください。Funk さんをはじめ、スタッフの皆さまのご多幸をお祈りしています。今後も連絡を取り合いましょう。

敬具

Andrew Pitty

---

http://www.VixenPublicLibrary.net/hiring/

Vixen Public Library

プログラム	サービス	イベント	採用	お問い合わせ

児童対応図書館員
非常勤：夕方及び週末を含む週 20 時間
給与：時給 23 ドル
福利厚生：年次有給休暇 26 日
（医療給付は週 30 時間以上の勤務で利用可能）

応募の要件：下記の業務ができる方

・毎週実施の当館の Story Hour で子どもたちに対するお話の読み聞かせ
・図書館利用者に対する、デジタル資料と図書の利用・選択の支援
・児童コーナーの図書選定・注文・管理
・図書館プログラムとサービスの推進
・適宜、他スタッフとの協力
・図書館の快適な環境づくりの協力

194 応募期限：3 月 30 日
応募方法：職務内容の説明と勤務スケジュールをよくご検討の上、こちらからオンラインでご応募ください。 **194** 選考を通った応募者には 4 月 6 日より面接を行います。採用が決定した方の勤務開始日は 4 月 16 日を予定しています。

---

http://www.VixenPublicLibrary.net/programs/

Vixen Public Library

プログラム	サービス	イベント	採用	お問い合わせ

Story Hour
195 内容を一新した Story Hour にぜひご参加ください！　当館の新任の児童対応図書館員 Stacy が、Story Hour に歌や工作、ダンス、その他年齢に応じた活動を加えました。各セッションは 45〜60 分のままなので、**195** 読み聞かせのお話は 4 つに減っています。 **195** 毎週教育上有益なテーマを取り入れています。詳細はこちらからご覧になれます。

Story Hour は 3〜5 歳までのお子さまを対象としています（対象年齢に満たないお子さまには、Read-and-Play プログラムへのご参加をお勧めします）。Story Hour は無料で実施しており、お子さまはどのセッションにも参加できます。お休みをいただくこともありますので、スケジュールの詳細はこちらからご確認ください。

Story Hour の予定：
East Monroe 館　　State Street 館
月曜日午前 10 時　　火曜日午後 5 時 30 分
水曜日午前 10 時　　木曜日午後 5 時 30 分
金曜日午前 10 時

191. 手紙の第1段落・4行目にある
neighboring に最も意味が近いのは

(A) 発展している　　　**(B) 隣接した**
(C) 親切にもてなす　　(D) 大都市の

neighbor は「隣人」という意味の名詞ですが、neighboring は「近隣の」という意味の形容詞です。よって正解は (B) です。パート5の語彙問題でも、adjacent to X「Xの隣の」という形で出題されることがあります。

---

192. Pitty さんについて何が示されていますか。

(A) どこかで新しい就職口を見つけた。
(B) 図書館の職を辞めることになって悲しんでいる。
(C) 近くの町で働き始める。
(D) 娘にベビーシッターとして必要とされている。

手紙の第1段落中ほどで、「Vixen Public Library で子どもたちに本を読み聞かせたり、興味を引く本を一緒に探したりしたことが恋しくなる」と明かしていますので、図書館の仕事を辞めるのを寂しがっていることがわかります。正解は (B) です。(A) や (C) のように次の仕事には言及していません。また、この段落2文目の「隣町」とは Pitty さんの娘が住むカリフォルニアの隣町のことです。

---

193. Funk さんについて何がわかりますか。

(A) Pitty さんの退職パーティーを企画する。
(B) Pitty さんの責務を引き継ぐ。
(C) カリフォルニアから Vixen に引っ越した。
(D) Pitty さんの上司だ。

手紙の第2段落の冒頭で「この10年間、キャリア開発と人としての成長の機会をいただき、ありがとうございます」と Pitty さんは Funk さんにお礼を述べています。つまり、Funk さんが Pitty さんより上の立場で、教育する立場にいたとわかります。よって、(D) が正解です。「上司」という言葉自体は出てきませんが、このように仕事上の立場の違いから読み解く問題です。

---

194. 児童対応図書館員の職について正しいものは何ですか。

(A) 医療給付がある。
(B) 職員はフレックスタイム制で働ける。
(C) 応募した人は Pitty さんが辞職する前に面接を受ける。
(D) 選考に通った人は週30時間働くことになる。

1つ目のウェブページの最終段落に、求人募集の締め切りは3月30日で、面接は4月6日より始まるとあります。Pitty さんは手紙の第1段落の最後の文で4月30日に退職と言っているので、採用面接は Pitty さんがまだ図書館で働いている間に行われることがわかります。以上から、(C) が正解です。

195. Stacy さんの Story Hour に当てはまらないことは何ですか。

(A) 以前よりも長くなる。
(B) 子どもたちは新しい活動を体験する。
(C) 子ども向けに本の読み聞かせがある。
(D) 今は毎週決まったトピックがある。

2つ目のウェブページの第1段落1文目で、Story Hour の内容が一新したとあり、その次の文で Stacy さんが新たに担当になり歌や工作などが加わったことがわかります。よって (B) は本文に合致します。また、同じ段落の3文目で読み聞かせの話は4つに減ったとあります。つまり複数のお話が読まれるということなので、(C) も本文に当てはまります。さらに、第1段落の最後の文で「毎週教育上有益なテーマを取り入れる」という箇所が (D) に当てはまります。よって、言及のない (A) が正解です。話の数は減らしましたが全体の時間が長くなったという言及はありませんね。

□ thoroughly 徹底的に □ resignation 辞任 □ relocate 引っ越す □ neighboring 隣の
□ instill 〜を教え込む □ interact 互いに協力し合う □ resign 辞任する
□ personal development 人材開発 □ transition 引き継ぎ、移行 □ hire 雇う □ librarian 司書
□ health benefits 医療給付 □ ideal 理想的な □ maintain 〜を管理する □ promote 〜を推進する
□ collaborate with 〜と協働する □ deadline 締め切り □ submit 〜を提出する □ reduce 〜を減らす
□ introduce 〜を導入する □ theme テーマ □ occasional 時々の □ employment 雇用、仕事
□ flexible 調整可能な

Test
2

宛先：Ken Thrash <kthrash@farrellpublishing.com>
差出人：Carol Davis <cdavis@farrellpublishing.com>
件名：いくつかの考え
日付：9 月 5 日
添付：Bonanza

こんにちは、Ken

今朝オフィスの駐車場に入ったときに気付いたんですが、**197** うちのビルがですね、その、ぼろぼろに見えるんです。そのことでお客さま、特に新規の方が不安に感じる様子が想像できます。こんなことを考えながら廊下を歩いていると、Salisbury さんのオフィスに行って、会社はビルにお金を使えと言いたくなりました。壁は塗り替えることができると思いますし、窓清掃はもちろん、カーペットも全て交換するか、少なくとも掃除しなければなりません。その気になれば、例えばロビーやトイレ、休憩室をリフォームすることもできます。最近見つけたクーポンを添付しました。次回の役員会議で、**197** この会社について調べ、ここのサービスがうちの会社に合っているか確認するように提案できればと思います。賛成してもらえたらうれしいです。一番下のサービスがよさそうです。あと、家具も清掃してくれるようです。

Carol Davis

Bonanza Carpet Cleaning
1914 年より家族経営
(239) 555-2777
www.bonanzacc.com**

3 部屋または 3 カ所 *―114 ドル
4 部屋または 4 カ所 *―129 ドル
5 部屋または 5 カ所 *―159 ドル
6 部屋または 6 カ所 *―179 ドル
7 部屋以上―1 部屋につき 27 ドル！*

*「部屋」とは、部屋、玄関、ウォークインクローゼット、階段（14 段まで）のことです。250 平方フィートを超える場合は 2 部屋分となります。**198** 汚れのひどいカーペットには「放置カーペット料金」が適用される場合があります。割引価格は 11 月 2 日まで有効です。

**当社ウェブサイトで、家具の清掃やペットが付けた汚れ、タイルの清掃などのサービス一覧をご覧ください。

役員会議事録　　　　　　　　　　　　　　　　　　　　10月13日午後6時

議長 Brian Salisbury が開会のあいさつ
[199] 出席者：Ken Thrash、Carol Davis、Anthony Bell、Rick Diehl（Allison Kaufman は欠席）

主な議題：
・オフィスビルについて：ビルを美化するための当社の取り組みが好評であると、耳にした役員が数名いる。カーペットを掃除し、壁を塗装しただけだが、従業員にも顧客にもこれまでのところ好評だとのこと。Bernie Ferguson が自社のオフィスビルでも利用していると言って薦めた Office Remodeling Specialists にしたのは正解。同社を利用すれば作業を順番に片づけるだけなので、作業ごとに別々の請負業者を見つける手間が省ける。そして、同社に仕事を依頼すればするほど、各作業の料金が安くなる。同社は来週、窓の作業に取りかかる。
・ホリデーギフトバスケット：得意先向けのホリデーギフトバスケットについて検討を始める必要あり。いつもは Seasonal Gifts に発注しているが、昨年バスケットの到着が遅れたことを Anthony Bell が全員に対して指摘した。今年は問題が起きないように、他の選択肢を検討する予定。また、今年は顧客がかなり入れ替わったため、バスケットを受け取る顧客リストの作成を始める予定。
・Casual Friday：**[200]** 毎週金曜日にビジネスカジュアルウェアでの出勤を認めるよう要求してきた従業員が数名いた。**[200]** 金曜日に会議がある場合はふさわしい服装で出社するという条件で、全役員が承諾。**[200]** Rick Diehl は人事部の Sam Richards に Casual Friday の方針を作成してもらい、役員会で承認する。

Test
2

235

196.

メールの第1段落・1行目にある pulled into に最も意味が近いのは

(A) 〜を回転させた
(B) 〜に入った
(C) 〜をいっぱいに満たした
(D) 〜の世話をした

pulled into の後には「オフィスの駐車場」と場所があり、その後、Davis さんは社屋が汚いと嘆いています。よって、ここでの pull into は「〜へ入る、進入する」という意味です。正解は (B) です。

197.

Davis さんは何を提案していますか。

(A) 駐車場を拡張する
(B) ロビーの扉を修理する
(C) 新しいビルを探す
(D) 清掃会社を使う

メールの1文目で、Davis さんは社屋がぼろぼろに見えると述べ、清掃の必要性を訴えています。よって (D) が正解です。

198.

Bonanza Carpet Cleaning について正しいものは何ですか。

(A) 料金はカーペットの状態によって決まる。
(B) 最近事業が拡大した。
(C) タイルをもとの状態に修復する。
(D) 新しい備品の購入を支援する。

広告の最後の但し書きに、汚れのひどいカーペットは別途料金がかかる場合があると書かれています。カーペットの状態によっては別料金が発生するので、(A) が正解です。料金表などが出題された場合は、但し書きがヒントの宝庫だと思ってください。

199.

Thrash さんについて何が示されていますか。

(A) Davis さんの会社の顧客だ。
(B) Davis さんの下で働いている。
(C) 役員会のメンバーだ。
(D) オフィスビルをリフォームする。

役員会の議事録の出席者のところに Thrash さんの名前があるので、Thrash さんは役員であることがわかります。以上から (C) が正解です。

200. 会議の議事録の中で述べられていないことは何ですか。

(A) 従業員は、特定の日には服装規定を緩くしてほしいと思っている。

(B) Diehl さんは Casual Friday の方針の草案を準備した。

(C) Casual Friday の実施前に方針を作成しなければならない。

(D) 全従業員は、ある条件の下ではカジュアルな装いが許される。

議事録の箇条書きの最後の項目で「金曜日にビジネスカジュアルウェアでの出勤を認めるよう要求してきた従業員が数名いた」とあるので (A) は本文に合致します。次に、これに続く文で「金曜日に会議がある場合はふさわしい服装で出社するという条件で、全役員が承諾」とあるので (D) も問題ありません。さらに、最後の一文で、人事部の Sam Richards さんが Casual Friday の方針を作成することがわかるので、(C) も当てはまります。以上から、残った (B) が正解です。

□ attachment 添付ファイル □ perspective 観点 □ overwhelming 圧倒的な □ urge 衝動
□ ambitious 野心がある □ remodeling 改修 □ define ～を定義する
□ be subjected to ～を受けることになる □ neglect ～を粗末にする □ fee 手数料 □ valid 有効な
□ spruce up ～をこぎれいにする □ comment ～と評する、～とコメントする □ contractor 請負人
□ significantly 著しく □ compile ～を編集する、集める □ attire 服装 □ appropriately 適切に
□ policy 方針 □ approve ～に賛同する □ expand ～を広げる □ employ ～を使用する
□ restore ～を戻す □ implement ～を実行する

Follow-up 1　正解一覧

Part 5

No.	ANSWER
101	C
102	D
103	A
104	C
105	A
106	D
107	A
108	D
109	D
110	A
111	B
112	A
113	A
114	A
115	A
116	B
117	A
118	A
119	A
120	A
121	C
122	D
123	B
124	C
125	C
126	B
127	B
128	B
129	D
130	A

Part 6

No.	ANSWER
131	B
132	D
133	A
134	B
135	B
136	A
137	C
138	A
139	B
140	A
141	B
142	D
143	A
144	B
145	C
146	A
147	C
148	C
149	C
150	A

Part 7

No.	ANSWER
151	B
152	B
153	A
154	A
155	A
156	D
157	D
158	D
159	B
160	A
161	A
162	A
163	D
164	C
165	B
166	A
167	C
168	C
169	D
170	A
171	A
172	D
173	D
174	C
175	B
176	B
177	B
178	C
179	C
180	D
181	A
182	D
183	A
184	A
185	D
186	A
187	B
188	A
189	B
190	A
191	B
192	D
193	B
194	A
195	C
196	C
197	A
198	A
199	A
200	A

Follow-up

1

101.
Xylom 社の経営陣は、前四半期の売り上げの減少の傾向を増加に転じることを目指している。

(A)「～を上回る」
(B)「～を引き渡す、明け渡す」
(C)「～を翻す、逆にする」
(D)「～を持つ余裕がある」

□ aim to V ～することを狙う　□ trend 傾向

the negative trend を目的語に取る動詞を選ぶ問題です。空所後から、前四半期は売上不振という内容が読み取れます。(C) を入れると「不振から抜け出す」となり、文意が通ります。

102.
店舗 2 階の空室が、過剰在庫の収納室に改装された。

(A)「暗記される」　　　(B)「昇進させられる」
(C)「指定される」　　　**(D)「改装される」**

□ vacant 空いている　□ excess 過剰な、余剰の

空所後に前置詞 into があるので、(D) が正解です。convert X (in)to Y で「X を Y に変える」という意味です。「2 階の空室が収納室に改装された」ということで、文の最後の「在庫があふれている」という状況とも合います。

103.
交渉の中で、Gable さんは買い手に事前に輸送費を支払うよう求めた。

(A) 動詞 pay「～を支払う」の原形
(B) ing 形
(C) 現在完了形
(D) 名詞「支払い」

□ negotiation 交渉　□ buyer バイヤー、買い手

文の構造を見ると、主語が Ms. Gable、動詞が asked です。さらに、この動詞の後に that 節が続いています。主節の動詞 ask が「要求」を表しているので、that 節以降には仮定法現在が使われます。そのため、空所には動詞の原形が入ります。主語「バイヤー」が「支払う」という能動の関係から、正解は (A) です。

104.
大量のごみを適切に処理するには、ビルの入居者は別途料金を支払わなければいけません。

(A)「不適切な」　　　(B)「生産的な」
(C)「必須の」　　　(D)「簡潔な」

□ dispose of ～を捨てる　□ excessive 過剰な、余剰の　□ tenant（不動産の）借り主、テナント

選択肢には形容詞が並んでいます。カンマの前 In order to から「ごみを処理するには」という目的が書いてあり、後半では「別料金を支払う」と述べています。(C) を入れれば、「支払わなければならない」という義務を表すことができるので、うまくつながります。正解は (C) です。

105.
会社の方針の変更後、Gatethrough Manufacturing は 3 年ぶりに黒字に転じた。

(A)「（～に）なった」　　(B)「変わった」
(C)「増えた」　　　　　　(D)「～を保持した」

□ policy 方針
□ profitable 利益の多い

主語、空所、形容詞と並んでいますので、形容詞を補語に取る第 2 文型の動詞が入るとわかります。選択肢の中から第 2 文型を取る動詞は (A) しかありませんので、これが正解です。turn や stay、stand といった語は時折、パート 5 で第 2 文型の動詞として出てきますので押さえておきましょう。(D) は remained に見間違えてしまうかもしれません。このように、微妙なつづりの違いで引っかけてくることもありますので、注意しましょう。

106. 家庭の都合で急用が入り会議に出席できなくなったので、Davis さんには代わりに会議に出席してくれる人が必要だった。

(A) 「〜の目的で」　　(B) 「〜の代わりに」
(C) 「〜を犠牲にして」　**(D) 「〜を必要として」**

急用で会議に出席できなくなったことが空所前からわかります。また、空所の後に「代わりに会議に出席できる人」とあります。(D) を入れると、そのような人が「必要だった」となり意味が通ります。

✎ ☐ prevent X from doing Xが〜しないようにする

---

107. 大型ディスカウントストアの増加により、多くの地域店は収支を合わせることが困難だと感じている。

(A) 「反復」
(B) 「急増」
(C) make (both) ends meet で「収支を合わせる」
(D) 「配管工」

空所の前に make があり、後ろに meet が来ていることに注目します。make (both) ends meet「収支を合わせる」という表現がありますので、これに気付けば、正解は (C) だとわかります。make（= V）ends（=O）meet（=C）という第5文型になっていますね。

---

108. 調査報告書の要約版によれば、今よりも交通の便がいい場所へ空港が移転することを望んでいる市民がほとんどだ。

(A) 「蛍光性の」
(B) 「義務的な」
(C) 「要約された」
(D) 「アクセスしやすい」

空所には、直後の名詞 survey report を修飾する形容詞が入ります。(C) が正解です。abridged はパート7によく登場しますので、押さえておきましょう。

✎ ☐ citizen 市民　☐ accessible（場所などが）行きやすい

Test 2 Follow-up 1

---

109. 新薬開発のために、Human Mind Pharmaceutical 社には巨額の資金が必要だ。

(A) 「以前の」　　　　(B) 「はっきりと」
(C) 「十二分の」　　　**(D) 「かなり」**

選択肢には形容詞や副詞が並んでいますが、空所後に a large amount と、冠詞＋形容詞＋名詞が続いていることに注目します。この位置に入ることができるのは (D) だけです。quite は「かなり」を意味し、形容詞＋名詞を修飾する場合は通常、冠詞の前に置かれます。

✎ ☐ pharmaceutical 製薬の　☐ fund 資金

---

110. 事業を拡大して売り上げを増やすために、Toch 社は効果的に製品を販売するための新戦略を模索している。

(A) 名詞「効果」　　　(B) 名詞の複数形
(C) 形容詞「効果的な」 **(D) 副詞「効果的に」**

空所前まですでに文が完成しているため、空所には副詞が入るとわかります。よって、(D) が正解です。なお、名詞の後に別の名詞を置く場合もありますが、今回は (A) と (B) ともに意味をなしません。

✎ ☐ expand 〜を拡大する　☐ bolster 〜を拡大する、増進する

111. 以前の営業戦略の有効性を綿密に評価した結果、チームは手法を変えることにした。

(A) 動詞 evaluate「〜を評価する」の原形
(B) 名詞「評価」
(C) ing 形
(D) 過去形・過去分詞

空所の前に前置詞の after があり、空所直後に名詞が来ているので、これを目的語に取る動詞の ing 形を選びます。(C) が正解です。この部分と、セット 1 で出てきた副詞句の After carrying out a thorough evaluation of the effectiveness が同義であることにも注目しておきましょう。

□ tactic 手法 □ thoroughly 徹底的に □ effectiveness 有効性

---

112. 地元の人々は、多くの違った文化を持つ旅行客の行動に慣れていく必要性を感じた。

(A)「立ち振る舞い、行動」
(B)「要請」
(C)「獲得」
(D)「需要」

文の主語は「地元の人々」ですが、空所後には「多くの違った文化を持つ旅行客」とあります。この 2 つが異なったものであることに注目しましょう。よって、文中の get used to「〜に慣れる」に合うものは (A) です。

---

113. その家具会社はさまざまなメディアに一連の広告を打ったことによって市場での存在感が増した。

(A)「割合」　　　　(B)「消費」
(C)「規模」　　　**(D)「連続、ひと続き」**

of の前に来る名詞を選びます。文意を取っていくと前半で「市場での存在感が増した」とありますので、選択肢をそれぞれ当てはめてみましょう。正解は (D) です。a series of で「一連の〜」という意味です。(C) は a scale of 1 to 10「10 段階で」と、「段階」を意味しますが、この場合は文意に合いません。

□ presence 存在感

---

114. 国の経済が最近よくなっているのは、うれしいことだ。

(A) 動詞 encourage「〜を励ます、元気づける」の原形
(B) ing 形
(C) 過去形・過去分詞
(D) to 不定詞

選択肢には動詞 encourage のさまざまな形が並んでいます。空所前に be 動詞 are があり、空所後には to 不定詞が続いています。(C) を入れると、to 以降が理由で、励まされたという受け身の文になります。よって、(C) が正解です。人が主語の場合は、be encouraged と覚えるのは初級者まで。文脈によって、人が他人を励ます場合は受け身にならないこともあります。今回は、どちらが励ますのかを考えることも解く上でのヒントです。

---

115. 自動車会社は第 1 四半期には利益が減少したが、調査によると、顧客満足度は相変わらず良好だ。

(A) 主格の代名詞　　**(B) 所有格の代名詞**
(C) 所有代名詞　　　(D) 目的格の代名詞

空所後に customer satisfaction ratings という名詞が来て、その後、動詞が続いています。名詞にかかることのできる形は (B) だけです。ここでは their は the auto companies のことを指しています。ところで、この文の動詞 remain は第 2 文型を取る動詞としてパート 5 にも登場しますので、この語を見たらすぐに文の構造を理解できるようにしておきましょう。

□ profit 利益 □ rating 評価

116. 参加者のほとんどはイベントが成功からは程遠いと感じ、特に時間管理の点で一層の改善を求めた。

(A) 「少しも～でない」
(B) 「～にすぎない」
(C) 「～まで、～のかぎり」
(D) 「～の他に、～に加えて」

□ improvement 改善

空所の前後は「イベントは成功」と述べていますが、文の後半には「改善を求めた」とそれとは反対のことが書いてあります。(A) を入れると「成功からは程遠い」となり、文意に合います。anything but は、「～の他なら何でも＝決して～ではない」という意味で、否定的な表現となります。(B) は only と、(D) は apart from と同じ意味です。

117. 多くの苦情があったにもかかわらず、Miles Painting Contest への申込手順はいまだに複雑だ。

(A) 「～に関するかぎりでは」
(B) 「(最大で) ～まで」
(C) 「～にもかかわらず」
(D) 「～と対照的に、異なって」

□ numerous 数多くの □ complaint 苦情

空所直後に「多くの苦情」とありますが、文の最後の方では「いまだに複雑です」と述べています。よって名詞句を導き逆接の意味となる (C) が正解です。(D) は何を対比しているかが不明です。他の選択肢もここでは意味が通りません。

118. 年次報告書用のため、Fisher さんは手に入る中で最も品質のよいコピー用紙を使っている。

(A) 形容詞「高い」
(B) 副詞「非常に」
(C) 形容詞の比較級
(D) the＋形容詞の最上級

文の後半で available to him とあることに注目しましょう。これは直前のコピー用紙にかかっています。「彼に手に入るコピー用紙」と限定していることになるので、最上級の (D) が正解です。形容詞や副詞の適切な形が問われている場合、文全体を見ておくとケアレスミスを防ぐことができます。

119. 夏の繁忙期前に、Evans さんは仮の報告書の完成に注力した。

(A) 「位置している」　　(B) 「仮の」
(C) 「熟練した」　　　　**(D) 「ピークの、最大の」**

season を修飾するのに合う形容詞を選びます。(D) が正解です。peak season で、行楽地や業務の「繁忙期」という意味です。その反対の閑散期は low season と言うので覚えておきましょう。

120. 以前に同様の問題を経験していたため、Jeffery さんは顧客からの問い合わせに難なく対応することができた。

(A) 動詞 experience 「～を経験する」の ing 形
(B) 過去形・過去分詞
(C) 分詞の完了形
(D) 原形

□ inquiry 問い合わせ、質問

選択肢には動詞 experience が形を変えて並んでいますが、空所の前に had、その後に目的語があるので、過去分詞形の (B) が正解です。文の後半を見ると、過去形の was が出てきます。よって Since の節内は、was で述べている時点より前のことを指しているとわかります。

121. その病気の治療法の研究は難航していると、研究チームのリーダーは報告した。

(A) 動詞 progress「進歩する」の原形
(B) 3 人称・単数・現在形
(C) ing 形
(D) 過去形・過去分詞

🖊 ☐ cure 治療法

空所直前に was があるので、過去進行形をつくる (C) が正解です。「難航していた」という意味です。progress は他動詞でもありますが、その場合は継続する（continue）という意味となり、ここでは意味を為さないので (D) は不正解です。

---

122. 従業員は全員、メールの送受信を容易にするためにコンピューターの設定を変更することを勧めます。

(A)「〜を修正する」　　(B)「〜を詰め込む」
(C)「〜を通さない」　　**(D)「〜を容易にする」**

🖊 ☐ setting 設定

選択肢には動詞が並んでいるので、パソコンの設定変更の目的が to 不定詞以降で述べられると考えられます。目的語「メールの送受信」とうまくつながるのは (D) です。facilitate は「〜を促進する」という意味もあります。「ファシリテーター」という言葉がありますが、これは物事を円滑に進める進行役に当たる人のことです。

---

123. Meling Supermarket は毎月、店の会員に割引になる商品をメールで知らせている。

(A) 動詞 avail「〜に役立つ」の原形
(B) 形容詞「利用できる」
(C) 名詞「利用できること」
(D) ing 形

🖊 ☐ inform 〜に知らせる

空所直前に冠詞 the、直後に of があるので、空所には名詞が入ります。よって、(C) が正解です。冠詞＋空所＋前置詞の場合は、機械的に名詞を選ぶことができます。ただし、TOEIC 満点を目指す場合は念のため、さっと意味を取っておくことも大事です。

---

124. 契約の終了は 4 月 5 日だが、4 月の第一日曜日の方が早ければその日に終了する。

(A)「〜するとき」
(B)「どちらが〜しても」
(C)「〜するもの」
(D)「〜するたびに」

空所後に S（April 5）と V（comes）がそろっていることに注目しましょう。ここでは、接続詞を入れて文を完成させる必要があるので、時を表す副詞節を導く (A) が正解です。またその後 on から始まる部分では「4 月の第一日曜日」とあるので、when からの副詞節と on に導かれている副詞句が、or で並べられていることがわかります。4 月 5 日もしくは 4 月の最初の日曜日、という意味です。

---

125. Wilma Bakery は、地域の店の中で最も幅広い種類の商品を扱っているため、売り上げが好調だ。

(A) 形容詞「幅広い」　　(B) 形容詞の比較級
(C) 形容詞の最上級　　(D) 副詞「広く」

🖊 ☐ favorable 好ましい、よい

空所の前に the があり、また文末で in the area と限定しているので、形容詞の最上級、(C) が正解です。今回は the があるので見分けやすいですが、難しい問題では所有格＋最上級という形を取ることもあります（例：The store carries their latest models.「その店では最新モデルを取り扱っている」）。確実に得点するためには、文全体を見ることが大事です。正答根拠をしっかりつかんで選ぶクセをつけましょう。

126. 作業員が新しいソフトを使いづらいと感じたとすれば、その導入がよい判断だったかどうかの判定は難しい。

(A)「〜に関するかぎりでは」
(B)「〜するかぎり」
(C)「まして〜（ない）」
(D)「〜について言えば」

空所前に完成した文があり、空所後にも SV がそろっていることにまず注目しましょう。(B) は接続詞で、条件などについて言及する際に使われます。「ソフトが使いづらいと感じたとすれば」という前提を述べていることになるので、正解は (B) です。(A) は「程度」や「範囲」を表す接続詞ですので、ここでは意味が通りません。

---

127. 毎月最終金曜日には、人気のスーパーは詰め合わせのフルーツを 20％割引で提供している。

(A) 動詞 assort「〜を詰め合わせる」の原形
(B) 形容詞「各種取りそろえた」
(C) ing 形
(D) 名詞「詰め合わされたもの」

空所直前に of、直後に fruit があるので、空所には形容詞か名詞が入ります。(B) を入れると、「詰め合わせられた果物」という意味になるため、(B) が正解です。直後の名詞が fruit であり、フルーツは「（人によって）詰め合わせられる」という受け身の関係が適切なので、(C) は不正解です。

✏️ □ thriving 繁栄する、繁盛する

---

128. フォーラムで出された提案には、会社にとって多くの利点があった。

(A)「利益の上がる、もうかる」
(B)「腐りやすい」
(C)「多数の、複合的な」
(D)「伝記の」

選択肢には形容詞が並んでいます。空所直後のadvantages が複数形であることに注目しましょう。(C) を入れると文意が通ります。その他の選択肢はここでは advantages を修飾できません。

✏️ □ proposal 提案 □ forum フォーラム、公開討論会 □ advantage 利点

---

129. インターネットへの接続にお困りの既存のお客さまに対して、KS Telecommunications は電話またはチャットによる技術サポートをご提供しております。

(A)「〜を統合する」　　(B)「〜を聞く」
(C)「〜を提供する」　　**(D)「〜に接続する」**

選択肢には動詞が並んでいます。目的語 Internet と相性がいいものは (D) です。access は名詞として覚えている人も多いですが、この問題のように「（ネットワークなど）に接続する」という他動詞として使うこともできます。

✏️ □ existing 既存の □ be unsure of 〜に自信がない □ message メッセージを送る

---

130. 操作設定を変えただけで、エンジニアはタービンの問題を解決することができた。

(A) 形容詞 mere「単なる、ほんの」の最上級
(B)「ただ〜から」
(C)「ただ〜として」
(D) 副詞「ただ」

空所直前に The があり、直後に change という名詞があるので、形容詞の (A) が入ります。(D) は副詞ですが、空所前に定冠詞があるので、入れることはできません。

✏️ □ setting 設定 □ turbine タービン

問題 131-134 は次の広告に関するものです。

求人

Whitemoon Textile Mill は最高品質を誇る繊維製品を取り扱っています。当社では現在、国際調達部門でプロのバイヤーの経験者を募集しています。応募の条件は少なくとも 5 年以上の国際的な繊維・紡績糸調達経験を有することです。さらに、繊維の染色工程の知識があれば優遇いたします。

アジア諸国への出張は頻繁にあります。中国語や他のアジア言語に堪能であれば尚いいですが、必須ではありません。

この職に興味のある人は履歴書を Wendy Huang（whuang@wtm.com）宛にお送りください。提出期限は 11 月 15 日です。書類選考に通った応募者には 11 月 20 日までに面接を実施いたします。

131.
(A) 「彼らは」
(B) 「私たちは」
(C) 「あなた（たち）は」
(D) 「これらは」

空所の後には「プロのバイヤーの経験者を募集」とあるので、この文書は求人広告だとわかります。また、空所を含む文で、our global purchasing division と言っているので、正解は (B) です。会社といった組織の場合、自社のことを指す際は1人称複数形を使うことが多いです。

132.
(A) 「よって」　　　　(B) 「それでもなお」
(C) 「さらに」　　　(D) 「概して」

選択肢には、接続副詞が並んでいます。空所前の文では応募者に対して「5年以上の業務経験」という条件が述べられ、空所後には繊維の染色工程の知識は高く評価されるとあります。応募者に対する条件を追加していると考えられるため、(C) が正解です。

133.
(A) どうぞお電話で地元の繊維メーカーまでご連絡ください。
(B) 当社の従業員が工場をご案内します。
(C) 応募者はアジア料理に詳しい方がいいです。
(D) アジア諸国への出張は頻繁にあります。

空所に続く一文では、アジア言語に堪能であれば尚いいということが述べられています。よって、アジアの国々への出張の可能性に触れている (D) が正解です。出張があるので、その土地の言葉をわかっている方がよい、という流れですね。(A) と (B) は後ろの文と合わず不正解です。(C) は突然アジア料理に言及していますが、つながりが見えません。

134.
(A) 「その後は」　　　(B) 「～なしに」
(C) 「～の間」　　　　**(D) 「～の後で」**

選択肢には前置詞や副詞が並んでいます。空所後に「書類選考」とあり、カンマ以降で「審査に通った応募者には面接をする」と言っています。(D) を入れると、「書類選考後」という意味になり自然な流れができます。よって、(D) が正解です。

Test 2 Follow-up 1

□ specialist 専門家　□ fiber 繊維　□ yarn 紡績糸　□ appreciate ～を高く評価する　□ fluency 流暢さ
□ résumé 履歴書　□ submission 提出　□ deadline 締め切り　□ screening 審査　□ duty 義務、職務
□ frequent 頻繁な

新しい Central Library が開館

待望久しい Central Library 新館が昨日、Chestnut Park に開館した。この開館を機に、Chestnut Town Community の新しい時代が始まる。町長は昨日、図書館は地域社会の文化拠点としての役割を果たすと述べた。図書館にはプロジェクターを備えたセミナールームが 2 室あり、そこでは多くのワークショップや講座の開催が予定されている。小さな子ども連れの家族も利用可能だ。児童書コーナーにはキッズルームがある。熱心な生徒向けには広々とした学習室が設けられている。また、インターネットが利用できる PC ステーションがあるため、生徒などの学習者はあらゆる種類のデータベース上の情報にアクセスが可能だ。ロビーには StarFront Coffee の支店があるため、利用者はコーヒー片手に本を読むこともできる。

135.

(A)「彼女は」　　　　(B)「それは」
(C)「彼は」　　　　　(D)「もうひとつ」

選択肢には代名詞が並んでいます。空所の後に「プロジェクターを備えたセミナールームが2室ある」と言っているので、空所に入るのは人だとは考えにくいです。空所の前の文では図書館のことを述べているので、物を指すことのできる (B) が正解です。

136.

(A) be 動詞の現在形　(B) 過去形
(C) 過去完了形　　　　(D) 助動詞＋完了形

選択肢には be 動詞のさまざまな形が並んでいます。空所前後では、開館した図書館の設備の紹介をして、現在の状況を述べています。よって、現在形の (A) が正解です。空所の前後でも設備について現在形を使って説明しているので、ヒントになります。単純な現在形だと、「本当に正解かな？」と思うかもしれませんが、自信を持って選びましょう。

137.

(A) それを利用することによって、生徒が子どもたちと交流する機会ができる。
(B) 図書館には来年までセミナールームができない。
(C) 児童図書コーナーにはキッズルームがある。
(D) ただ、図書館でコーヒーを飲むことはできない。

空所の前では「子ども連れの家族も歓迎」とあります。よって、子ども向けにどのような設備があるのかに触れている (C) が正解です。(A) は it が指すものが直前にありません。(B) のセミナールーム、(D) のコーヒーについての記述はどちらも本文と矛盾しています。

138.

(A) 動詞 access「〜にアクセスする」の ing 形
(B) to 不定詞
(C) 原形
(D) 過去形・過去分詞

選択肢には動詞 access のさまざまな形が並んでいます。空所の前には allow という動詞があるので、(B) を入れると、allow＋人＋to V「人が〜するのを可能にする」の形ができます。よって正解は (B) です。

Test 2 Follow-up 1

□ long-awaited 長く待たれていた、待ちわびられていた　□ era 時代　□ cultural hub 文化の中心地
□ equip 〜に備えつける　□ projector プロジェクター　□ numerous 数多くの　□ diligent 勤勉な
□ database データベース　□ patron 利用者　□ interact with 〜と触れ合う、交流する

StarElectronics は今日、Bluebird Business Park に 20 エーカーの土地を購入したと発表しました。Bluebird Business Park は最近開発された 210 エーカーの地区で、国道 54 号線で簡単に行ける場所にあります。

Mark Chan CEO は、複数の場所で行われている業務を今回購入した土地に一元化する予定だと述べており、それにより製造工程の効率化、迅速化を図りたい考えです。建設は 3 月に始まり、来年 2 月には完成の予定です。

StarElectronics は少なくとも 500 人の地元住民の雇用に 2,500 万ドルを投じる方針です。これにより奨励金受け取りのための郡の全ての条件を満たすことになり、税制上の優遇を受ける資格を有します。

139.
(A) 助動詞＋動詞 purchase「～を購入する」の完了形
(B) 過去完了形
(C) 未来完了形
(D) 3 人称・単数・現在形

選択肢には、動詞 purchase のさまざまな形が並んでいます。空所を含む文では announced today とすでに過去形を使っています。よって (B) を入れると、購入したのは今日の発表よりも以前のことという時間的な関係が伝わります。次の段落では、土地の使い道について述べているので、土地はすでに購入済みであるとすると、つじつまが合います。

140.
(A)「このように」
(B)「～である一方」
(C)「ところで」
(D)「にもかかわらず」

選択肢には接続詞や接続副詞が並んでいますので、空所前後の意味を取っていきましょう。空所を含む文では「製造工程の効率化、迅速化を図りたい」とあります。また、その前の文では業務拠点の一元化計画が述べられています。拠点の一元化は効率化の 1 つの方法と言えるので、(A) を入れると前後がうまくつながります。

141.
(A) 地元住民は、かつてないほど町の人口が増えることを懸念しています。
(B) StarElectronics は、公園内の一区画の土地を購入することを検討しています。
(C) 建設は 3 月に始まり、来年 2 月には完成の予定です。
(D) 収益の一部は福祉団体に送られます。

空所前までで土地の使い道や会社の構想が述べてあります。建設予定に触れている (C) を入れると、うまくつながります。(A) の人口増加は、本文とは関連がありません。(B) は、1 つ前の文章で this acquisition「今回購入した土地」とあり、空所前までに土地の使い道についての言及があるので、意味が通りません。(D) は、収益をどうするかに関連することはここでは述べられていないので、不正解です。

142.
(A) 動詞 invest「～を投資する」の ing 形
(B) 原形
(C) to 不定詞
(D) 分詞の完了形

選択肢には、動詞 invest のさまざまな形が並んでいます。空所の前を見ると、「会社」という主語の後に plans という動詞があります。(C) を入れると、plan to V「～する予定である」という形が完成します。正解は (C) です。

Test **2** Follow-up **1**

□ accessible（場所などに）行きやすい □ operation 操業 □ acquisition 取得物
□ aim to V ～することを狙う □ streamline ～を合理化する □ expedite ～を迅速にする □ hire ～を雇う
□ fulfill（条件）を満たす □ prerequisite 前提、条件 □ financial 財政的な □ incentive 報奨金
□ adequately 適切に □ tax benefit 税金の控除 □ unprecedented 先例のない □ growth 増大
□ proceeds 収入、報酬 □ welfare 福祉

宛先：Catherine Washington
差出人：Lulu Kenya
日付：8月1日
件名：ご支援ありがとうございます

Catherine さま

当校に毎月ご寄付いただき、ありがとうございます。Catherine さまの寛大なご支援のおかげで、当校も大きく変わりました。

ご寄付のおかげで、地元の新卒者には比較的よい給料を提示することができました。先月、教師1人の求人広告を出しましたが、応募者は50人以上に上りました。慎重に検討した結果、大学を卒業したばかりで経験は浅いですが、Haji Turay 先生を採用しました。Turay 先生は新米ですが、教えることに関しては光るものを持っています。もうすでに生徒の間で大変人気です。

Catherine さまの思いやりのあるご支援に対し改めて感謝いたします。今後も長きにわたって、当校にご支援いただければと願っております。

敬具

Lulu Kenya
Matthew Memorial Elementary School 校長

143.

(A) **Catherine さまの思いやりのあるご支援の
  おかげで、当校も大きく変わりました。**
(B) 当校の古い体育館は生徒 1,000 人まで収容
  できました。
(C) 現在、Catherine さまの年間のご寄付の活用
  方法について慎重に検討しています。
(D) 子どもたちはみんな、文房具をもらって喜ぶ
  でしょう。

空所前の文で、寄付に対するお礼を述べています。
(A) の Your kind support はこの寄付のことを指し
ているとわかるので、(A) を入れると文意に合いま
す。(B) は体育館について述べていますが、「収容で
きた」と過去形になっており、本文と合いません。
(C) の annual donation は、空所直前に monthly
donation とあり、矛盾しています。(D) は前後のつ
ながりが見えません。寄付が文房具であるとは読
み取れません。

144.

(A) 動詞 enable「～が～することを可能にす
  る」の過去完了形
(B) **現在完了形**
(C) 助動詞＋完了形
(D) 未来完了形

選択肢には動詞 enable のさまざまな形が並んでい
ます。空所の前には「ご寄付」とあり、空所後には
「新卒者にはよい給料を提示する」と書いてありま
す。これに続く文から、先月教師の募集をして、1
名を採用したことがわかります。今現在も給料を
支払っていると考えると、現在完了形の (B) が正解
です。(A) は過去のある時点ですでに終了したこと
を表しますが、そのような時点を示すキーワード
がないため不正解です。

145.

(A) 動詞 number「～の数に達する」の未来表
  現
(B) 原形
(C) **過去形・過去分詞**
(D) 現在進行形

選択肢には動詞 number のさまざまな形が並んで
います。空所前後を見ると、posted や chose とあ
るので過去のことだとわかります。よって、過去形
の (C) が正解です。ここでの number は動詞とし
て「（～の数に）達する」という意味で使われてい
ます。

146.

(A)「～の中で」 (B)「(2 つ) の間に」
(C) **「～の間で」** (D)「～に対して」

選択肢には前置詞が並んでいますが、空所後に
students という名詞が来ていることに注目しま
す。(C) を入れると、be popular among「～に人
気がある」という形ができます。(B) は通常、二者
間の関係を指しますので、ここでは不正解です。(A)
be popular in は後ろに場所が、(D) be popular for
は後ろに理由となる物や事が来ます。

Test **2** Follow-up **1**

□ donation 寄付、寄贈 □ comparatively 比較的 □ consideration 検討、考慮 □ novice 新人
□ aptitude 適性 □ accommodate ～を収容する

問題 147-148 は次のテキストメッセージのやり取りに関するものです。

Annette Finch（午前 11 時 32 分）
Miles さん、2 時の会議を明日に変更してもらえませんか。娘を学校へ迎えに行かなければならないんです。保健室の先生によれば、娘は熱があるので、私は今日は戻ってこられそうにありません。

Miles Allen（午前 11 時 34 分）
わかりました。正午が空いてますから、それでよければ。でも、**147** お子さんと一緒に家にいなくてもいいんですか。

Annette Finch（午前 11 時 35 分）
147 母が来てくれるんです。あいにく今日は母の都合が悪いんです。正午で構いません。他の人にも知らせてもらえますか。それから、**148** 昼食を持ってきます。

Miles Allen（午前 11 時 36 分）
148 それはいいですね。私もそうします。他の人については大丈夫です。きちんとやります。では、お子さんお大事にしてください。明日よろしくお願いします！

147. Finch さんについて何がわかりますか。	11 時 34 分のメッセージで Allen さんから「お子さんと一緒に家にいなくてもいいんですか」と聞かれています。それに対して Finch さんは明日は「母が来る」と言っており、今日は Finch さんのお母さんは都合が悪いことがわかります。以上から、(C) が正解です。
(A) 病院へ出かけなければならない。	
(B) 明日午前中は会社にいない。	
(C) 母親に娘の面倒を見てくれるよう頼んだ。	
(D) 会議の前に Allen さんに電話をする。	
148. 午前 11 時 36 分に Allen さんが "I'll follow suit" と書くとき、何を意図していると考えられますか。	11 時 35 分に Finch さんは「昼食を持ってきます」と述べており、その後 Allen さんは「それはいいですね」と肯定的な返事をしています。以上から、正解は (D) です。follow suit はもともと「トランプの同じスート（＝suit）の札を出す」という意味で、前の表現を受けて同調するということです。
(A) Finch さんに決めてもらう。	
(B) Finch さんと別のときに話し合う。	
(C) 新しい服を買うつもりだ。	
(D) 会議中に昼食を取るつもりだ。	

問題 149-150 は次の手紙に関するものです。

---

4 月 5 日

Chai Suparat さま
Thai House 総料理長
ネブラスカ州 Chilton 68244
W. Rosee 通り 1322 番地

Suparat さま

The Clara Mead Foundation を代表して、**149** 3 月 19 日に Spring Gourmet Food Show にて開催された今年の Meet the Chefs の会を大成功のうちに終えることにご助力いただきましたことにお礼申し上げます。Suparat さまの実演が大勢の人々を引き寄せ、決して驚くようなことではありませんが、準備されたサンプルの品全てがすぐになくなり、素晴らしい料理の才能をお持ちであることを証明していました。参加を楽しんでいただけたなら幸いです。また今回の取り組みは貴店の売り上げアップという形で、10 倍にもなって還元されるものと確信しています。

Meet the Chefs のようなイベントを通して、The Clara Mead Foundation は食品業界のあらゆる分野の人々と出会うことができます。**150** The Clara Mead Foundation はこの会を開催したことで、Gourmet Food Association から惜しみない寄付を賜りました。Suparat さまのご参加がなければ、こうしたことは実現しなかったでしょう。

年間を通じてさまざまな活動やイベントに時間や才能や名前を提供してほしいという依頼を多々受けられているかと思いますが、そんな中で今回の活動にご協力いただき、大変光栄に思っております。今後、またご一緒にお仕事ができることを楽しみにしております。

ところで、もし The Clara Mead Foundation への入会にご関心がおありでしたら、同封の会員申込書にご記入の上、ネブラスカ州 Chilton 68242 Willow 通り 3421 番地の The Clara Mead Foundation までお送りください。また、1-800-555-6323 まで直接ご連絡いただいても結構です。

心を込めて

Karen Dubrovka
イベント責任者

---

149. Suparat さんについて正しいものは何ですか。

(A) The Clara Mead Foundation の会員だ。
(B) 最近イベント参加のために自分の時間を割いた。
(C) 彼のレストランは突然にぎわい出した。
(D) Chilton の料理学校に通った。

第 1 段落で Suparat さんに対して、イベント協力へのお礼が述べられているので、(B) が正解です。Give up time で「自分の時間を他人に提供する」という意味です。

150. The Clara Mead Foundation について何がわかりますか。

(A) 1 年に 1 度の資金集めのイベントが Meet the Chefs だ。
(B) Gourmet Food Association から賞を受賞した。
(C) 最近イベント開催の責任者だった。
(D) 定期的に会を開催している。

第 2 段落 2 文目から、The Clara Mead Foundation は会を開催したことで寄付を受けたことがわかります。よって、(C) が正解です。put on は「(服などを) 身に着ける」の意味もありますが、ここでは「(ショーやイベントなどを) 催す」という意味で使われています。

□ on behalf of ～を代表して　□ foundation 財団　□ crowd 群衆　□ surprisingly 驚くべきことに
□ devour ～をむさぼり食う　□ testify 実証する、証拠となる　□ tenfold 10 倍に　□ generous 気前のよい
□ donation 寄付　□ participation 参加　□ enclose ～を同封する　□ fundraiser 資金集めのための催し
□ basis 基準、基盤

宛先：customerservice@cabinetcity.com
差出人：fanara@directmail.com
件名：問題
日付：12 月 29 日

Cabinet City 御中

つい先日、貴社ウェブサイトで Shelf1000 のキャビネットを注文し、予定どおり 12 月 27 日に配送されました、ありがとうございます。 **151** ですが、キャビネットの品質には不満があります。 **152** キャビネットの扉の 1 つは、色がもう一方と比べて暗いだけでなく、扉の立て付けが悪くきちんと開閉しません。箱からキャビネットの部品を取り出して組み立ててすぐに、以上の問題に気付きました。

届いたキャビネットの品質は受け入れられないものであり、貴社のウェブサイトで見た見本のキャビネットとは違います。 **153** サイト上のものと同等の品質と仕上がりの品を代わりに送ってください。また、 **153** 不良品のキャビネットの返送料については、無料で手配していただきたく思います。

この問題をすぐに解決していただきたいので、10 日以内にお返事をください。いただけない場合は、苦情申し立ての手続きを始めます。この件についてさらに話し合う場合は、私の電話番号 344-555-9871 まで遠慮なくお電話ください。注文番号は CK3279855 です。

敬具

Wesley Fanara

151. Fanara さんは注文品について何と言っていますか。

(A) 購入したのは 1 カ月前だ。
(B) 店で引き取った。
(C) 満足できるものではない。
(D) 配送料を多く請求された。

第 1 段落 2 文目で、Fanara さんは届いた商品の品質に不満だとはっきり述べていますので、(C) が正解です。(B) ですが、商品は店舗受け取りではなく配送されたもので、不正解です。

152. Fanara さんが購入したキャビネットについて何が述べられていますか。

(A) まだ届いていない。
(B) 着色にむらがある。
(C) 実際の価値よりも値段が高かった。
(D) 組み立ててから 1 週間後に壊れた。

第 1 段落 3 文目に「キャビネットの扉の 1 つは、色がもう一方と比べて暗かった」とあります。これを「着色にむらがある」とした (B) が正解です。uneven は時折出現する語ですので押さえておきましょう。

153. Fanara さんが Cabinet City に求めていないことは何ですか。

(A) 欠陥のあるキャビネットを引き取る
(B) 無料で返品を受ける
(C) キャビネットを家に取り付ける
(D) より品質のよい商品を提供する

第 2 段落 2 文目で「サイト上のものと同等のものを送ってほしい」と言っていますので、(D) はこれに該当します。その次の文、「無料で不良品のキャビネットを引き取ってほしい」という内容が (A) と (B) に該当します。よって、言及のない (C) が正解です。

□ appreciate ～を感謝する　□ dissatisfied with ～に不満である　□ stain 着色剤
□ misaligned 調整されていない、取り付けが不良である　□ assemble ～を組み立てる
□ unacceptable 受け入れられない　□ replacement 代わりの品、代替品　□ faulty 欠陥のある、不良の
□ resolve ～を解決する　□ file ～を提起する　□ complaint 苦情　□ overcharge ～に法外な代金を要求する
□ uneven ふぞろいの、むらのある

■ 問題 154-155 は次のお知らせに関するものです。

お知らせ

フィッシングは、秘密情報の収集に広く使われている詐欺の一種です。一見ご利用の金融機関から来ているように見えるメールで、お客さまの個人情報を確認するよう求められます。こういったメールはご利用銀行のウェブサイトそっくりのサイトへお客さまを誘導します。そこから、詐欺やなりすまし犯罪に使われかねない秘密情報を提供することを求められます。

155 お客さまとお客さまの情報を守るために、Genesis Bank はお客さまに写真を選んでいただくようお願いしています。そしてこれを秘密情報を含むオンラインでのやりとり全てに追加します。こうすることで、お客さまは当行からのメールが本物であることがわかります。当行から受け取ったメールに、お選びいただいた写真が入っていない場合には、直ちにご連絡ください。 **154** Genesis Bank がメールでパスワードなどの個人情報をお尋ねすることは決してありません。

---

154. Genesis Bank について正しいものはどれですか。

(A) 顧客には電話でしか連絡しない。
(B) 顧客に難解なパスワードを作ることを推奨している。
(C) やりとりではパスワードを要求しない。
(D) 常に認証メールを通して本人確認を行う。

第2段落3文目に「Genesis 銀行がメールで個人情報をお尋ねすることは決してない」と書かれていますので、その個人情報を具体的な情報であるパスワードに言い換えた (C) が正解です。

155. [1]、[2]、[3]、[4] と記載された箇所のうち、次の文が入るのに最もふさわしいのはどれですか。

「こうすることで、お客さまは当行からのメールが本物であることがわかります」

(A) [1]   (B) [2]
(C) [3]   (D) [4]

In this way とあるので、挿入文は具体的な方法が述べられた後に来るとわかります。第2段落1文目で銀行側が詐欺対策として取った措置の説明があるので、挿入文を [3] に入れると文意が通ります。正解は (C) です。

Test
2
Follow-up
1

☐ phishing フィッシング ☐ widespread よく広まった ☐ fraud 詐欺 ☐ financial institution 金融機関
☐ verify ～が正しいことを確かめる ☐ identity theft 個人情報の窃盗 ☐ correspondence 対応
☐ confirmation 確認 ☐ legitimate 正当な

■ 問題 156-157 は次の用紙に関するものです。

車のレンタル申請

Apis Rental Maris Airport 店
インディアナ州 Gray 46011 N. Central 大通り 913 番地
月曜日〜金曜日 午前 6 時〜午後 10 時
土曜日〜日曜日 午前 6 時〜午後 6 時

運転手のお名前：Amy Foreman
ご住所：テキサス州 Lippold 75662 Angelic 通り 209 番地
メール：amyfore@hunch.com
電話：214-555-2388

車のタイプ：□ コンパクト　　　□ 標準　□ フルサイズ　□ ミニバン
　　　　　　□ フルサイズバン　☑ その他　要望欄参照

157 ご利用開始日：6 月 20 日　時間：午後 3 時
ご返却日：6 月 24 日　　　時間：午前 9 時
156 157 受け取り場所：Maris Airport　返却場所（受け取り場所と異なる場合）：
追加装備：☑ GPS　□ チャイルドシート　□ 追加の運転手

注：運転される方は自動車保険の加入が義務付けられています。ご自身で加入されていない場合
には、**156** Apis Rental の一時保険をご契約いただきます。

特記事項、ご要望：
156 乗車予定は大人 3 人で（合計 4 人）、各々がスーツケースを 2 個ずつ持っていきます。車種
については特に気にしませんが、全部積めるだけの十分なスペースが必要で、また空港から滞在
予定のホテルまでの道順についてあまり詳しくないので、ナビゲーションシステムも必要です。
それと、大した問題ではないですが、マニュアル車は運転できません。

---

156. 用紙に示されていないことは何ですか。

(A) Foreman さんだけが運転する。
(B) Apis Rental は短期の保険を提供している。
(C) 車は空港で返却される。
(D) 車は Foreman さんのホテルに届けられる。

用紙の中ほど、車を受け取る場所に Maris Airport が指定されており、返却場所は特に書かれていないので (C) は本文に当てはまります。「注」のところでは、「Apis Rental の一時保険をご契約いただく」とあるので、(B) がこれに該当します。そして「特記事項、要望」から Foreman さん自身が運転することがわかるので、(A) がこれに該当します。以上から、言及のない (D) が正解です。

157. Foreman さんについて何が示されていますか。

(A) 彼女にとって大型車の運転は難しい。
(B) ホテルの部屋をまだ予約していない。
(C) Apis Rental まで車で連れていってもらう必要がある。
(D) 6 月 20 日に Maris Airport にいる。

レンタカーの利用開始日は 6 月 20 日となっており、レンタカーの受け取り場所は Maris Airport と書いてあるので、正解は (D) です。

□ obligatory 義務の □ temporary 一時的な □ picky えり好みする、好き嫌いの多い
□ navigation ナビゲーション、案内 □ manual （自動車の）マニュアル □ short-term 短期間の

RITAVILLE—地域社会のエンパワーメントという目的のもと、Ritaville 在住者が 50 人ほど Transform Ritaville キャンペーンで意見を出し合うため、水曜日の夜に **160** 集まった。Idea Exchange という全 12 回の会合の今回が第 1 回目で、Ritaville をよりよくするための方法について地域住民間での討論を進めるため、Transform Ritaville が主催した。参加者は小グループの中で意見を出し合い、その後各グループの代表者がそれぞれのグループの考えを聴衆に向けて発表した。

第 1 回目の会合のテーマは仕事と経済。経済の発展を目指す上で最も効果的な方法は起業家精神を持つことだということが研究によって明らかになったので、Idea Exchange 参加者は起業数を増やす方法に重点を置いて話し合った。**158** より多くの事業の創出は、雇用の増加と失業率の低下に直接つながる。これを Ritaville で推進するためにさまざまな意見が出された。**158** そのうちの 1 つは、起業家はしばしば既存の企業から財政支援と指導の両方を得るのだから、企業と起業家の間の関係性の構築を支援するというものであり、もう 1 つの案は、**158** 地域に移住者を受け入れることに関するものだった。移住者の方が地元住民に比べ起業の可能性ははるかに高い。最後に、参加者は Ritaville 住民自身のキャリアディベロップメントについて討論した。若者の教育だけに焦点を当てるのではなく、働く人々を対象とした職業能力開発プログラムを実施することも重要だという点については多くの参加者が同意した。Transform Ritaville の広報マネジャーの Jude Latham 氏は、出された意見全てを幹部が再検討し、Ritaville で起業家を支援していく環境づくりに最も役立つと考えられるものから実行に移していくと話した。

詳細を知るため、あるいは Transform Ritaville の Idea Exchange に参加するためには、Transform Ritaville のウェブサイト www.TransformRitaville.com にアクセスするか、555-2891 の Latham 氏に電話を。**159** Transform Ritaville は常時、新規の参加者を募集している。

158. Idea Exchange の初回で討論されなかったことは何ですか。

(A) 事業創出の重要性
(B) 起業家と企業を結びつけること
(C) 移住者に Ritaville に定住するよう勧めること
(D) 既存の企業でのより多くの雇用の創出

第2段落3文目に新しい事業ができれば、その分仕事も生まれるとあります。その後、第2段落では事業の創出を推進していく案について触れているので、(A) は本文に合致します。また同じ段落の5文目の、企業と起業家を結び付けるという内容が (B)、その次の文では移住者の受け入れについて述べているので、これが (C) にそれぞれ該当します。よって、本文に言及のない (D) が正解です。

159. Transform Ritaville について何がわかりますか。

(A) Latham さんにより始められた。
(B) 住民が関わることを望んでいる。
(C) 町のビジネスイベントを後援している。
(D) Idea Exchange の参加には料金が発生する。

第3段落で Idea Exchange への参加方法をまず述べています。その後、「Transform Ritaville は常時、新規の参加者を募集している」と述べているので、より多くの居住者に加わってもらいたいと思っているとわかります。よって、(B) が正解です。

160. [1]、[2]、[3]、[4] と記載された箇所のうち、次の文が入るのに最もふさわしいのはどれですか。

「Idea Exchange という全12回の会合の今回が第1回目で、Ritaville をよりよくするための方法について地域住民間での討論を進めるため、Transform Ritaville が主催した」

(A) [1]　　　　(B) [2]
(C) [3]　　　　(D) [4]

挿入文に called Idea Exchange とあるので、Idea Exchange に触れるのはこの箇所が初めてだとわかります。[1] の直前の文で「住民が集まった」とあるので、ここに入れると挿入文の It は「集合したこと」を指して、Idea Exchange を紹介していることになり、文意に合います。よって、正解は (A) です。[2] も Idea Exchange が本文に出てくるより前にありますが、This first session が指すものがわからないので、誤りです。

□ empowerment エンパワーメント、権限の付与　□ brainstorm ブレーンストーミングをする
□ representative 代表、担当者　□ entrepreneurship 起業家精神　□ boost ～を押し上げる、盛り上げる
□ economy 経済　□ creation 創設、つくること　□ correlate 相互に関連がある
□ unemployment rate 失業率　□ connection つながり　□ entrepreneur 起業家　□ funding 資金提供
□ mentorship いい助言　□ existing 既存の　□ welcome ～を迎える　□ immigrant 移民
□ implement ～を実行する　□ entrepreneurial 起業家の　□ ecosystem 生態系　□ importance 重要性
□ generate ～を生み出す　□ encourage ～を奨励する　□ sponsor ～を保証する、後援する
□ gathering 集まり、集会　□ facilitate ～を円滑に進める

---

http://www.wordflowinternational.com

Word Flow International

| 当クラブについて | **教育** | 会員 | 教材 | イベント |

人前で話す秘訣

教育はあらゆる人の人生において不可欠なものであり、世界のどんな社交の場でも重要なものとなっています。当クラブの落ち着いた環境でコミュニケーションとリーダーシップのスキルを学び、かつ完璧なものとし、さまざまな訓練を通して実社会で役立つ技術を身に付けられるプロジェクトに取り組んでみませんか。Word Flow International の創設者が確立した次の 4 つの基本理念に基づいたカリキュラムで、自分のペースで技術を磨いていきましょう。

経験からの学習—リーダーの役割を果たし、スピーチを行うことで、実践を通して技術の向上を図ります。
仲間の意見—協力的で率直な相互評価を通して成長しましょう。
指導—専任の指導者がプログラム中励まし、指導支援し、思っていた以上に多くの目標を達成するお手伝いをします。
161 自分のペースで学習—Word Flow International の教育は、ご自身のペースで無理なく技術が身に付くよう工夫されています。

Word Flow International の教育は「コミュニケーションプログラム」と「リーダーシッププログラム」から成っています。**162** **164** 「コミュニケーションプログラム」は教科書「コミュニケーション力強化」に沿って進められ、効果的なスピーチを行うのに必要な基本技術を身に付けられる 10 のスピーチの課題を行います。**164** 同様に、「リーダーシッププログラム」は教科書「リーダー育成」に沿って進められ、有能なリーダーになるために必要な基本技術を身に付けられる 10 のリーダーシップの課題を行います。この 2 つのプログラムは別々に受講することも、同時に受講することも可能です。プログラムの中では、さまざまな成果に対して表彰が行われます。

非会員の皆さまへ　Word Flow Clubs にいらっしゃって、ご自分にぴったりのものを見つけてください。クラブにご満足いただけましたら、入会委員長に入会の申し込み用紙をご請求ください。**163** 年会費は 80 ドルで、国際会費と地域クラブ会費が含まれています。新たに会員になられる場合には入会金 20 ドルも必要です。

---

161. Word Flow International のカリキュラムの基本理念ではないものは何ですか。

(A) クラブでリーダーシップをとること
(B) 他の人の意見を聞くこと
(C) 先輩会員と協力すること
(D) 他の会員に遅れないでついていくこと

4つの基本理念が第2段落に書かれています。4つ目には自分のペースで学習とあり、明らかに (D) はこれと矛盾しています。よって、正解は (D) です。

---

162. Word Flow International の教育プログラムについて何がわかりますか。

(A) 特定の構成に従って進む。
(B) クラブ会員は一緒にルールを作る。
(C) プログラムはクラブ会員により開発される。
(D) それぞれのクラブが異なる課題を完了する。

第3段落に Word Flow International のカリキュラムが詳しく説明されています。コミュニケーションプログラムとリーダーシッププログラムの2つから成っており、各プログラムには 10 の課題が含まれていると続いています。これを specific structure とした (A) が正解です。

---

163. クラブの会費について何が示されていますか。

(A) 分割で支払うことができる。
(B) 毎年 100 ドルだ。
(C) 支払いは年単位だ。
(D) 正会員には値引きがある。

第4段落4文目に年会費は 80 ドルとありますので、(C) が正解です。会費については初年度が入会金 20 ドル＋年会費 80 ドルで 100 ドルですが、2年目以降については年会費以外の言及がないので毎年 100 ドルかかるとは言えません。よって (B) は誤りです。

---

164. [1]、[2]、[3]、[4] と記載された箇所のうち、次の文が入るのに最もふさわしいのはどれですか。

「Word Flow International の教育は『コミュニケーションプログラム』と『リーダーシッププログラム』から成っています」

(A) [1]　　　　　　(B) [2]
(C) [3]　　　　　(D) [4]

[3] の後に、「コミュニケーションプログラム」の説明が始まり、続く文では「リーダーシッププログラム」について触れています。[3] に挿入文を入れると、この2つのプログラムをまず紹介していることになり、文意に合います。よって、正解は (C) です。

✏️ □ resource 資料　□ vital 重要な　□ leadership リーダーであること□ discipline 訓練法
□ feedback フィードバック　□ peer 仲間　□ evaluation 評価　□ supportive 助けになる
□ mentor メンター、教育係　□ direct ～を指導する　□ gear ～を合うようにする　□ participation 参加
□ competent 有能な、能力のある　□ deliver a speech スピーチをする、演説をする　□ similarly 同様に
□ separately 別々に　□ recognition 表彰　□ accomplishment 達成、成果　□ chairperson 会長
□ dues 会費　□ guiding principle 指導原理　□ curriculum カリキュラム　□ role 役割　□ structure 構造
□ in installments 分割払いで　□ payable 支払うべきで　□ annually 毎年、年単位で
□ comprise ～を構成する

ネバダ州、Missimi—Missimi の地元企業 Pet Stop は、アイオワ州を拠点とする **165** 大型店 Pet Care & Supply と 11 月 9 日付で合併すると今日発表した。会社の幹部は従業員の福利厚生と退職金制度について話し合うため、今月後半に労働組合の幹部と会合を持つ予定。Pet Stop 側は、この合併が投資家からの信頼の向上と顧客基盤の拡大を促進することにつながると期待を寄せている。

この合併により、アイオワ州の Pet Care & Supply の工場で、Pet Stop が特許を持つケージの組み立てが可能となる。それと引き換えに、**167** Pet Care & Supply の請負業者が建設と品ぞろえの決定を担当する形で、Pet Stop の店舗をアイオワ州とミズーリ州に開店する。**166** さらに、犬や猫などのペットとケージに加え、Pet Stop の店舗には今後豊富な種類のペットフードや水槽、グルーミング用品などが並ぶことになる。

Pet Care & Supply は環境に配慮したビジネスへの取り組みを継続していくことになる。Pet Care & Supply は全国に 39 店舗を有する。詳細については www.PetCareSupply.com で。

167 詳細は 11 月 1 日の株主総会後に発表されることになっている。

165. Pet Care & Supply について何が示されていますか。

(A) Pet Stop のケージのデザインを改良したいと思っている。
(B) ペット用品の大手小売業者だ。
(C) 従業員の福利厚生の向上を計画している。
(D) 本社をネバダ州に移転させる予定だ。

Pet Care & Supply については第1段落1文目で簡単な紹介があります。この記事ではアイオワ州を拠点とする大型店と書かれているので、正解は (B) です。

166. Pet Stop について正しいものは何ですか。

(A) さまざまなペットフードを取り扱う。
(B) 毛並みの手入れをサービスに加える。
(C) ペットのイベントの後援を始める。
(D) 以前よりも幅広い種類の動物を販売する。

第2段落3文目から、今後 Pet Stop はいろいろな種類のペットフードを扱うことがわかりますので、(A) が正解です。この文の冒頭に「犬や猫などのペットとケージに加え」とありますが、これからその種類が増えるかどうかは言及がないため、(D) は誤りです。

167. 合併について示されていないことは何ですか。

(A) 新しい Pet Stop の店舗が建設される。
(B) さらなる詳細は後に公開される。
(C) 投資家の中には不満を持つ人もいる。
(D) 合併前に株主が集まる。

合併について示されていないことが問われています。最後の文に詳細は11月1日の株主総会後に発表されるとあるので、(B) と (D) は本文に合致します。また、第2段落2文目から Pet Stop が新店舗を開くとわかるので、(A) はここに該当します。よって、残った (C) が正解です。

Test **2** Follow-up **1**

✎ ☐ locally 地元で ☐ merge 合併する ☐ effective（日付の日から）実行される ☐ official 役員、職員
☐ retirement 退職 ☐ investor 投資家 ☐ confidence 信頼 ☐ widen ～を広げる
☐ patented 特許で保護された ☐ contractor 請負人 ☐ furthermore さらに
☐ furry ふわふわの、毛皮で覆われた ☐ grooming 手入れ ☐ uphold ～を支える、支持する
☐ maintain ～を維持する ☐ commitment 関与 ☐ environmentally friendly 環境に配慮した
☐ practice 実践、実行 ☐ nationwide 全国で ☐ shareholders meeting 株主総会 ☐ headquarters 本社
☐ sponsor ～を保証する、後援する ☐ disclose ～を明らかにする、発表する

Nielsen, Barbara（午前 10 時 12 分）：こんにちは、Diaz さま。Berkhouse Airlines サポートにお問い合わせいただき、ありがとうございます。今日はどのようなご用件でしょうか。

Diaz, Ferdinand（午前 10 時 13 分）：**169** 6 週間ほど前に Afta City への往復チケットを予約したんですが、現地では最近の嵐で大規模停電が起きているので、予約をキャンセルして返金をお願いしたいんです。

Nielsen, Barbara（午前 10 時 13 分）：承知いたしました、Diaz さま。ご予約情報を確認いたします。確認番号を教えていただけますか。

Diaz, Ferdinand（午前 10 時 14 分）：はい。R58H3312 です。

Nielsen, Barbara（午前 10 時 14 分）：ありがとうございます。少々お待ちください。

Nielsen, Barbara（午前 10 時 16 分）：ただ今確認しております。そうですね、拝見したところ、**168** **169** こちらのご旅行に対して旅行保険に加入されていないようです。恐れ入りますが、この場合にはクーポン券のご提供しかできません。譲渡不可で、有効期限は 1 年になります。

Diaz, Ferdinand（午前 10 時 17 分）：でも、ニュースで Berkhouse Airlines が現地発着便を欠航にしていると言っていました。あと Afta City 当局は、しばらくの間電気は復旧しないと見込んでいます。貴社の返金条件には、航空会社による欠航便は返金されるとありますが。

Nielsen, Barbara（午前 10 時 18 分）：おっしゃるとおりでございます。ですが、お客さまの便は欠航になってはいません。**170** 来月の便について決定する前に、Berkhouse Airlines は動向を見守ることにしています。

Diaz, Ferdinand（午前 10 時 20 分）：それでは困ります。ぎりぎりまで決定がなされないかもしれないんですよね。それでは、どこか他の場所へ旅行を計画したり、飛行機を予約したり、ホテルの部屋を取ったり、そういったことをするのが間に合わなくなってしまいます。**170** では、どうしたらいいんですか？　他に私が行きたい場所まで Berkhouse Airlines のフライトがあるかどうか、わからないですし。

Nielsen, Barbara（午前 10 時 21 分）：申し訳ございません、Diaz さま。何ができるか検討いたしますので、少々お待ちください。

Nielsen, Barbara（午前 10 時 24 分）：お待たせいたしました、Berkhouse Airlines は現在こちらの行き先への便には返金をしておりませんが、状況が状況ですので予約内容の変更をいたします。変更手数料はかかりません。これでお役に立つでしょうか。

Diaz, Ferdinand（午前 10 時 25 分）：そうですね。先に他の選択肢を検討したかったのですが、そのような提案をいただけましたので…。

Diaz, Ferdinand（午前 10 時 25 分）：同じ日に同じ名義で、代わりに Duruge 行きに変更したいと思います。

Diaz, Ferdinand（午前 10 時 26 分）：ところで、今のチケット料金で Duruge までカバーできますか。

Nielsen, Barbara（午前 10 時 27 分）：差額は出るかもしれません。**171** フライトについて調べて、プランをいくつか提示しますので、少々お待ちください。

168. Diaz さんの現状の飛行機のチケットについて正しいものは何ですか。

(A) 間違った日付で予約された。
(B) 彼の名前が誤って表示されている。
(C) クーポン券と交換ができる。
(D) クレジットカードを使って購入した。

10 時 16 分のメッセージで、Diaz さんは旅行保険に入っていないので Nielsen さんは返金には応じられないが、クーポン券の提供はできるとわかります。よって (C) が正解です。

169. Diaz さんについて示されていないことは何ですか。

(A) Berkhouse Airlines の飛行機に乗ったことがない。
(B) チケットを 1 カ月半前に予約した。
(C) 現地の状況について心配している。
(D) 返金を受ける資格がない。

10 時 13 分の Diaz さんが飛行機を 6 週間前に予約したという箇所が (B) に、そして同じ文で、払い戻ししたいのは現地が停電のため、という箇所が (C) にそれぞれ当てはまります。さらに 10 時 16 分の Nielsen さんのメッセージの、保険に入っていないために払い戻しはできないという内容が (D) に当てはまります。よって、残った (A) が正解です。

170. 午前 10 時 20 分に Diaz さんが "That doesn't work for me" と書く際、何を意図していると考えられますか。

(A) 最初の旅費よりも多く支払いたくないと思っている。
(B) すでに友人を訪ねる別の計画を立てた。
(C) 飛行機の出発に間に合わない。
(D) 受け取った情報に満足していない。

Nielsen さんは 10 時 18 分に「来月の便について決定する前に、Berkhouse Airlines は動向を見守る」と言っており、Diaz さんはそれを踏まえて That doesn't work for me と返しています。その後、航空会社の決定はぎりぎりになるかもしれないと不満を述べているので、「それでは役に立たない＝困る」という意味の (D) が正解です。

171. Nielsen さんは Diaz さんのために何をすると述べていますか。

(A) 代わりの便を見つける。
(B) もとの便と同価格の便を探す。
(C) 旅行先で空いているホテルを調べる。
(D) 会社のマネジャーと話す。

10 時 27 分に Nielsen さんは便を確認し、選択肢を出すと申し出ているので、(A) が正解です。(B) のように「同価格の便を探す」とまでは言っていません。(C) や (D) については全く触れられていないので不正解です。

□ refund 返金 □ confirmation 確認 □ restore ～を復旧する □ refund policy 返金規定
□ modify ～を修正する、変更する □ apply ～を適用する □ fee 手数料 □ circumstance 状況
□ incorrectly 誤って □ exchange ～を交換する □ mechanical 機械の □ eligible 資格のある

Test 2 Follow-up 1

問題 172-175 は次の書評に関するものです。

---

175 普通 ★★★☆☆

投稿者：Cheryl Christensen | 日付：5 月 28 日 21 時 55 分

『Cook It Easy』
Harry Mulvain 著 | 192 ページ、**174** ハードカバー、Torrossian Publishing、32 ドル

174 Mulvain 氏の同名ブログを基にした新刊『Cook It Easy』は楽しくておいしいレシピを 100 個ほど収録しています。簡単なものばかりですが、驚くほど短時間でできるものもあれば、時間がかかるものもあります。簡単にできるのに、レシピはまるで熟練のシェフが作ったようで、宴会にはもってこいです。ですが、初めは尻込みする人もいるかもしれませんが、実際は料理の初心者でも、レシピのほとんどの料理をそつなく作れます。これは、的確な計量テクニックからチョコレートを湯煎で溶かす方法まであらゆることを説明している「Before You Begin」のセクションのおかげです。

『Cook It Easy』の中のすてきな写真を見れば、本書が New Cookbook Contest で最優秀ビジュアル賞を受賞したことも驚くには当たりません。ですから、本書はコーヒーテーブルに置いておくのにぴったりです。私は、見れば迷わずレシピに沿って進められる手順ごとの写真が気に入っています。**172** ただ、どのレシピにも写真が付いていると期待はできません。私のお気に入りのセクションは、シーフードや卵、パスタなど難しい食材の調理方法を、深く掘り下げた説明とわかりやすい写真とで完璧に指導してくれる「Never Overcook」です。幸い、もうこれでドライサーモンを楽しんでいるふりなどする必要はなくなりました。さらに、チャーハンやブラウニーといったいつものレシピにひねりが加えられている点も、料理を冒険的なものにしてくれています。そしてあらゆる人の興味をかき立てる **174** 流行の食材もレシピに数多く組み込まれています。

ですが、『Cook It Easy』には残念な点が 3 つあります。まず 1 点目は、本のあちこちに見られる数多くの誤植です。通常、誤植はただ迷惑なだけですが、『Cook It Easy』では材料の分量に多少の誤りがあり、このことで、初心者が料理した場合、大失敗に終わる可能性があります。2 点目は、私は前菜で 1 セクション、メインディッシュで別のセクションというように、コースで出て来る順番に編集されている料理本がいいのですが、『Cook It Easy』ではレシピの順番がばらばらです。しかし、索引だけは全てが載っていて使いやすいです。3 点目は、もっと多くのレシピや新しいレシピがあると思っていました。

全体として、本書のある面は刺激的ですが、別の面は大きな期待外れでした。Community Judge グループは『Cook It Easy』に Peer Choice Award を授与し、その隔週誌のコラム「You Be the Cook」で取り上げました。一方で、Culinary Treats はこの新しい料理本を「大きな失望」と評しました。もしこの料理本の購入を検討中でしたら、ご自身の求める本に合うかどうかを判断する際に、この書評をご参考にしてください。

---

172. 『Cook It Easy』について何が述べられていますか。

(A) **いくつかのレシピには写真がない。**
(B) 食べ物の起源についてのセクションがある。
(C) それぞれのレシピは流行の食材を中心としている。
(D) もともとは写真コンテストのために製作された。

第2段落4文目に、レシピの全てに写真があることを期待してはいけないとあります。写真のないレシピがあることがわかりますので、(A) が正解です。

---

173. 第2段落・2行目にある earned に最も意味が近いのは

(A) ～を継続した　　(B) ～を預けた
(C) ～を含んだ　　　**(D) ～を受賞した**

earned の後ろには「New Cookbook Contest で最優秀ビジュアル賞」とあります。ここでの earned に最も意味の近い語は「～を受賞した」という意味の (D) です。win は「対戦相手に勝つ、勝利する」という意味に加えて、「～を勝ち取る」という意味もあります。

---

174. 『Cook It Easy』について述べられていないことは何ですか。

(A) 本は Mulvain 氏のブログにちなんで名づけられた。
(B) ハードカバーの本だ。
(C) **1月に発売された。**
(D) 流行の材料で作るレシピがいくつかある。

この料理本について述べられていないことが問われています。書評の冒頭、ハードカバーという箇所が (B) に合致し、第1段落1文目の「Mulvain 氏の同名ブログを基にした」という部分が (A) と一致します。また、第2段落最後の「流行の食材を扱ったレシピ」という箇所は (D) に合致します。よって、本文に言及のない (C) が正解です。

Test 2 Follow-up 1

---

175. Christensen さんの『Cook It Easy』に対する評価はどのようなものですか。

(A) 不愉快なコメント
(B) 不満足な書評
(C) 全体的に素晴らしい称賛
(D) **平均的な評点**

書評の冒頭で評価は星3つ、Mediocre「普通」とあります。第1段落と第2段落では本について好意的に書いていますが、第3段落では残念な点を挙げています。最後の段落では「ある面は刺激的ですが、別の面は大きな期待外れでした」と言っているので、正解は (D) です。(A) ～ (C) は書評の中の部分的な評価にすぎません。

□ simplicity シンプルさ □ feast 宴、宴会 □ skilled 腕のいい □ intimidated おびえて
□ duplicate ～を再現する □ flawlessly 傷がなく、完璧に □ measure ～を測る □ melt ～を溶かす
□ double boiler 湯せん用の二重鍋 □ ideal 理想的な □ confidently 自信を持って
□ instruct ～に指示する □ moreover さらに □ twist ひねり、特別な工夫 □ trendy 流行の
□ incorporate ～を組み込む □ arouse one's interest (人) の興味を引く □ typo 誤植
□ measurement 測定値、測量値 □ potentially 潜在的に □ disaster 災害、惨事
□ whatsoever (強調で) 少しも □ index 索引 □ comprehensive 包括的な □ aspect 点
□ letdown 失望 □ bestow ～を授与する □ origin 起源 □ centered 中心的な
□ hardcover ハードカバーの、堅い表紙の □ disgusted うんざりした、嫌な □ unsatisfactory 不満足の
□ praise 賞賛 □ rating ランク付け、順位

Jack Unzicker 予定（6月2日-6日）

178 月曜日： 午前9時 新しい顧客 Heather Dunbar 氏と Silver Feather 社でミーティング

      176 午前10時30分 チームを Social Media Conference へ派遣することに関し Nakai 氏と話し合う（先方のオフィスにて）：Nakai 氏が出張に出発できるよう、早急に開始（10時30分より前に）… 午前9時のミーティングが長引いた場合には、電話での話し合いを予定

火曜日： 午後0時 Jaroo 社の新規顧客 Steve Settle 氏と会社の基本的な広告規約についてランチミーティング

      午後3時 Southeast Quarterly の広告の有効性についてチームと話し合い

水曜日： 午後2時 広告の変更について協議するため Reickel Shoes の James 氏と Landmark News を訪問

木曜日： 午後3時 Debra Fox Jewelry のロゴデザイン変更のアイデア締め切り―メールで送信

金曜日： **177** 娘の誕生日祝いのため休み

      午前9時 Susie と友だちを Jarrell Mountain State Park へ連れていく

      午前10時 パークレンジャーと Heron Trail ハイキングツアー

      午前11時30分 パーティーのため Burgers and More へ：ランチ、ケーキ、プレゼント

      午後3時 友だちを家まで送る

宛先：d-unzicker@advertisethis.com
差出人：heather@silverfeather.com
件名：約束
日付：5月30日

Unzicker さま

急なお知らせとなってしまい申し訳ありませんが、来週月曜日午前9時に約束していた予定を後ろにずらせますでしょうか。予定外の出張が入ってしまい、今晩中には町を出なければならず、月曜日の夜遅くまで戻りません。難しいかとは思いますが、**178** 代わりに水曜日の同じ時間にお会いできますでしょうか。また、私のオフィスで会うことになっていましたが、その日の午後に

別の約束でそちらの近くへ行く予定なので、わざわざお越しいただく必要はありません。

ロゴに関してですが、こちらで希望するもの（例えば色、バランス、動き、フォントなど）について、いくつか考えがあります。 **180** 思い付いたアイデアのスケッチも少し描いてみました。今夜、空港から全部メールでお送りします。そうすれば、ミーティングの際により多くの時間を話し合いの時間に割けると思いますので。私のアイデアのどれかを使用するという結論になるだろうと言っているわけではありません。何しろ、**179** Unzicker さんがこの地域では最も優れたロゴデザイナーだと聞いて一緒に仕事をすることに決めたわけです。ただ、どんな素晴らしいロゴでも、辿りつくまでには、多くのスケッチが必要でした。 **180** 一緒に考え、アイデアを持ち寄って創造力を膨らませて、プロジェクトを進めましょう！

では、早急にご都合をお知らせください。これまでは電話で話していましたが、やっとお会いして、お目にかかることができるのを楽しみにしています！

よろしくお願いします。

Heather Dunbar
Silver Feather 社

176. 予定によると、Unzicker さんについて何がわかりますか。

(A) 木曜日は終日予定が埋まっている。
(B) Dunbar さんとのミーティングが終わり次第すぐに、Nakai さんと話し合う。
(C) Debra Fox Jewelry の支店を訪れる。
(D) 昼食を取りながらのミーティングを好んでいる。

Unzicker さんのスケジュールを見ると、月曜日の10 時半に Nakai さんとの予定が入っていますが、これをできるだけ早く行いたいと書いてあります。よって、(B) が正解です。

---

177. Unzicker さんの金曜日の予定について正しいものはどれですか。

(A) ハイキングで先頭を歩く。
(B) 自宅でパーティーを開く。
(C) 娘へのサプライズパーティーを催す。
(D) 個人的な理由でオフィスにはいない。

スケジュールの金曜日の箇所を見ると、休暇となっています。娘さんの誕生日だとあるので、これを personal reasons とした (D) が正解です。金曜日の 11 時半にパーティーの予定が入っていますが、場所は Burgers and More と書いてあり、自宅ではないので (B) は誤りです。(C) も (B) と似ていますが、パーティーがサプライズかどうかは言及がありません。

---

178. Dunbar さんとのミーティングについて正しいものは何ですか。

(A) Unzicker さんが Landmark News に行く前に開かれるかもしれない。
(B) 別のミーティングと重なる。
(C) 彼女は電話会議にしたいと思っている。
(D) 以前のイベントの見直しについてのものだ。

Unzicker さんのスケジュールから、もともと Dunbar さんとは月曜日午前 9 時に会うことになっていたとわかります。ですが、メールの第 1 段落で Dunbar さんが都合が合わなくなったので水曜日の同じ時間（午前 9 時）に日程変更できないかと相談しています。スケジュールを見ると、Unzicker さんは水曜日は午後 2 時に Landmark News へ行く予定です。日程が変更になった場合、Unzicker さんが Landmark News へ行く前に Dunbar さんと打ち合わせをすることは可能なので、正解は (A) です。

---

179. Dunbar さんは Unzicker さんについて何を示していますか。

(A) 彼の専門性を信頼している。
(B) 彼に全てを決めてほしいと思っている。
(C) 自分の代わりに彼が Nakai さんと会うことを望んでいる。
(D) 折り返し連絡をもらうのに 2 日間待たなければならなかった。

メールの第 2 段落中ほどで Dunbar さんは、「Unzicker さんがこの地域では最も優れたロゴデザイナーだと聞いて一緒に仕事をすることに決めた」と述べています。これを expertise と言い換えた (A) が正解です。ある分野で業績が認められている人のことを、設問では抽象的に expertise と表現することはよくあります。

276

180. Dunbar さんがロゴについて述べていないことは何ですか。

(A) デザインをいくつか描いた。
(B) Unzicker さんにロゴのアイデアを見てもらいたいと思っている。
(C) Unzicker さんと一緒に取り組む。
(D) もっと明るい色にしてほしいと思っている。

Dunbar さんがロゴについて述べていないことが問われています。メールの第2段落2文目の「思い付いたアイデアのスケッチを描いてみた」が (A) に当てはまります。その後、同じ段落の中ほどから終わりにかけて、アイデアを持ち寄っていいものを作りましょうと意気込んでいますので (B) と (C) も本文に合致します。よって、残った (D) が正解です。

□ protocol 規約の原案 □ effectiveness 有効性 □ redesign ～のデザインをやり直す
□ park ranger 公園管理人 □ postpone ～を延期する □ unexpected 予想外の
□ unlikely 起こりそうもない □ symmetry 対称、調和、均整 □ motion 動き □ headway 前進
□ coincide 同時に起こる □ review 評価、レビュー □ trust ～を信用する □ expertise 専門知識

Test
2
Follow-up
1

宛先：concierge@middleplazahotel.com
差出人：jengrist@zero.com
件名：予約
日付：８月４日

こんにちは

来週そちらのホテルに到着する予定です。私の名前で１部屋取ってあり、確認番号は
234SS97IJ2 です。８月12日にチェックアウトの予定になっていますが、２日延泊したいと思っ
ています。お願いできますでしょうか。Rewards Club の番号は707234902 で、現在の予約に
使った同じクレジットカードに２日分の料金を追加課金していただいて構いません。Rewards
Club の会員ですので、無料 Wi-Fi が含まれますね。

旅行中の観光について調べているのですが、**181** ８月12日にガンボアとパナマ運河に行きたい
と考えています。**182** ホテルまでの送迎付きで、この２カ所を訪問するツアーを探していただ
けますでしょうか。現地のいい雰囲気を味わいたいですが、**185** ジップラインやキャノピーツア
ーのような、高所でのアクティビティーには興味がありません。

また、チェックアウトの日にトクメン国際空港への空港シャトルバスを予約したいと思っていま
す。**184** 飛行機は午前７時35分出発の予定で、３時間前には空港に着いていたいです。バスで
空港へ行くときの所要時間がわからないので、ちょうどよい時間のバスを選んで、予約してもら
えますか。バスがホテルと空港の間を30分間隔で走っていることは知っています。

よろしくお願いいたします。

Jen Grist

宛先：jengrist@zero.com
差出人：concierge@middleplazahotel.com
件名：Re：予約
日付：８月５日

Grist さま

パナマシティーの Middle Plaza Hotel を選んでいただき、ありがとうございます。2 日間のご延泊をお客さまのご予約に入れました。

ご依頼の件ですが、Highlight Tours でガンボアとパナマ運河の両方へ行くツアーを予約しました。Highlight Tours は 8 月 12 日午前 8 時に Middle Plaza Hotel へお客さまをお迎えに上がります。ツアーでは、運河でボートに乗り、Gamboa Resort でご昼食を取り、在来種の動物と触れ合える動物救護センターを訪問します（**185** 熱帯雨林を通るロープウエーは特別にお客さまのツアーには入れませんでした）。それからミラフローレス閘門を見に行きます。そこでは、稼働中の閘門を見学したり、パナマ運河に関するビデオを見たり、博物館を見て回ることができます。ツアー後、Middle Plaza Hotel に午後 5 時に戻る予定です。このツアーが気に入っていただけたら幸いです。

空港シャトルバスについてですが、こちらは無料で、10 分でトクメン国際空港に到着します。ただ、あいにく始発は午前 5 時です。運行が始まるまでお待ちになり、空港に午前 5 時 10 分に到着されるか、あるいは午前 4 時 25 分までにタクシーにご乗車になって、10 分で到着されるかのどちらかになります。タクシー代はおよそ 10 ドルです。決まりましたらお知らせください、手配をいたします。

追って、お部屋とツアーの両方のご予約について確認のメールを別々にお送りします。Middle Plaza Hotel を選んでいただき、重ねてお礼申し上げます。ご滞在を心待ちにしております！

よろしくお願いします。

コンシェルジュ兼旅行プランナー　Eugenio Morales

181. Grist さんについて正しいものは何ですか。

(A) **旅行中にガンボアを訪れたいと思っている。**
(B) 一緒に旅行する人は彼女と同じホテルに泊まる。
(C) 前に Middle Plaza Hotel に泊まったことがある。
(D) 出張でパナマを訪れる。

最初のメールの第 2 段落 1 文目から Grist さんがガンボアに行きたがっていることがわかりますので、(A) が正解です。

---

182. 1 通目のメールで、Grist さんはどのようなリクエストをしていますか。

(A) Morales さんにツアーを案内してもらいたいと思っている。
(B) 土産物店に行きたいと思っている。
(C) **ツアーの開始と終了はホテルがいいと思っている。**
(D) 2 日間のツアーに参加したいと思っている。

最初のメール第 2 段落 2 文目より、ホテルまでの送迎付きのツアーを希望しているとわかります。よって、(C) が正解です。本文の pick up と drop off を (C) では start and end と表現を変えているのがミソです。

---

183. 1 通目のメールの第 3 段落・2 行目にある leaves に最も意味が近いのは

(A) 降りる   (B) 放す
(C) やめる   (D) **離陸する**

leave の主語は flight です。leave にはいろいろな意味がありますが、ここでは「離陸する」という意味で使われています。文脈に合ったものとしては (D) が正解です。(A) と (C) はいずれも leave と同じ意味がありますので、文脈に注意して読んでいきましょう。(B) の let go「放す」は leave go と同じ意味ですので、押さえておきましょう。

---

184. 何時までに Grist さんは空港に着ければいいと思っていますか。

(A) **午前 4 時 35 分**   (B) 午前 5 時
(C) 午前 5 時 10 分   (D) 午前 7 時 35 分

最初のメールの第 3 段落 2 文目を見ると、Grist さんが搭乗する便は午前 7 時 35 分発で、それよりも 3 時間早く空港に着きたいと書いてあります。7 時 35 分の 3 時間前は 4 時 35 分なので正解は (A) です。

185. ツアーについて何がわかりますか。

(A) 外で夜ご飯を食べる。
(B) キャンセル料が発生する。
(C) 新しい活動が最近追加された。
(D) Grist さんの要望に合わせた内容になっている。

最初のメールの第 2 段落の最後から、Grist さんは高所での活動には興味がないことがわかります。2 番目のメールを見ると、2 段落 3 文目のカッコ内で Morales さんは「ロープウエーは特別にお客さまのツアーには入れませんでした」と述べています。Grist さんの要望のとおりに手配されているので、(D) が正解です。

□ confirmation 確認　□ canopy 天蓋のように覆うもの　□ assistance 支援、手助け
□ reflect 〜を反映する　□ rescue 救援、救助　□ purposely 意図的に　□ aerial 空中の
□ rainforest 熱帯雨林　□ incur（負債など）を負う　□ fee 手数料　□ cancellation 中止、キャンセル
□ activity 活動　□ customize 〜をカスタマイズする、要望に合わせてつくる

3 月 10 日

Marilyn Funk
Vixen Public Library 気付
マサチューセッツ州 Vixen 01001
N. Elgin Street 612 番地

Funk さま

Vixen Public Library で勤務した日々は実に楽しいものでしたが、児童対応図書館員の職を辞めることをお伝えしなければなりません。 **186** 今年の初めに、娘の家族がカリフォルニアに引っ越し、私は国を横断して、当地の隣町まで娘たちについて行くことに決めました。孫の成長を見守るのを楽しみながら本に対する愛情を育んでいくつもりです。Vixen Public Library で子どもたちに本を読み聞かせたり、興味を引く本を一緒に探したりしたことが恋しくなることと思います。職場の皆さんは私にとって家族のようなものなので、皆さんとも離れ離れになってしまうのは寂しいかぎりです。私は 4 月 30 日付で退職します。

この 10 年間、キャリア開発と人としての成長の機会をいただき、ありがとうございます。図書館のスタッフの方々にもご支援いただき感謝しています。引き継ぎの期間に何かお手伝いできることがあれば、お知らせください。Funk さんをはじめ、スタッフの皆さまのご多幸をお祈りしています。今後も連絡を取り合いましょう。

敬具

Andrew Pitty

---

http://www.VixenPublicLibrary.net/hiring/

Vixen Public Library

プログラム	サービス	イベント	採用	お問い合わせ

児童対応図書館員
非常勤：夕方及び週末を含む **188** 週 20 時間
給与：時給 23 ドル
福利厚生：年次有給休暇 26 日
（医療給付は週 30 時間以上の勤務で利用可能）

応募の要件：下記の業務ができる方

・毎週実施の当館の Story Hour で子どもたちに対するお話の読み聞かせ
・図書館利用者に対する、デジタル資料と図書の利用・選択の支援
・児童コーナーの図書選定・注文・管理
・図書館プログラムとサービスの推進
・**187** 適宜、他スタッフとの協力
・図書館の快適な環境づくりの協力

応募期限：3 月 30 日
応募方法：職務内容の説明と勤務スケジュールをよくご検討の上、<u>こちら</u>からオンラインでご応募ください。選考を通った応募者には 4 月 6 日より面接を行います。採用が決定した方の勤務開始日は 4 月 16 日を予定しています。

---

http://www.VixenPublicLibrary.net/programs/

Vixen Public Library

プログラム	サービス	イベント	採用	お問い合わせ

Story Hour
内容を一新した Story Hour にぜひご参加ください！ **188** 当館の新任の児童対応図書館員 Stacy が、Story Hour に歌や工作、ダンス、その他年齢に応じた活動を加えました。各セッションは 45〜60 分のままなので、読み聞かせのお話は 4 つに減っています。毎週教育上有益なテーマを取り入れています。詳細は<u>こちら</u>からご覧になれます。

Story Hour は 3〜5 歳までのお子さまを対象としています（**190** 対象年齢に満たないお子さまには、Read-and-Play プログラムへのご参加をお勧めします）。Story Hour は無料で実施しており、**190** お子さまはどのセッションにも参加できます。 **190** お休みをいただくこともありますので、スケジュールの詳細は<u>こちら</u>からご確認ください。

190 Story Hour の予定：
East Monroe 館　　State Street 館
月曜日午前 10 時　　火曜日午後 5 時 30 分
水曜日午前 10 時　　木曜日午後 5 時 30 分
金曜日午前 10 時

186. 手紙の中で Pitty さんはどんなことを述べていますか。

(A) 自分で事業を始める。
(B) カリフォルニアで家を借りる予定だ。
(C) 長期休暇を計画している。
(D) 別の都市に引っ越す。

図書館を辞め、娘家族の隣町で暮らすために引っ越すというのがこの手紙の趣旨です。第1段落2文目で、「娘の家族がカリフォルニアに引っ越し、隣町まで娘たちについて行くことにした」と言っていますので、(D) が正解です。(B) は、本文では引っ越すという話は出てきますが、「家を借りる」とまでは述べられていません。

---

187. 新しい児童対応図書館員について正しいものは何ですか。

(A) 寄贈図書を分類しなければならない。
(B) 必要があれば同僚と協力しなければならない。
(C) 図書館のために資金を集めなければならない。
(D) 年次のチャリティーイベントを統括しなければならない。

ウェブページ1つ目の求人広告の箇条書きの下から2つ目の項目で「適宜、他スタッフとの協力」と書かれていますので、(B) が正解です。他の選択肢はどれも図書館の業務としてはありそうですが、本文では言及がありません。

---

188. Stacy さんについて何がわかりますか。

(A) 図書館のウェブページの更新を担当している。
(B) 週に 20 時間働く。
(C) 3歳から5歳の年の子どもがいる。
(D) 別の場所で図書館員として働いたことがある。

ウェブページ2つ目の第1段落2文目から、Stacy さんが新たに児童対応図書館員になったことがわかります。次に最初のウェブページを見ると、冒頭に児童対応図書館員の労働時間が「週20時間」と書かれていますので、(B) が正解です。

---

189. 2つ目のウェブページの第1段落・5行目にある educational に最も意味が近いのは

(A) 面白い　　(B) 文化的な
(C) 進歩した　**(D) ためになる**

educational には「教育に関する」という意味もありますが、ここでは「教育的な、教育上役立つ」という意味で使われています。したがって正解は (D) です。

190. Story Hour について述べられていない
ことは何ですか。

(A) 毎日参加可能だ。
(B) 時折休みがある。
(C) 3 歳未満の子どもは対象ではない。
(D) 子どもは週に何日でも参加できる。

Story Hour について示唆されていないことが問われています。ウェブページ 2 つ目の第 2 段落の最初で、3 歳未満の子どもには別のプログラムへの参加を呼びかけているので (C) は本文に合致します。また、同じ段落の 2 文目に、どのセッションにも参加できるとあるので (D) も本文に合致します。次の文では「お休みをいただくこともある」と言っているので、(B) も問題ありません。(A) は毎日とありますが、同じウェブページの最後のスケジュールを見ると、土日は開催されていないとわかります。本文と矛盾している (A) が正解です。

□ thoroughly 徹底的に □ resignation 辞任 □ relocate 引っ越す □ neighboring 隣の
□ instill 〜を教え込む □ interact 互いに協力し合う □ resign 辞任する
□ personal development 人材開発 □ transition 引き継ぎ、移行 □ hire 雇う □ librarian 司書
□ health benefits 医療給付 □ ideal 理想的な □ maintain 〜を管理する □ promote 〜を推進する
□ collaborate with 〜と協働する □ deadline 締め切り □ submit 〜を提出する □ reduce 〜を減らす
□ introduce 〜を導入する □ theme テーマ □ occasional 時々の □ cooperate with 〜と協力する
□ fund 資金 □ on behalf of 〜のために □ coordinate 〜を調整する、〜のまとめ役となる
□ aim at 〜を狙う、〜向けにする

問題 191-195 は次のメールと広告、会議の議事録に関するものです。

宛先：Ken Thrash <kthrash@farrellpublishing.com>
差出人：Carol Davis <cdavis@farrellpublishing.com>
件名：いくつかの考え
日付：9月5日
添付：Bonanza

こんにちは、Ken

今朝オフィスの駐車場に入ったときに気付いたんですが、**191** うちのビルがですね、その、ぼろぼろに見えるんです。そのことでお客さま、特に新規の方が不安に感じる様子が想像できます。こんなことを考えながら廊下を歩いていると、Salisbury さんのオフィスに行って、会社はビルにお金を使えと言いたくなりました。**191** 壁は塗り替えることができると思いますし、窓清掃はもちろん、カーペットも全て交換するか、少なくとも掃除はしなければなりません。その気になれば、例えばロビーやトイレ、休憩室をリフォームすることもできます。最近見つけたクーポンを添付しました。次回の役員会議で、この会社について調べて、ここのサービスがうちの会社に合っているか確認するように提案できればと思います。賛成してもらえたらうれしいです。一番下のサービスがよさそうです。あと、家具も清掃してくれるようです。

Carol Davis

Bonanza Carpet Cleaning
1914 年より家族経営
(239) 555-2777
www.bonanzacc.com**

3 部屋または 3 カ所 *―114 ドル
4 部屋または 4 カ所 *―129 ドル
5 部屋または 5 カ所 *―159 ドル
6 部屋または 6 カ所 *―179 ドル
7 部屋以上―1 部屋につき 27 ドル！*

*「部屋」とは、部屋、玄関、ウォークインクローゼット、階段（14 段まで）のことです。250 平方フィートを超える場合は 2 部屋分となります。汚れのひどいカーペットには「放置カーペット料金」が適用される場合があります。**192** 割引価格は 11 月 2 日まで有効です。

**当社ウェブサイトで、家具の清掃やペットが付けた汚れ、タイルの清掃などのサービス一覧をご覧ください。

役員会議事録　　　　　　　　　　　　　　　　　　　　　10 月 13 日午後 6 時

議長 Brian Salisbury が開会のあいさつ
出席者：Ken Thrash、Carol Davis、Anthony Bell、Rick Diehl（Allison Kaufman は欠席）

主な議題：
・オフィスビルについて：**193** ビルを美化するための当社の取り組みが好評であると、耳にした役員が数名いる。カーペットを掃除し、壁を塗装しただけだが、**193** 従業員にも顧客にもこれまでのところ好評だとのこと。Bernie Ferguson が自社のオフィスビルでも利用していると言って薦めた Office Remodeling Specialists にしたのは正解。同社を利用すれば作業を順番に片づけるだけなので、作業ごとに別々の請負業者を見つける手間が省ける。そして、同社に仕事を依頼すればするほど、各作業の料金が安くなる。同社は来週、窓の作業に取りかかる。
・ホリデーギフトバスケット：得意先向けのホリデーギフトバスケットについて検討を始める必要あり。いつもは Seasonal Gifts に発注しているが、昨年バスケットの到着が遅れたことを Anthony Bell が全員に対して指摘した。**195** 今年は問題が起きないように、他の選択肢を検討する予定。また、今年は顧客がかなり入れ替わったため、バスケットを受け取る顧客リストの作成を始める予定。
・Casual Friday：毎週金曜日にビジネスカジュアルウェアでの出勤を認めるよう要求してきた従業員が数名いた。金曜日に会議がある場合はふさわしい服装で出社するという条件で、全役員が承諾。Rick Diehl は人事部の Sam Richards に Casual Friday の方針を作成してもらい、役員会で承認する。

191. メールの中で何が示されていますか。

(A) Salisbury さんはいかなる形であれ改装に反対している。
(B) オフィスビルにはいくらか修繕の必要がある。
(C) Davis さんの会社は修繕のための資金がない。
(D) 会社の備品は全て取り替えられるべきだ。

メールの冒頭で Davis さんは社屋がぼろぼろに見えると明かし、その後、壁の塗り替えや窓清掃を提案しているので、(B) が正解だとわかります。(A) の Salisbury さんはあらゆる改装に反対しているというのは言及がありません。(D) は備品は一新ということですが、これは言いすぎです。

192. Thrash さんが受け取ったクーポンには何が書かれていますか。

(A) 特定地域にある会社しか使うことができない。
(B) 清掃は夜間に行われる。
(C) 会社のウェブサイトから予約を行うと割引が適用される。
(D) あと 2 カ月間有効だ。

メールの添付「Bonanza」とあるので、2 つ目の文書の広告が Davis さんが添付したクーポンだと考えられます。広告の特別価格の期限は、下部の * 印の最後に書かれているとおり、11 月 2 日です。Davis さんがメールを送信した日時は 9 月 5 日となっていますので、このクーポンの有効期限はあと約 2 カ月だとわかります。以上から、(D) が正解です。

193. 会議の議事録の中でオフィスビルについて述べられていることは何ですか。

(A) 間もなく徹底的に改装する必要がある。
(B) 修繕が全従業員に歓迎されたわけではなかった。
(C) さまざまな人々が好ましい変化に気付いた。
(D) 従業員は壁の塗装を手伝った。

議事録、主な議題の最初の項目で、「ビルを美化するための当社の取り組みが好評であると耳にした役員がいる」とあります。続く文では同様の変化に従業員や顧客の一部も反応しているとわかります。よって (C) が正解です。(A) は、主な議題の最初の項目、最後の文で「来週窓の作業に取りかかる」とは書いてありますが、徹底的に改装する必要があるのかについては言及がありません。

194. 会議の議事録の 1 段落・2 行目にある spruce up に最も意味が近いのは

(A) ～を美しくする　　(B) ～に家具を備える
(C) ～を中心に集める　(D) ～を再編成する

spruce up の前では「役員が会社の取り組みが好評であると耳にした」とあり、続く文では社屋がきれいに見えるという反応が社員や顧客から出てきているとわかります。よって spruce up は、何かをよくするというような意味があることが推測できます。選択肢の中では (A) が正解です。spruce は他動詞で「～をこぎれいにする」という意味があります。

195. ホリデーギフトバスケットについて正しいものは何ですか。

(A) 年末までには発注しなければならない。
(B) Seasonal Gifts は 10 月に Davis さんの会社に発送する。
(C) Bell さんが新しい発送会社を見つける。
(D) Davis さんの会社はしばらくの間一切発送しない。

ホリデーギフトバスケットについては議事録、主な議題の 2 つ目の項目の 2 文目に言及があります。2 文目で昨年起きた問題を Anthony Bell さんが伝えたとあり、これに続く文で彼が今年は他の選択肢を検討する予定と書いてあります。よって、(C) が正解です。

☐ attachment 添付ファイル ☐ perspective 観点 ☐ overwhelming 圧倒的な ☐ urge 衝動
☐ ambitious 野心がある ☐ remodeling 改修 ☐ define 〜を定義する
☐ be subjected to 〜を受けることになる ☐ neglect 〜を粗末にする ☐ fee 手数料 ☐ valid 有効な
☐ comment 〜と評する、〜とコメントする ☐ contractor 請負人 ☐ significantly 著しく
☐ compile 〜を集める、編集する ☐ attire 服装 ☐ appropriately 適切に ☐ policy 方針
☐ approve 〜に賛同する ☐ refurbishment 改装 ☐ fund 資金 ☐ coupon クーポン
☐ refurbish 〜を改装する ☐ welcome 〜を歓迎する

Test
2
Follow-up
1

197 8 月 21 日

Doris Stanford さま
Marvelous Mile Gift Shop
フロリダ州 Darvin 32003
W. Roosevelt Street 70 番地

Stanford さま

私は Stanford さまのギフトショップの大ファンです。特に、そちらで販売されている手作りの工芸品が気に入っています。私のせっ器の花瓶を貴店に置かれれば、大変満足されるのではないかと思っています。こちらは贈り物にはぴったりの価格で、希望小売価格は 20〜35 ドルです。1回当たりの最低発注数は花瓶 10 点と、お手ごろに設定しております。売れ筋のものの中から 2点を同梱いたしましたが、実際は多くのデザインの中からお選びいただけます。店頭での商品の動きをしっかりと把握するために、まずは 5〜10 種類、さまざまなデザインをご注文になることをお勧めします。

196 当方では安心のお試しプランを提供しております。60 日間の委託で、花瓶 20 点をお店でご販売になれます。ご来店のお客さまにご好評だった場合、**197** オンラインでのご注文が可能です。飛ぶように売れると確信しています。

直接お会いして、もっと多くの花瓶のサンプルをご覧に入れるため、**197** 来週そちらのギフトショップにお伺いしようと思っています。何かご質問があれば、そのときまでにメールでお気軽にお問い合わせください。

敬具

Leonard Brown
Brown Pottery
www.brownpottery.com
leo@brownpottery.com

宛先：Leonard Brown <leo@brownpottery.com>
差出人：Trudy Vollkommer <vollkommer@theartisanshop.com>
件名：将来の顧客
日付：11 月 6 日

Brown さま

本日友人のギフトショップを訪ね、そこで **197** Brown さまのすてきな花瓶をお見かけしまし

た。友人の Doris Stanford さんは、そちらの花瓶がヒット商品となって多くのお客さんでにぎわ
うようになったので、大変満足していると言っていました。先週新たに入荷したものが、すでに
半分も売れたと話していました。お客さんは趣味で集めている人だけでなく、贈り物として花瓶
を購入している人もいるようです。中には新しいデザインのものの入荷時期を聞いてくる人もい
て、入荷するといち早く飛んできて買い占めるのです。さて、Brown さまの作品を私の店で取り
扱う方法を彼女が簡単に教えてくれました。 **199** 当店では私自身のものも含め、主に職人の手
による工芸品を販売しています。

今度の木曜日にそちらの地域に伺う予定で、もしかしたら昼食の時間あたりに工房にお邪魔でき
るかもしれません。 **200** そのときは花瓶を拝見し、委託商品を何点か持ち帰って休暇中、試し
に店に置こうと思っています。もしお時間があればお知らせください。メールか電話
（778-555-2379）でご連絡ください。以上、どうぞよろしくお願いいたします。

敬具

Trudy Vollkommer

Brown Pottery──注文書
12 月 1 日午前 11 時 35 分

店名：The Artisan Shop
住所：オハイオ州 Hampton 43114 Sierra Vista 通り 435 番地
200 連絡先：Trudy Vollkommer
メール：vollkommer@theartisanshop.com
電話：778-555-2379

商品番号	個数	単価	計
AG36	6	13 ドル	78 ドル
AK22	6	14 ドル	84 ドル
CM04	6	16 ドル	96 ドル
FR17	6	18 ドル	108 ドル
FS06	10	18 ドル	180 ドル

小計：546 ドル

送料・手数料：32.50 ドル

総計：578.50 ドル

午前 10 時までのご注文で、在庫があれば商品を即日発送いたしま
す。発送後、発送のお知らせと追跡情報を記載したメールを送信い
たします。

ご注文いただき、ありがとうございます。

196. Brown さんの花瓶について何が示され ていますか。

(A) 2 つの小売価格で売られている。
(B) 1 年間の保証付きだ。
(C) お試しプランで店に入荷できる。
(D) 最初の発送は必ずブラウンさんが手渡しで 届ける。

手紙の第 2 段落冒頭で、Brown さんは 60 日間、花 瓶 20 点を委託販売という形で店に置いておくお 試しプランを申し出ています。以上から、(C) が正 解です。製品は手作りですが、(D) の hand-delivered は「手渡し」という意味ですので、 誤りです。

---

197. Brown さんにより示唆されていないこ とは何ですか。

(A) 8 月 21 日以降に Marvelous Mile Gift Shop を訪問した。
(B) 花瓶は数が限られている。
(C) 彼の製品はオンラインで注文可能だ。
(D) 彼の花瓶は Marvelous Mile Gift Shop で 人気だ。

手紙の宛名から、Stanford さんが Marvelous Mile Gift Shop の店の人だとわかります。次に、メール の第 1 段落 2 文目で、Stanford さんのお店で Brown さんの花瓶がよく売れているとわかるので (D) は本文に合致します。また、手紙の第 2 段落 2 文目の後半から、オンラインでの注文も可能だと わかるので (C) も本文に当てはまります。さらに手 紙の日付は 8 月 21 日となっており、第 3 段落で 翌週に Stanford さんのお店に寄ると言っていま す。また、メールの第 1 段落冒頭から Stanford さ んのお店で Brown さんの花瓶を取り扱っている ことがわかりますので、(A) は本文に当てはまりま す。以上より、残った (B) が正解です。

---

198. メールの第 1 段落・6 行目にある frantically に最も意味が近いのは

(A) 熱心に　　　　(B) 物珍しそうに
(C) 落ち着きなく　　(D) 大胆に

frantically を含む文の前までで、花瓶の売れ行きが よく、先週の入荷分も半分は売れてしまったこと が述べられています。また、続く文で新作の入荷は いつかを聞いてくる客もいるとのことです。 frantically はこういった人が買っていく様子を修飾 しているので、熱望していることを伝える (A) が正 解です。

---

199. Vollkommer さんについて正しいものは 何ですか。

(A) Brown さんの工房の近くに住んでいる。
(B) 友人のための贈り物を探している。
(C) 自分の店で自作の美術品を販売している。
(D) Marvelous Mile Gift Shop で花瓶を買うつ もりだ。

Vollkommer さんはメールで「当店では私自身の ものも含め、主に職人の手による工芸品を販売し ている」と述べています。ここから、Vollkommer さん自身が制作活動をしていることがわかります ので、(C) が正解です。第 1 段落最後は including my own (products) と名詞が省略された形になっ ています。見抜けましたか？

200. Vollkommer さんの注文から何がわかりますか。

(A) お試しに満足した。
(B) 注文品は 12 月 1 日に届けられる。
(C) 商品何点かを無料で受け取る。
(D) 最新のデザインの花瓶だけを販売する予定だ。

メールの第 2 段落の中ほどで Vollkommer さんは「休暇中、試しに店に置く」と言っており、その後、注文書でいくつかの商品を発注していることがわかります。以上から、正解は (A) です。この問題はメールと注文書の内容から読み解く両文参照問題でした。(B) は Test 1 でも似たような選択肢が出てきましたが、発注時刻が午前 10 時を過ぎています。即日配送はもう間に合いませんので、不正解です。

□ artwork 芸術作品 □ stoneware せっ器（陶磁器の一種）□ vase 花瓶 □ range 及ぶ □ retail 小売り
□ reasonably 手ごろな値段で □ enclose ～を同封する □ consignment 委託販売
□ confident 自信のある □ potential 見込みがある □ shipment 積み荷
□ collection コレクション、集めること □ frantically 必死になって □ rundown 報告、概要
□ chiefly 主に □ artisan 職人 □ confirmation 確認 □ warranty 保証 □ basis 基盤、基準

Test

2

Follow-up

1

Follow-up 2　正解一覧

Part 5

No.	ANSWER	No.	ANSWER	No.	ANSWER
101	C	111	D	121	A
102	A	112	C	122	B
103	B	113	B	123	A
104	B	114	C	124	B
105	A	115	C	125	D
106	C	116	A	126	A
107	D	117	B	127	A
108	C	118	C	128	C
109	C	119	B	129	B
110	C	120	A	130	A

Part 6

No.	ANSWER	No.	ANSWER
131	A	141	C
132	C	142	C
133	A	143	B
134	B	144	D
135	A	145	A
136	D	146	B
137	A	147	A
138	C	148	C
139	C	149	B
140	A	150	D

Part 7

No.	ANSWER	No.	ANSWER	No.	ANSWER	No.	ANSWER	No.	ANSWER
151	D	161	E	171	C	181	A	191	D
152	D	162	D	172	D	182	D	192	A
153	C	163	C	173	B	183	B	193	C
154	D	164	D	174	D	184	D	194	D
155	E	165	A	175	A	185	A	195	A
156	B	166	E	176	A	186	B	196	D
157	C	167	C	177	E	187	D	197	D
158	D	168	D	178	C	188	B	198	B
159	E	169	E	179	D	189	D	199	D
160	A	170	A	180	A	190	A	200	E

Follow-up
2

101. 従業員は全員、迷惑メールを受信しないようにコンピューターの設定を変更することを勧めます。

(A)「(〜に)帰する」
(B)「制限された」
(C)「しきりに促される」
(D)「緩和される」
(E)「勧められる、奨励される」

空所直後に to 不定詞が来ています。よって (C) と (E) を入れると be urged/encouraged to V「〜するよう勧められる」という形ができます。urge と encourage はやや強めの促しの意味があります。

□ setting 設定　□ filter 〜にフィルターをかける、取り除く　□ spam スパム

102. 年次報告書用に、Fisher さんは普段よりもやや品質のよい用紙を注文した。

(A)「少しばかり」　(B)「連続して」
(C)「やや、多少」　(D)「まだ」
(E)「とても」

空所後の形容詞の比較級 higher を修飾することのできる語を探しましょう。正解は (A) と (C) です。比較級を強調する副詞としては、much や a lot、even、far などがあります。こういった語句はパート5や6で問われることが多いので、押さえておきましょう。(E) は、It's so cold のように形容詞を強調することもありますが、今回は比較級のため、当てはめることはできません。

103. 以前に同様の問題を経験していたため、Jeffery さんは顧客の [(C) クレーム (D) 質問] に難なく対応することができた。

(A)「証拠」　(B)「筋、縞」
(C)「不満、クレーム」　**(D)「質問」**
(E)「外交儀礼、議定書」

customer's の後に来るのに適切な名詞を選びます。また動詞 deal with「対応する」とも相性がいいものは (C) と (D) です。(C) ですが、「不満、クレーム」と言いたい場合は英語の claim「要求、申し立て」は使いませんので、注意が必要です。ちなみに (E) は「慣習、外交儀礼」という意味が定番ですが、IT 用語で「通信のためのルール」という意味があります。今後 IT 関連のトピックが増えてくると、後者の意味で登場する場合もあるかもしれません。

104. 経営陣が入れ替わった後ではあったが、Gatethrough Manufacturing は昨年、黒字を維持した。

(A)「再建」　(B)「専門家」
(C)「蘇生、復興」　**(D)「変更」**
(E)「近所」

文の後半は「会社は利益を上げ続けた」という意味です。選択肢をそれぞれ当てはめて、合うかどうかを見てみましょう。(B) と (E) はまず外しましょう、文意に合いません。(A) は物や建物の「復元、再建」、(C) は「復活、再生」という意味がありますが、ここでは文意に合わず不正解です。正解は (D) で、「経営陣が入れ替わった」という意味になります。

□ profitable 利益が多い

105. その家具会社は、来年英国にオープン予定の巨大な新店舗の計画を発表した。

(A)「〜を明らかにした、公開した」
(B)「〜を縛った、結びつけた」
(C)「〜を再開した」
(D)「〜を発表した」
(E)「〜を実施した」

空所後の目的語 their plans と相性がいいのは (A) と (D) です。(A) はベールを剥がす＝明らかにする、というようなイメージで覚えるとよいかもしれません。(D) も動詞として、「発表する」や「提示する」といった意味があります。

□ gigantic 巨大な

106. 偶然にも、もうかるビジネスの話がフォーラムで Gordon さんのところに転がり込んできた。

(A)「全く、すっかり」　(B)「非常に注意深く」
(C)「ほとんど〜ない」　**(D)「偶然にも」**
(E)「偶然にも」

この文はすでに完成しています。選択肢には副詞の役割をするものが並んでいますので、それぞれ当てはめて文意に合うか見てみましょう。正解は(D) と (E) です。(C) は「ほとんど〜ない」という否定の意味があります。

□ lucrative 儲かる　□ forum フォーラム、公開討論会

---

107. 大型ディスカウントストアの急増により、多くの地域店は安定した売り上げを維持することが困難な状況に直面している。

(A)「可能性」
(B)「困難、困窮」
(C)「無能」
(D)「利用できないこと」
(E)「困難」

文頭 Because of から「大型ディスカウント店の急増」が何かの原因として挙げられています。(B) と (E) を入れると、うまくつながります。その結果として、売り上げを維持することが難しくなっているのです。いずれも (in) 動詞の ing 形の形をともなって、「〜する困難、苦難」という意味です。

□ proliferation 急増　□ maintain 〜を維持する　□ stable 安定した

---

108. 職場での創造性 [(C) を育む (E) を磨く] ために、経営陣はいいアイデアに対する報奨制度を新たに取り入れた。

(A)「〜を降ろす」
(B)「〜を成し遂げる」
(C)「〜を育む」
(D)「〜をクリックする」
(E)「(技術など) を磨く」

選択肢には動詞が並んでいます。この中で creativity を目的語に取ることができるものは (C) と (E) です。

□ creativity 創造性　□ workforce 労働力、労働者　□ reward 報酬

---

109. 毎月最終金曜日には、人気のスーパーはフルーツの詰め合わせを 20％割引で提供している。

(A)「厳しい」　　　(B)「探偵の」
(C)「繁盛している」　(D)「複製の」
(E)「繁盛している」

選択肢には形容詞が並んでいます。空所直後の grocery store を適切に修飾できるのは (C) と (E) です。(A) は「正確な」「厳格な」という意味で、店舗を修飾するには不適切です。その他の選択肢も、店舗を説明するものとしては合わないため、不正解です。

□ assortment 詰め合わせ

---

110. 事業を拡大して売り上げを増やすために、Toch 社は製品を全国的に販売するための効果的な新戦略を模索している。

(A)「全国的に」　　(B)「相互に」
(C)「無意識に、考えずに」
(D)「それに応じて」　**(E)「全国的に」**

空所前までで文が完成しているので、空所には副詞の役割をするものが入ります。(A) と (E) を入れると、販売の規模を表すことができます。正解は(A) と (E) です。(A) nationwide の -wide は「〜にわたる」という意味です。同じような構造の worldwide「世界中に」という語もついでに覚えておきましょう。

□ expand 〜を拡大する　□ bolster 〜を拡大する、増進する

111. 新薬開発のために、Human Mind Pharmaceutical 社は十分な資金を［(A) 懇請する (D) 確保する (E) 調達する］必要がある。

(A)「〜を懇請する」　　(B)「〜を刺す」
(C)「〜を運ぶ」　　**(D)「〜を確保する」**
(E)「〜を調達する」

✎ ☐ pharmaceutical 製薬の ☐ sufficient 充分な ☐ fund 資金

空所後の名詞 funds と相性がいいのは (A)・(D)・(E) です。procure は「〜を調達する」という意味ですが、会社組織では procurement department「購買・調達部」という部署名はよく聞かれます。

---

112. 以前の戦略の有効性を検討した結果、営業チームは手法を変えることに決めた。

(A)「熟考する」　　(B)「参照する」
(C)「反省する、熟考する」
(D)「従事する」　　(E)「一致する」

✎ ☐ effectiveness 有効性 ☐ tactic 手法

選択肢には動詞の ing 形が並んでいます。また、空所直後に前置詞 on がありますが、この on とともに使われる動詞は (A) と (C) です。(B)・(D)・(E) はそれぞれ、refer to、engage in、correspond to と、異なる前置詞とともに使われます。動詞＋前置詞の形は、まとめて覚えるようにしましょう。

---

113. ［(B) 既存の (C) 大切な］お客さまに対して、KS Telecommunications は電話だけでなく、チャットでも技術サポートをご提供しております。

(A)「啓発された」　　**(B)「既存の」**
(C)「大切な」　　(D)「柔軟な」
(E)「耐えられる」

✎ ☐ message メッセージを送る

文の主語は会社で、顧客に対してサポートを行っていると書いてあります。customers を修飾するのに適したものは (B) established「既存の」と (C) valued「大切な」です。

---

114. 自動車会社は第 1 四半期には利益が減少したが、最近になって［(B) 増加して (C) 改善して］きた。

(A)「堕落した、経過した」
(B)「増加した」　　**(C)「改善した」**
(D)「噛み合った」　　(E)「〜を緩和した」

✎ ☐ profit 利益

前半で「利益が減少した」とありますが、その後に but があることに注目します。前半とは逆の内容になると考えられるので、(B) と (C) が正解です。この問題は、空所後が副詞となっているので、(E) のような他動詞は文法上まず当てはまりません。(A) と (D) も少し難しいレベルの語ですが、TOEIC 満点を狙う場合には知っておいた方がいいので、辞書などでしっかり確認しておいてください。

---

115. 参加者のほとんどはイベントが満足には程遠いと感じ、特に時間管理の点で一層の改善を求めた。

(A)「栄養のある」
(B)「さらなる、それ以上の」
(C)「買い戻しできる」
(D)「壊れやすい」
(E)「さらなる、追加の」

✎ ☐ satisfactory 満足した ☐ improvement 改善

選択肢には形容詞が並んでいます。空所後の improvement を適切に修飾できるのは、度合いを表すことができる (B) と (E) です。他の選択肢では意味が通りません。(C) はクーポンなどが換金が可能という意味です。ショッピングに関連したトピックで出てくることがありますので、知らなければ押さえておきましょう。

116. 他の多くのコンテストと異なり、Miles Painting Contest への申込手順は非常に複雑だ。

(A) 「取り返しのつかないほど」
(B) 「非常に」 (C) 「最後に」
(D) 「非常に」 (E) 「かなり」

選択肢には副詞が並んでいるので、complicated を修飾するのに適切なものを選ぶ問題です。よって、複雑さの程度を示す (B)・(D)・(E) が正解です。

✎ □ in contrast to ～とは対照的に

117. 研究チームのリーダーは新しいワクチンの生産を [(B) 急ぐ (C) 合理化する] 努力をした。

(A) 「～を引き出す」 (B) 「～を急がせる」
(C) 「～を合理化する、簡素化する」
(D) 「(負債など) を完済する」
(E) 「～をしっかり留める」

選択肢には動詞の原形が並んでいます。production を目的語に取るものを選びましょう。また、この文の主語は研究チーム長で、後半部分は「新しいワクチンの製造」という意味です。(B) と (C) を入れると「製造を急がせる／合理化する」という意味になり、文意が通ります。

✎ □ vaccine ワクチン

118. 家庭の都合で急用が入り会議に出席できなくなったので、Davis さんは同僚に代わりに会議に出席してくれるよう頼んだ。

(A) 「～を阻止した」
(B) 「～を注文した」
(C) 「～を妨げた」
(D) 「～を一時停止した」
(E) 「～を果たした」

空所の後に、目的語＋from -ing と続いています。この形を取るのは (A) と (C) です。stop(prevent) X from doing で「X が～するのをやめさせる」という意味です。

119. 操作設定を変えるだけで、エンジニアはタービンの問題を解決することができた。

(A) 「手に入れる」 (B) 「乗り越える」
(C) 「勝つ」 (D) 「直す」
(E) 「修正する」

選択肢には動詞が並んでいます。空所直後の the problem を目的語に取るものは (B) と (D) です。どちらも問題を「解決する」という意味です。

✎ □ merely 単に □ setting 設定 □ turbine タービン

Test 2 Follow-up 2

120. 契約は、4 月 5 日もしくは 4 月の第一日曜日のいずれか早い方まで継続する。

(A) 「見分ける」 (B) 「続く」
(C) 「(契約などが) 終了する」
(D) 「終わる」 (E) 「続く」

主語 The contract に合う動詞を選ぶ問題です。空所直後に until ... とあるので、(B) と (E) を入れると、「～まで続く」という意味になります。よって正解は (B) と (E) です。その他の選択肢はここでは不正解ですが、リーディングセクションではよく出てくるので、しっかり押さえておきましょう。

121. 調査によれば、今よりも交通の便がいい
場所へ空港が移転することを望んでいる
住民がほとんどだ。

(A) 「住民」
(B) 「(分割払い・連載などの) 1回分」
(C) 「住民」
(D) 「変動」
(E) 「辞職」

☐ accessible (場所などが) 行きやすい

空所直後に hope「〜を望む」があるので、この動
詞の主語となる名詞が空所には入ります。「望む」
という動作は通常、人や組織が行うものですので、
正解は (A) と (C) です。

---

122. Evans さんは [(A) 取り乱した (C) 不安
な] 様子で予備的な報告書を待った。

(A) 「取り乱した」
(B) 「集合的な」
(C) 「心配した」
(D) 「臨機の才のある、資力のある」
(E) 「重大な」

選択肢には形容詞が並んでいます。直後の look を
適切に修飾できるのは (A) と (C) です。

---

123. 契約書によると、ビルの入居者はごみを
適切に処理しないと別途料金が請求され
る。

(A) 「批判される」
(B) 「(許可などが) 与えられる」
(C) 「請求される」
(D) 「(罰金・税などが) 課される」
(E) 「支配される」

空所の後に extra「追加、別料金」があり、また、
文の後半では「不適切なごみ処理」と書いてあり
ます。(C) を入れると、それが原因で「別途料金を
課される」となり、意味が通ります。(D) は「〜を
課す」という意味では、人を目的語に取らないの
で、ここでは誤りです。

☐ tenant (不動産の) 借り主、テナント ☐ improper 不適切な ☐ disposal 廃棄

---

124. 最近、国の経済に成長の兆候がはっきり
と見られるのは、うれしいことだ。

(A) 「在職期間」   (B) 「条例」
(C) 「正しい理解、感謝」(D) 「発展、進歩」
(E) 「発展、成長」

☐ economic 経済の

空所前の economic に合う名詞を選びます。また
前半では「励みになる」というポジティブな内容
の表現が用いられていることを考えると、正解は
(D) と (E) です。(A) は難語ですが、社長や大学教授
などの在職期間が定年まで保障されているという
意味です。パート7で登場することがあります。

---

125. 裕福な観光客の数が増加していくにつ
れ、高級ホテルの需要も高まってきてい
る。

(A) 「優れた、例外的な」
(B) 「裕福な」   (C) 「当てはまる」
(D) 「裕福な」   (E) 「過度の」

名詞 tourists を修飾する形容詞を選ぶ問題です。
文の後半に高級ホテルの需要が高まっている、と
あります。高級ホテルを利用するのはどのような
人かを考えましょう。正解は (B) と (D) です。

126. 店舗2階の空室が、[(A)(B) 過剰 (D) 不良] 在庫の収納室に決まった。

(A)「過剰の」
(B)「過剰の」
(C)「うらやむような」
(D)「死んだ、役に立たない」
(E)「依存している」

□ vacant 空いている □ designate ～を指定する

stock と相性のいい形容詞を考えましょう。正解は (A)・(B)・(D) です。(D) のデッドストックでビンテージ品をイメージするかもしれませんが、本来は「売れずに新品のまま残った品」という意味です。

127. Wilma Bakery の成功は、地域の大半の店よりも幅広い種類の商品を扱っていることによると考えられる。

(A)「関連付けられた」
(B)「(～に) 資格がある」
(C)「(～の) おかげだと考える」
(D)「説明された」
(E)「(～を) 回復する」

□ a wide variety of 幅広い種類の～

attribute X to Y で「X を Y のおかげだと考える、X を Y に帰する」という意味です。今回の文はその受け身として A is attributed to B の形を取っているので、(C) が正解です。(A) は associate X with Y「X で Y を連想する」という形で使いますが、空所後の前置詞が to なので不正解です。(D) は explain X to Y の形で「Y に X を説明する」という意味です。問題文では to の後に説明を受ける対象が来ていないので、不正解です。

128. Xylom 社の経営陣は、前四半期の記録的な売上額を上回ることを目指している。

(A)「総額」 (B)「顧客」
(C)「賞品」 (D)「職務」
(E)「利点」

□ aim to V ～することを狙う □ surpass ～を超える

選択肢には名詞が並んでいるので、動詞 surpass の目的語になるものを選ぶ問題です。正解は (A) です。空所前に「記録的な売り上げの」とあるのも、この問題を解くヒントです。figure は多義語ですが、sales figures で「売上額」という意味です。

129. Meling Supermarket は毎月、店の会員だけの大幅な割引を提供している。

(A)「～だけ、単に」 (B)「確かに」
(C)「～だけ、独占的に」(D)「表面的に」
(E)「おおよそ、手荒に」

□ substantial 相当な

意味を取っていくと、空所前後の部分で、「会員が利用できる割引」とあります。これを限定し、「会員だけが」という意味になる (A) と (C) が正解です。この2語は only の言い換えとして用いられることが多いので、押さえておきましょう。他の選択肢はここでは不正解ですが、どれも TOEIC には頻出ですので、意味は確認しておきましょう。

130. 交渉の中で、Gable さんは輸送費を事前に支払うよう求めた。

(A)「貨物運送」 (B)「熟考」
(C)「製造」 (D)「飾り額」
(E)「励みとなるもの、動機」

□ negotiation 交渉

選択肢には名詞が並んでいます。空所直後の名詞 charge と相性がいいのは (A) です。freight charge で「輸送費」という意味です。(B) は delivery「配達」と似ていて引っ掛かりそうですが、これは deliberate「熟考する」という動詞の名詞形です。(C) は cost や fee とともに使われ、「製造費用」という意味です。(E) は incentive fee で「成功報酬」という意味になります。

問題 131-134 は次の記事に関するものです。

新しい Central Library が開館

待望久しい Central Library 新館が昨日、Chestnut Park に開館した。[(A) それは域内の数少ない図書館の１つとなる (E) この開館を機に、Chestnut Town Community の新しい時代が始まる]。町長は昨日、図書館は地域社会の文化拠点としての役割を果たすと述べた。図書館にはプロジェクターを備えたセミナールームが２室あり、多くのワークショップや講座の開催が予定されている。小さな子ども連れの家族も利用可能だ。児童書コーナーにはキッズルームがある。熱心な生徒向けには広々とした学習室が設けられている。また、インターネットが利用できる PC ステーションがあるため、生徒などの学習者はあらゆる種類のデータベース上の情報にアクセスが可能だ。ロビーには StarFront Coffee の支店があるため、利用者はコーヒー片手に本を読むこともできる。

131.

(A) それは域内の数少ない図書館の1つとなる。
(B) 公園内のこのスタジアムは、観客5,000人を収容できる。
(C) 新刊本の発売イベントの準備にそれほど時間はかからなかった。
(D) 有望な候補者は10月2日までには面接を受ける。
(E) この開館を機に、Chestnut Town Communityの新しい時代が始まる。

空所の前で図書館が開館したとあり、空所後には町長の発言が引用されています。選択肢をそれぞれ当てはめて、うまくつながるか見てみましょう。(A) は図書館の開館を受けて、町の図書館について事実を述べていることになるので正解です。また、空所の後の文で、町長が図書館の役割について述べているので、「新しい時代が始まる」とした (E) も正解です。よって、正解は (A) と (E) です。その他の選択肢はどれも図書館とは無関係なので、不正解です。

132.

(A) 「方法」 (B) 「中心地」
(C) 「軸」 (D) 「拠点」
(E) 「芸術」

選択肢にはさまざまな名詞が並んでいます。空所の前に serve as「〜として機能する」とあり、空所は形容詞 cultural「文化的な」に修飾されています。これに合う名詞を考えると、正解は (B) と (D) です。図書館は「文化的な中心地になる」ということです。空所の後にはさまざまな人向けの施設の紹介が続いているので、この文脈に合います。

133.

(A) 「怠惰な」 (B) 「以前の」
(C) 「勤勉な」 (D) 「機密扱いの」
(E) 「勤勉な」

選択肢には形容詞が並んでいます。空所後の名詞 students を適切に修飾できるのは (C) と (E) です。(E) は求人応募の推薦状などで人を褒める際に使う語です。(A) は「怠慢な」という逆の意味になってしまうので、文意に合いません。ちなみに、歌って踊るアイドルは英語では idol ですから、つづりが違いますので注意してください。

134.

(A) 「たとえ〜でも」 (B) 「〜するとき」
(C) 「〜なので」 (D) 「〜だが」
(E) 「〜かどうか」

選択肢にはさまざまな接続詞が並んでいます。空所を含む文の前半で StarFront Coffee がある、後半はコーヒー片手に本が読めると言っています。前後の関係を考えると、正解は理由を示す (C) です。as には接続詞としてさまざまな意味があり、理由や時などを表すことができます。

Test 2 Follow-up 2

□ long-awaited 長く待っていた、待ちわびていた □ cultural 文化的な □ equip (備品など) を備える
□ projector プロジェクター □ numerous 数多くの □ database データベース □ patron 顧客
□ accommodate 〜を収容する □ spectator 観客 □ prospective 見込みのある □ era 時代

宛先：Catherine Washington
差出人：Lulu Kenya
日付：8 月 1 日
件名：ご支援ありがとうございます

Catherine さま

当校に毎月ご寄付していただき、ありがとうございます。Catherine さまの思いやりのあるご支援のおかげで、当校も大きく変わりました。

ご寄付のおかげで、地元の新卒者には比較的よい給料を提示することができました。先月、教師 1 人の求人広告を出しましたが、応募者は 50 人以上に上りました。慎重に検討した結果、大学を卒業したばかりで経験は浅いですが、Haji Turay 先生を採用しました。Turay 先生は新米ですが、教えることに関しては光るものを持っています。彼はもうすでに生徒の間で大変人気があります。

Catherine さまの思いやりのあるご支援に対し改めて感謝いたします。今後も長きにわたって、当校にご支援いただければと願っております。

敬具

Lulu Kenya
Matthew Memorial Elementary School 校長

135.

(A) 「(政府などからの) 補助金」
(B) 「寄付」　　　　　(C) 「区画」
(D) 「配当」　　　　　(E) 「配布」

選択肢にはさまざまな名詞が並んでいます。空所を含む文で Thank you と感謝しています。その後の文で kind support と述べているので (B) が正解です。(A) や (D) もお金に関わる語ですが、それぞれ「国や政府からの補助金」「(株などの) 配当金」という意味ですので、ここでは合いません。

136.

(A) 「それぞれ」
(B) 「内密に」
(C) 「比較的」
(D) 「細心の注意を払って」
(E) 「比較的」

選択肢には副詞が並んでいます。空所後は「よい給料」と続いているので、程度を表す (C) と (E) が正解です。

137.

(A) その前に、新しい教師はいくつか研修プログラムを受けなくてはなりません。
(B) チャリティーイベントで集まった古着も当校に送ってくださいました。
(C) 用紙を Haji Turay にその日までにご提出いただければと思います。
(D) 当校のウェブサイトは 8 月末までには更新の予定です。
(E) 慎重に検討した結果、大学を卒業したばかりで経験は浅いですが、Haji Turay 先生を採用しました。

空所前の文では、「教師の求人広告を出して、応募者が 50 人以上に上った」とあります。また、空所の後で he が使われ始めているので、空所には誰か特定の人が出てくると考えられます。(C) と (E) が Haji Turay さんという人について述べていますが、(C) の form は何を指しているかわかりません。よって選考の結果、採用された Turay さんを紹介している (E) が正解です。

138.

(A) 「ひとたび～すると」
(B) 「～なので」
(C) 「～という事実にもかかわらず」
(D) 「～するとき」
(E) 「～するまで」

選択肢にはさまざまな接続詞が並んでいます。空所を含む文の前半では「彼は経験がない」とあります。ですが、後半は「教えることに関しては光るものを持っている」とあるので、前後の論理関係を考えましょう。正解は逆接を表す (C) です。今回は Despite the fact that SV 「S が V であるという事実にもかかわらず」と、名詞 fact が that 節をともなう形になっています。これは although でも言い換えられますね。

Test
2
Follow-up
2

□ donation 寄付、寄贈　□ enable (人が) ～することを可能にする　□ number ～を数える
□ aptitude 適性　□ undertake ～を引き受ける　□ submit ～を提出する　□ consideration 検討、考慮
□ novice 新人

求人

Whitemoon Textile Mill では最高品質を誇る繊維製品を取り扱っています。当社では現在、国際調達部門で経験のある買い付けのプロを募集しています。応募の条件は少なくとも 5 年以上の国際的な繊維・紡績糸の調達経験を有することです。さらに、繊維の染色工程の知識があれば優遇いたします。

任務でアジア諸国への出張が頻繁にあります。中国語や他のアジア言語に堪能であれば尚いいですが、必須ではありません。

この職に興味のある人は履歴書を Wendy Huang（whuang@wtm.com）宛にお送りください。提出期限は 11 月 15 日です。書類選考に通った応募者には 11 月 20 日までに面接を実施いたします。

139.

(A) 「見習い」　　　(B) 「初心者」
(C) 「仲間」　　　　**(D) 「専門家」**
(E) 「専門家」

選択肢には、さまざまな名詞が並んでいます。空所前に「経験のある買い付けの」とあるので、「専門家」を意味する (D) と (E) が正解です。(A) apprentice「見習い」と (B) novice「初心者」はどちらも、「経験のある」という部分と合わず不正解です。

140.

(A) 助動詞＋be 動詞　(B) 過去形
(C) 現在完了形　　　　(D) 未来完了形
(E) 過去完了形

空所前の文では「5 年以上の経験」という必須条件が述べられています。一方、空所を含む文では「高く評価される」とあり、こちらは必須ではありません。よって、「もしあれば」という意味合いの (A) が正解です。求人広告でよく出てくる表現として、must や required は「必須」の条件、highly appreciated は「あれば尚よし（＝preferred）」という条件を表します。テスティングポイントになる表現ですので、注意して読みましょう。完了形や過去形はここでは合いませんので、その他の選択肢は不正解です。

141.

(A) 「宴会」　　　　**(B) 「責務」**
(C) 「義務」　　　(D) 「経験」
(E) 「推論」

空所の後に「アジアの国々への出張が頻繁にある」とあり、そのため、次の文ではアジアの言語に堪能であれば優遇されると述べています。そこから (B) と (C) を入れると、業務内容を表すことができます。

142.

(A) 彼は社内での意思疎通改善計画を立案しました。
(B) 11 月に検査が行われる予定の当社工場がいくつかあります。
(C) 当社には在宅勤務の従業員が数名います。
(D) 売り上げの増加は彼の不断の努力のおかげです。
(E) 提出期限は 11 月 15 日です。

空所前の文で応募先を述べ、空所後の文で書類審査後の面接について言及しています。よって、履歴書の締め切り日について述べた (E) を入れると前後がうまくつながります。その他の選択肢は、いずれも採用選考に関する内容ではないので、入れても意味が通りません。

□ procurement 購入、調達　□ procure 〜を購入する　□ fiber 繊維　□ yarn 紡績、繊維
□ appreciate 〜を高く評価する　□ frequent 頻繁な　□ fluency 流暢さ　□ résumé 履歴書
□ screen 〜を審査する　□ internal 内部の　□ inspect 〜を点検する　□ remotely 離れて
□ attribute 〜の責任である、〜が原因である　□ persistent 根気のある　□ submission 提出
□ deadline 締め切り

🔳 問題 143-146 は次のプレスリリースに関するものです。

StarElectronics は今日、Bluebird Business Park に 20 エーカーの土地を購入したと発表しました。Bluebird Business Park は最近開発された 210 エーカーの地区で、国道 54 号線で簡単に行ける場所にあります。

Mark Chan CEO は、複数の場所で行われている業務を今回購入した土地に一元化する予定だと述べており、[(B) それにより、製造工程の効率化、迅速化を図りたい考えです (D) 彼は昨年 CEO に就任して以来、一元化を検討してきました]。建設は 3 月に始まり、来年 2 月には完成の予定です。

StarElectronics は少なくとも 500 人の地元住民の雇用に 2,500 万ドルを投じる方針です。これにより奨励金受け取りのための全ての条件を満たすことになり、税制上の優遇を受けるに足る資格を有します。

143.

(A) 「アクセスできる」　(B) 「両立できる」
(C) 「到達できる」　　(D) 「実現可能な」
(E) 「好ましくない」

選択肢には、さまざまな形容詞が並んでいます。空所後に by Route 54 とあるのに注目しましょう。これは道路の名前だと考えられるので、(A) と (C) が正解です。X is accessible(reachable) by Y 「X は Y によりアクセス可能」を覚えておくと、リスニング、リーディングともに頻出ですので便利です。

144.

(A) CEO は製造工程を分散させたい考えです。
(B) それにより、製造工程の効率化、迅速化を図りたい考えです。
(C) 域内の工場で製造される製品はありません。
(D) 彼は昨年 CEO に就任して以来、一元化を検討してきました。
(E) 古い Bluebird Business Park では先週、ボランティアによる清掃がありました。

空所の前で業務拠点の一元化計画が述べられています。(B) は、この計画の目的として製造工程の効率化を挙げているので、前の内容とうまくつながります。また、(D) も業務拠点の一元化計画の経緯を伝えていることになるので、文意に合います。よって正解は (B) と (D) です。(A) は直前の文と反対のことを述べています。業務拠点が今回購入した土地に一元化されることを考えると、(C) は無理があります。(E) の公園の清掃という内容は本文と無関係です。

145.

(A) 「～を寄付する」　(B) 「～を返金する」
(C) 「～を請求する」　(D) 「～を証明する」
(E) 「～を投資する」

選択肢には、さまざまな動詞が並んでいます。空所の後に「2,500 万ドル」という金額が登場し、その後、前置詞の into があることに注目しましょう。(E) を入れると invest(put) X（金額）into Y「X を Y に投資する」という形ができます。(A) は donate X to Y「X を Y に寄付する」という形で使われますが、Y に来るのは寄付先ですね。

146.

(A) 「絶妙に」　　(B) 「十分に」
(C) 「微妙に」　　(D) 「十分に」
(E) 「ゆっくりと」

選択肢には、副詞が並んでいます。空所直後の qualified を適切に修飾できるのは (B) と (D) です。よって、(B) と (D) が正解です。

Test **2** Follow-up **2**

✎　□ consolidate ～を集中させる　□ operation 操業　□ acquisition 買収　□ hire ～を雇う
　□ fulfill（条件）を満たす　□ prerequisite 前提、条件　□ financial 財政的な　□ incentive 報奨金
　□ tax benefit 税金の控除　□ decentralize ～の集中を排除する、～を分散させる
　□ thus このように、よって　□ aim to V ～することを狙う　□ streamline ～を合理化する
　□ expedite ～を迅速にする　□ consolidation 合同、統合

🔘 問題 147-148 は次の用紙に関するものです。

車のレンタル申請

Apis Rental **148** Maris Airport 店
インディアナ州 Gray 46011 N. Central 大通り 913 番地
月曜日〜金曜日 午前 6 時〜午後 10 時
土曜日〜日曜日 午前 6 時〜午後 6 時

運転手のお名前：Amy Foreman
ご住所：テキサス州 Lippold 75662 Angelic 通り 209 番地
メール：amyfore@hunch.com
電話：214-555-2388

車のタイプ：☐ コンパクト　　☐ 標準　☐ フルサイズ　☐ ミニバン
　　　　　　☐ フルサイズバン　☑ その他　要望欄参照

ご利用開始日：6 月 20 日　時間：午後 3 時　ご返却日：6 月 24 日　時間：午前 9 時
受け取り場所：Maris Airport　返却場所（受け取り場所と異なる場合）：
追加装備：☑ GPS　☐ **147** チャイルドシート　☐ 追加の運転手

注：**147** 運転される方は自動車保険の加入が義務付けられています。ご自身で加入されていない場合には、Apis Rental の一時保険をご契約いただきます。

特記事項、ご要望：
乗車予定は大人 3 人で（合計 4 人）、各々がスーツケースを 2 個ずつ持っていきます。**148** 車種については特に気にしませんが、全部積めるだけの十分なスペースが必要で、また空港から滞在予定のホテルまでの道順についてあまり詳しくないので、ナビゲーションシステムも必要です。それと、大した問題ではないですが、マニュアル車は運転できません。

---

147. 車のレンタルについて示されていないことは何ですか。

(A) チャイルドシートはオプションサービスとして利用可能だ。

(B) 同乗者は有効な身分証明書を提示しなければならない。

(C) 車は最短でも３日間は予約しなければならない。

(D) 初めての利用客は割引クーポンを利用することができる。

(E) 運転する人は全員保険に加入していなければならない。

用紙の中ほどのチェックボックスを見ると、チャイルドシートがオプションとして使用できることがわかるので、(A) は本文に合致します。「注」には「運転される方は自動車保険の加入が義務」とあるので、(E) はこれに該当します。残りの選択肢 (B)・(C)・(D) は本文中に言及がないため、正解です。

---

148. 用紙から何がわかりますか。

(A) フルサイズのバンは現在利用できない。

(B) 自動車保険についての情報はインターネット上にある。

(C) Apis Rental は Maris Airport にある。

(D) Foreman さんは間もなく運転免許証を更新しなければならなくなる。

(E) Foreman さんは車を選ぶのに手助けが必要だ。

用紙の初めの部分から Maris Airport 内に Apis Rental の支店があることがわかります。よって (C) は正解です。次にチェックボックス欄で Foreman さんは車種を選ぶ際に「要望欄参照」と記入しています。この欄を見ると、乗車人数や荷物のことといった詳細を伝えており、いくつか要望を出してそれに合う車をレンタルしたがっているということがわかります。その内容を need help choosing a vehicle と言い換えた (E) が正解です。よって、正解は (C) と (E) です。

☐ obligatory 義務の ☐ temporary 一時的な ☐ picky えり好みする、好き嫌いの多い
☐ navigation ナビゲーション、案内 ☐ manual（自動車の）マニュアル ☐ valid 正しい
☐ renew ～を更新する、新しくする

Test
2
Follow-up
2

■ 問題 149-150 は次の手紙に関するものです。

4月5日

Chai Suparat さま
Thai House 総料理長
ネブラスカ州 Chilton 68244
W. Rosee 通り 1322 番地

Suparat さま

The Clara Mead Foundation を代表して、**149** 3月19日に Spring Gourmet Food Show にて開催された今年の Meet the Chefs の会を大成功のうちに終えることにご助力いただきましたことにお礼申し上げます。Suparat さまの実演が大勢の人々を引き寄せ、決して驚くようなことではありませんが、準備されたサンプルの品全てがすぐになくなり、素晴らしい料理の才能をお持ちであることを証明していました。参加を楽しんでいただけたなら幸いです。また今回の取り組みは貴店の売り上げアップという形で、10倍にもなって戻ってくるものと確信しています。

149 Meet the Chefs のようなイベントを通して、The Clara Mead Foundation は食品業界のあらゆる分野の人々と出会うことができます。The Clara Mead Foundation はこの会を開催したことで、Gourmet Food Association から惜しみない寄付を賜りました。Suparat さまのご参加がなければ、こうしたことは実現しなかったでしょう。

年間を通じてさまざまな活動やイベントに時間や才能や名前を提供してほしいという依頼を多々受けられているかと思いますが、そんな中で今回の活動にご協力いただき、大変光栄に思っております。今後、またご一緒にお仕事ができることを楽しみにしております。

ところで、もし The Clara Mead Foundation への入会にご関心がおありでしたら、**150** 同封の会員申込書にご記入の上、ネブラスカ州 Chilton 68242 Willow 通り 3421 番地の The Clara Mead Foundation までお送りください。また、1-800-555-6323 まで直接ご連絡いただいても結構です。

心を込めて

Karen Dubrovka
イベント責任者

312

149. Spring Gourmet Food Show について何が示されていますか。

(A) 誰でも参加できる無料のイベントだった。

(B) イベントの 1 つが Meet the Chefs だった。

(C) 史上最多の来場者に恵まれた。

(D) 後援は The Clara Mead Foundation だった。

(E) 食品業界の人々が集まった。

第 1 段落 1 文目で Meet the Chefs が Spring Gourmet Food Show でのイベントの 1 つだとわかるので、(B) が正解です。また、第 2 段落 1 文目から食品業界の人が集まったことがわかりますので (E) も正解です。(C) は、第 1 段落 2 文目に「大勢の人々を引き寄せた」とありますが、これは Suparat さんの実演のことを言っているので不正解です。

150. The Clara Mead Foundation の会員について正しいものは何ですか。

(A) 招待状を受け取った人のみ会員資格がある。

(B) 終身の会員資格だ。

(C) 申請者は郵便または電話で会員登録ができる。

(D) Meet the Chefs のボランティアは無料だ。

(E) 申込書は Suparat さん宛の封筒に同封されている。

会員については最終段落に説明があります。郵送または電話による申し込みとあるので (C) が正解です。また、この手紙は Suparat さん宛の手紙であることに加え、1 文目に「同封の会員申込書」という記述があるので、(E) も正解です。

□ on behalf of ～を代表して □ foundation 財団 □ crowd 群衆 □ surprisingly 驚くべきことに □ devour ～をむさぼり食う □ testify 実証する、証拠となる □ tenfold 10 倍に □ generous 気前のよい □ donation 寄付 □ participation 参加 □ enclose ～を同封する □ sponsor ～を後援する

問題 151-153 は次のメールに関するものです。

宛先：customerservice@cabinetcity.com
差出人：fanara@directmail.com
件名：問題
日付：12 月 29 日

Cabinet City 社御中

つい先日、貴社ウェブサイトで Shelf1000 のキャビネットを注文し、**152** 予定どおり 12 月 27 日に配送されました、ありがとうございます。ですが、キャビネットの品質には不満があります。**151** キャビネットの扉の 1 つは、色がもう一方と比べて暗いだけでなく、扉の立て付けが悪くきちんと開閉しません。箱からキャビネットの部品を取り出して組み立ててすぐに、以上の問題に気付きました。

届いたキャビネットの品質は受け入れられないものであり、**152** 貴社のウェブサイトで見た見本のキャビネットとは違います。サイト上のものと同等の品質と仕上がりの品を代わりに送ってください。また、不良品のキャビネットの返送料については、無料で手配していただきたいと思います。

153 この問題をすぐに解決していただきたいので、10 日以内にご返事をください。いただけない場合は、苦情申し立ての手続きを始めます。この件についてさらに話し合う場合は、私の電話番号 344-555-9871 まで遠慮なくお電話ください。注文番号は CK3279855 です。

敬具

Wesley Fanara

---

151. Fanara さんが購入したキャビネットの問題は何ですか。

(A) 思っていたより重かった。
(B) オンラインでの説明よりも小さい。
(C) 保証は1年間だけだ。
(D) 着色にむらがある。
(E) 扉の立て付けが悪い。

第1段落3文目で、色むらとドアの立て付け不良について述べていますので、(D) と (E) が正解です。

152. Fanara さんが注文したキャビネットについて何が示されていますか。

(A) 予定どおりに届けられた。
(B) 最近市場に出てきた。
(C) 配送中に乱暴に扱われた。
(D) 品質はオンライン上のものの方がずっとよく見えた。
(E) 重要な部品が足りていない。

第1段落1文目から予定どおり配送されたとわかりますので、(A) が正解です。また、第2段落1文目に「ウェブサイトで見たものとは違う」とあり、届いたキャビネットの品質に満足していないことがわかりますので、(D) も正解です。

153. Fanara さんについて当てはまらないものはどれですか。

(A) すぐに問題に対処してほしいと思っている。
(B) 以前にも似たような問題を経験したことがある。
(C) 否定的なレビューを会社のウェブサイトに書いた。
(D) 送ったメールへの返信を待っている。
(E) マネジャーと話がしたいと思っている。

Fanara さんは第3段落で、問題を早急に解決してほしく、10日以内の返答を求めています。よって、(A) と (D) は本文に合致します。以上から本文に言及のない (B)・(C)・(E) が正解です。

□ appreciate ～を感謝する □ dissatisfied with ～に不満である □ stain 着色剤
□ misaligned 調整されていない、取り付けが不良である □ assemble ～を組み立てる
□ unacceptable 受け入れられない □ replacement 代わりの品、代替品 □ faulty 欠陥のある、不良の
□ resolve ～を解決する □ file ～を提起する □ complaint 苦情 □ warranty 保証
□ irregular 不規則な、ふぞろいな □ mishandle ～を誤って扱う

問題 154-155 は次のお知らせに関するものです。

お知らせ

フィッシングは、秘密情報の収集に広く使われている詐欺の一種です。一見ご利用の金融機関から来ているように見えるメールで、お客さまの個人情報を確認するよう求められます。こういったメールはご利用銀行のウェブサイトそっくりのサイトへお客さまを誘導します。そこから、詐欺やなりすまし犯罪に使われかねない秘密情報を提供することを求められます。

お客さまとお客さまの情報を守るために、Genesis Bank はお客さまに写真を選んでいただくようお願いしています。そしてこれを秘密情報を含むオンラインでのやりとり全てに追加します。こうすることで、お客さまは当行からのメールが本物であることがわかります。 **154** 当行から受け取ったメールに、お選びいただいた写真が入っていない場合には、直ちにご連絡ください。Genesis Bank がメールで個人情報をお尋ねすることは決してありません。

154. メールでは Genesis Bank について何が
示されていますか。

(A) 全国に 50 を超える支店がある。
(B) 不審な口座の動きはすぐに報告している。
(C) 各利用者は写真を取らなければならない。
(D) 3 カ月ごとにパスワードの変更を求める。
(E) 顧客は不審なメールを報告すべきだ。

第 2 段落 3 文目で、受け取ったメールに選んだ写
真が入っていない場合は直ちに連絡するよう言っ
ています。これを suspicious messages とした (E)
が正解です。(C) は第 2 段落 1 文目で写真を選ぶよ
う言っていますが、これは撮影することとは違う
ので誤りです。

155. [1]、[2]、[3]、[4]、[5] と記載された箇所の
うち、次の文が入るのに最もふさわしい
のはどれですか。

「Genesis Bank がメールで個人情報を
お尋ねすることは決してありません」

(A) [1]   (B) [2]
(C) [3]   (D) [4]
(E) [5]

挿入する文は銀行の対応についてなので、第 2 段
落に入ると考えられます。[5] に入れると「メール
で個人情報を尋ねることはない」という方針を表
明して文章を締めくくることになるので、文意に
合います。よって正解は (E) です。第 2 段落には [4]
もありますが、この直後は In this way と続いてい
るので、ここに入れてもつながりが見えません。

☐ phishing フィッシング ☐ widespread よく広まった ☐ fraud 詐欺 ☐ financial institution 金融機関
☐ verify ～が正しいことを確かめる ☐ identity theft 個人情報の窃盗 ☐ legitimate 正当な
☐ suspicious 疑いのある

問題 156-158 は次の記事に関するものです。

RITAVILLE—地域社会のエンパワーメントという目的のもと、Ritaville 在住者が 50 人ほど Transform Ritaville キャンペーンで意見を出し合うため、水曜日の夜に集合した。Idea Exchange という全 12 回の会合の今回が第 1 回目で、Ritaville をよりよくするための方法について地域住民間での討論を進めるため、Transform Ritaville が主催した。参加者は小グループの中で意見を出し合い、その後各グループの代表者がそれぞれのグループの考えを聴衆に向けて発表した。

第 1 回目の会合のテーマは仕事と経済。経済の発展を目指す上で最も効果的な方法は起業家精神を持つことだということが研究によって明らかになったので、Idea Exchange 参加者は起業数を増やす方法に重点を置いて話し合った。より多くの事業の創出は、雇用の増加と失業率の低下に直接つながる。これを Ritaville で推進するためにさまざまな意見が出された。 **158** そのうちの 1 つは、起業家はしばしば既存の企業から財政支援と指導の両方を得るのだから、企業と起業家の間の関係性の構築を支援するというものであり、 **158** もう 1 つの案は、地域に移住者を受け入れることに関するものだった。移住者の方が地元住民に比べ起業の可能性ははるかに高い。最後に、参加者は Ritaville 住民自身のキャリアディベロップメントについて討論した。若者の教育だけに焦点を当てるのではなく、働く人々を対象とした職業能力開発プログラムを実施することも重要だという点については多くの参加者が同意した。Transform Ritaville の広報マネジャーの Jude Latham 氏は、 **156** 出された意見全てを幹部が再検討し、Ritaville で起業家を支援していく環境づくりに最も役立つと考えられるものから実行に移していくと話した。

157 詳細を知るため、あるいは Transform Ritaville の Idea Exchange に参加するためには、Transform Ritaville のウェブサイト www.TransformRitaville.com にアクセスするか、555-2891 の Latham 氏に電話を。Transform Ritaville は常時、新規の参加者を募集している。

156. Idea Exchange からの意見について述べられていないことは何ですか。

(A) 全て代表者によって検討される。
(B) 最良のものを活用する。
(C) キャンペーンウェブサイトに掲載されている。
(D) 今後の Idea Exchange のトピックとなる。
(E) 電話で Latham さんと話し合うことができる。

第 2 段落の最後の文で Latham さんの「出された意見全てを幹部が再検討し、最も役立つと考えられるものから実行に移す」という発言が引用されています。(A) と (B) はこの箇所に当てはまります。よって、残った (C)・(D)・(E) が本文で言及がないので、正解です。

---

157. Idea Exchange について何が示されていますか。

(A) 毎週水曜日に行われる。
(B) 連続講義の形だ。
(C) 関連情報はインターネット上にある。
(D) 毎回異なるトピックに焦点を置く。
(E) 参加者は新しい意見を集めるために町から町へと移動する。

第 3 段落で、詳細についてはウェブサイトにアクセスするよう言っているので (C) が正解です。第 2 段落 1 文目から、今回のテーマは仕事と経済だとわかりますが、毎回異なるテーマかどうかは読み取れないので、(D) は言いすぎです。

---

158. [1]、[2]、[3]、[4]、[5] と記載された箇所のうち、次の文が入るのに最もふさわしいのはどれですか。

　「これを Ritaville で推進するためにさまざまな意見が出された」

(A) [1]　　　　　　(B) [2]
(C) [3]　　　　　(D) [4]
(E) [5]

挿入文中に this があるので、この this が指すものが前に来るとわかります。また、挿入文は「さまざまな意見が出された」という内容です。[3] の直後を見ると、One was、続く文で Another idea と意見が続けて挙げられています。[3] に入れると、直前の事業の創出のことを this が指し、これを推進するための案がその後列挙されていることになるので、文脈に合います。正解は (C) です。

□ empowerment エンパワーメント、権限の付与　□ brainstorm ブレーンストーミングをする
□ gathering 集まり、集会　□ facilitate ～を円滑に進める　□ representative 代表、担当者
□ entrepreneurship 起業家精神　□ boost ～を押し上げる、盛り上げる　□ economy 経済
□ creation 創設、つくること　□ correlate 相互に関連がある　□ unemployment rate 失業率
□ connection つながり　□ entrepreneur 起業家　□ funding 資金提供　□ mentorship いい助言
□ existing 既存の　□ welcome ～を迎える　□ immigrant 移民　□ consensus 合意
□ implement ～を実行する　□ entrepreneurial 起業家の　□ ecosystem 生態系　□ utilize ～を利用する

問題 159-160 は次のテキストメッセージのやり取りに関するものです。

Annette Finch（午前 11 時 32 分）
Miles さん、**159** 2 時の会議を明日に変更してもらえませんか。娘を学校へ迎えに行かなければならないんです。保健室の先生によれば、娘は熱があるので、私は今日は戻ってこられそうにありません。

Miles Allen（午前 11 時 34 分）
わかりました。正午が空いてますから、それでよければ。でも、お子さんと一緒に家にいなくてもいいんですか。

Annette Finch（午前 11 時 35 分）
母が来てくれるんです。あいにく今日は母の都合が悪いんです。正午で構いません。**160** 他の人にも知らせてもらえますか。**159** それから、昼食を持ってきます。

Miles Allen（午前 11 時 36 分）
それはいいですね。私もそうします。他の人については大丈夫です。きちんとやります。では、お子さんお大事にしてください。明日よろしくお願いします！

---

159. Finch さんについて何が示されています
か。

(A) 会議の日程を変更したいと思っている。
(B) 昼食を取りながら会議をする。
(C) 娘の学校に電話をかける。
(D) 出張で町から出ている。
(E) 具合が悪くなり始めている。

最初のメッセージで Finch さんが会議を明日に変
更したいと述べていますので、(A) が正解です。そ
して 11 時 35 分の Finch さんのメッセージで、正
午の打ち合わせに昼食を持っていくことがわかり
ますので、(B) も正解です。よって、正解は (A) と
(B) です。

160. 午前 11 時 36 分に Allen さんが "I'll work
it out with them" と書く際、何を意図し
ていると考えられますか。

**(A) 会議の予定を変更するために他の人に連絡
する。**
(B) 全員に昼食を準備する。
(C) Finch さんの手助けなしで任務を完了する。
(D) Finch さんの母親と娘に会う。
(E) 昼食を取るのにいい場所を見つける。

11 時 35 分に Finch さんは「他の人にも知らせて
もらえますか」と頼んでいます。Allen さんは「他
の人については大丈夫です」と返しています。こ
こから問われている表現の them とは会議に出席
する他の人だとわかります。よって予定変更を連
絡するとした (A) が正解です。また、(C) は「他の
人に知らせる」ということを assignment と言い
換えていると考えられますので、これも正解です。
よって正解は (A) と (C) です。問われている表現に
代名詞があった場合、それが何を指すのかをしっ
かり把握した上で解いていきましょう。

□ reschedule ～の予定を変更する

Test
2
Follow-up
2

321

📷 問題 161-163 は次の記事に関するものです。

ネバダ州、Missimi—Missimi の地元企業 Pet Stop は、アイオワ州を拠点とする大型店 Pet Care & Supply と 11 月 9 日付で合併すると今日発表した。会社の幹部は従業員の福利厚生と退職金制度について話し合うため、今月後半に労働組合の幹部と会合を持つ予定。**161** Pet Stop 側は、この合併が投資家からの信頼の向上と顧客基盤の拡大を促進することにつながると期待を寄せている。

162 **163** この合併により、アイオワ州の Pet Care & Supply の工場で、Pet Stop が特許を持つケージの組み立てが可能となる。それと引き換えに、Pet Care & Supply の請負業者が建設と品ぞろえの決定を担当する形で、Pet Stop の店舗をアイオワ州とミズーリ州に開店する。さらに、犬や猫などのペットとケージに加え、**162** Pet Stop の店舗には今後豊富な種類のペットフードや水槽、グルーミング用品などが並ぶことになる。

163 Pet Care & Supply は幹部は環境に配慮したビジネスへの取り組みを継続していくことになる。Pet Care & Supply は全国に 39 店舗を有する。詳細については www.PetCareSupply. com で。

詳細は 11 月 1 日の株主総会後に発表されることになっている。

161. Pet Stop の幹部は合併について何が正しいと思っていますか。

(A) 失職する社員はいない。
(B) ケージのデザインの改良につながる。
(C) 労働組合は全面的に合併を支持する。
(D) 合併は 1 カ月延期される。
(E) 投資家は好意的な反応を示す。

第 1 段落 3 文目で「Pet Stop 側は、この合併が投資家からの信頼の向上につながると期待を寄せている」と述べていますので、(E) が正解です。

162. 合併とともに起こることとして示されていないことは何ですか。

(A) Pet Care & Supply は新製品を考案する。
(B) Pet Care & Supply は新しく特許を申請する。
(C) 新しい工場が建設される。
(D) Pet Stop の品ぞろえが変わる。
(E) Pet Stop のケージがより多くの場所で組み立てられる。

第 2 段落 1 文目よりケージの組み立て拠点が増えることが、また同じ段落の 3 文目で Pet Stop が扱う商品が増えることがわかるので、(E) と (D) はそれぞれ本文に合致します。以上から、本文に言及のない (A)・(B)・(C) が正解です。(C) を第 2 段落 1 文目とリンクさせた方もいるかもしれませんが、あくまでも組み立て拠点が増えるだけで、工場が新設されるわけではありません。読み間違えのないように注意しましょう。

163. Pet Care & Supply について示されていることは何ですか。

(A) 国際市場に拡大する。
(B) 店舗のいくつかを工場に造りかえる。
(C) Pet Stop のケージ組み立て許可が与えられる。
(D) 今後も環境に配慮していくつもりだ。
(E) Pet Stop の経営陣を全ての会議に参加させる。

Pet Care & Supply について示されていることが問われています。第 2 段落 1 文目でケージの組み立てをすると言っているので (C) が正解です。そして第 3 段落 1 文目で環境に配慮した経営を行うとありますので、(D) も正解です。

□ locally 地元で □ merge 合併する □ effective (日付の日から) 実行される □ official 役員、職員
□ retirement 退職 □ investor 投資家 □ confidence 信頼 □ widen ～を広げる
□ patented 特許で保護された □ contractor 請負人 □ furthermore さらに
□ furry ふわふわの、毛皮で覆われた □ grooming 手入れ □ solely ～だけ
□ uphold ～を支える、支持する □ maintain ～を維持する □ commitment 関与
□ environmentally friendly 環境に配慮した □ practice 実践、実行 □ nationwide 全国で
□ shareholders meeting 株主総会 □ union 連盟 □ wholeheartedly 熱心に、誠意をもって
□ react 反応する □ positively 肯定的に □ invent ～を発明する、開発する □ patent 特許
□ assemble (部品) を組み立てる □ expand 広げる □ convert ～を変える □ authorization 承認
□ ecologically 環境的に □ considerate やさしい

---

http://www.wordflowinternational.com

Word Flow International

当クラブについて	教育	会員	教材	イベント

人前で話す秘訣

教育はあらゆる人の人生において不可欠なものであり、世界のどんな社交の場でも重要なものとなっています。**164** 当クラブの落ち着いた環境でコミュニケーションとリーダーシップのスキルを学び、かつ完璧なものとし、さまざまな訓練を通して実社会で役立つ技術を身に付けられるプロジェクトに取り組んでみませんか。Word Flow International の創設者が確立した次の 4 つの基本理念に基づいたカリキュラムで、自分のペースで技術を磨いていきましょう。

経験からの学習―リーダーの役割を果たし、**165** スピーチを行うことで、実践を通して技術の向上を図ります。
仲間の意見―**165** 協力的で率直な相互評価を通して成長しましょう。
指導―専任の指導者がプログラムでは励まし、指導支援し、思っていた以上に多くの目標を達成するお手伝いをします。
自分のペースで学習―Word Flow International の教育は、ご自身のペースで無理なく技術が身に付くよう工夫されています。

Word Flow International の教育は「コミュニケーションプログラム」と「リーダーシッププログラム」から成っています。「コミュニケーションプログラム」は教科書「コミュニケーション力強化」に沿って進められ、効果的なスピーチを行うのに必要な基本技術を身に付けられる 10 のスピーチの課題を行います。同様に、「リーダーシッププログラム」は教科書「リーダー育成」に沿って進められ、有能なリーダーになるために必要な基本技術を身に付けられる 10 のリーダーシップの課題を行います。この 2 つのプログラムは別々に受講することも、同時に受講することも可能です。プログラムの中では、さまざまな成果に対して表彰が行われます。

非会員の皆さまへ **167** Word Flow Clubs にいらっしゃって、ご自分にぴったりのものを見つけてください。クラブにご満足いただけましたら、入会委員長に入会の申し込み用紙をご請求ください。年会費は 80 ドルで、国際会費と地域クラブ会費が含まれています。**166** 新たに会員になられる場合には入会金 20 ドルも必要です。

☐ resource 資料 ☐ vital 重要な ☐ leadership リーダーであること ☐ discipline 訓練法
☐ curriculum カリキュラム ☐ guiding principle 指導原理 ☐ founder 創業者
☐ feedback フィードバック ☐ peer 仲間 ☐ evaluation 評価 ☐ supportive 助けになる
☐ mentor メンター、教育係 ☐ direct ～を指導する ☐ gear ～を合うようにする

164. Word Flow International の目的でない ものは何ですか。

(A) 会員同士の人脈作りを促すこと
(B) 会員が意思疎通を円滑に行えるよう手助け すること
(C) 技術を身に付けるための快適な雰囲気を提 供すること
(D) 会員にインターンの研修の仕方を指導する こと
(E) 会員を世界中の人々に紹介すること

Word Flow International の目的ではないものが問 われています。第1段落2文目から「当クラブの 落ち着いた環境でコミュニケーションスキルとリ ーダーシップスキルを学びかつ完璧なものとし」、 とありますので、「落ち着いた環境」を言い換えた (C) が当てはまります。また、「コミュニケーション スキルを学ぶ」という箇所を言い換えた (B) も該 当します。以上から、残った (A)・(D)・(E) がそれぞ れ本文に記載がないので正解です。いずれもこの 手の研修の目的にはありそうですが、本文をしっ かり読み込んで確認してください。

165. ウェブサイトではクラブの集まりで何が 起こると示唆していますか。

(A) 指導者がディスカッションのための小グル ープを仕切る。
(B) 会員はスピーチの練習をする。
(C) ゲストスピーカーが講義をする。
(D) 会員はお互いにアドバイスをし合う。
(E) 会員は起業の仕方を学ぶ。

設問中の meetings は会議というより「人が集ま ること」や「会」、ここではこのクラブの活動を指 していると考えましょう。基本理念が書かれてい る第2段落の1番目と2番目にスピーチの練習と 互いにアドバイスし合うと書いてありますので、 これに当てはまる (B) と (D) がそれぞれ正解です。

166. Word Flow International の新会員につ いて何が示されていますか。

(A) 週に1度リーダーの1人に連絡をしなけれ ばならない。
(B) オンラインでプログラムのレビューを見る ことができる。
(C) クラブに入るには、特別料金を支払わなけ ればならない。
(D) 専用ウェブサイトにアクセスできる。
(E) 2本の短い動画を見なければならない。

最終段落に、新会員は年会費に加えて入会金20ド ルを支払うとあるので、(C) が正解です。

167. [1]、[2]、[3]、[4]、[5] と記載された箇所の うち、次の文が入るのに最もふさわしい のはどれですか。

「クラブにご満足いただけましたら、入会 委員長に入会の申し込み用紙をご請求く ださい」

(A) [1]　　　　(B) [2]
(C) [3]　　　　(D) [4]
(E) [5]

挿入文は会員申し込みについてですが、会員につ いての内容は文章の最終段落に出てきます。[5] の 直前を見ると、クラブを見学するよう勧めている ので、この後に置くと文意に合います。正解は (E) です。

□ comprise 〜を構成する □ participation 参加 □ competent 有能な、能力のある
□ deliver a speech スピーチをする、演説をする □ similarly 同様に □ separately 別々に
□ recognition 表彰 □ accomplishment 達成、成果 □ dues 会費 □ communicator 伝達する人
□ atmosphere 雰囲気 □ instruct 〜に指示する □ chairperson 会長

問題 168-171 は次の書評に関するものです。

普通 ★★★☆☆
投稿者：Cheryl Christensen | 日付：5 月 28 日 21 時 55 分

『Cook It Easy』
Harry Mulvain 著 | 192 ページ、ハードカバー、Torrossian Publishing、32 ドル

Mulvain 氏の同名ブログを基にした新刊『Cook It Easy』は楽しくておいしいレシピを 100 個ほど収録しています。簡単なものばかりですが、驚くほど短時間でできるものもあれば、時間がかかるものもあります。簡単にできるのに、レシピはまるで熟練のシェフが作ったようで、宴会にはもってこいです。ですが、初めは尻込みする人もいるかもしれませんが、実際は料理の初心者でも、レシピのほとんどの料理をそつなく作れます。 **168** これは、的確な計量テクニックからチョコレートを湯煎で溶かす方法まであらゆることを説明している「Before You Begin」のセクションのおかげです。

『Cook It Easy』の中のすてきな写真を見れば、本書が New Cookbook Contest で最優秀ビジュアル賞を受賞したことも驚くには当たりません。ですから、本書はコーヒーテーブルに置いておくのにぴったりです。私は、見れば迷わずレシピに沿って進められる手順ごとの写真が気に入っています。 **168** ただ、どのレシピにも写真が付いていると期待はできません。 **170** 私のお気に入りのセクションは、シーフードや卵、パスタなど難しい食材の調理方法を、深く掘り下げた説明とわかりやすい写真とで完璧に指導してくれる「Never Overcook」です。幸い、もうこれでドライサーモンを楽しんでいるふりなどする必要はなくなりました。さらに、チャーハンやブラウニーといったいつものレシピにひねりが加えられている点も、料理を冒険的なものにしてくれています。そしてあらゆる人の興味をかき立てる流行の食材もレシピに数多く組み込まれています。

ですが、『Cook It Easy』には残念な点が 3 つあります。まず 1 点目は、本のあちこちに見られる数多くの誤植です。通常、誤植はただ迷惑なだけですが、 **170** 『Cook It Easy』では材料の分量に多少の誤りがあり、このことで、初心者が料理した場合、大失敗に終わる可能性があります。2 点目は、私は前菜で 1 セクション、メインディッシュで別のセクションというように、コースで出て来る順番に編集されている料理本がいいのですが、『Cook It Easy』ではレシピの順番がばらばらです。しかし、索引だけは全てが載っていて使いやすいです。3 点目は、もっと多くのレシピや新しいレシピがあると思っていました。

全体として、本書のある面は刺激的ですが、別の面は大きな期待外れでした。 **171** Community Judge グループは『Cook It Easy』に Peer Choice Award を授与し、その隔週誌のコラム「You Be the Cook」で取り上げました。一方で、Culinary Treats はこの新しい料理本を「大きな失望」と評しました。もしこの料理本の購入を検討中でしたら、ご自身の求める本に合うかどうかを判断する際に、この書評をご参考にしてください。

168. 『Cook It Easy』について示されていないことは何ですか。

(A) 海外で販売される。
(B) 全てのレシピに、一つ一つの手順についての写真が付いている。
(C) 読者に的確な料理方法についての情報を与えている。
(D) 主にベジタリアン向けのレシピが載っている。
(E) もっぱら専門家向きだ。

第1段落の終わりに、あらゆる調理方法の説明が詳しいので初心者でもレシピの料理を再現できるとあります。ここから (C) は問題ありませんが、(E) はこれに矛盾しています。また、第2段落4文目から写真がどのレシピにもあるわけではないとわかるので、(B) も本文と矛盾しています。(A) と (D) は本文に言及がありませんので、正解は (A)・(B)・(D)・(E) です。NOT問題は通常は消去法で見ていきますが、今回は正解が4つもあったため、少し負荷が大きかったでしょうか。

169. 第4段落・5行目にある featured と意味的に言い換え可能なのは

(A) ～を明らかにした　(B) ～を展示した
(C) ～を想定した　　　(D) ～を後援した
(E) ～を目立たせた

主語は Community Judge グループで、「その隔週誌のコラムで」と続いているので、ここでの feature は「特集する、特別なものとして目立たせる」という意味で使われています。ここから (E) が正解です。この語は、「光を当てる」という意味もありますが、「焦点を当てる」という意味でも使われ、ここでは feature と同義です。

170. Christensen さんにより何が述べられていますか。

(A) 『Cook It Easy』には重要な箇所で間違いがある。
(B) 『Cook It Easy』のレシピの多くは高価な材料を使用している。
(C) 彼女はチャーハンもブラウニーも作ったことがない。
(D) 『Cook It Easy』には難しい食材の調理方法についてのセクションがある。
(E) 『Cook It Easy』のレシピのそれぞれに動画へのリンクが付いている。

第2段落5文目で、難しい食材の調理方法の説明があると述べているので、(D) が正解です。また第3段落3文目で、材料の分量の誤植が料理に及ぼす影響を述べていますので、(A) も正解です。

171. 『Cook It Easy』は Community Judge から何を受け取りましたか。

(A) ウェブサイトでの書評
(B) 出版物中での記事　(C) 賞
(D) 名誉のメダル　　　(E) 悪い評価

第4段落2文目に Community Judge が出てきます。「Peer Choice Award を授与し、その隔週誌のコラム『You Be the Cook』で取り上げた」とあるので、(B) と (C) が正解です。本文の「雑誌で取り上げた」という内容が (B) では write-up と言い換えられている点にも注目です。

□ simplicity シンプルさ　□ feast 宴、宴会　□ skilled 腕のいい　□ intimidated おびえて
□ duplicate ～を再現する　□ flawlessly 傷がなく、完璧に　□ measure ～を測る　□ melt ～を溶かす
□ double boiler 湯せん用の二重鍋　□ ideal 理想的な　□ confidently 自信を持って
□ instruct ～に指示する　□ moreover さらに　□ twist ひねり、特別な工夫　□ trendy 流行の
□ incorporate ～を組み込む　□ arouse one's interest（人）の興味を引く　□ typo 誤植
□ measurement 測定値、測量値　□ potentially 潜在的に　□ disaster 災害、惨事
□ whatsoever（強調で）少しも　□ index 索引　□ comprehensive 包括的な　□ aspect 点
□ letdown 失望　□ bestow ～を授与する　□ solely ～だけ　□ utilize ～を使用する　□ publication 出版物

問題 172-175 は次のオンラインチャットでの話し合いに関するものです。

Nielsen, Barbara（午前 10 時 12 分）：こんにちは、Diaz さま。Berkhouse Airlines サポートにお問い合わせいただき、ありがとうございます。今日はどのようなご用件でしょうか。

Diaz, Ferdinand（午前 10 時 13 分）：**172** **175** 6 週間ほど前に Afta City への往復チケットを予約したんですが、現地では最近の嵐で大規模停電が起きているので、予約をキャンセルして返金をお願いしたいんです。

Nielsen, Barbara（午前 10 時 13 分）：承知いたしました、Diaz さま。ご予約情報を確認いたします。確認番号を教えていただけますか。

Diaz, Ferdinand（午前 10 時 14 分）：はい。R58H3312 です。

Nielsen, Barbara（午前 10 時 14 分）：ありがとうございます。少々お待ちください。

Nielsen, Barbara（午前 10 時 16 分）：ただ今確認しております。そうですね、拝見したところ、こちらのご旅行に対して旅行保険に加入されていないようです。恐れ入りますが、この場合にはクーポン券のご提供しかできません。**173** 譲渡不可で、有効期限は 1 年になります。

Diaz, Ferdinand（午前 10 時 17 分）：でも、ニュースで Berkhouse Airlines が現地発着便を欠航にしていると言っていました。あと Afta City 当局は、しばらくの間電気は復旧しないと見込んでいます。**174** 貴社の返金条件には、航空会社による欠航便は返金されるとありますが。

Nielsen, Barbara（午前 10 時 18 分）：おっしゃるとおりでございます。**174** ですが、お客さまの便は欠航になってはいません。来月の便について決定する前に、Berkhouse Airlines は動向を見守ることにしています。

Diaz, Ferdinand（午前 10 時 20 分）：それでは困ります。ぎりぎりまで決定がなされないかもしれないんですよね。それでは、どこか他の場所へ旅行を計画したり、飛行機を予約したり、ホテルの部屋を取ったり、そういったことをするのが間に合わなくなってしまいます。では、どうしたらいいんですか？　他に私が行きたい場所まで Berkhouse Airlines のフライトがあるかどうか、わからないですし。

Nielsen, Barbara（午前 10 時 21 分）：申し訳ございません、Diaz さま。何ができるか検討いたしますので、少々お待ちください。

Nielsen, Barbara（午前 10 時 24 分）：お待たせいたしました、**173** Berkhouse Airlines は現在こちらの行き先への便には返金をしておりませんが、状況が状況ですので予約内容の変更をいたします。変更手数料はかかりません。これでお役に立つでしょうか。

Diaz, Ferdinand（午前 10 時 25 分）：そうですね。先に他の選択肢を検討したかったのですが、そのような提案をいただけましたので…。

Diaz, Ferdinand（午前 10 時 25 分）：同じ日に同じ名義で、**175** 代わりに Duruge 行きに変更したいと思います。

Diaz, Ferdinand（午前 10 時 26 分）：ところで、今のチケット料金で Duruge までカバーできますか。

Nielsen, Barbara（午前 10 時 27 分）：差額は出るかもしれません。フライトについて調べて、プランをいくつか提示しますので、少々お待ちください。

172. Diaz さんが言っていない情報は何ですか。

(A) クーポン券を利用したいと思っている。
(B) 返金が可能かどうか知りたいと思っている。
(C) 彼の飛行機は 6 週間前に予約された。
(D) **彼の搭乗券には間違った情報が載っている。**
(E) **同僚と一緒に旅するつもりだ。**

10 時 13 分のメッセージで Diaz さんがまず事情を説明しているので、(B) と (C) はこの箇所に当てはまります。よって、本文に言及のない (A)・(D)・(E) が正解です。(A) は Diaz さんが求めたのではなく Nielsen さんが 10 時 16 分のメッセージで規定を説明しただけです。

173. Berkhouse Airlines について何が示されていますか。

(A) いかなる理由でも返金には応じない。
(B) **予約の変更には通常、手数料を請求している。**
(C) **クーポン券は譲渡できない。**
(D) 旅行保険の販売はしていない。
(E) **クーポン券は 1 年間有効だ。**

10 時 16 分のメッセージから、クーポン券は譲渡不可、有効期限は 1 年とわかるので (C) と (E) は正解です。そして 10 時 24 分の Nielsen さんのメッセージには、状況を考慮して変更手数料なしで予約内容を変更するとあるので (B) も正解です。(A) の「いかなる理由でも返金不可」は 10 時 18 分のメッセージと矛盾しますし、(D) の保険販売については、10 時 16 分のメッセージから販売しているとわかるので、いずれも不正解です。

174. 午前 10 時 18 分に Nielsen さんが "That is correct" と書く際、何を意図していると考えられますか。

(A) Diaz さんの航空券を再発行する。
(B) Diaz さんに全額返金が行われるべきだと思っている。
(C) 予約情報に間違いはないと確信している。
(D) Diaz さんの便がすぐに欠航になると思っている。
(E) **Diaz さんの発言が正しいことは認めている。**

直前の 10 時 17 分で「返金条件には、航空会社による欠航便は返金されるとあります」と Diaz さんが Nielsen さんに言っています。ですが Nielsen さんはその後、「Diaz さんの便は欠航になっていない」と述べています。つまり、Nielsen さんは先ほどの Diaz さんの発言を認めつつ、今回は欠航になっていないと説明しています。以上より正解は (E) です。

175. Diaz さんの旅行計画の変更について正しいものは何ですか。

(A) 特別なツアーに参加する。
(B) 片道のチケットを買う。
(C) **目的地は別の都市になる。**
(D) 座席はアップグレードされる。
(E) 出発日が変更になった。

Diaz さんは当初 Afta City へ行く予定だったことが 10 時 13 分のメッセージを見るとわかりますが、10 時 25 分のメッセージで目的地を Duruge に変更したいと述べています。以上から正解は (C) です。(E) の出発日の再調整については、10 時 25 分のメッセージで「同じ日に」と言っていますので本文と合いません。

Test 2 Follow-up 2

☐ refund 返金 ☐ confirmation 確認 ☐ restore 〜を復旧する ☐ refund policy 返金規定
☐ modify 〜を修正する、変更する ☐ apply 〜を適用する ☐ fee 手数料 ☐ circumstance 状況
☐ redeem 〜を (景品と) 引き換える ☐ non-transferable 譲渡不可の ☐ valid 正当な、効力のある
☐ reissue 〜を再発行する ☐ recognize 〜を認める
☐ upgrade 〜をアップグレードする、〜のグレードを上げる ☐ departure 出発
☐ reschedule 〜の予定を変更する

宛先：concierge@middleplazahotel.com
差出人：jengrist@zero.com
件名：予約
日付：8 月 4 日

こんにちは

来週そちらのホテルに到着する予定です。私の名前で 1 部屋取ってあり、確認番号は
234SS97IJ2 です。8 月 12 日にチェックアウトの予定になっていますが、**176** 2 日延泊したい
と思っています。お願いできますでしょうか。Rewards Club の番号は 707234902 で、現在の
予約に使った同じクレジットカードに 2 日分の料金を追加課金していただいて構いませ
ん。**176** Rewards Club の会員ですので、無料 Wi-Fi が含まれますね。

旅行中の観光について調べているのですが、8 月 12 日にガンボアとパナマ運河に行きたいと考
えています。ホテルまでの送迎付きで、この 2 カ所を訪問するツアーを探していただけますでし
ょうか。現地のいい雰囲気を味わいたいですが、ジップラインやキャノピーツアーのような、高
所でのアクティビティーには興味がありません。

また、チェックアウトの日にトクメン国際空港への空港シャトルバスを予約したいと思っていま
す。飛行機は午前 7 時 35 分出発の予定で、3 時間前には空港に着いていたいです。**177** バスで
空港へ行くときの所要時間がわからないので、ちょうどよい時間のバスを選んで、予約してもら
えますか。バスがホテルと空港の間を 30 分間隔で走っていることは知っています。

よろしくお願いいたします。

Jen Grist

宛先：jengrist@zero.com
差出人：concierge@middleplazahotel.com
件名：Re：予約
日付：8 月 5 日

Grist さま

パナマシティーの Middle Plaza Hotel を選んでいただき、ありがとうございます。 **176** 2日間のご延泊をお客さまのご予約に入れました。

ご依頼の件ですが、**180** Highlight Tours でガンボアとパナマ運河の両方へ行くツアーを予約しました。Highlight Tours は 8 月 12 日午前 8 時に Middle Plaza Hotel へお客さまをお迎えに上がります。ツアーでは、運河でボートに乗り、Gamboa Resort でご昼食を取り、在来種の動物と触れ合える動物救護センターを訪問します（**178** 熱帯雨林を通るロープウエーは特別にお客さまのツアーには入れませんでした）。それからミラフローレス閘門を見に行きます。そこでは、稼働中の閘門を見学したり、**178** パナマ運河に関するビデオを見たり、博物館を見て回ることができます。ツアー後、Middle Plaza Hotel に午後 5 時に戻る予定です。このツアーが気に入っていただけたら幸いです。

空港シャトルバスについてですが、こちらは無料で、10 分でトクメン国際空港に到着します。ただ、あいにく始発は午前 5 時です。運行が始まるまでお待ちになり、空港に午前 5 時 10 分に到着されるか、**180** あるいは午前 4 時 25 分までにタクシーにご乗車になって、10 分で到着されるかのどちらかになります。タクシー代はおよそ 10 ドルです。決まりましたらお知らせください、手配をいたします。

追って、お部屋とツアーの両方のご予約について確認のメールを別々にお送りします。Middle Plaza Hotel を選んでいただき、重ねてお礼申し上げます。ご滞在を心待ちにしております！

よろしくお願いします。

コンシェルジュ兼旅行プランナー　Eugenio Morales

Test 2

Follow-up 2

176. Grist さんの Middle Plaza Hotel での滞在について何が推測できますか。

(A) **彼女の Wi-Fi アクセスは無料だ。**
(B) 8 月 12 日に部屋を変更しなければならない。
(C) 友人と同じ部屋に滞在する。
(D) 朝食は部屋まで届けられる。
(E) **8 月 14 日までの滞在が認められている。**

最初のメール第 1 段落で Grist さんは延泊できるか聞いています。その後 2 番目のメール第 1 段落では延泊分を予約に反映したとあります。2 日の延泊が認められたので、(E) は正解です。また、最初のメール第 1 段落の最後の文で「会員なので、無料 Wi-Fi が含まれますね」と言っていますので、これを complimentary に言い換えた (A) も正解です。よって、正解は (A) と (E) です。

---

177. Grist さんはトクメン国際空港に行くことについて何と述べていますか。

(A) 7 時 35 分ごろにタクシーに乗る。
(B) 8 月 10 日に行くつもりだ。
(C) シャトルバスのドライバーと計画を立てた。
(D) シャトルバスの時刻表を 1 部欲しいと思っている。
(E) **時間について提案してほしいと思っている。**

最初のメールの第 3 段落中ほどで、シャトルバスで行った場合、空港までの所要時間がわからないと言っており、ちょうどよい時間のバスを選んで予約してもらえるか頼んでいます。よって、(E) が正解です。

---

178. Grist さんのツアーについて述べられていないことは何ですか。

(A) Gamboa Resort へ行く。
(B) **絶滅の危機に瀕した固有種に関するビデオを見る。**
(C) **ロープウエーに乗る。**
(D) **閘門の模型を作る。**
(E) ボートに乗って運河を回る。

Grist さんのツアーについては 2 番目のメールの第 2 段落に詳しく書いてあります。中ほどで Morales さんが「ロープウエーは入れませんでした」と言っているので、(C) は本文と矛盾しています。その後、ビデオを見るという話は出てきますが、これはパナマ運河に関するものですので、(B) も本文と矛盾があります。(D) については触れられていないので、正解は (B)・(C)・(D) です。

---

179. 2 通目のメールの第 3 段落・5 行目にある contact と意味的に言い換え可能なのは

(A) ～に追い付く   (B) **～に連絡を取る**
(C) ～に近づく   (D) ～の家に滞在する
(E) ～に出くわす

ここで contact は「(人) に連絡を取る」という意味の他動詞として機能していると考えられますので、(B) が正解です。

180. Morales さんについて正しいものは何ですか。

(A) 8 月 12 日のツアーを手配した。
(B) 顧客からツアーについていくつかの好意的な評価を受けた。
(C) トクメン国際空港への交通手段としてタクシーを提案した。
(D) Grist さんに休暇を延長するよう勧めた。
(E) Grist さんの Rewards Club への申し込みを行った。

2 番目のメールの第 2 段落 1 文目で Morales さんはツアーの予約をしたと言っています。次の文からツアーが 8 月 12 日に催行されるとわかるので、(A) は正解です。次に、第 3 段落 2 ～ 3 文目でバスかタクシーを勧めていますので、(C) も正解です。正解は (A) と (C) です。(D) は Morales さんが勧めたわけではなく Grist さんの要望ですので、不正解です。

□ confirmation 確認　□ canopy 天蓋のように覆うもの　□ assistance 支援、手助け
□ reflect ～を反映する　□ rescue 救援、救助　□ purposely 意図的に　□ aerial 空中の
□ rainforest 熱帯雨林　□ complimentary 無料の　□ endangered 絶滅の危機にある
□ review 評価、レビュー　□ extend ～を延長する

問題 181-185 は次の予定とメールに関するものです。

Jack Unzicker 予定（6月2日−6日）

185 月曜日：	午前 9 時	新しい顧客 Heather Dunbar 氏と Silver Feather 社でミーティング
181	午前 10 時 30 分	チームを Social Media Conference へ派遣することに関し Nakai 氏と話し合う（先方のオフィスにて）：Nakai 氏が出張に出発できるよう、早急に開始（10 時 30 分より前に）…午前 9 時のミーティングが長引いた場合には、電話での話し合いを予定
火曜日：	午後 0 時	Jaroo 社の新規顧客 Steve Settle 氏と会社の基本的な広告規約についてランチミーティング
	午後 3 時	Southeast Quarterly の広告の有効性についてチームと話し合い
水曜日：	午後 2 時	広告の変更について協議するため Reickel Shoes の James 氏と Landmark News を訪問
181 木曜日：	午後 3 時	Debra Fox Jewelry のロゴデザイン変更のアイデア締め切り―メールで送信
金曜日：		娘の誕生日祝いのため休み
	午前 9 時	Susie と友だちを Jarrell Mountain State Park へ連れていく
182	午前 10 時	パークレンジャーと Heron Trail ハイキングツアー
182	午前 11 時 30 分	パーティーのため Burgers and More へ：ランチ、ケーキ、プレゼント
	午後 3 時	友だちを家まで送る

宛先：d-unzicker@advertisethis.com
差出人：heather@silverfeather.com
件名：約束
日付：5 月 30 日

Unzicker さま

183 急なお知らせとなってしまい申し訳ありませんが、来週月曜日午前 9 時に約束していた予定を後ろにずらしますでしょうか。**184** 予定外の出張が入ってしまい、今晩中には町を出なければならず、月曜日の夜遅くまで戻りません。難しいかとは思いますが、**185** 代わりに水曜日の同じ時間にお会いできますでしょうか。また、私のオフィスで会うことになっていましたが、

334

183 その日の午後に別の約束でそちらの近くへ行く予定なので、わざわざお越しいただく必要はありません。

184 ロゴに関してですが、こちらで希望するもの（例えば色、バランス、動き、フォントなど）について、いくつか考えがあります。思い付いたアイデアのスケッチも少し描いてみました。今夜、空港から全部メールでお送りします。そうすれば、ミーティングの際により多くの時間を話し合いの時間に割けると思いますので。私のアイデアのどれかを使用するという結論になるだろうと言っているわけではありません。何しろ、Unzickerさんがこの地域では最も優れたロゴデザイナーだと聞いて一緒に仕事をすることに決めたわけです。ただ、どんな素晴らしいロゴでも、辿りつくまでには、多くのスケッチが必要でした。一緒に考え、アイデアを持ち寄って創造力を膨らませて、プロジェクトを進めましょう！

では、早急にご都合をお知らせください。これまでは電話で話していましたが、やっとお会いして、お目にかかることができるのを楽しみにしています！

よろしくお願いします。

Heather Dunbar
184 Silver Feather 社

181. Unzicker さんの予定で書かれていない ことは何ですか。

(A) **Nakai さんから木曜日にアイデアをもらう。**
(B) **Landmark News とのミーティングの時間 が変更になった。**
(C) **週の最終日に締め切りがある。**
(D) Reickel Shoes の社員が話し合いに同行す る。
(E) Jaroo 社は Unzicker さんが提供するサー ビスについて知りたがっている。

Unzicker さんのスケジュールの中で述べられてい ないことが問われています。Nakai さんとの予定は 月曜日に入っているので、(A) は本文と矛盾してい ます。(B) のような予定変更の話はスケジュールか らは確認できません。スケジュールを見ると、 Unzicker さんに締め切りがあるのは木曜日なの で、(C) は本文と一致しません。よって、(A)・(B)・ (C) が正解です。

182. Unzicker さんの予定から彼の娘につい て何が示されていますか。

(A) 誕生日に宝石を欲しがっている。
(B) 木曜日に父親のオフィスを訪ねる。
(C) **金曜日にパーティーの予定がある。**
(D) **屋外での活動に参加する。**
(E) 学校の先生と一緒にもうすぐハイキングに 行く。

スケジュールの金曜日の欄には、午前 10 時にハイ キング、午前 11 時半に誕生日パーティーをすると あります。よって、(C) と (D) が正解です。hike を join an outdoor activity に言い換えていますね。

183. Unzicker さんの Dunbar さんとのミー ティングについて、正しいものは何だと 考えられますか。

(A) 約 30 分続く。
(B) **ミーティングの場所は変更になるかもしれ ない。**
(C) レストランで昼食を食べながら話す。
(D) **当初予定されていた日に行われないかもし れない。**
(E) テーマは再検討の必要がある。

メールの冒頭で Dunbar さんが月曜日のミーティ ングの日程を延期したいと切り出しているため (D) は正解です。また第 1 段落の最後に、別の約束があ り Unzicker さんの会社の近くに行くので、お越し いただく手間を省けるとあります。つまり、 Dunbar さんが Unzicker さんのオフィスに立ち寄 ると提案していることがわかりますので、(B) も正 解です。正解は (B) と (D) です。

184. メールの中で Dunbar さんについて何が わかりますか。

(A) **急に町を出るつもりではなかった。**
(B) 彼女のオフィスは Unzicker さんのオフィ スの近くに移転してくる。
(C) Unzicker さんとの面会に備える時間がもっ と必要だ。
(D) 旅行の手配をするためにオフィスを早く出 る。
(E) **Silver Feather 社の新ロゴデザインを欲し がっている。**

メールの第 1 段落の 2 文目より、町を離れるのは 予期せぬ出張が入ったからだとわかるので、(A) は 正解です。次に、第 2 段落で新しいロゴの作成につ いて熱心に語っています。また、メールの末尾にあ る署名から、Dunbar さんが Silver Feather 社に勤 めているとわかりますので、会社のロゴを作成し たがっているということです。よって (E) も正解で す。正解は (A) と (E) です。

185. Unzicker さんについて何が示唆されていますか。

(A) 以前 Silver Feather 社で働いていた。
(B) Jarrell Mountain State Park に何度か行ったことがある。
(C) 月曜日に Nakai さんと Southeast Quarterly について話す。
(D) 当初の予定よりも早く Settle さんとランチミーティングをするかもしれない。
(E) 6月4日に新しい取引先と会うかもしれない。

スケジュールより、6月2日に予定の入っている Dunbar さんは Unzicker さんにとって新規の顧客だとわかります。また、メールの第1段落で Dunbar さんは月曜日（6月2日）の予定を水曜日（6月4日）に変更できるか聞いています。スケジュールを見ると、Unzicker さんは水曜日の午後に予定は入っていますが、午前中は空いています。以上から、(E) が正解です。

□ protocol 規約の原案　□ effectiveness 有効性　□ redesign ～のデザインをやり直す
□ park ranger 公園管理人　□ postpone ～を延期する　□ unexpected 予想外の
□ unlikely 起こりそうもない　□ symmetry 対称、調和、均整　□ motion 動き　□ headway 前進
□ deadline 締め切り　□ consultation 相談　□ infer ～を推論する　□ activity 活動
□ reconsider ～を再考する　□ relocate 移転する

Test
2
Follow-up
2

宛先：Ken Thrash <kthrash@farrellpublishing.com>
差出人：Carol Davis <cdavis@farrellpublishing.com>
件名：いくつかの考え
日付：9月5日
添付：Bonanza

こんにちは、Ken

今朝オフィスの駐車場に入ったときに気付いたんですが、うちのビルがですね、その、ぼろぼろに見えるんです。そのことでお客さま、特に新規の方が不安に感じる様子が想像できます。こんなことを考えながら廊下を歩いていると、Salisbury さんのオフィスに行って、会社はビルにお金を使えと言いたくなりました。壁は塗り替えることができると思いますし、窓清掃はもちろん、カーペットも全て交換するか、少なくとも掃除は必須です。もしその気になれば、例えばロビーやトイレ、休憩室をリフォームすることもできます。 **186** 最近見つけたクーポンを添付しました。次回の役員会議で、この会社について調べ、ここのサービスがうちの会社に合っているか確認するように提案できればと思います。 **186** 賛成してもらえたらうれしいです。一番下のサービスがよさそうです。あと、家具も清掃してくれるようです。

Carol Davis

Bonanza Carpet Cleaning
1914 年より家族経営
(239) 555-2777
www.bonanzacc.com**

3 部屋または 3 カ所 *―114 ドル
4 部屋または 4 カ所 *―129 ドル
5 部屋または 5 カ所 *―159 ドル
6 部屋または 6 カ所 *―179 ドル
7 部屋以上―1 部屋につき 27 ドル！*

*「部屋」とは、部屋、玄関、ウォークインクローゼット、階段（14 段まで）のことです。250 平方フィートを超える場合は 2 部屋分となります。汚れのひどいカーペットには「放置カーペット料金」が適用される場合があります。 **187** **190** 割引価格は 11 月 2 日まで有効です。
** **187** 当社ウェブサイトで、家具の清掃やペットが付けた汚れ、タイルの清掃などのサービス一覧をご覧ください。

役員会議事録　　　　　　　　　　　　　　　　　　190 10月13日午後6時

議長 Brian Salisbury が開会のあいさつ

出席者：Ken Thrash、Carol Davis、Anthony Bell、Rick Diehl（Allison Kaufman は欠席）

主な議題：

・オフィスビルについて：ビルを美化するための当社の取り組みが好評であると、耳にした役員が数名いる。188 カーペットを掃除し、壁を塗装しただけだが、従業員にも顧客にもこれまでのところ好評だとのこと。188 Bernie Ferguson が自社のオフィスビルでも利用していると言って薦めた Office Remodeling Specialists にしたのは正解。同社を利用すれば作業を順番に片づけるだけなので、作業ごとに別々の請負業者を見つける手間が省ける。そして、188 同社に仕事を依頼すればするほど、各作業の料金が安くなる。同社は来週、窓の作業に取りかかる。

・190 ホリデーギフトバスケット：得意先向けのホリデーギフトバスケットについて検討を始める必要あり。いつもは Seasonal Gifts に発注しているが、昨年バスケットの到着が遅れたことを Anthony Bell が全員に対して指摘した。今年は問題が起きないように、他の選択肢を検討する予定。また、今年は顧客がかなり入れ替わったため、バスケットを受け取る顧客リストの作成を始める予定。

・Casual Friday：毎週金曜日にビジネスカジュアルウェアでの出勤を認めるよう要求してきた従業員が数名いた。190 金曜日に会議がある場合はふさわしい服装で出社するという条件で、全役員が承諾。Rick Diehl は人事部の Sam Richards に Casual Friday の方針を作成してもらい、役員会で承認する。

186. メールの中で Davis さんはどんなことを述べていますか。

(A) リフォーム代を支払うのをいとわない。
(B) 新しいカーペットに不満を持っている。
(C) 清掃会社の候補を見つけた。
(D) Thrash さんに自分の考えを支持してもらいたいと思っている。
(E) ビルが従業員にとって危険だと感じている。

メールの後半に、見つけてきた会社のクーポンを添付するとあり、後ろから 3 文目では「賛成してもらえたらうれしい」と言っています。よって (C) と (D) がそれぞれ正解だとわかります。(A) は、お金を払うのは Davis さん個人ではなく、会社ですね。

187. Bonanza Carpet Cleaning について示唆されていないことは何ですか。

(A) Davis さんの会社がある地域には来たばかりだ。
(B) 今はカーペットの設置を行っている。
(C) 提供価格は期間限定だ。
(D) フランチャイズ加盟店だ。
(E) サービス一覧をインターネットで掲載している。

広告の但し書きの部分から、広告の価格は 11 月 2 日までとわかるので、(C) は本文に合致します。次の文でサービス一覧はウェブサイトを見るよう言っているので、(E) も問題ありません。よって、それ以外の、本文に言及のない (A)・(B)・(D) が正解です。

188. Office Remodeling Specialists について何がわかりますか。

(A) 競合他社よりも価格が低い。
(B) 紹介によってほとんどの契約を取っている。
(C) すでに Davis さんの会社での仕事を開始した。
(D) 頻繁にラジオで宣伝している。
(E) Ferguson さんの会社でも仕事をしている。

議事録の主な議題の最初の項目の冒頭から、カーペットの清掃と壁の塗装はすでに行われていることがわかりますので、(C) が正解です。また、利用した業者は Ferguson さんが自社のオフィスビルで利用していると 3 文目にあるので、(E) も正解です。(A) は、最初の箇条書きの後ろから 2 文目で「同社に依頼すればするほど、各作業の料金が安くなる」としか述べられていません。よって (A) は誤りです。

189. 会議の議事録の 1 段落・4 行目にある go with と意味的に言い換え可能なのは

(A) ～に合う   **(B) ～を使う**
(C) ～を選ぶ   (D) ～を受け入れる
(E) ～を使う

議事録の Orders of business の最初の項目の 3 文目では、「Office Remodeling Specialists にしたのは正解」と、「選ぶ、採用する、使用する」といった意味で使用されていますので、(B)・(C)・(E) が正解になります。(C) はすぐ選べそうですが、他の選択肢はどうでしたか？「利用する、採用する」といった使い方もこの文脈ではできます。

190. 役員会について正しいものは何ですか。

(A) 議題の 1 つは去年と変わっていない。

(B) Bonanza Carpet Cleaning のクーポンの有効期限が切れる前に行われた。

(C) Richards さんは出張のため出席できなかった。

(D) ホリデーギフトバスケットに関する問題が話し合われた。

(E) 役員は新しい会社の規定に同意した。

役員会議について問われています。まず議事録の日付は 10 月 13 日になっていますが、広告にあった清掃業者のクーポンは 11 月 2 日まで有効とありました。よって、(B) が正解です。また、議事録の主な議題の 2 つ目でホリデーギフトバスケットについて書かれているので、(D) も正解だとわかります。主な議題の 3 つ目で、Casual Friday についての議論の結果、社内方針を変更することが決定したことがわかるため、(E) も正解です。(A) に関しては、ホリデーギフトバスケットに昨年問題があったことはわかりますが、昨年も議題に上がったかどうかは言及がないので、不正解です。

□ attachment 添付ファイル □ perspective 観点 □ overwhelming 圧倒的な □ urge 衝動
□ ambitious 野心がある □ remodeling 改修 □ define ~を定義する
□ be subjected to ~を受けることになる □ neglect ~を粗末にする □ fee 手数料 □ valid 有効な
□ spruce up こぎれいにする □ comment ~と評する、~とコメントする □ contractor 請負人
□ significantly 著しく □ compile ~を集める、編集する □ attire 服装 □ appropriately 適切に
□ policy 方針 □ approve 承認する □ be dissatisfied with ~に不満である □ installation 設置
□ franchise フランチャイズ、加盟店 □ contract 契約 □ recommendation 推薦 □ frequently 頻繁に
□ advertise 宣伝する、広告する □ board of directors 取締役会 □ expire 期限が切れる

問題 191-195 は次の手紙とメール、注文書に関するものです。

8 月 21 日

Doris Stanford さま
Marvelous Mile Gift Shop
194 フロリダ州 Darvin 32003
W. Roosevelt Street 70 番地

Stanford さま

私は Stanford さまのギフトショップの大ファンです。特に、そちらで販売されている手作りの工芸品が気に入っています。192 私のせっ器の花瓶を貴店に置かれれば、大変満足されるのではないかと思っています。こちらは贈り物にはぴったりの価格で、希望小売価格は 20〜35 ドルです。1 回当たりの最低発注数は花瓶 10 点と、お手ごろに設定しております。売れ筋のものの中から 2 点を同梱いたしましたが、実際は多くのデザインの中からお選びいただけます。店頭での商品の動きをしっかりと把握するために、まずは 5〜10 種類、さまざまなデザインをご注文になることをお勧めします。

193 当方では安心のお試しプランを提供しております。60 日間の委託で、花瓶 20 点をお店でご販売になれます。ご来店のお客さまにご好評だった場合は、オンラインでのご注文が可能です。飛ぶように売れると確信しています。

直接お会いして、もっと多くの花瓶のサンプルをご覧に入れるため、来週そちらのギフトショップにお伺いしようと思っています。193 何かご質問があれば、そのときまでにメールでお気軽にお問い合わせください。

敬具

Leonard Brown
Brown Pottery
www.brownpottery.com
leo@brownpottery.com

宛先：Leonard Brown <leo@brownpottery.com>
差出人：Trudy Vollkommer <vollkommer@theartisanshop.com>
件名：将来の顧客
日付：11 月 6 日

Brown さま

194 本日友人のギフトショップを訪ね、そこで Brown さまのすてきな花瓶をお見かけしました。友人の Doris Stanford さんは、そちらの花瓶がヒット商品となって多くのお客さんでにぎわうようになったので、大変満足していると言っていました。先週新たに入荷したものが、すでに半分も売れたと話していました。お客さんは趣味で集めている人だけでなく、贈り物として花瓶を購入している人もいるようです。中には新しいデザインのものの入荷時期を聞いてくる人もいて、入荷するといち早く飛んできて買い占めるのです。さて、Brown さまの作品を私の店で取り扱う方法を彼女が簡単に教えてくれました。当店では私自身のものも含め、主に職人の手による工芸品を販売しています。

194 今度の木曜日にそちらの地域に伺う予定で、もしかしたら昼食の時間あたりに工房にお邪魔できるかもしれません。そのときは花瓶を拝見し、194 委託商品を何点か持ち帰って休暇中、試しに店に置こうと思っています。194 もしお時間があればお知らせください。メールか電話（778-555-2379）でご連絡ください。以上、どうぞよろしくお願いいたします。

敬具

Trudy Vollkommer

Brown Pottery——注文書
12 月 1 日午前 11 時 35 分

店名：The Artisan Shop
住所：オハイオ州 Hampton 43114 Sierra Vista 通り 435 番地
連絡先：Trudy Vollkommer
メール：vollkommer@theartisanshop.com
電話：778-555-2379

商品番号	個数	単価	計
AG36	6	13 ドル	78 ドル
AK22	6	14 ドル	84 ドル
CM04	6	16 ドル	96 ドル
FR17	6	18 ドル	108 ドル
FS06	10	18 ドル	180 ドル
		小計：	546 ドル
		送料・手数料：	32.50 ドル
		総計：	578.50 ドル

午前 10 時までのご注文で、在庫があれば商品を即日発送いたします。195 発送後、発送のお知らせと追跡情報を記載したメールを送信いたします。

ご注文いただき、ありがとうございます。

191. 手紙の第 1 段落・4 行目にある reasonably と意味的に言い換え可能なのは

(A) 論理的に   **(B) 適度に**
(C) 反対に   (D) 正直に
(E) 考え込んで

reasonably は「適度に」という意味です。この文脈では 1 回の注文当たりの最低発注数は花瓶 10 点とあり、お店側に「無理のない」数を注文できるということです。よって (B) が正解です。

---

192. Brown さんは何を示唆していますか。

(A) Stanford さんは彼の花瓶を試すべきだ。
(B) Stanford さんは事業を拡大するべきだ。
(C) Stanford さんは Brown Pottery を訪れるべきだ。
(D) 店の経営者はウェブサイトで彼の花瓶を見るべきだ。
(E) 店の経営者はすぐに彼に電話するべきだ。

手紙の第 1 段落で Brown さんは花瓶を店に置いてくれるよう頼んでおり、価格や注文方法などを説明しています。続く段落ではプランの説明をしているので (A) が正解です。(C) は、Brown さんが直接 Stanford さんのお店に立ち寄ると言っていますが、Stanford さんが立ち寄るのではないので人物関係が違います。

---

193. Brown さんが店の経営者にしないことは何ですか。

(A) しばしば電話をかけて様子を確認する
(B) 店にリスクをかけないで商品の花瓶を提供する
(C) 個人注文には感謝の印として割引をする
(D) ニュースレターを提供する
(E) メールで質問に答える

手紙の第 2 段落冒頭、リスクのないプランを提供するという箇所が (B) に一致します。また、この手紙の最後の文で、質問があればメールで尋ねるよう言っているということは、メールで返事をするということです。よって、(E) がこの箇所に該当します。以上から、本文に言及のない (A)・(C)・(D) が正解です。

---

194. Vollkommer さんについて正しいものは何ですか。

(A) Brown さんのクラスを受講したいと思っている。
(B) 自分の美術品何点かを Brown さんに預けたいと思っている。
(C) Brown さんの都合を知りたがっている。
(D) 11 月 6 日は Darvin にいた。
(E) Brown さんと取引をしたいと思っている。

メールの送信日と第 1 段落冒頭を確認すると、11 月 6 日に友人の Stanford さんの店を訪問したとあります。手紙の宛先を見ると、このギフトショップは Darvin にあるので、(D) が正解です。次に、メールの第 2 段落で、Vollkommer さんは Brown さんの工房に行きたいので都合を教えてほしいと言っています。よって (C) も正解です。さらに、同じ段落の 2 文目で、委託商品を取り扱いたいと申し入れているので、これを言い換えた (E) も正解です。以上より、正解は (C)・(D)・(E) です。

195. Vollkommer さんの注文について正しい
ものは何ですか。

(A) 注文状況をオンラインで確認できる。
(B) 速達に対して追加料金が適用された。
(C) 商品は 1 週間で届く。
(D) 花瓶の何点かは割り引かれた。
(E) 花瓶のほとんどは緑色だ。

注文書の最後の文から、注文品の配送状況が確認
できるとわかるので (A) が正解です。

□ artwork 芸術作品 □ stoneware せっ器（陶磁器の一種）□ vase 花瓶 □ range 及ぶ □ retail 小売り
□ reasonably 手ごろな値段で □ enclose ～を同封する □ consignment 委託販売
□ confident 自信のある □ potential 見込みがある □ shipment 積み荷
□ collection コレクション、集めたもの □ frantically 必死になって □ rundown 報告、概要
□ chiefly 主に □ artisan 職人 □ confirmation 確認 □ expand ～を拡大する □ owner 所有者、オーナー
□ newsletter 会報、ニュースレター □ electronically 電子媒体で □ availability 時間があること
□ order status 注文状況

問題 196-200 は次の手紙とウェブページに関するものです。

3 月 10 日

Marilyn Funk
Vixen Public Library 気付
マサチューセッツ州 Vixen 01001
N. Elgin Street 612 番地

Funk さま

Vixen Public Library で勤務した日々は実に楽しいものでしたが、児童対応図書館員の職を辞めることをお伝えしなければなりません。今年の初めに、娘の家族がカリフォルニアに引っ越し、私は国を横断して、当地の隣町まで娘たちについて行くことに決めました。孫の成長を見守るのを楽しみながら本に対する愛情を育んでいくつもりです。Vixen Public Library で子どもたちに本を読み聞かせたり、興味を引く本を一緒に探したりしたことが恋しくなることと思います。職場の皆さんは私にとって家族のようなものなので、皆さんとも離れ離れになってしまうのは寂しいかぎりです。 **196** **197** 私は 4 月 30 日付で退職します。

この 10 年間、キャリア開発と人としての成長の機会をいただき、ありがとうございます。図書館のスタッフの方々にもご支援いただき感謝しています。引き継ぎの期間に何かお手伝いできることがあれば、お知らせください。Funk さんをはじめ、スタッフの皆さまのご多幸をお祈りしています。 **196** 今後も連絡を取り合いましょう。

敬具

Andrew Pitty

---

http://www.VixenPublicLibrary.net/hiring/

Vixen Public Library

プログラム	サービス	イベント	採用	お問い合わせ

児童対応図書館員
非常勤： **197** 夕方及び週末を含む週 20 時間
給与：時給 23 ドル
福利厚生：年次有給休暇 26 日
197 （医療給付は週 30 時間以上の勤務で利用可能）

応募の要件：下記の業務ができる方

・毎週実施の当館の Story Hour で子どもたちに対するお話の読み聞かせ
・図書館利用者に対する、デジタル資料と図書の利用・選択の支援
・児童コーナーの図書選定・注文・管理
・図書館プログラムとサービスの推進
・ 198 適宜、他スタッフとの協力
・図書館の快適な環境づくりの協力

応募期限：3 月 30 日
応募方法：職務内容の説明と勤務スケジュールをよくご検討の上、 198 こちらからオンライン
でご応募ください。選考を通った応募者には 4 月 6 日より面接を行います。 197 採用が決定し
た方の勤務開始日は 4 月 16 日を予定しています。

---

http://www.VixenPublicLibrary.net/programs/

Vixen Public Library

プログラム	サービス	イベント	採用	お問い合わせ

Story Hour
内容を一新した Story Hour にぜひご参加ください！ 199 当館の新任の児童対応図書館員
Stacy が、Story Hour に歌や工作、ダンス、その他年齢に応じた活動を加えました。各セッション
は 45～60 分のままなので、読み聞かせのお話は 4 つに減っています。 199 毎週教育上有益
なテーマを取り入れています。詳細はこちらからご覧になれます。

Story Hour は 3～5 歳までのお子さまを対象としています（対象年齢に満たないお子さまには、
Read-and-Play プログラムへのご参加をお勧めします）。Story Hour は無料で実施しており、
お子さまはどのセッションにも参加できます。お休みをいただくこともありますので、スケジュ
ールの詳細はこちらからご確認ください。

Story Hour の予定：
East Monroe 館　　State Street 館
月曜日午前 10 時　　火曜日午後 5 時 30 分
水曜日午前 10 時　　木曜日午後 5 時 30 分
金曜日午前 10 時

Test
2
Follow-up
2

196. Pitty さんについて正しいものは何ですか。

(A) 3 月 31 日に後任者に会う。
(B) 20 年にわたって、たくさんの子どもたちに読み書きを教えた。
(C) 別の図書館に雇用される。
(D) Vixen Public Library のスタッフと連絡を取り合いたいと思っている。
(E) 5 月から Vixen Public Library の図書館員ではなくなる。

手紙の第 1 段落の最後の文で Pitty さんは 4 月 30 日で辞めると言っており、第 2 段落の最後では、これからも連絡を取り合いたいと述べているので、(E) と (D) が正解です。

---

197. 児童対応図書館員の職について何が示されていますか。

(A) 離職率が高い。
(B) 医療給付が受けられない。
(C) 責務がしばしば変わる。
(D) 新人は Pitty さんが退職する前に仕事を始める。
(E) 新人はたくさんの学習教材を作成しなければならない。

ウェブページ 1 つ目の求人欄では募集要項の項目から、週 20 時間の仕事ということがわかります。また、福利厚生の項目ではカッコ内で「週 30 時間以上の勤務で利用可能」と注意書きがあります。よって、今回の応募はこの条件を満たしていないとわかるので (B) が正解です。次に、同じ文書の最後の文に、初勤務日は 4 月 16 日とあります。ですが手紙の第 1 段落最後の文に、Pitty さんは 4 月 30 日に退職すると書いてあるので、(D) も正解です。以上より、正解は (B) と (D) です。

---

198. 1 つ目のウェブページは何を示唆していますか。

(A) 全ての応募者が面接を受ける。
(B) 候補者はコミュニケーション能力を有していなければならない。
(C) 応募はインターネット上で行われる。
(D) 全候補者の面接は 1 日で済まされる。
(E) 2 回面接がある。

ウェブページ 1 つ目の箇条書きのところから、適宜他のスタッフと協力する必要があるとわかるので、(B) が正解です。また応募方法のところには、職務内容の説明などを読んでからオンラインで応募するように書いてあるので、(C) も正解です。

---

199. Story Hour について正しくないことは何ですか。

(A) 1 日に数回行われる。
(B) Stacy さんが構成を修正した。
(C) 子どもたちは無料の飲み物がもらえる。
(D) 今は体験活動がある。
(E) 各週、話はある特定のトピックを扱う。

ウェブページ 2 つ目の第 1 段落 2 文目に、「Stacy が、Story Hour に歌や工作、ダンス、その他年齢に応じた活動を加えた」とあるので、(B) と (D) がこの箇所に該当します。hands-on は「実体験の」という意味の形容詞です。また、同じ段落の最後の文で、毎週特定のテーマを取り入れているとわかるので、(E) も本文に当てはまります。よって、残った (A) と (C) が正解です。複数の話が Story Hour では読まれますが、スケジュールを見ると Story Hour 自体は 1 日に 1 回しか行われないとわかります。

200. 2つ目のウェブページの第2段落・3行目にある occasional と意味的に言い換え可能なのは

(A) 交互に起こる
(B) 長期の
(C) 繰り返し起こる
(D) 無意識の
(E) たまの

occasional は「時折ある」という意味なので、正解は (E) です。infrequent は frequent の反対語で「たまの」という意味で、低頻度を示します。

□ thoroughly 徹底的に □ resignation 辞任 □ relocate 引っ越す □ neighboring 隣の
□ instill ～を教え込む □ interact 互いに協力し合う □ resign 辞任する
□ personal development 人材開発 □ transition 引き継ぎ、移行 □ hire 雇う □ librarian 司書
□ health benefits 医療給付 □ ideal 理想的な □ maintain ～を管理する □ promote ～を推進する
□ collaborate with ～と協働する □ deadline 締め切り □ submit ～を提出する □ reduce ～を減らす
□ introduce ～を導入する □ theme テーマ □ occasional 時々の □ replacement 代わりの人
□ turnover rate 離職率 □ eligible 資格のある □ amend ～を修正する □ framework 枠組、体系

問題対照表

Follow-up の問題が、どの Test の問題に準拠しているのかを表にまとめました。復習に役立てましょう。

Test 1 （準拠している Test 1 の問題番号がカッコ内に入っています）			
Follow-up 1		Follow-up 2	
Q. 101 (→ Q. 123)	Q. 131-134 (→ Q. 139-142)	Q. 101 (→ Q. 108)	Q. 131-134 (→ Q. 135-138)
Q. 102 (→ Q. 108)	Q. 135-138 (→ Q. 131-134)	Q. 102 (→ Q. 124)	Q. 135-138 (→ Q. 143-146)
Q. 103 (→ Q. 105)	Q. 139-142 (→ Q. 135-138)	Q. 103 (→ Q. 119)	Q. 139-142 (→ Q. 131-134)
Q. 104 (→ Q. 120)	Q. 143-146 (→ Q. 143-146)	Q. 104 (→ Q. 128)	Q. 143-146 (→ Q. 139-142)
Q. 105 (→ Q. 101)	Q. 147-148 (→ Q. 159-160)	Q. 105 (→ Q. 130)	Q. 147-148 (→ Q. 147-148)
Q. 106 (→ Q. 111)	Q. 149-151 (→ Q. 154-156)	Q. 106 (→ Q. 105)	Q. 149-150 (→ Q. 157-158)
Q. 107 (→ Q. 102)	Q. 152-153 (→ Q. 149-150)	Q. 107 (→ Q. 126)	Q. 151-153 (→ Q. 154-156)
Q. 108 (→ Q. 116)	Q. 154-155 (→ Q. 147-148)	Q. 108 (→ Q. 104)	Q. 154-155 (→ Q. 159-160)
Q. 109 (→ Q. 104)	Q. 156-159 (→ Q. 172-175)	Q. 109 (→ Q. 118)	Q. 156-159 (→ Q. 164-167)
Q. 110 (→ Q. 125)	Q. 160-161 (→ Q. 157-158)	Q. 110 (→ Q. 111)	Q. 160-162 (→ Q. 151-153)
Q. 111 (→ Q. 112)	Q. 162-164 (→ Q. 151-153)	Q. 111 (→ Q. 129)	Q. 163-165 (→ Q. 161-163)
Q. 112 (→ Q. 122)	Q. 165-167 (→ Q. 161-163)	Q. 112 (→ Q. 113)	Q. 166-167 (→ Q. 149-150)
Q. 113 (→ Q. 117)	Q. 168-171 (→ Q. 168-171)	Q. 113 (→ Q. 110)	Q. 168-171 (→ Q. 172-175)
Q. 114 (→ Q. 114)	Q. 172-175 (→ Q. 164-167)	Q. 114 (→ Q. 107)	Q. 172-175 (→ Q. 168-171)
Q. 115 (→ Q. 106)	Q. 176-180 (→ Q. 176-180)	Q. 115 (→ Q. 103)	Q. 176-180 (→ Q. 181-185)
Q. 116 (→ Q. 113)	Q. 181-185 (→ Q. 181-185)	Q. 116 (→ Q. 125)	Q. 181-185 (→ Q. 176-180)
Q. 117 (→ Q. 118)	Q. 186-190 (→ Q. 196-200)	Q. 117 (→ Q. 127)	Q. 186-190 (→ Q. 191-195)
Q. 118 (→ Q. 124)	Q. 191-195 (→ Q. 186-190)	Q. 118 (→ Q. 115)	Q. 191-195 (→ Q. 186-190)
Q. 119 (→ Q. 121)	Q. 196-200 (→ Q. 191-195)	Q. 119 (→ Q. 114)	Q. 196-200 (→ Q. 196-200)
Q. 120 (→ Q. 110)		Q. 120 (→ Q. 121)	
Q. 121 (→ Q. 109)		Q. 121 (→ Q. 101)	
Q. 122 (→ Q. 129)		Q. 122 (→ Q. 123)	
Q. 123 (→ Q. 107)		Q. 123 (→ Q. 122)	
Q. 124 (→ Q. 115)		Q. 124 (→ Q. 109)	
Q. 125 (→ Q. 128)		Q. 125 (→ Q. 106)	
Q. 126 (→ Q. 119)		Q. 126 (→ Q. 117)	
Q. 127 (→ Q. 127)		Q. 127 (→ Q. 120)	
Q. 128 (→ Q. 103)		Q. 128 (→ Q. 116)	
Q. 129 (→ Q. 126)		Q. 129 (→ Q. 102)	
Q. 130 (→ Q. 130)		Q. 130 (→ Q. 112)	

Test 2 （準拠している Test 2 の問題番号がカッコ内に入っています）			
Follow-up 1		Follow-up 2	
Q. 101 (→ Q. 125)	Q. 131-134 (→ Q. 139-142)	Q. 101 (→ Q. 114)	Q. 131-134 (→ Q. 143-146)
Q. 102 (→ Q. 116)	Q. 135-138 (→ Q. 143-146)	Q. 102 (→ Q. 106)	Q. 135-138 (→ Q. 135-138)
Q. 103 (→ Q. 108)	Q. 139-142 (→ Q. 131-134)	Q. 103 (→ Q. 105)	Q. 139-142 (→ Q. 139-142)
Q. 104 (→ Q. 101)	Q. 143-146 (→ Q. 135-138)	Q. 104 (→ Q. 111)	Q. 143-146 (→ Q. 131-134)
Q. 105 (→ Q. 111)	Q. 147-148 (→ Q. 157-158)	Q. 105 (→ Q. 115)	Q. 147-148 (→ Q. 147-148)
Q. 106 (→ Q. 121)	Q. 149-150 (→ Q. 159-160)	Q. 106 (→ Q. 115)	Q. 149-150 (→ Q. 159-160)
Q. 107 (→ Q. 129)	Q. 151-153 (→ Q. 151-153)	Q. 107 (→ Q. 129)	Q. 151-153 (→ Q. 151-153)
Q. 108 (→ Q. 128)	Q. 154-155 (→ Q. 149-150)	Q. 108 (→ Q. 104)	Q. 154-155 (→ Q. 149-150)
Q. 109 (→ Q. 120)	Q. 156-157 (→ Q. 147-148)	Q. 109 (→ Q. 110)	Q. 156-158 (→ Q. 161-163)
Q. 110 (→ Q. 124)	Q. 158-160 (→ Q. 161-163)	Q. 110 (→ Q. 124)	Q. 159-160 (→ Q. 157-158)
Q. 111 (→ Q. 130)	Q. 161-164 (→ Q. 172-175)	Q. 111 (→ Q. 120)	Q. 161-163 (→ Q. 154-156)
Q. 112 (→ Q. 103)	Q. 165-167 (→ Q. 154-156)	Q. 112 (→ Q. 130)	Q. 164-167 (→ Q. 172-175)
Q. 113 (→ Q. 102)	Q. 168-171 (→ Q. 164-167)	Q. 113 (→ Q. 107)	Q. 168-171 (→ Q. 168-171)
Q. 114 (→ Q. 122)	Q. 172-175 (→ Q. 168-171)	Q. 114 (→ Q. 118)	Q. 172-175 (→ Q. 164-167)
Q. 115 (→ Q. 118)	Q. 176-180 (→ Q. 181-185)	Q. 115 (→ Q. 127)	Q. 176-180 (→ Q. 176-180)
Q. 116 (→ Q. 127)	Q. 181-185 (→ Q. 176-180)	Q. 116 (→ Q. 117)	Q. 181-185 (→ Q. 181-185)
Q. 117 (→ Q. 117)	Q. 186-190 (→ Q. 191-195)	Q. 117 (→ Q. 119)	Q. 186-190 (→ Q. 196-200)
Q. 118 (→ Q. 106)	Q. 191-195 (→ Q. 196-200)	Q. 118 (→ Q. 121)	Q. 191-195 (→ Q. 186-190)
Q. 119 (→ Q. 113)	Q. 196-200 (→ Q. 186-190)	Q. 119 (→ Q. 109)	Q. 196-200 (→ Q. 191-195)
Q. 120 (→ Q. 105)		Q. 120 (→ Q. 123)	
Q. 121 (→ Q. 119)		Q. 121 (→ Q. 128)	
Q. 122 (→ Q. 114)		Q. 122 (→ Q. 113)	
Q. 123 (→ Q. 112)		Q. 123 (→ Q. 101)	
Q. 124 (→ Q. 123)		Q. 124 (→ Q. 122)	
Q. 125 (→ Q. 126)		Q. 125 (→ Q. 103)	
Q. 126 (→ Q. 104)		Q. 126 (→ Q. 116)	
Q. 127 (→ Q. 110)		Q. 127 (→ Q. 126)	
Q. 128 (→ Q. 115)		Q. 128 (→ Q. 125)	
Q. 129 (→ Q. 107)		Q. 129 (→ Q. 112)	
Q. 130 (→ Q. 109)		Q. 130 (→ Q. 108)	

著者: **大里秀介（Tommy）** Shusuke Osato

TOEIC®L&Rテスト990点満点30回以上取得／TOEIC® SWテスト ライティング200点満点取得。東北大学農学部応用生物化学科卒。入社以降英語とは無縁の会社員だったが、30歳を機に一念発起し独学で英語学習を開始。数年後にはTOEIC®L&Rテスト満点取得。以降、北米駐在を経験し、英語関連の著作も多数。代表作に『3週間で攻略TOEIC® L&Rテスト900点!（残り日数逆算シリーズ）』（アルク）など。

制作協力 　　　　　　株式会社 メディアビーコン
　　　　　　　　　　Nadia McKechnie

装幀・本文デザイン　　斉藤 啓（ブッダプロダクションズ）

極めろ! TOEIC® L&R TEST 990点リーディング特訓

2020年4月13日発行　初版第1刷発行

著 者　　　　　大里 秀介
発 行 者　　　　藤嵜 政子
発 行 所　　　　株式会社 スリーエーネットワーク
　　　　　　　　〒102-0083 東京都千代田区麹町3丁目4番 トラスティ麹町ビル2F
　　　　　　　　電話：03-5275-2722［営業］ 03-5275-2725［編集］
　　　　　　　　https://www.3anet.co.jp/
印刷・製本　　　萩原印刷株式会社

**極めろ! TOEIC® L&R TEST
990点リーディング特訓**

Test 1

Reading Test

In the Reading Test, you will be expected to read various types of reading material to test your reading comprehension skills. The Test, which lasts for 75 minutes, is in three parts, and you will find instructions in each part. Attempt to answer as many questions as you can.

Write your answers on the separate answer sheet, not in the test book.

Part 5

Directions: In the following questions, you must complete the missing part of the first sentence by selecting the most appropriate answer from the four choices provided, (A), (B), (C), or (D), and then mark your choice on the answer sheet.

101. Helion Electronics is expected to continue to ship one-thousand units of chips a year ------- otherwise agreed in writing.

(A) even if
(B) if not
(C) as long as
(D) other than

102. The one-day complimentary seminar is for those who ------- heavy stress in their workplaces.

(A) has been confronted with
(B) confronted with
(C) having confronted
(D) are confronted with

103. When ordering the food for the upcoming picnic, Mr. Ito ordered only ------- the budget allowed.

(A) which
(B) one
(C) there
(D) as much as

104. The reasonable price offered by Arrow Restaurant can be largely ------- by their ability to source ingredients at a low cost.

(A) accounts for
(B) account
(C) accountant
(D) accounted for

105. Despite working around the clock, completing the task on time was ------- the capacity of the workers.

(A) beyond
(B) utmost
(C) further
(D) forward

106. Memorica Inc. has introduced a weekly yoga class in order to improve its employees' -------.

(A) remedy
(B) diagnosis
(C) concentration
(D) amendment

107. Since Grand Station is closed for renovation work, commuters had no ------- but to take the bus instead.

(A) renewal
(B) patience
(C) refund
(D) alternative

108. After an elaborate presentation, the junior executive was able to convince the board of ATX Corp. that opening an office in Asia was a ------- step.

(A) part
(B) logical
(C) testimonial
(D) recruit

109. Although Mr. Goldberg had plenty of experience, his supervisor requested that he ------- the training session.

(A) attend
(B) attends
(C) to attend
(D) attending

110. The series of training sessions is popular because its lectures are given in an easily comprehensible -------.

(A) release
(B) publicity
(C) manner
(D) aptitude

111. Polarica Electronics made some big changes to its Web site ------- recent trends.

(A) in terms of
(B) as many as
(C) as with
(D) to keep up with

112. The manual specifies that the person in charge should under no circumstances leave the control room unattended for ------- period of time.

(A) few
(B) some
(C) any
(D) no

113. Additional experienced employees were hired last month to deal with the excessive workload in the ------- delivery network.

(A) dwindling
(B) prior
(C) widening
(D) comparative

114. The main theme of the lecture aimed at team leaders was how to accomplish timely project -------.

(A) completes
(B) completely
(C) completed
(D) completion

GO ON TO THE NEXT PAGE

115. During a play, patrons must switch off their mobile phones in order not to disturb -------.

(A) other
(B) others
(C) another
(D) the one

116. One ------- cause of the accident was the inability of management to provide a safe working environment.

(A) risky
(B) secure
(C) probable
(D) selective

117. Mr. Carstens ------- his managerial position when he decided to return to his home town and take care of his elderly parents.

(A) relinquish
(B) relinquishing
(C) relinquished
(D) relinquishes

118. After a thorough examination, the inspector suggested ------- upgrading of the machinery.

(A) occasion
(B) occasional
(C) occasionally
(D) occasions

119. Green-bay Language Center offers three distinct classes which are ------- to each student's level of ability.

(A) demolished
(B) geared
(C) approached
(D) qualified

120. Due to several employees' suddenly taking sick leave, the team had to ------- a way to finish the task in time.

(A) persuade
(B) achieve
(C) acclimate
(D) devise

121. The revision of our Web site ------- an increase in the number of job applicants.

(A) referred to
(B) stood for
(C) ascribed to
(D) resulted in

122. It is estimated that the joint project involving Asset Pummel Inc. and Vitalic Holdings will ------- profits of 6 million dollars annually.

(A) dedicate
(B) relocate
(C) guide
(D) generate

123. The decision to focus on liquid crystal TVs ------- affected the company's total sales.

(A) adversary
(B) adversity
(C) adverse
(D) adversely

124. The advertising campaign ------- to be a huge success, exceeding most employees' expectations.

(A) proved
(B) satisfied
(C) resulted
(D) regarded

125. Ms. Smith is in the habit of ------- her husband when he goes abroad on business trips.

(A) accompanies
(B) were accompanied
(C) accompanying
(D) are accompanied with

126. After careful consideration of the manuscript, the editor in chief decided ------- the next day's newspaper headline.

(A) revise
(B) revising
(C) revised
(D) to revise

127. At the beginning of the sales meeting, Mr. Pak briefly ------- the current strategy to deal with competitors.

(A) outlined
(B) loaded
(C) cooperated
(D) discontinued

128. Had the typhoon not disrupted the mail service, the patent application ------- in time.

(A) was accepted
(B) would accept
(C) would have accepted
(D) would have been accepted

129. While inputting some information, an employee ------- deleted the customer's data.

(A) generously
(B) relatively
(C) inadvertently
(D) respectively

130. At Franklin Bookstore, fiction books sell well in comparison with ------- describing historical events.

(A) someone
(B) other
(C) those
(D) both

GO ON TO THE NEXT PAGE

Part 6

Directions: In the following questions, you must complete the missing part of the text by selecting the most appropriate answer from the four choices provided, (A), (B), (C), or (D), and then mark your choice on the answer sheet.

Questions 131-134 refer to the following article.

Sakura Animation College has announced that they will offer a 3-D animation class from Next September. -------.
131.

In a statement, Paul Miyamoto, the principal of the college, said that Ms. Ito, his former student, will be an indispensable asset to the school. As for Ms. Ito, she said that she feels privileged to be working for her mentor. ------- first saw one
132.
of Miyamoto's films at the age of ten. Ms. Ito is reported as having said that she

------- an animator but for that life-changing experience.
133.

Although many applications are expected, the college is only able to accept 30 students for the course due to limited facilities. The application procedures will

------- soon on their Web site.
134.

131. (A) The college is now seeking a qualified instructor.
(B) They will accept a hundred students for the course.
(C) Catherine Ito, an established 3-D animation director, will teach the course.
(D) The course will offer a life-changing experience to the students.

132. (A) He
(B) She
(C) They
(D) It

133. (A) would not have become
(B) would not become
(C) would become
(D) would have become

134. (A) post
(B) be posted
(C) be posting
(D) been posted

6

Questions 135-138 refer to the following information.

Product Safety Recall

WRZ Ltd. is initiating a voluntary recall of their Warmy Brand electric-furnace Model WRZ03. WRZ's quality control department recently discovered that the ------- used in this model offers inadequate heat resistance. This may result in a
  135.
fire risk.

The model ------- is the WRZ03 manufactured in March 2017. Furnaces affected
  136.
carry serial numbers ranging from 170301 to 170430. -------.
                                                        137.

Customers should stop using these furnaces immediately and contact the WRZ service center via e-mail at enquiries@wrz.co.jp, or call toll free on 08 3376 3382. A spokesperson from WRZ LTD reassured customers saying: "Please get in touch with us as soon as possible. One of our service technicians will visit ------- home and carry out any necessary repairs."
  138.

135. (A) digestion
   (B) expedition
   (C) insulation
   (D) obligation

136. (A) involved
   (B) intrigued
   (C) endorsed
   (D) appraised

137. (A) However, the defective models pose no risks to the customers.
   (B) Customers cannot determine whether the product is under recall.
   (C) These furnaces are highly rated for their heat resistance.
   (D) Customers are advised to check the label adhered to the front panel.

138. (A) your
   (B) its
   (C) his
   (D) our

GO ON TO THE NEXT PAGE

Questions 139-142 refer to the following advertisement.

First Anniversary Sale on November 2, 3 and 4!

In November Rosebay Shopping Mall will be celebrating its 1st anniversary. We will be offering our patrons up to a 50% discount on selected items as well as many chances to win gift vouchers.

Shop at any of our 50 stores or dine at any of our 8 restaurants. Get a raffle ticket for every ------- over 30 dollars. Lucky shoppers will have the chance to
139.
win 50 to 1,000 dollars worth of gift vouchers.

-------. The first 50 children visiting the mall on November 2 ------- to packets of
140.   **141.**
candies.

So, why not come, shop, and win? You may be the one to ------- the 1,000
142.
dollar voucher!

139. (A) souvenir
(B) turnout
(C) donation
(D) purchase

141. (A) will treat
(B) were treated
(C) would have treated
(D) will be treated

140. (A) Rosebay Shopping Mall is a family-friendly mall.
(B) Unfortunately, no children are allowed in the mall.
(C) Rosebay Shopping Mall was featured in several local magazines.
(D) Some stores of the shopping mall will hand out questionnaires to their customers.

142. (A) deliver
(B) draw
(C) discard
(D) confiscate

Questions 143-146 refer to the following invitation.

Dear Mr. Williams

We are pleased to invite you to our Business Startup Seminar. The seminar is scheduled to be held at 10 A.M. on 21 September in the Chamber of Commerce Building.

The seminar ------- by Mr. Henry Clark, the President of the Sunrise State
      143.
Chamber of Commerce. -------. The title is "Challenging issues as a novice
        144.
entrepreneur and how to create a foolproof system to secure an enviable position."

Only 100 seats are available ------- this event due to the size of the room.
        145.
-------, please register using the enclosed form as soon as possible if you intend
146.
to join. Ms. Janet Lynn (jlynn@yeo.com) is at your disposal to answer any questions.

Yours Faithfully,

Mark Reynolds
President

---

143. (A) would have been introduced
(B) had been introduced
(C) was introduced
(D) will be introduced

144. (A) This will be followed by a speech by Mr. David Andersen, the CEO of Smart Engineering.
(B) Then, Ms. Kate Wang, a high school teacher will introduce one of her colleagues.
(C) At the reception, you will receive a schedule of the seminar.
(D) I heard you met him first time at the other related seminar.

145. (A) of
(B) among
(C) for
(D) on

146. (A) Therefore
(B) However
(C) Otherwise
(D) Meanwhile

GO ON TO THE NEXT PAGE

Directions: Here you will read various types of reading material and then be asked several questions about it. Select the most appropriate answers and mark them on your answer sheet, (A), (B), (C), or (D).

Questions 147-148 refer to the following invoice.

Promotion King

Date issued: December 16, 2018

1190 Winter Court
Adelais, NC 27007
Contact: Gary Feldman
gary@promotionking.com
704-555-2876 ext. 136

Customer: Jamous Dealership
(since 7/2009) 717 Helena Parkway
Tamaska, WA 98003
Contact: Cynthia Clough
c-clough@jamous.com
206-555-2388 ext. 44

Item #	Description	Quantity	Unit Price	Extra Details	Total
9833	Navy T-shirts Large	100	$2.50	Logo white	$250
5645	Navy caps, adjustable	100	$3.00	Logo white	$300
1026	White pens with stylus	50	$0.75	Logo navy	$0
				Grand Total:	$550

NOTE: Please enjoy the free items we have included as a token of our appreciation for placing an order over $500! If you are satisfied with these items and wish to order more, use code FREE10 for 10% off at checkout! We look forward to serving you again. Find everything you need at Promotion King, where you can choose from hundreds of promotional products. And don't forget to check our clearance page for our current specials!

147. What is suggested in the invoice?

(A) White pens are complimentary.
(B) Ms. Clough will order more items.
(C) Promotion King stocks over 10,000 different items.
(D) Jamous Dealership received a $500 discount.

148. What is NOT mentioned in the invoice?

(A) A tip for finding deals
(B) A way to save on another order
(C) Gratitude for the dealership's business
(D) A change of shipping date

Test 1

DUNE PARK—Dune Park Hospital has recently unveiled a new public Web site. The decision to produce this well-needed tool comes after compiling years of questions asked to the hospital Customer Relations Office. —[1]—. "People didn't know where to find their charts, billing information, or calendars with important dates," said department spokesperson Harriet Flannagen. —[2]—. The hope is that the Web site makes it straightforward for residents to find the information they need. Included on the site are medical records, descriptions of available jobs, a What's New at DPH page, and registration for classes run by Dune Park Hospital during the year as well as other information. —[3]—. "We are trying to keep our citizens in the loop and make our hospital as transparent as possible," Ms. Flannagen said. —[4]—. The hospital believes the new Web site will quickly become an asset to the community. Visit the Web site at www.dph.org, and feel free to leave comments.

149. What is mentioned about Dune Park Hospital?
(A) It has received inquiries multiple times.
(B) It is scheduled to renovate its entrance.
(C) It is starting a new summer program.
(D) It plans to cancel its helpline.

150. In which of the positions marked [1], [2], [3], and [4] does the following sentence best belong?

"'In that spirit, people can now visit our site to find out pretty much any information they are looking for about our hospital.'"

(A) [1]
(B) [2]
(C) [3]
(D) [4]

GO ON TO THE NEXT PAGE

═══════════════════════════	E-Mail Message	═══════════════════════════

To: Alexander McMillan <alexm@taylorhouse.com>
From: Gloria Chen <gloriac@taylorhouse.com>
Subject: Training programs
Date: August 22

Alex,

I looked into training programs like you asked me to. It seems that companies with well-established training programs have markedly lower turnover rates, higher employee satisfaction, greater productivity, better sales, and more. You may think that training programs cost a company a lot of money . . . and they do. But the return on that investment is so great that companies that have programs wonder why other companies don't. Of course, should we decide to introduce training programs into our company culture, it would be smart for us to measure how successful they are for our company. In order to do that, we'd have to start now to get baseline data for comparison at a later time. Anyway, it's late and I'm going home. We can talk in more depth in tomorrow morning if you like. Just give me a call—I won't be in the office, but I'll be at my home desk all day.

Oh, by the way, we were having problems with the copy machine all day. It's something that none of us knew how to fix, so Stacy Bardell put in a call to Office Solutions. She'll discuss the problem with the guy who comes out and checks the machine, and she'll take care of everything. Hopefully his visit tomorrow will sort out the problem. That should be all the updates. Hope your business trip went well!

Gloria
397-555-9999

151. What is suggested about training programs?

(A) They are worth the cost to companies.
(B) They should be held in the morning hours.
(C) Most companies offer some form of them.
(D) They require specific training personnel.

152. What is indicated about Ms. Chen?

(A) She must talk with Ms. Bardell at the office.
(B) She has overseen training programs before.
(C) She is the head of Human Resources.
(D) She will work remotely on August 23.

153. What is NOT true about the copy machine?

(A) It is not working properly.
(B) It will be checked by a repairperson.
(C) It will be replaced in the morning.
(D) It is the responsibility of Ms. Bardell.

GO ON TO THE NEXT PAGE

Questions 154-156 refer to the following policy.

Return Policy for www.MavisJewelry.com

If you are dissatisfied with your purchase from www.MavisJewelry.com for any reason, we gladly accept returns and exchanges, and process refunds or grant store credit for your item(s) within 30 days of the purchase date. Returned items must be presented exactly the way they were at the time of purchase, for instance, free from scratches, blemishes, sizing or alterations, and without signs of wear and tear. Gift boxes and velvet pouches accompanying each item must be returned as well. A 20 percent restocking fee will be applied when returning special orders such as engraved items and special ring sizes.

Mavis Jewelry online store reserves the right to confirm the authenticity of returned products. After our Quality Assurance Department verifies this, your refund will be processed. It will include the cost of the returned item minus shipping, handling, and insurance charges. We will issue the refund within 7 to 10 business days and into the bank account used for the original purchase.

Note:
◆ This return policy applies to domestic orders only.
◆ For products purchased in any of our physical stores throughout the country, please check the back of your receipt for return policy details.

154. What is true about blemished items?
(A) They can be returned only with a receipt.
(B) They can be exchanged for store credit.
(C) They are non-refundable items.
(D) They will be resold for a fee.

155. What is NOT stated in the return policy?
(A) Items purchased within 30 days can be returned.
(B) Restocking fees apply to all returned items.
(C) Items with scratches cannot be returned.
(D) Customers have to give boxes and pouches back.

156. What is indicated about Mavis Jewelry?
(A) They regularly offer discount coupons online.
(B) They sell beauty products as well as jewelry.
(C) They have both online and physical stores.
(D) They encourage exchanges for unwanted items.

Questions 157-158 refer to the following text-message chain.

Ben Baruch (1:01 P.M.)
What did you think of the draft of the contract I e-mailed you this morning?

Anjali Nanayakara (1:02 P.M.)
Which one? I haven't gotten anything from you today.

Ben Baruch (1:03 P.M.)
Huh. I don't get it. Here, let me send it again. I need to make changes and send it to Mr. Price by 3 P.M., so if you have time to talk about it soon, that would be great. I always value your comments.

Anjali Nanayakara (1:07 P.M.)
Okay, I got it. I'll take a look now and then give you a call on my way to AMC Corporation.

157. What is indicated about the draft of the contract?

(A) It has been modified twice.
(B) It was not received by Ms. Nanayakara in the morning.
(C) It was originally made by Mr. Price.
(D) It will be examined by AMC Corporation.

158. At 1:03 P.M., what does Mr. Baruch mean when he writes, "I don't get it"?

(A) He wants to know when Ms. Nanayakara will meet Mr. Price.
(B) He is not sure what happened.
(C) He does not understand Ms. Nanayakara's response.
(D) He disagrees with Ms. Nanayakara's changes.

GO ON TO THE NEXT PAGE

Don't wait until winter, call today to have your furnace checked!
Includes testing for gas

Johnson Heating & Air Conditioning
325-555-2906
Servicing Ellis, River City, Brandywine, and now Malingo!

Why choose Johnson Heating & Air Conditioning?
✓ Residential and commercial sales
✓ Service and installation
✓ 7 days a week
✓ Licensed and insured
✓ Low prices . . . we'll beat any competitor's price!
✓ Financing assistance available
✓ Satisfaction guaranteed

Set up an appointment today and receive a furnace cleaning for only $50!
Offer expires October 31.

159. What is true about Johnson Heating & Air Conditioning's services?

(A) Furnace cleaning is possible only at River City.
(B) They charge extra fees for work on weekends.
(C) They include the installation of furnaces.
(D) All of them are offered exclusively for businesses.

160. What is indicated about Johnson Heating & Air Conditioning?

(A) It requires advance payment.
(B) It posts customer reviews online.
(C) It is open for business every day.
(D) It offers lower rates for first-time customers.

LOUISVILLE, COLORADO—The emerald ash borer (EAB) is a metallic green beetle native to Asia. It was relatively unknown due to its naturally controlled numbers until it was accidentally introduced to North America in the 1990s. —[1]—. Thus far, insecticides have been found to best control EAB, though type and timing of application must be chosen carefully for optimal results.

Treatment is effective when applied during two life stages of the insect: adult and young larvae. —[2]—. Therefore, insecticides should be applied at a time when adult beetles (March) and young larvae (May) will encounter the toxin. EAB larvae feed underneath the bark of ash trees, making it difficult to apply an insecticide in an effective manner. —[3]—. Systemic insecticides for soil treatments and trunk injections work well in trees that are still healthy enough to carry the toxins up the trunk and into the branches. As for trees already at a later stage, although not guaranteed, trunk sprays may be the only hope. At the same time, it is important to note that insecticides only stop damage from continuing—they cannot reverse it.

Officials are constantly surveying the state of health of the trees in their areas. —[4]—. However, they do not monitor infested trees or gather specific information about the path of damage. For this reason, it is the responsibility of local tree care professionals and the regular community to pay attention to the health of ash trees in their areas and any changes that may be occurring.

For more information on treatments, refer to the online guide to protecting ash trees from EAB at www.EAB.info.

161. What is indicated about the emerald ash borer?

(A) It usually emits a noisy sound.
(B) It was not originally from North America.
(C) It feeds on the roots of ash trees.
(D) It is more attracted to old ash trees.

162. What is NOT true about the treatment of infested ash trees?

(A) There are several effective treatment methods.
(B) Treatment does not always save the trees.
(C) State officials do not deal with it.
(D) The best time to act is early in the morning.

163. In which of the positions marked [1], [2], [3], and [4] does the following sentence best belong?

"Outside its native range, EAB is responsible for the death of millions of ash trees, which has sparked a great deal of research on the insect."

(A) [1]
(B) [2]
(C) [3]
(D) [4]

GO ON TO THE NEXT PAGE

Questions 164-167 refer to the following online chat discussion.

Malachi McNamara [8:12 A.M.]	Hey, everyone. Mr. Roberts asked me to accompany him to the big meeting at Amos Corp. on Thursday to help explain the prototype we built for them. But I'm supposed to be giving the new recruits a tour in the morning. Anyone able to help?
Martha Green [8:13 A.M.]	Congrats! That's a big compliment.
Malachi McNamara [8:14 A.M.]	Thanks, Martha! I'm honored to be chosen.
Greig Dupe [8:14 A.M.]	That's only two days away! I'm in meetings all morning, and I can't reschedule them.
Francine Vyborny [8:15 A.M.]	Is it possible to give the tour another day?
Malachi McNamara [8:15 A.M.]	Apparently he wants them to have it on their first day.
Greig Dupe [8:16 A.M.]	Well, if it's okay to do it in the afternoon, I'm your man.
Malachi McNamara [8:17 A.M.]	Awesome. Let's plan on that then. The recruits have to view the company videos sometime during the day, so they can do that in the morning. How's one o'clock?
Greig Dupe [8:18 A.M.]	Perfect. But I've got Room A reserved all morning for the meetings.
Malachi McNamara [8:19 A.M.]	No problem. I'll check with HR to see if there's another meeting room free.
Martha Green [8:20 A.M.]	Otherwise you can always set them up in our break room. I don't think anyone would mind as long as they can come and get coffee.
Malachi McNamara [8:20 A.M.]	Great idea. That might even be better. I'll talk to Mr. Roberts to see if he minds. Hopefully he won't think it'll put out the whole department.
Greig Dupe [8:22 A.M.]	By the way, do I need to explain the key cards, computer login, printers, etc.?
Malachi McNamara [8:24 A.M.]	Nope. It's just a walking tour to see each of the departments and briefly meet everyone so people know the recruits' faces. You'll likely have a couple hours of the workday leftover to get stuff done.

164. What is indicated about the tour?

    (A) It was originally scheduled to be led by Mr. Roberts.
    (B) It includes explanations about computer systems.
    (C) It will last for half a workday.
    (D) It will take place after lunch.

165. What is NOT mentioned about the new recruits?

    (A) They will watch videos as part of their orientation.
    (B) Their tour is scheduled for Thursday.
    (C) A few of them will be in Mr. McNamara's department.
    (D) They will start at the company on Thursday.

166. At 8:16 A.M., what does Mr. Dupe mean when he writes, "I'm your man"?

    (A) He and Mr. McNamara have a good friendship.
    (B) He is willing to help Mr. McNamara.
    (C) He will go to a meeting with Mr. Roberts.
    (D) He will contact Amos Corp. in the afternoon.

167. What is true about Mr. Dupe?

    (A) He will postpone his meetings with his clients.
    (B) He will receive some key cards for the new recruits from Mr. McNamara.
    (C) He will move his meetings to a break room.
    (D) He will introduce the new recruits to some other employees.

GO ON TO THE NEXT PAGE

Questions 168-171 refer to the following book review.

A good read ★★★★☆
By George Knudtson | Date: July 1, 18:15

A Birthday Gift: 10 Stories for the Days Leading Up to Your Special Day
By Marcy Staples | 233 pp. Maurition Press. $28.

Bestselling author Marcy Staples, best known for her book of poetry *L Is for Lace*, is back. After temporarily retiring her pen for seven years in order to raise her two young children, Staples has picked up where she left off and published a real treat—a landmark collection of stories that everyone should have on their shelf. In *A Birthday Gift: 10 Stories for the Days Leading Up to Your Special Day*, Staples creates stories in which she weaves all the epiphanies that birthdays have brought to her over the years. Some of the stories are mysterious, and some are exceedingly funny. One of the best, *A Mother's Touch*, about a man reminiscing about his late mother on her birthday, elicits tears but also shines light on the universal sadness surrounding a lost loved one's special day. This book is meant to be reread each year, by yourself or with others. I had hoped to share the stories with my small children on each of their birthdays, but the stories are difficult for them to understand and thus that will be a tradition I will have to introduce later on.

A Birthday Gift is packaged beautifully and ready to be gifted—it is so stunning that you can't afford not to give it to those close to you. As if that isn't enough, Staples is generously contributing 10 percent of the proceeds to her favorite charity, Those in Need.

After its release, Staples's book ranked number 3 on the national bestsellers list for a month before climbing to number 2. It reached number 1 a month and a half after its release. Its popularity meant that Staples has been interviewed on various TV shows and given talks around the country. Additionally, Staples was one of four authors nominated for the Women's Literary Award for this collection, along with Grace Trinka Franklin and Shirley D. Linden, and only lost to Barbara Sue Shuffles. Nominees were entered into the People's Choice contest, while the winner had her name engraved on a plaque at the Library of Congress.

168. What is indicated about Ms. Staples?

(A) She wrote her first book in her 20s.
(B) She is a nonfiction writer.
(C) She recently bought a new house.
(D) She took a break from writing at one point.

169. The word "raise" in paragraph 1, line 2, is closest in meaning to

(A) aim
(B) infer
(C) bring up
(D) confer with

170. What is NOT true about *A Birthday Gift*?

(A) It is about an author living in an urban area.
(B) It may be difficult for young children to understand.
(C) It contains a number of stories.
(D) It would be perfect for a present.

171. Whose name was engraved on a plaque at the Library of Congress?

(A) Marcy Staples's
(B) Grace Trinka Franklin's
(C) Shirley D. Linden's
(D) Barbara Sue Shuffles's

GO ON TO THE NEXT PAGE

E-Mail Message

To: Yvonne Masters <masters@atc.com>
From: Bert Hanus <hanus@atc.com>
Subject: Summer intern
Date: May 15

Hi Yvonne,

This is just a reminder that a summer intern will be starting in your department on the 20th of this month. —[1]—. Your intern's name is Andrew Clemens, and he is specializing in marketing at Freighton University. This is why I placed him in your department. —[2]—. As the manager of Marketing, please welcome Mr. Clemens warmly just like you've done with other students in past years. There is no need to clear your schedule, but have him shadow you personally for a day or two and take him to lunch with the rest of the department so he can become familiar with everyone's names and faces.

During the internship, the company will treat Mr. Clemens and the other interns as regular employees. That said, Mr. Clemens must be present at the office only from 9 A.M. until 5 P.M., and we would appreciate it if you would respect those hours. Feel free to teach Mr. Clemens how to perform any tasks that you need accomplished. This will no doubt help both your department, and him in the future. —[3]—. Finally, as Mr. Clemens will be graduating at the end of the next school year, we will have the opportunity to sign him to a career-long employment following the completion of the internship. —[4]—. Your decision must be made by August 1 to give me time to draw up the paperwork and notify Mr. Clemens before the end of his internship.

Thank you for helping to make our internship program a success!

Bert Hanus
Human Resources

172. What is suggested about the internship?

(A) All interns will have to work the same hours as regular employees.

(B) Interns only need to come to the office in the afternoons.

(C) It will end at the end of May.

(D) More than 10 interns will be accepted.

173. What is Ms. Masters NOT asked to do?

(A) Pay close attention to Mr. Clemens's job skills

(B) Have Mr. Clemens work with her for a couple of days

(C) Schedule a meal with Mr. Clemens and other co-workers

(D) Introduce Mr. Clemens to other departments

174. What is indicated about Mr. Clemens's internship?

(A) He will be working in a field he is unfamiliar with.

(B) He will receive no compensation for his work.

(C) He might be taken on by the company afterwards.

(D) He has been taught the skills he needs for it at college.

175. In which of the positions marked [1], [2], [3], and [4] does the following sentence best belong?

"Please evaluate his work ethic and attitude to determine if he would be an asset to our company."

(A) [1]

(B) [2]

(C) [3]

(D) [4]

GO ON TO THE NEXT PAGE

William Bettendorf, Principal

May 4

Nameth High School
435 Spring Street
Harland, MD 20601

Dear Mr. Bettendorf,

Thank you again for interviewing me for the Director of Operations position at Nameth High School yesterday. After hearing you say that attention to detail and multitasking skills are essential for the job, I became even more confident that I am an ideal candidate for the position.

I am aware that the Director of Operations must have extensive knowledge of NJN and LDFS, two programming languages with which I am not yet familiar. However, one of my strengths is the speed at which I can learn new tasks and technologies. For instance, as an editorial assistant back in my university days, I mastered TypePress, the software for building Web sites after only one seminar. Within only a couple months, I was running TypePress seminars for incoming editorial interns. You mentioned that the new Director of Operations must start by July 31. Since our meeting, I have begun to attend a six-week course on how to use both NJN and LDFS. I am already making great strides in my fluency with each programming language.

I can offer leadership experience, organizational skills, and technological understanding, and am ready and able to be an essential member of the Nameth High School team. I appreciate the time you took to interview me, and I look forward to hearing back about this position.

Warm regards,
Helen Frasier

E-Mail Message

To: Helen Frasier <hlfrasier@uno.com>
From: Ronald Falconer <falconer@nhs.edu>
Subject: Welcome
Date: June 30

Hello, Helen,

I just wanted to send you a quick note to say that we are all very excited to welcome you to our team at Nameth High School. As we agreed, your first day is Tuesday, July 8. We'll expect you here at 7 A.M. For your information, the dress code is business casual.

Schedules aren't overly strict here outside of school hours; we will discuss your schedulewhen you come in on Tuesday. As for your first few days, here's an overview of what you'll be doing. You will complete the new employee paperwork and attend an orientation session that I will head. In order to orient you to both your new position and the school, I have asked Leslie Bryant to provide you with some on-the-job training. She has experienced all aspects of your job. Your office will be adjacent to hers, so the training can be ongoing. Additionally, I have created a meeting schedule to put you in contact with all of the staff. I'll finalize this schedule and have it ready for you when you arrive on Tuesday. By the way, I'm arranging a date in the future for you to train other staff members on our computer systems. Also, we are now considering some improvements to the school's Web site, and we might ask for knowledge of the software you learned during your university years. We'll let you know more when everything is decided.

In the meantime, if you have questions, please don't hesitate to e-mail or call me. My number is 555-7237. We all really look forward to working with you.

Ronald Falconer
Nameth High School, Secretary

176. What is indicated about Ms. Frasier?

(A) She started a blog when she was a university student.
(B) She has experience teaching journalism.
(C) She will be out of town for a week.
(D) She was selected to work at Nameth High School.

177. What is implied about Ms. Bryant?

(A) She is in charge of updating Nameth High School's Web site.
(B) She has knowledge of some programming software.
(C) She will meet Ms. Frasier before July 8.
(D) She attended Nameth High School as a student.

178. What is NOT mentioned about Nameth High School?

(A) Formal dress is not required of the staff.
(B) Work hours are somewhat flexible.
(C) They are providing Ms. Frasier with a mentor.
(D) Several people will be starting work at the same time as Ms. Frasier.

179. In the e-mail, the word "finalize" in paragraph 2, line 8, is closest in meaning to

(A) sit in on
(B) wash away
(C) nail down
(D) show up at

180. What is one thing Ms. Frasier will do in her first few days at the school?

(A) She will sign a contract.
(B) She will take a computer course.
(C) She will create a schedule for her classes.
(D) She will clean her office with Ms. Bryant.

GO ON TO THE NEXT PAGE

Questions 181-185 refer to the following e-mails.

To:	ceo@liangoods.com
From:	louise@inspect.com
Subject:	Inspection report
Date:	November 15

Dear Mr. Lian,

Thank you for taking me around the factory for the annual inspection. Things looked okay in general, though I did have a few concerns that will have to be taken care of. I am sending you a copy of the full report in the mail, which you should receive in a day or two. I will highlight my concerns here, and you can read more information in the paper copy.

First, although the workflow is smooth, your production lines are at capacity. A word of caution here: if you have any plans to increase production, you will be required to add another production line to pass inspection in the future. Second, safety signage is properly placed in all locations except the door used for entering the factory. Please add a sign warning workers, and all those entering of possible danger. I also noted that your company does not train employees in first aid. All employees are required to complete a course every two years. A list of acceptable courses and agencies can be found on our Web site. Finally, while you have a ventilation system in the stockroom where your chemical ingredients are housed, it does not comply with our standards. This must be updated immediately to ensure air quality is maintained throughout the factory. Check our Web site for appropriate systems.

We are obliged to strictly enforce the law. Therefore, changes must be completed by the date of our next inspection, January 8. Any problems not fixed by this date will cause your company to incur penalties. If problems still remain on the date of the following inspection which will take place within two months, your company risks closure. Please take these concerns seriously. I am here to help you adhere to the laws, and I want to see you succeed. Please contact me directly at the number below if you have any questions.

Sincerely,

Louise Martin
Inspector
812-555-3479 ext. 53

E Mail Message

To: ceo@liangoods.com
From: louise@inspect.com
Subject: Inspection report
Date: January 12

Dear Mr Lian,

Thank you for your cooperation with our inspection on January 8. I am pleased to inform you that your factory has sailed through this time. The inspection process is almost complete. I am presently in the process of finishing the paperwork and signing off on the inspection. I will e-mail you a copy, which should be kept for your records, and forward the original to the state office. Once it has been officially accepted by them, a certificate will be issued. This often takes close to a month, so don't expect to receive it for a while. By law, it is required that this be hung in a prominent location in the office. I will look for it the next time I perform an inspection at your factory.

Sincerely,

Louise Martin
Inspector
812-555-3479 ext. 53

181. What is indicated about Mr. Lian?

(A) He feels unhappy about Ms. Martin's services.
(B) He was out of the office during the inspection in November.
(C) He received a regular visit to the factory.
(D) He knows Ms. Martin from a previous encounter.

182. What was not mentioned as a concern of Ms. Martin's?

(A) Production lines cannot handle more volume.
(B) An unacceptable ventilation system is being used.
(C) Employees have no emergency treatment training.
(D) The factory's license is about to expire.

183. What is implied about the second inspection?

(A) It required additional inspectors.
(B) It cost Mr. Lian's company an extra fee.
(C) It was carried out on the date scheduled.
(D) It was only partially completed.

184. What does Ms. Martin suggest in the second e-mail?

(A) She should meet Mr. Lian as soon as possible.
(B) Safety standards in the factory are now high enough.
(C) She found only minor problems on the production line.
(D) The inspection reports are available online.

185. What is true about the inspection certificate?

(A) It is required to be visible in the office.
(B) It will be delivered by e-mail.
(C) It needs Mr. Lian's signature.
(D) It should be filed away in the records.

GO ON TO THE NEXT PAGE

WINSTON—Sheryl Park is carrying on a family tradition. From the time she turned 6 years old, she helped her father and grandfather construct model railroad cars. Now that both her father and grandfather have passed on, she is trying to teach her children the art in order to keep the tradition alive. Park spends a lot of time researching the history of trains from different parts of the country and building them as closely as possible to the real things. Her favorite part of the process is seeing the history come to life as she builds. For example, Park's greatest masterpiece to date is a model of the interurban train that carried both people and manufactured goods from downtown Winston, where she lives, to the outlying suburbs of Marble City, Fernburg, Sterling, and Wood Forest in the 1800s. While Park's father and grandfather stuck to building trains, Park has expanded on that in recent years. A civil engineer by trade, she uses her expertise to do this. "I now build whole railways, including the historical bridges, buildings, and landmarks along the line." She says this helps her convey the energy of the period when the train was at its height.

This is the fifth article in our hobby artists series. Read more of this series at www. northernidahonews.com/hobbyartists.

To:	parks@quickmail.com
From:	garydiedrick@bg.com
Subject:	Custom project
Date:	March 2

Dear Ms. Park,

I am in charge of special events at Bentel Gardens. I recently read online about you and your art in the latest edition of the *Northern Idaho News* and was intrigued. After discussing it with our board of directors, we unanimously decided to extend an offer to you to work together to create a one-of-a-kind exhibition at our gardens. We would like to commission you to build a historical railway for us with special features unique to our city. It's an enviable idea that will make other gardens line up at your door to copy. And if our first exhibition is successful, we plan to ask you to help us expand the collection by one piece each year.

If you are interested in this proposition, please call 914-555-2332 or e-mail me at

garydiedrick@bg.com. We can discuss details, payment, timelines, and more. Thank you so much for your consideration.

Sincerely,

Gary Diedrick
Director of Events, Bentel Gardens

Bentel Gardens Model Railroad

Let us transport you to a magical miniature world as trains and trolleys run above, below, and around you while you explore the lush tropical environment of Bentel Gardens. Miniature Cherryville landmarks lend enchantment to the indoor ambiance.

Come see our first-ever exhibition of this kind which will be on display for about a month. Constructed by Sheryl Park, this unique display features miniature replicas of historical Cherryville landmarks such as the Idaho Railroad station, Belle Vista Cottage, and the Trolley Barn.

Cherryville has a long manufacturing history, everything from screws to socks, furniture, to machinery has been made here. Railroads used to be the primary method of transporting goods to markets all over the country. Though interstate highways have allowed more transport by road these days, railroads still move goods through Cherryville today. Enjoy a taste of history during your visit to Bentel Gardens. This exhibit runs from December 3 to January 6. A tour is available daily—see our Web site for times. Advance registration is required for a tour, even though tours are free with admission. For more information about admission fees and opening times, visit www.bentelgardens.com.

GO ON TO THE NEXT PAGE

186. According to the article, what has Ms. Park added to the family tradition?

(A) Replicas of musical instruments
(B) The construction of landmarks along her railways
(C) Painted pictures on her train cars
(D) Miniature people to drive her trains

187. In the article, the word "outlying" in paragraph 1, line 16, is closest in meaning to

(A) outstanding
(B) industrial
(C) sprawling
(D) remote

188. What is NOT mentioned about Mr. Diedrick?

(A) He found out about Ms. Park's art online.
(B) He would like to learn the art of creating model railways.
(C) He plans to hold an exhibition at Bentel Gardens.
(D) He is considering future projects with Ms. Park.

189. What is suggested about Bentel Gardens?

(A) It has some branches overseas.
(B) It is located in the city of Cherryville.
(C) It will be featured in a local magazine.
(D) It has been in business for ten years.

190. What is true about Cherryville?

(A) It is a popular tourist destination.
(B) The climate is cold throughout the year.
(C) Ms. Park's father used to live there.
(D) One of the town's landmarks is called Belle Vista Cottage.

http://www.perks4you.net/about/

Perks4You — Big Savings for Your Employees

Your workplace can be a better place with our employee discount network, Perks4You. Perks4You allows your employees to access corporate discounts on everyday purchases wherever they are, whether close to home, near the office, on business trips, or on vacation.

Our employee discount programs are labeled on behalf of your organization and offer your staff:

- Unlimited-use discounts at over 300,000 restaurants, stores, and theme parks, among other places throughout the country
- Up to 50% off top brands and local products
- Your own private employee discount Web site
- A mobile coupon app for accessing discounts quickly and easily
- Employee discount cards
- Toll-free customer service number

Click **here** and sign up today for our free 90-day trial!

E-Mail Message

To: Ted Pfister <tedpfister@lamrock.com>
From: Sue Blanc <sueblanc@lamrock.com>
Subject: Request
Date: July 12

Dear Mr. Pfister,

Thank you so much for signing Lamrock up permanently with Perks4You. During the first 90 days, I have used my card many times and saved over $600! I do have a request, though. I've been wanting to get a membership to a local gym, as have some of my co-workers, and I think a discount would be a motivation for us to do so. In fact, getting us more physically active would make us healthier and also more productive at work. If it's a possibility to add a gym to our Perks4You card, I would be grateful!

Also, in talking to co-workers about the program, I've learned that many forget to

GO ON TO THE NEXT PAGE

ask stores and restaurants if they can use their card. But then they miss out on great discounts! Since I've learned the ins and outs of using my card by now, I would be willing to type something up that highlights deals and locations where the card can be used. That way the card's benefits would be front and center in everyone's minds, and the whole program would be more worthwhile overall. Please let me know your thoughts when you have a moment.

Thank you for your time regarding this matter,

Sue Blanc

Name: _Ashley Gillett_   Date: _November 14_
Department: _Purchasing_

Perks4You card use   Never ____   A couple times ____   Many times _X_
Satisfaction with card   Very _X_   Somewhat ____   Not very ____
Rough estimate of savings to date   _$800_

Comments:
When our company first signed up for this program, I didn't fully understand the vast array of discounts that were at our fingertips. But since Sue Blanc became the liaison with Perks4You, I've been enjoying using my card all over the place! Sue's monthly newsletter is so informative and makes it easier for me to get my shopping and other errands done. For example, I needed my car's oil changed the other week, and since Sue's most recent newsletter included information on automotive garages that accept the Perks4You card, I chose one and got the job done right away. And now that Sue has gotten local stores and restaurants to hang a sign advertising their acceptance of the card, it is easier for me to remember to use it. Finally, I joined Workout Jungle last month for a lot less than I would have without my card—I'm so glad Mr. Pfister took Sue's e-mail seriously back in July. Now I feel I'm not only saving money but also getting healthy thanks to the many discounts.

In all, it is both fun and exciting to purchase items and activities at a discount! And it makes me feel like my company is looking out for me. Thank you so much.

191. What is NOT offered through Perks4You?

(A) Paper coupons delivered monthly
(B) Great deals at locations nationwide
(C) Half price on some products
(D) Free support by call

192. What is true about the membership with Perks4You?

(A) It will end in three months.
(B) It does not cost anything at first.
(C) It is only for management.
(D) It takes a month to set everything up.

193. What is indicated by Ms. Blanc in the e-mail?

(A) She has lost her Perks4You card.
(B) She happened to meet her friend working at the gym.
(C) She went to a restaurant by car.
(D) She wants an incentive to get fit in the future.

194. In the Web site, the word "private" in paragraph 2, line 6, is closest in meaning to

(A) aggressive
(B) interactive
(C) synthetic
(D) special

195. What is suggested by the survey?

(A) Ms. Blanc's proposal was approved.
(B) Mr. Pfister signed up all employees at a fitness club.
(C) The discount program was a gift for new employees.
(D) Perks4You plans activities for staff to participate in.

GO ON TO THE NEXT PAGE

Questions 196-200 refer to the following online form, e-mail, and online review.

▲

GRAND PALACE HOTEL
Ballroom Reservation Request

Name: Jasmine Bertelli   Date: February 6
Organization: Edwards Furniture
Phone: 982-555-1122   E-mail: bertelli@edwardsfurniture.com

Event date: May 19   Time: from 5:30 P.M. to 9 P.M.
Event type: Banquet   Expected number of guests: 386

Catering needs: buffet, desserts, cash bar

Audio/Visual needs:
Microphone _X_   Podium _X_   Screen _X_   Monitor ____
Projector _X_   Telephone ____   Flip chart with markers ____

Special requests:

Our guest count is large, so it will likely be difficult
for some to see the thirty-minute video we put together. I
would like to know if there is a way to remedy this
problem. Also, we must have some food options for
gluten-free, dairy-free, nut-free and vegan customers and
employees. By the way, the best way to reach me is by
e-mail since I'm often in meetings. If you do call, please
leave a voicemail if I don't answer.

▼

E-Mail Message

To: Jasmine Bertelli <bertelli@edwardsfurniture.com>
From: Nicholas Armstrong <nicholas@grandpalacehotel.com>
Subject: Banquet
Date: February 16

Dear Ms. Bertelli,

Thank you for your deposit to hold your reservation. The next portion will be due after the menu has been decided. On that topic, I wanted to clarify a special request you wrote on your reservation form. Do the guests with dietary restrictions need food options to fit all of the restrictions or are there some guests who need just gluten-free items, some who need dairy-free items, some who need nut-free items,

and some who need vegan items? The foods I can offer will change depending on the answer to this question. Once I have this information, I will draw up a list of menu items from which you can choose. I will send you this list via e-mail, and you can respond in the same way.

Thank you, and have a great day.

Nicholas Armstrong
Event Planner, Grand Palace Hotel
555-9605 ext. 422

By Jasmine Bertelli

My company held a banquet with over 400 participants at the Grand Palace Hotel in May, and I was in charge of setting it up with the hotel. Plans were coming along smoothly until all of a sudden our event was transferred to a new event planner. There was no explanation as to what had happened or why our event planner was no longer available to us, though I found out later that he had chosen to leave his position for some reason. Moreover, it seemed that none of our specific instructions up to that point had been conveyed to the new event planner because it was like starting over. The new event planner was clearly a novice—it was quite frustrating to have to reiterate things to her that shouldn't require a second thought to people who deal with them every day, like dietary restrictions and requests. Once we were finally on the same page, however, everything proceeded as expected. As for the video scheduled to run one and a half hours after the beginning of the banquet, the hotel kindly prepared several extra monitors around the room in addition to the big screen up front so that everyone could view our video comfortably. Sadly, there were some technical issues with one of the speakers in the back of the room, so some of the guests seated there had trouble hearing the video. Thankfully, the catering staff did a fantastic job with the food. We had several guests with dietary restrictions, but the staff were able to prepare food accordingly. They labeled everything clearly and separated the special food options from the rest of the food so that there was no cross-contamination. All in all, despite the difficult beginnings, I was satisfied with the service at the Grand Palace Hotel.

GO ON TO THE NEXT PAGE

196. What is true about the reservation?

(A) A big room is necessary for the banquet.
(B) It was made over half a year before the event date.
(C) The hotel was asked to make a video.
(D) A request for special parking facilities for guests was included.

197. What is suggested about Ms. Bertelli?

(A) She has attended a number of events at the Grand Palace Hotel.
(B) She revised the original number of guests before the event.
(C) She will be a receptionist at an upcoming banquet.
(D) She was out of town on February 6.

198. What does Mr. Armstrong say he will do?

(A) Call Ms. Bertelli about the budget
(B) Tell Ms. Bertelli about an available parking lot
(C) Discuss payment plans with Ms. Bertelli
(D) Let Ms. Bertelli select food options

199. What is NOT mentioned about the banquet?

(A) One of the audio devices was not working.
(B) Everyone could see the video well.
(C) The starting time was delayed for half an hour.
(D) There were no problems with the food.

200. In the online review, the word "novice" in paragraph 1, line 9, is closest in meaning to

(A) consumer
(B) instructor
(C) authority
(D) beginner

Follow-up **1**

Reading Test

In the Reading Test, you will be expected to read various types of reading material to test your reading comprehension skills. The Test, which lasts for 75 minutes, is in three parts, and you will find instructions in each part. Attempt to answer as many questions as you can.

Write your answers on the separate answer sheet, not in the test book.

Part 5

Directions: In the following questions, you must complete the missing part of the first sentence by selecting the most appropriate answer from the four choices provided, (A), (B), (C), or (D), and then mark your choice on the answer sheet.

101. The company turned ------- into opportunity by investing heavily in liquid crystal TV technology.

(A) adversary
(B) adversity
(C) adverse
(D) adversely

102. After changing some ------- of her presentation, the junior executive was able to convince the board of directors of ATX Corp. that opening an office in Asia was a logical step.

(A) parts
(B) logical
(C) testimonial
(D) recruits

103. Management made the ------- effort to ensure that the work was completed on time.

(A) beyond
(B) utmost
(C) further
(D) forward

104. Due to several employees' suddenly taking sick leave, the team was unable to ------- their sales target.

(A) persuade
(B) achieve
(C) acclimate
(D) devise

105. Helion Electronics is said to have ------- to the contract to ship one-thousand units of chips.

(A) agree
(B) agreeing
(C) agreed
(D) agreement

106. It will be difficult to justify the changes to the Web site ------- cost.

(A) in terms of
(B) as much as
(C) as with
(D) to keep up with

107. In the one-day complimentary seminar, you will learn how to ------- stress in your workplaces.

(A) confront
(B) be confronted with
(C) have confronted
(D) confront with

108. One probable cause of the accident was the inability of management to provide a ------- working environment.

(A) risky
(B) secure
(C) probable
(D) selective

109. Arrow Restaurant's ability to source ingredients at low cost ------- the reasonable price of their cuisine.

(A) accounts for
(B) account for
(C) accountant
(D) accounted

110. Ms. Smith usually ------- her husband when he goes abroad on business trips.

(A) accompanies
(B) was accompanied
(C) accompanying
(D) is accompanied with

111. The person in charge of the control room should under ------- circumstances leave the machinery unattended for any period of time.

(A) few
(B) some
(C) any
(D) no

112. Reportedly, Asset Pummel Inc. plans to ------- with Vitalic Holdings on a large scale project.

(A) cooperate
(B) relocate
(C) guide
(D) generate

113. In order to have more time to take care of his elderly parents, Mr. Carstens decided to ------- his managerial position.

(A) relinquish
(B) relinquishing
(C) relinquished
(D) relinquishes

114. Before the beginning of the project, Mr. Glover was required to understand every phase of the project -------.

(A) completes
(B) completely
(C) completed
(D) completion

GO ON TO THE NEXT PAGE

115. Memorica Inc. has introduced a weekly yoga class for workers as a ------- for poor productivity.

(A) remedy
(B) diagnosis
(C) concentration
(D) value

116. In order to revive the ------- market, some new innovative ideas are required.

(A) dwindling
(B) prior
(C) widening
(D) comparative

117. After the minor accident, it was found that Woodrock Leaf Corp only ------- inspect their equipment.

(A) occasion
(B) occasional
(C) occasionally
(D) occasions

118. The advertising campaign ------- in increased sales of the product.

(A) proved
(B) satisfied
(C) resulted
(D) regarded

119. The sharp increase in the number of job applicants can be ------- the recent revisions made to our Web site.

(A) referred to
(B) stood for
(C) ascribed to
(D) resulted in

120. The series of training sessions for software engineers generated positive ------- because of comprehensive handouts and well-organized lectures.

(A) release
(B) publicity
(C) manner
(D) aptitude

121. Mr. Goldberg's attitude during the meeting suggests that he ------- no interest in the proposal.

(A) have
(B) has
(C) had had
(D) would have had

122. After discovering he had deleted some important data, the employee was happy to find he was able to restore it ------- easily.

(A) generously
(B) relatively
(C) inadvertently
(D) likely

123. Many commuters are losing ------- due to the extended closure of Grand Station.

(A) renewal
(B) patience
(C) refund
(D) alternative

124. Before the play started, there was an announcement asking the audience to switch off their mobile phones in order not to disturb ------- patrons.

(A) other
(B) others
(C) each other
(D) the one

125. ------- the typhoon not disrupted the mail service, the patent application would have been accepted in time.

(A) Should
(B) Had
(C) Was
(D) If

126. Green-bay Language Center offers several advanced classes for those ------- as teachers.

(A) demolished
(B) geared
(C) approached
(D) qualified

127. After the sales meeting, the CEO decided to ------- the current strategy and adopt a new one.

(A) outline
(B) load
(C) cooperate
(D) abandon

128. When ordering the food for the upcoming picnic, Mr. Ito was instructed to order an amount of food ------- to that ordered for the previous picnic.

(A) appreciative
(B) equal
(C) every
(D) urgent

129. The editor in chief of the newspaper had his own reasons for ------- the newspaper headline.

(A) revise
(B) revising
(C) revised
(D) to revise

130. At Franklin Bookstore, historical books sell well in comparison with those in ------- genres such as fiction books.

(A) someone
(B) other
(C) those
(D) both

GO ON TO THE NEXT PAGE

Directions: In the following questions, you must complete the missing part of the text by selecting the most appropriate answer from the four choices provided, (A), (B), (C), or (D), and then mark your choice on the answer sheet.

Questions 131-134 refer to the following advertisement.

First Anniversary Sale on November 2, 3, and 4!

In November Rosebay Shopping Mall ------- its 1st anniversary. We will be
131.
offering our patrons up to a 50% discount on selected items, as well as many

chances to win gift vouchers.

Shop at any of our 50 stores or dine at any of our 8 restaurants. Get a raffle

ticket for every purchase over 30 dollars. -------.
132.

Rosebay Shopping Mall is a family-friendly mall. The first 50 children ------- the
133.
mall on November 2 will be treated to packets of candies.

So, why not come, shop, and win? You may be the ------- to draw the 1,000
134.
dollar voucher!

131. (A) has been celebrating
(B) will be celebrating
(C) celebrated
(D) has celebrated

132. (A) Diners at the mall restaurants will
not be given a coupon.
(B) Only a single purchase
exceeding 30 dollars is
redeemable with a coupon.
(C) Lucky shoppers will have the
chance to win 50 to 1,000
dollars worth of gift vouchers.
(D) Prizes for the raffle will not
include any gift vouchers

133. (A) to be visited
(B) visited
(C) visiting
(D) visit

134. (A) those
(B) other
(C) one
(D) each

Questions 135-138 refer to the following article.

Sakura Animation College has announced that they will offer a 3-D animation class from Next September. Catherine Ito, an established 3-D animation director, ------- the course.
  135.

In a statement, Paul Miyamoto, the principal of the college, said that Ms. Ito, his former student, will be an indispensable asset to the school. ------- Ms. Ito, she
                                                                        136.
said that she feels privileged to be working for her mentor. She first saw one of Miyamoto's films ------- the age of ten. Ms. Ito is reported as having said that
                      137.
she would not have become an animator but for that life-changing experience.

Although many applications are expected, the college is only able to accept 30 students for the course due to limited facilities. -------.
                                                            138.

135. (A) teaches
    (B) will teach
    (C) taught
    (D) has taught

136. (A) Because of
    (B) Regardless of
    (C) As for
    (D) Instead of

137. (A) for
    (B) on
    (C) at
    (D) in

138. (A) Last year, 35 students completed this course.
    (B) This course has been popular for more than a decade.
    (C) Unfortunately, Ms. Ito will not be able to teach this course.
    (D) The application procedures will be posted soon on their Web site.

GO ON TO THE NEXT PAGE

Questions 139-142 refer to the following information.

Product Safety Recall

WRZ Ltd. is initiating a voluntary recall of their Warmy Brand electric-furnace Model WRZ03. WRZ's quality control department discovered that the insulation used in this model offers inadequate heat resistance. This may ------- a fire risk.
          139.

The model involved is the WRZ03 ------- in March 2017. Furnaces affected
      140.
------- serial numbers ranging from 170301 to 170430. Customers are advised
141.
to check the label adhered to the front panel.

Customers should stop using these furnaces immediately and contact the WRZ service center via e-mail at enquiries@wrz.co.jp or call toll free on 08 3376 3382. A spokesperson from WRZ LTD reassured customers saying: "Please get in touch with us as soon as possible. -------."
      142.

139. (A) result in
    (B) avert
    (C) come from
    (D) escape

140. (A) manufacturing
    (B) manufactured
    (C) manufactures
    (D) to manufacture

141. (A) carried
    (B) would have carried
    (C) carry
    (D) will carry

142. (A) Alternatively, you can order a wide variety of tools on WRZ's Web site.
    (B) Due to the large volume of correspondence, please contact us via e-mail only.
    (C) A service technician will visit your home and carry out any necessary repairs.
    (D) Customers are not required to take any action.

Questions 143-146 refer to the following invitation.

Dear Mr. Williams

We are pleased to invite you to our Business Startup Seminar. The seminar is scheduled ------- at 10 A.M. on 21 September in the Chamber of Commerce
143.
Building.

The seminar will be introduced by Mr. Henry Clark, the President of the Sunrise State Chamber of Commerce. This ------- by a speech by Mr. David Andersen,
144.
the CEO of Smart Engineering. The title is "Challenging issues as a novice entrepreneur and how to create a foolproof system to secure an enviable position."

Only 100 seats are available for this event due to the size of the room. Therefore, please register using the ------- form as soon as possible if you
145.
intend to join. -------.
146.

Yours Faithfully,

Mark Reynolds
President

---

143. (A) holding
(B) to be held
(C) to hold
(D) held

144. (A) had been followed
(B) has been followed
(C) was followed
(D) is to be followed

145. (A) traditional
(B) feedback
(C) enclosed
(D) immigration

146. (A) Unfortunately, the deadline for registration has already passed.
(B) Please contact us to obtain a registration form.
(C) We will call Mr. Henry Clark by the end of August.
(D) Ms. Janet Lynn (jlynn@yeo.com) is at your disposal to answer any questions.

GO ON TO THE NEXT PAGE

Questions 147-148 refer to the following advertisement.

Don't wait until winter, call today to have your furnace checked!
Includes testing for gas

Johnson Heating & Air Conditioning
325-555-2906
Servicing Ellis, River City, Brandywine, and now Malingo!

Why choose Johnson Heating & Air Conditioning?

✓ Residential and commercial sales
✓ Service and installation
✓ 7 days a week
✓ Licensed and insured
✓ Low prices . . . we'll beat any competitor's price!
✓ Financing assistance available
✓ Satisfaction guaranteed

Set up an appointment today and receive a furnace cleaning for only $50!
Offer expires October 31.

147. What is true about Johnson Heating & Air Conditioning?

(A) Their services are covered by insurance.
(B) They don't deal with residential buildings.
(C) They have an up-to-date Web site.
(D) They take appointments online.

148. What is indicated about Johnson Heating & Air Conditioning's services?

(A) They will be available in November.
(B) Most of them can be completed in one day.
(C) They are sold in packages.
(D) Prices are competitive.

Questions 149-151 refer to the following policy.

Return Policy for www.MavisJewelry.com

If you are dissatisfied with your purchase from www.MavisJewelry.com for any reason, we gladly accept returns and exchanges, and process refunds or grant store credit for your item(s) within 30 days of the purchase date. Returned items must be presented exactly the way they were at the time of purchase, for instance, free from scratches, blemishes, sizing or alterations, and without signs of wear and tear. Gift boxes and velvet pouches accompanying each item must be returned as well. A 20 percent restocking fee will be applied when returning special orders such as engraved items and special ring sizes.

Mavis Jewelry online store reserves the right to confirm the authenticity of returned products. After our Quality Assurance Department verifies this, your refund will be processed. It will include the cost of the returned item minus shipping, handling, and insurance charges. We will issue the refund within 7 to 10 business days and into the bank account used for the original purchase.

Note:
◆ This return policy applies to domestic orders only.
◆ For products purchased in any of our physical stores throughout the country, please check the back of your receipt for return policy details.

---

149. What is true about returned items?

(A) They need to be returned in their original condition.
(B) They must be returned by the purchaser.
(C) They are accepted only for three weeks after purchase.
(D) Custom-made pieces cannot be returned.

150. What is NOT suggested about Mavis Jewelry?

(A) They accept custom orders.
(B) They sell pieces internationally.
(C) They provide packaging for their pieces.
(D) They refund the full amount on returns.

151. What is indicated about refunds?

(A) They must be requested by phone.
(B) They are accepted only for items for over 20 dollars.
(C) They are processed in less than 5 days.
(D) They are subject to certain charges.

GO ON TO THE NEXT PAGE

DUNE PARK—Dune Park Hospital has recently unveiled a new public Web site. —[1]—. "People didn't know where to find their charts, billing information, or calendars with important dates," said department spokesperson Harriet Flannagen. The hope is that the Web site makes it straightforward for residents to find the information they need. —[2]—. Included on the site are medical records, descriptions of available jobs, a What's New at DPH page, and registration for classes run by Dune Park Hospital during the year as well as other information. —[3]—. "We are trying to keep our citizens in the loop and make our hospital as transparent as possible," Ms. Flannagen said. —[4]—. "In that spirit, people can now visit our site to find out pretty much any information they are looking for about our hospital." The hospital believes the new Web site will quickly become an asset to the community. Visit the Web site at www.dph.org, and feel free to leave comments.

152. What is mentioned by Ms. Flannagen?

(A) Information is updated to the Web site daily.
(B) Problems can be solved via an online chat.
(C) Residents assist in the gathering of information.
(D) The hospital wants information to be at people's fingertips.

153. In which of the positions marked [1], [2], [3], and [4] does the following sentence best belong?

"The decision to produce this well-needed tool comes after compiling years of questions asked to the hospital Customer Relations Office."

(A) [1]
(B) [2]
(C) [3]
(D) [4]

Promotion King

1190 Winter Court
Adelais, NC 27007
Contact: Gary Feldman
gary@promotionking.com
704-555-2876 ext. 136

Date issued: December 16, 2018

Customer: Jamous Dealership
(since 7/2009) 717 Helena Parkway
Tamaska, WA 98003
Contact: Cynthia Clough
c-clough@jamous.com
206-555-2388 ext. 44

Item #	Description	Quantity	Unit Price	Extra Details	Total
9833	Navy T-shirts Large	100	$2.50	Logo white	$250
5645	Navy caps, adjustable	100	$3.00	Logo white	$300
1026	White pens with stylus	50	$0.75	Logo navy	$0
				Grand Total:	**$550**

NOTE: Please enjoy the free items we have included as a token of our appreciation for placing an order over $500! If you are satisfied with these items and wish to order more, use code FREE10 for 10% off at checkout! We look forward to serving you again. Find everything you need at Promotion King, where you can choose from hundreds of promotional products. And don't forget to check our clearance page for our current specials!

154. What is suggested about Jamous Dealership?

(A) It has 100 employees.
(B) It has several locations.
(C) It is a newly founded company.
(D) It has utilized Promotion King in the past.

155. What is NOT mentioned in the invoice?

(A) A shipping destination
(B) Clothing sizes
(C) An option for future discounts
(D) The number of Promotion King's branches

GO ON TO THE NEXT PAGE

E-Mail Message

To: Yvonne Masters <masters@atc.com>
From: Bert Hanus <hanus@atc.com>
Subject: Summer intern
Date: May 15

Hi Yvonne,

This is just a reminder that a summer intern will be starting in your department on the 20th of this month. Your intern's name is Andrew Clemens, and he is specializing in marketing at Freighton University. —[1]—. As the manager of Marketing, please welcome Mr. Clemens warmly just like you've done with other students in past years. There is no need to clear your schedule, but have him shadow you personally for a day or two and take him to lunch with the rest of the department so he can become familiar with everyone's names and faces. —[2]—.

During the internship, the company will treat Mr. Clemens and the other interns as regular employees. —[3]—. That said, Mr. Clemens must be present at the office only from 9 A.M. until 5 P.M., and we would appreciate it if you would respect those hours. Feel free to teach Mr. Clemens how to perform any tasks that you need accomplished. This will no doubt help both your department, and him in the future. Finally, as Mr. Clemens will be graduating at the end of the next school year, we will have the opportunity to sign him to a career-long employment following the completion of the internship. —[4]—. Please evaluate his work ethic and attitude to determine if he would be an asset to our company. Your decision must be made by August 1 to give me time to draw up the paperwork and notify Mr. Clemens before the end of his internship.

Thank you for helping to make our internship program a success!

Bert Hanus
Human Resources

---

156. What is suggested about Mr. Clemens?

(A) He has worked at the company before.
(B) He has never met Ms. Masters' team.
(C) He asked to work with Ms. Masters.
(D) He will receive a school credit for interning at the company.

157. What is NOT true about Ms. Masters?

(A) She has worked with interns before.
(B) She is the head of her department.
(C) She recently made modifications to an internship program.
(D) She can choose to hire Mr. Clemens in the future.

158. What is indicated about Mr. Hanus's company?

(A) It is expanding into different markets.
(B) It is looking for capable personnel.
(C) It creates marketing campaigns for other companies.
(D) It appreciates younger employees' computer skills.

159. In which of the positions marked [1], [2], [3], and [4] does the following sentence best belong?

"This is why I placed him in your department."

(A) [1]
(B) [2]
(C) [3]
(D) [4]

GO ON TO THE NEXT PAGE

Questions 160-161 refer to the following text-message chain.

Ben Baruch (1:01 P.M.)
What did you think of the draft of the contract I e-mailed you this morning?

Anjali Nanayakara (1:02 P.M.)
Which one? I haven't gotten anything from you today.

Ben Baruch (1:03 P.M.)
Huh. I don't get it. Here, let me send it again. I need to make changes and send it to Mr. Price by 3 P.M., so if you have time to talk about it soon, that would be great. I always value your comments.

Anjali Nanayakara (1:07 P.M.)
Okay, I got it. I'll take a look now and then give you a call on my way to AMC Corporation.

160. What is indicated about Mr. Baruch?

(A) He wants feedback on a document.
(B) He has sent some work to Mr. Price already.
(C) He forgot to accept a bargain.
(D) He was away from his office in the morning.

161. At 1:07 P.M., what does Ms. Nanayakara mean when she writes, "Okay, I got it"?

(A) She will contact Mr. Baruch when she leaves for the office.
(B) She found a message from Mr. Price in her junk mailbox.
(C) She received a draft document from Mr. Baruch.
(D) She will consult Mr. Price at 3 P.M.

Questions 162-164 refer to the following e-mail.

E-Mail Message

To: Alexander McMillan <alexm@taylorhouse.com>
From: Gloria Chen <gloriac@taylorhouse.com>
Subject: Training programs
Date: August 22

Alex,

I looked into training programs like you asked me to. It seems that companies with well-established training programs have markedly lower turnover rates, higher employee satisfaction, greater productivity, better sales, and more. You may think that training programs cost a company a lot of money . . . and they do. But the return on that investment is so great that companies that have programs wonder why other companies don't. Of course, should we decide to introduce training programs into our company culture, it would be smart for us to measure how successful they are for our company. In order to do that, we'd have to start now to get baseline data for comparison at a later time. Anyway, it's late and I'm going home. We can talk in more depth in tomorrow morning if you like. Just give me a call—I won't be in the office, but I'll be at my home desk all day.

Oh, by the way, we were having problems with the copy machine all day. It's something that none of us knew how to fix, so Stacy Bardell put in a call to Office Solutions. She'll discuss the problem with the guy who comes out and checks the machine, and she'll take care of everything. Hopefully his visit tomorrow will sort out the problem. That should be all the updates. Hope your business trip went well!

Gloria
397-555-9999

---

162. What is NOT true about training programs?

(A) They contribute to a boost in sales.
(B) They enable employees to work remotely.
(C) They help companies keep employees longer.
(D) They assist employees in increasing productivity.

163. What is suggested about Mr. McMillan's company?

(A) It is considering ways to improve business.
(B) It is expanding its business overseas.
(C) It sells training services to other companies.
(D) It has many experienced repairpersons.

164. What is mentioned about Ms. Bardell?

(A) She works for Office Solutions.
(B) She ordered some office equipment.
(C) She will deal with a technician.
(D) She contacted Ms. Chen about a copy machine.

GO ON TO THE NEXT PAGE

LOUISVILLE, COLORADO—The emerald ash borer (EAB) is a metallic green beetle native to Asia. It was relatively unknown due to its naturally controlled numbers until it was accidentally introduced to North America in the 1990s. Outside its native range, EAB is responsible for the death of millions of ash trees, which has sparked a great deal of research on the insect. —[1]—. Thus far, insecticides have been found to best control EAB, though type and timing of application must be chosen carefully for optimal results.

Treatment is effective when applied during two life stages of the insect: adult and young larvae. —[2]—. Therefore, insecticides should be applied at a time when adult beetles (March) and young larvae (May) will encounter the toxin. EAB larvae feed underneath the bark of ash trees, making it difficult to apply an insecticide in an effective manner. Systemic insecticides for soil treatments and trunk injections work well in trees that are still healthy enough to carry the toxins up the trunk and into the branches. —[3]—. At the same time, it is important to note that insecticides only stop damage from continuing—they cannot reverse it.

Officials are constantly surveying the state of health of the trees in their areas. However, they do not monitor infested trees or gather specific information about the path of damage. For this reason, it is the responsibility of local tree care professionals and the regular community to pay attention to the health of ash trees in their areas and any changes that may be occurring. —[4]—.

For more information on treatments, refer to the online guide to protecting ash trees from EAB at www.EAB.info.

165. What is indicated about ash trees?

(A) Most that are treated with insecticide recover fully.
(B) They are being planted in rough areas.
(C) They were brought to North America from Asia.
(D) They are vulnerable to being preyed upon by insects.

166. What is NOT true about the emerald ash borer?

(A) It increases in number during the summer season.
(B) It has two vulnerable periods in its life.
(C) It lives in the trunks of trees in its youth.
(D) It causes irreversible damage to ash trees.

167. In which of the positions marked [1], [2], [3], and [4] does the following sentence best belong?

"As for trees already at a later stage, although not guaranteed, trunk sprays may be the only hope."

(A) [1]
(B) [2]
(C) [3]
(D) [4]

GO ON TO THE NEXT PAGE

A good read ★★★★☆
By George Knudtson | Date: July 1, 18:15

A Birthday Gift: 10 Stories for the Days Leading Up to Your Special Day
By Marcy Staples | 233 pp. Maurition Press. $28.

Bestselling author Marcy Staples, best known for her book of poetry *L Is for Lace*, is back. After temporarily retiring her pen for seven years in order to raise her two young children, Staples has picked up where she left off and published a real treat—a landmark collection of stories that everyone should have on their shelf. In *A Birthday Gift: 10 Stories for the Days Leading Up to Your Special Day*, Staples creates stories in which she weaves all the epiphanies that birthdays have brought to her over the years. Some of the stories are mysterious, and some are exceedingly funny. One of the best, *A Mother's Touch*, about a man reminiscing about his late mother on her birthday, elicits tears but also shines light on the universal sadness surrounding a lost loved one's special day. This book is meant to be reread each year, by yourself or with others. I had hoped to share the stories with my small children on each of their birthdays, but the stories are difficult for them to understand and thus that will be a tradition I will have to introduce later on.

A Birthday Gift is packaged beautifully and ready to be gifted—it is so stunning that you can't afford not to give it to those close to you. As if that isn't enough, Staples is generously contributing 10 percent of the proceeds to her favorite charity, Those in Need.

After its release, Staples's book ranked number 3 on the national bestsellers list for a month before climbing to number 2. It reached number 1 a month and a half after its release. Its popularity meant that Staples has been interviewed on various TV shows and given talks around the country. Additionally, Staples was one of four authors nominated for the Women's Literary Award for this collection, along with Grace Trinka Franklin and Shirley D. Linden, and only lost to Barbara Sue Shuffles. Nominees were entered into the People's Choice contest, while the winner had her name engraved on a plaque at the Library of Congress.

168. What is NOT true about Ms. Staples?

(A) She took time off to take care of her children.
(B) Her poems made her famous.
(C) She usually reads to her children after lunch.
(D) She was inspired by her birthday memories.

169. The word "elicits" in paragraph 1, line 9, is closest in meaning to

(A) appreciates
(B) causes
(C) accords
(D) recognizes

170. What is indicated about *A Birthday Gift*?

(A) It is a suitable item to give as a gift.
(B) It is meant for people of all ages.
(C) Ms. Staples has already finished the sequel.
(D) Ms. Staples wrote it with the help of her children.

171. What did Ms. Staples receive as an award nominee?

(A) A meeting with a famous TV host
(B) A chance to win another contest
(C) A plaque with her name on it
(D) A trip to the Library of Congress

GO ON TO THE NEXT PAGE

Questions 172-175 refer to the following online chat discussion.

Malachi McNamara [8:12 A.M.]	Hey, everyone. Mr. Roberts asked me to accompany him to the big meeting at Amos Corp. on Thursday to help explain the prototype we built for them. But I'm supposed to be giving the new recruits a tour in the morning. Anyone able to help?
Martha Green [8:13 A.M.]	Congrats! That's a big compliment.
Malachi McNamara [8:14 A.M.]	Thanks, Martha! I'm honored to be chosen.
Greig Dupe [8:14 A.M.]	That's only two days away! I'm in meetings all morning, and I can't reschedule them.
Francine Vyborny [8:15 A.M.]	Is it possible to give the tour another day?
Malachi McNamara [8:15 A.M.]	Apparently he wants them to have it on their first day.
Greig Dupe [8:16 A.M.]	Well, if it's okay to do it in the afternoon, I'm your man.
Malachi McNamara [8:17 A.M.]	Awesome. Let's plan on that then. The recruits have to view the company videos sometime during the day, so they can do that in the morning. How's one o'clock?
Greig Dupe [8:18 A.M.]	Perfect. But I've got Room A reserved all morning for the meetings.
Malachi McNamara [8:19 A.M.]	No problem. I'll check with HR to see if there's another meeting room free.
Martha Green [8:20 A.M.]	Otherwise you can always set them up in our break room. I don't think anyone would mind as long as they can come and get coffee.
Malachi McNamara [8:20 A.M.]	Great idea. That might even be better. I'll talk to Mr. Roberts to see if he minds. Hopefully he won't think it'll put out the whole department.
Greig Dupe [8:22 A.M.]	By the way, do I need to explain the key cards, computor login, printers, etc.?
Malachi McNamara [8:24 A.M.]	Nope. It's just a walking tour to see each of the departments and briefly meet everyone so people know the recruits' faces. You'll likely have a couple hours of the workday leftover to get stuff done.

172. What is NOT mentioned about Mr. McNamara?

(A) He has been asked to attend an upcoming presentation about a new prototype.
(B) He will be out of the office on Thursday.
(C) He made some videos for the new company recruits to watch.
(D) He feels lucky to be joining Mr. Roberts.

173. At 8:13 A.M., what does Ms. Green mean when she writes, "That's a big compliment"?

(A) She is flattered to be asked for advice.
(B) She is impressed by Mr. McNamara's new assignment.
(C) She feels it is an honor to work with the new recruits.
(D) She is relieved to have been able to reserve a meeting room.

174. What is indicated about the new recruits?

(A) They will watch videos in the morning.
(B) There are more of them this year than the year before.
(C) They have already been through orientation.
(D) They will attend the meeting with Amos Corp.

175. What is true about Room A?

(A) It will be used all morning on Thursday.
(B) It is too small to fit all the new recruits.
(C) It is right next to a break room.
(D) It is in a different department.

GO ON TO THE NEXT PAGE

Questions 176-180 refer to the following letter and e-mail.

William Bettendorf, Principal

May 4

Nameth High School
435 Spring Street
Harland, MD 20601

Dear Mr. Bettendorf,

Thank you again for interviewing me for the Director of Operations position at Nameth High School yesterday. After hearing you say that attention to detail and multitasking skills are essential for the job, I became even more confident that I am an ideal candidate for the position.

I am aware that the Director of Operations must have extensive knowledge of NJN and LDFS, two programming languages with which I am not yet familiar. However, one of my strengths is the speed at which I can learn new tasks and technologies. For instance, as an editorial assistant back in my university days, I mastered TypePress, the software for building Web sites after only one seminar. Within only a couple months, I was running TypePress seminars for incoming editorial interns. You mentioned that the new Director of Operations must start by July 31. Since our meeting, I have begun to attend a six-week course on how to use both NJN and LDFS. I am already making great strides in my fluency with each programming language.

I can offer leadership experience, organizational skills, and technological understanding, and am ready and able to be an essential member of the Nameth High School team. I appreciate the time you took to interview me, and I look forward to hearing back about this position.

Warm regards,
Helen Frasier

E-Mail Message

To: Helen Frasier <hlfrasier@uno.com>
From: Ronald Falconer <falconer@nhs.edu>
Subject: Welcome
Date: June 30

Hello, Helen,

I just wanted to send you a quick note to say that we are all very excited to welcome you to our team at Nameth High School. As we agreed, your first day is Tuesday, July 8. We'll expect you here at 7 A.M. For your information, the dress code is business casual.

Schedules aren't overly strict here outside of school hours; we will discuss your schedule when you come in on Tuesday. As for your first few days, here's an overview of what you'll be doing. You will complete the new employee paperwork and attend an orientation session that I will head. In order to orient you to both your new position and the school, I have asked Leslie Bryant to provide you with some on-the-job training. She has experienced all aspects of your job. Your office will be adjacent to hers, so the training can be ongoing. Additionally, I have created a meeting schedule to put you in contact with all of the staff. I'll finalize this schedule and have it ready for you when you arrive on Tuesday. By the way, I'm arranging a date in the future for you to train other staff members on our computer systems. Also, we are now considering some improvements to the school's Web site, and we might ask for knowledge of the software you learned during your university years. We'll let you know more when everything is decided.

In the meantime, if you have questions, please don't hesitate to e-mail or call me. My number is 555-7237. We all really look forward to working with you.

Ronald Falconer
Nameth High School, Secretary

176. What is indicated about Mr. Bettendorf?

(A) He needs to receive some documents from Ms. Frasier.
(B) He was the interviewer of Ms. Frasier.
(C) He knows the school's computer systems well.
(D) He will share an office with Mr. Falconer.

177. What is NOT mentioned about Ms. Frasier?

(A) She is starting her new job in July.
(B) She runs orientation sessions for new staff members.
(C) She has begun to learn several programming languages.
(D) She is already learning skills for her new job.

178. What is indicated about Mr. Falconer?

(A) He sent Ms. Frasier some paperwork in the mail.
(B) He will accompany Ms. Frasier to her meetings.
(C) He wants to interview Ms. Frasier on Tuesday.
(D) He is organizing Ms. Frasier's first few work days.

179. In the e-mail, the word "created" in paragraph 2, line 7, is closest in meaning to

(A) pushed away
(B) abided in
(C) drawn up
(D) picked out

180. What is true about the Nameth High School Web site?

(A) Its design is similar to that of most schools.
(B) It is quite complex.
(C) It was updated earlier in the school year.
(D) Its renewal may be done with TypePress.

GO ON TO THE NEXT PAGE

Questions 181-185 refer to the following e-mails.

To:	ceo@liangoods.com
From:	louise@inspect.com
Subject:	Inspection report
Date:	November 15

Dear Mr. Lian,

Thank you for taking me around the factory for the annual inspection. Things looked okay in general, though I did have a few concerns that will have to be taken care of. I am sending you a copy of the full report in the mail, which you should receive in a day or two. I will highlight my concerns here, and you can read more information in the paper copy.

First, although the workflow is smooth, your production lines are at capacity. A word of caution here: if you have any plans to increase production, you will be required to add another production line to pass inspection in the future. Second, safety signage is properly placed in all locations except the door used for entering the factory. Please add a sign warning workers, and all those entering of possible danger. I also noted that your company does not train employees in first aid. All employees are required to complete a course every two years. A list of acceptable courses and agencies can be found on our Web site. Finally, while you have a ventilation system in the stockroom where your chemical ingredients are housed, it does not comply with our standards. This must be updated immediately to ensure air quality is maintained throughout the factory. Check our Web site for appropriate systems.

We are obliged to strictly enforce the law. Therefore, changes must be completed by the date of our next inspection, January 8. Any problems not fixed by this date will cause your company to incur penalties. If problems still remain on the date of the following inspection which will take place within two months, your company risks closure. Please take these concerns seriously. I am here to help you adhere to the laws, and I want to see you succeed. Please contact me directly at the number below if you have any questions.

Sincerely,

Louise Martin
Inspector
812-555-3479 ext. 53

═══ E-Mail Message ═══

To: ceo@liangoods.com
From: louise@inspect.com
Subject: Inspection report
Date: January 12

Dear Mr. Lian,

Thank you for your cooperation with our inspection on January 8. I am pleased to inform you that your factory has sailed through this time. The inspection process is almost complete. I am presently in the process of finishing the paperwork and signing off on the inspection. I will e-mail you a copy, which should be kept for your records, and forward the original to the state office. Once it has been officially accepted by them, a certificate will be issued. This often takes close to a month, so don't expect to receive it for a while. By law, it is required that this be hung in a prominent location in the office. I will look for it the next time I perform an inspection at your factory.

Sincerely,

Louise Martin
Inspector
812-555-3479 ext. 53

181. What is true about Ms. Martin?

(A) She is suggesting that Mr. Lian visit a Web site for information.
(B) She is recommending that action be taken against Mr. Lian's company.
(C) She will help Mr. Lian find a good construction contractor.
(D) She works for the local police department.

182. What problem is indicated about the stockroom?

(A) The chemicals are incorrectly labeled.
(B) It is improperly equipped.
(C) The door does not close tightly.
(D) It is located too close to a break room.

183. What is NOT mentioned about changes to the factory in the first e-mail?

(A) They must be made within two months.
(B) They need to be made to comply with the law.
(C) They can be discussed with Ms. Martin by phone.
(D) They will be covered by the company's insurance.

184. What does Ms. Martin say about the second inspection?

(A) It took longer to finish than originally scheduled.
(B) It went more smoothly than the previous inspection.
(C) It was rescheduled to another day.
(D) The factory manager showed her around himself.

185. According to Ms. Martin, what will occur during her next inspection?

(A) She will check a room next to the main stockroom.
(B) She will ask for the previous inspection report.
(C) She will bring another inspector with her.
(D) She will check that a safety certificate is correctly displayed.

GO ON TO THE NEXT PAGE

Questions 186-190 refer to the following online form, e-mail, and online review.

GRAND PALACE HOTEL
Ballroom Reservation Request

Name: Jasmine Bertelli   Date: February 6
Organization: Edwards Furniture
Phone: 982-555-1122   E-mail: bertelli@edwardsfurniture.com

Event date: May 19   Time: from 5:30 P.M. to 9 P.M.
Event type: Banquet   Expected number of guests: 386

Catering needs: buffet, desserts, cash bar

Audio/Visual needs:
Microphone _X_   Podium _X_   Screen _X_   Monitor ____
Projector _X_   Telephone ____   Flip chart with markers ____

Special requests:

Our guest count is large, so it will likely be difficult
for some to see the thirty-minute video we put together. I
would like to know if there is a way to remedy this
problem. Also, we must have some food options for
gluten-free, dairy-free, nut-free and vegan customers and
employees. By the way, the best way to reach me is by
e-mail since I'm often in meetings. If you do call, please
leave a voicemail if I don't answer.

E-Mail Message

To: Jasmine Bertelli <bertelli@edwardsfurniture.com>
From: Nicholas Armstrong <nicholas@grandpalacehotel.com>
Subject: Banquet
Date: February 16

Dear Ms. Bertelli,

Thank you for your deposit to hold your reservation. The next portion will be due after the menu has been decided. On that topic, I wanted to clarify a special request you wrote on your reservation form. Do the guests with dietary restrictions need food options to fit all of the restrictions or are there some guests who need just gluten-free items, some who need dairy-free items, some who need nut-free items,

and some who need vegan items? The foods I can offer will change depending on the answer to this question. Once I have this information, I will draw up a list of menu items from which you can choose. I will send you this list via e-mail, and you can respond in the same way.

Thank you, and have a great day.

Nicholas Armstrong
Event Planner, Grand Palace Hotel
555-9605 ext. 422

By Jasmine Bertelli

My company held a banquet with over 400 participants at the Grand Palace Hotel in May, and I was in charge of setting it up with the hotel. Plans were coming along smoothly until all of a sudden our event was transferred to a new event planner. There was no explanation as to what had happened or why our event planner was no longer available to us, though I found out later that he had chosen to leave his position for some reason. Moreover, it seemed that none of our specific instructions up to that point had been conveyed to the new event planner because it was like starting over. The new event planner was clearly a novice—it was quite frustrating to have to reiterate things to her that shouldn't require a second thought to people who deal with them every day, like dietary restrictions and requests. Once we were finally on the same page, however, everything proceeded as expected. As for the video scheduled to run one and a half hours after the beginning of the banquet, the hotel kindly prepared several extra monitors around the room in addition to the big screen up front so that everyone could view our video comfortably. Sadly, there were some technical issues with one of the speakers in the back of the room, so some of the guests seated there had trouble hearing the video. Thankfully, the catering staff did a fantastic job with the food. We had several guests with dietary restrictions, but the staff were able to prepare food accordingly. They labeled everything clearly and separated the special food options from the rest of the food so that there was no cross-contamination. All in all, despite the difficult beginnings, I was satisfied with the service at the Grand Palace Hotel.

GO ON TO THE NEXT PAGE

186. What is indicated about the payment for the banquet at the Grand Palace Hotel?

(A) A partial payment secured a room and date.
(B) The deposit will be returned after the event.
(C) There is a discount for paying up front.
(D) Edwards Furniture must reimburse Ms. Bertelli.

187. What is true about Ms. Bertelli?

(A) She was recently hired by Edwards Furniture.
(B) She finalized the number of guests by the end of February.
(C) She was late in making the banquet reservation.
(D) She is responsible for planning the banquet.

188. In the e-mail, the phrase "draw up" in paragraph 1, line 7, is closest in meaning to

(A) invent
(B) manufacture
(C) distribute
(D) draft

189. What is implied about guests at the banquet?

(A) They were dissatisfied with the food choices.
(B) Few of them came by car.
(C) They were impressed with the room decorations.
(D) They were watching a video at 7:15 P.M.

190. What is NOT mentioned about the banquet?

(A) An inexperienced staff member dealt with it.
(B) The room was more cramped than expected.
(C) People with dietary restrictions were catered to.
(D) A piece of audio equipment was out of order.

Questions 191-195 refer to the following article, e-mail, and announcement.

WINSTON—Sheryl Park is carrying on a family tradition. From the time she turned 6 years old, she helped her father and grandfather construct model railroad cars. Now that both her father and grandfather have passed on, she is trying to teach her children the art in order to keep the tradition alive. Park spends a lot of time researching the history of trains from different parts of the country and building them as closely as possible to the real things. Her favorite part of the process is seeing the history come to life as she builds. For example, Park's greatest masterpiece to date is a model of the interurban train that carried both people

and manufactured goods from downtown Winston, where she lives, to the outlying suburbs of Marble City, Fernburg, Sterling, and Wood Forest in the 1800s. While Park's father and grandfather stuck to building trains, Park has expanded on that in recent years. A civil engineer by trade, she uses her expertise to do this. "I now build whole railways, including the historical bridges, buildings, and landmarks along the line." She says this helps her convey the energy of the period when the train was at its height.

This is the fifth article in our hobby artists series. Read more of this series at www.northernidahonews.com/hobbyartists.

To:	parks@quickmail.com
From:	garydiedrick@bg.com
Subject:	Custom project
Date:	March 2

Dear Ms. Park,

I am in charge of special events at Bentel Gardens. I recently read online about you and your art in the latest edition of the *Northern Idaho News* and was intrigued. After discussing it with our board of directors, we unanimously decided to extend an offer to you to work together to create a one-of-a-kind exhibition at our gardens. We would like to commission you to build a historical railway for us with special features unique to our city. It's an enviable idea that will make other gardens line up at your door to copy. And if our first exhibition is successful, we plan to ask you to help us expand the collection by one piece each year.

If you are interested in this proposition, please call 914-555-2332 or e-mail me at

GO ON TO THE NEXT PAGE

garydiedrick@bg.com. We can discuss details, payment, timelines, and more. Thank you so much for your consideration.

Sincerely,

Gary Diedrick
Director of Events, Bentel Gardens

Bentel Gardens Model Railroad

Let us transport you to a magical miniature world as trains and trolleys run above, below, and around you while you explore the lush tropical environment of Bentel Gardens. Miniature Cherryville landmarks lend enchantment to the indoor ambiance.

Come see our first-ever exhibition of this kind which will be on display for about a month. Constructed by Sheryl Park, this unique display features miniature replicas of historical Cherryville landmarks such as the Idaho Railroad station, Belle Vista Cottage, and the Trolley Barn.

Cherryville has a long manufacturing history, everything from screws to socks, furniture, to machinery has been made here. Railroads used to be the primary method of transporting goods to markets all over the country. Though interstate highways have allowed more transport by road these days, railroads still move goods through Cherryville today. Enjoy a taste of history during your visit to Bentel Gardens. This exhibit runs from December 3 to January 6. A tour is available daily—see our Web site for times. Advance registration is required for a tour, even though tours are free with admission. For more information about admission fees and opening times, visit www.bentelgardens.com.

191. According to the article, what is suggested about Ms. Park?

(A) She enjoyed riding trains in her childhood.
(B) She has made her hobby into a fundraising activity.
(C) She wants to pass on her family tradition to future generations.
(D) She is considering leaving her job to become a professional artist.

192. What is true about *Northern Idaho News*?

(A) It is read mainly by people in their 20s.
(B) It usually reports the news from Winston.
(C) It is available to be read in a digital format.
(D) It requires a subscription to read.

193. What is indicated in Mr. Diedrick's proposal?

(A) Ms. Park will give a tour of her exhibit.
(B) Ms. Park will be paid for her work.
(C) Ms. Park will be present at an unveiling.
(D) Ms. Park will teach classes at Bentel Gardens.

194. In the e-mail, the word "unanimously" in paragraph 1, line 3, is closest in meaning to

(A) confidentially
(B) collectively
(C) temporarily
(D) practically

195. What is NOT mentioned about the exhibit at Bentel Gardens?

(A) Taking pictures of the exhibits is prohibited.
(B) Models of trolleys are included in the exhibition.
(C) It will run for about a month.
(D) Visitors to the exhibition will have to pay an entrance fee.

GO ON TO THE NEXT PAGE

Questions 196-200 refer to the following Web site, e-mail, and survey.

http://www.perks4you.net/about/

Perks4You — Big Savings for Your Employees

Your workplace can be a better place with our employee discount network, Perks4You. Perks4You allows your employees to access corporate discounts on everyday purchases wherever they are, whether close to home, near the office, on business trips, or on vacation.

Our employee discount programs are labeled on behalf of your organization and offer your staff:
- Unlimited-use discounts at over 300,000 restaurants, stores, and theme parks, among other places throughout the country
- Up to 50% off top brands and local products
- Your own private employee discount Web site
- A mobile coupon app for accessing discounts quickly and easily
- Employee discount cards
- Toll-free customer service number

Click **here** and sign up today for our free 90-day trial!

E-Mail Message

To: Ted Pfister <tedpfister@lamrock.com>
From: Sue Blanc <sueblanc@lamrock.com>
Subject: Request
Date: July 12

Dear Mr. Pfister,

Thank you so much for signing Lamrock up permanently with Perks4You. During the first 90 days, I have used my card many times and saved over $600! I do have a request, though. I've been wanting to get a membership to a local gym, as have some of my co-workers, and I think a discount would be a motivation for us to do so. In fact, getting us more physically active would make us healthier and also more productive at work. If it's a possibility to add a gym to our Perks4You card, I would be grateful!

Also, in talking to co-workers about the program, I've learned that many forget to

ask stores and restaurants if they can use their card. But then they miss out on great discounts! Since I've learned the ins and outs of using my card by now, I would be willing to type something up that highlights deals and locations where the card can be used. That way the card's benefits would be front and center in everyone's minds, and the whole program would be more worthwhile overall. Please let me know your thoughts when you have a moment.

Thank you for your time regarding this matter,

Sue Blanc

Name: _Ashley Gillett_ Date: _November 14_
Department: _Purchasing_

Perks4You card use   Never ____   A couple times ____   Many times _X_
Satisfaction with card   Very _X_   Somewhat ____   Not very ____
Rough estimate of savings to date   _$800_

Comments:

When our company first signed up for this program, I didn't fully understand the vast array of discounts that were at our fingertips. But since Sue Blanc became the liaison with Perks4You, I've been enjoying using my card all over the place! Sue's monthly newsletter is so informative and makes it easier for me to get my shopping and other errands done. For example, I needed my car's oil changed the other week, and since Sue's most recent newsletter included information on automotive garages that accept the Perks4You card, I chose one and got the job done right away. And now that Sue has gotten local stores and restaurants to hang a sign advertising their acceptance of the card, it is easier for me to remember to use it. Finally, I joined Workout Jungle last month for a lot less than I would have without my card—I'm so glad Mr. Pfister took Sue's e-mail seriously back in July. Now I feel I'm not only saving money but also getting healthy thanks to the many discounts.

In all, it is both fun and exciting to purchase items and activities at a discount! And it makes me feel like my company is looking out for me. Thank you so much.

GO ON TO THE NEXT PAGE

196. What is NOT mentioned about Perks4You?

(A) People can get discounts at travel destinations.

(B) It is adding new businesses to its network daily.

(C) It offers a free trial phase to employees.

(D) Cell phone apps are included in the membership.

197. Why does Ms. Blanc suggest that she write something for employees?

(A) She was asked to do so by Mr. Pfister.

(B) She thinks it will help her get a bonus.

(C) She has a lot of experience using her discount card.

(D) She wants a different position at work.

198. What is true about Ms. Gillett?

(A) She was satisfied with the Perks4You card.

(B) She has had a meeting with Ms. Blanc.

(C) She is a new employee at Lamrock.

(D) She created the survey herself.

199. In the survey, the word "vast" in paragraph 1, line 2, is closest in meaning to

(A) dense

(B) exclusive

(C) wide

(D) solid

200. What does Ms. Gillett indicate?

(A) She will purchase a new car.

(B) She eats out more often now.

(C) She gets a discount at the gym.

(D) She has others run her errands for her.

Follow-up 2

Reading Test

In the Reading Test, you will be expected to read various types of reading material to test your reading comprehension skills. The Test, which lasts for 75 minutes, is in three parts, and you will find instructions in each part. Attempt to answer as many questions as you can.

Write your answers on the separate answer sheet, not in the test book.

Part 5

Directions: In the following questions, you must complete the missing part of the first sentence by selecting the most appropriate answer or answers (depending on the question, there may be more than one) from the five choices provided, (A), (B), (C), (D), or (E), and then mark your choice(s) on the answer sheet.

101. After an ------- presentation, the junior executive was able to convince the board of ATX Corp. that opening an office in Asia was a logical step.

(A) elaborate
(B) intimate
(C) automated
(D) imaginary
(E) impressive

102. The advertising campaign proved to be a huge success, ------- most employees' expectations.

(A) eclipsing
(B) compromising
(C) supposing
(D) topping
(E) surpassing

103. Green-bay Language Center offers three ------- classes which are geared to each student's level of ability.

(A) overall
(B) contrary
(C) distinct
(D) vintage
(E) speculative

104. Had the typhoon not ------- the mail service, the patent application would have been accepted in time.

(A) paralyzed
(B) overcharged
(C) harvested
(D) intensified
(E) disrupted

105. At Franklin Bookstore, fiction books sell well in comparison with those ------- historical events.

(A) describing
(B) tracked
(C) depleting
(D) pertaining to
(E) notified of

106. Unable to complete the job on time, the management was forced to search for ------- workers.

(A) transferring
(B) restrictive
(C) supplementary
(D) instant
(E) extra

107. The editor in chief of the newspaper had ------- reasons to revise the next day's newspaper headline.

(A) picturesque
(B) enough
(C) vantage
(D) approximate
(E) multiple

108. The reasonable price offered by Arrow Restaurant can be largely accounted for by their ability to ------- ingredients at a low cost.

(A) criticize
(B) procure
(C) source
(D) endure
(E) indicate

109. After a ------- examination, the inspector suggested occasional upgrading of the machinery.

(A) thorough
(B) complete
(C) contradictory
(D) supplementary
(E) static

110. Polarica Electronics changed its Web site ------- to keep up with recent trends.

(A) severely
(B) dramatically
(C) similarly
(D) optionally
(E) completely

111. While inputting some information, an employee ------- a customer's data by mistake.

(A) searched
(B) lacked
(C) deleted
(D) disappeared
(E) erased

112. Several additional ------- employees were hired last month to deal with the excessive workload in the widening delivery network.

(A) capable
(B) frequent
(C) spacious
(D) objective
(E) experienced

113. The series of training sessions for software engineers generated positive publicity because of ------- handouts and well-organized lectures.

(A) dependable
(B) comprehensive
(C) reachable
(D) transparent
(E) detailed

114. Since Grand Station is closed for ------- work, travelers have no alternative but to travel to the airport by bus or taxi.

(A) formation
(B) renovation
(C) transformation
(D) correction
(E) construction

Test **1** Follow-up **2**

GO ON TO THE NEXT PAGE

115. When ordering the food for the upcoming picnic ------- a catering service, Mr. Ito was instructed to stick to the budget.

(A) notwithstanding
(B) via
(C) through
(D) in the process of
(E) in accordance with

116. Ms. Smith usually accompanies her husband when he goes abroad on business trips ------- when she has work deadlines.

(A) except
(B) indeed
(C) instead
(D) regardless
(E) but

117. At the beginning of the sales meeting, Mr. Pak ------- outlined the current strategy to deal with competitors.

(A) exclusively
(B) briefly
(C) quickly
(D) generally
(E) roughly

118. During a play, patrons must switch off their mobile phones in order not to ------- others.

(A) upset
(B) substitute
(C) disturb
(D) forge
(E) offend

119. The main ------- of the lecture aimed at team leaders was how to accomplish timely project completion.

(A) adjournment
(B) theme
(C) wording
(D) confidence
(E) subject

120. The ------- of our Web site resulted in an increase in the number of job applicants.

(A) outage
(B) outstanding
(C) deposit
(D) improvement
(E) modification

121. Helion Electronics is expected to ------- their agreement to ship one-thousand units of chips unless otherwise agreed in writing.

(A) adhere to
(B) abide by
(C) imitate
(D) honor
(E) overwhelm

122. The decision to focus on liquid crystal TVs adversely ------- the company's total sales.

(A) adjusted
(B) resolved
(C) affected
(D) impacted
(E) advocated

123. It is ------- that the project involving Asset Pummel Inc. and Vitalic Holdings will generate profits of 6 million dollars annually.

(A) restored
(B) estimated
(C) waived
(D) set aside
(E) projected

124. Although Mr. Goldberg had ------- of experience, his supervisor requested that he attend the training session.

(A) enough
(B) plenty
(C) material
(D) conjunction
(E) tuition

125. Memorica Inc. has ------- a weekly yoga class in order to improve employees' concentration.

(A) introduced
(B) provided
(C) accelerated
(D) bent
(E) implemented

126. In order to have more time to take care of his elderly parents, Mr. Carstens decided to relinquish his ------- position.

(A) managerial
(B) diligent
(C) executive
(D) repetitive
(E) respective

127. ------- several employees' suddenly taking sick leave, the team had to devise a way to finish the task in time.

(A) In the event of
(B) Except for
(C) On account of
(D) Owing to
(E) In spite of

128. Management has been ------- that conditions at the construction site are unsafe.

(A) enforced
(B) provoked
(C) endangered
(D) cautioned
(E) notified

129. The one-day complimentary seminar is for those who are confronted with ------- stress in their workplaces.

(A) misleading
(B) acute
(C) versatile
(D) heavy
(E) severe

130. The manual ------- that the person in charge should under no circumstances leave the control room unattended for any period of time.

(A) specifies
(B) states
(C) forfeits
(D) repaves
(E) stipulates

GO ON TO THE NEXT PAGE

Part 6

Directions: In the following questions, you must complete the missing part of the text by selecting the most appropriate answer or answers (depending on the question, there may be more than one) from the five choices provided, (A), (B), (C), (D), or (E), and then mark your choice(s) on the answer sheet.

Questions 131-134 refer to the following information.

Product Safety Recall

WRZ Ltd. is ------- a voluntary recall of their Warmy Brand electric-furnace
          131.
Model WRZ03. WRZ's quality control department ------- that the insulation used
                                                        132.
in this model offers inadequate heat resistance. -------.
                                                   133.

The model involved is the WRZ03 manufactured in March 2017. Furnaces

affected carry serial numbers ranging from 170301 to 170430. Customers are

advised to check the label adhered to the front panel.

Customers should stop using these furnaces ------- and contact WRZ service
                                             134.
center via e-mail at enquiries@wrz.co.jp or call toll free on 08 3376 3382. A

spokesperson from WRZ LTD reassured customers saying: "Please get in touch

with us as soon as possible. One of our service technicians will visit your home

and carry out any necessary repairs."

131. (A) spending
(B) alleviating
(C) initiating
(D) commencing
(E) starting

132. (A) will discover
(B) discovered
(C) would have discovered
(D) was discovered
(E) has been discovered

133. (A) It is expected that there will be a shortage of those parts.
(B) This may result in a fire risk.
(C) Therefore, it will take approximately two hours to install the furnace.
(D) No faults have been detected in the furnace.
(E) The examination was carried out after the hotline received a number of inquiries from customers.

134. (A) in short
(B) completely
(C) immediately
(D) exponentially
(E) in the long run

Dear Mr. Williams

We are ------- to invite you to our Business Startup Seminar. The seminar is
135.
scheduled to be held at 10 A.M. on 21 September in the Chamber of
Commerce Building.

The seminar will be introduced by Mr. Henry Clark, the President of the Sunrise
State Chamber of Commerce. This will be followed by a speech by Mr. David
Andersen, the CEO of Smart Engineering. The title is "Challenging issues as a
novice entrepreneur and how to create a foolproof system to ------- an enviable
136.
position."

-------. Therefore, please register using the enclosed form as soon as possible
137.
------- you intend to join. Ms. Janet Lynn (jlynn@yeo.com) is at your disposal to
138.
answer any questions.

Yours Faithfully,

Mark Reynolds
President

135. (A) thrilled
    (B) appalling
    (C) delighted
    (D) skeptical
    (E) unwilling

136. (A) secure
    (B) attain
    (C) refute
    (D) itemize
    (E) cease

137. (A) You are not allowed to take photos during this seminar.
    (B) This seminar is likely to be oversubscribed.
    (C) Prior registration is not required for this seminar.
    (D) Only 100 seats are available for this event due to the size of the room.
    (E) Mr. Henry Clark has already received the reply from you.

138. (A) as
    (B) if
    (C) though
    (D) should
    (E) because

GO ON TO THE NEXT PAGE

Questions 139-142 refer to the following article.

Sakura Animation College has announced that they will offer a 3-D animation class from Next September. Catherine Ito, a ------- 3-D animation director, will
139.
teach the course.

In a statement, Paul Miyamoto, the principal of the college, said that Ms. Ito, his former student, will be an indispensable ------- to the school. -------. She first
140. **141.**
saw one of Miyamoto's films at the age of ten. Ms. Ito is reported as having said that she would not have become an animator but for that life-changing experience.

------- many applications are expected, the college is only able to accept 30
142.
students for the course due to limited facilities. The application procedures will be posted soon on their Web site.

139. (A) redeemable
(B) renowned
(C) coherent
(D) notable
(E) scenic

140. (A) asset
(B) oversight
(C) artifact
(D) centerpiece
(E) talent

141. (A) Ms. Ito heard that the movie would begin showing next month.
(B) As for Ms. Ito, she said that she feels privileged to be working for her mentor.
(C) Mr. Miyamoto did not want to hire Ms. Ito.
(D) Ms. Ito respects Mr. Miyamoto though she has never met him.
(E) Many students are excited to take Mr. Miyamoto's class.

142. (A) Although
(B) Since
(C) Either
(D) After
(E) Unless

First Anniversary Sale on November 2, 3, and 4!

In November Rosebay Shopping Mall will be celebrating its 1st anniversary. We will be offering our ------- up to a 50% discount on selected items, as well as
143.
many chances to win gift vouchers.

Shop at any of our 50 stores or dine at any of our 8 restaurants. Get a -------
144.
ticket for every purchase over 30 dollars. Lucky shoppers ------- the chance to
145.
win 50 to 1,000 dollars worth of gift vouchers.

Rosebay Shopping Mall is a family-friendly mall. The first 50 children visiting the mall on November 2 will be treated to packets of candies.

So, why not come, shop, and win? -------.
146.

143. (A) vendors
(B) patrons
(C) customers
(D) mentors
(E) bearers

144. (A) deposit
(B) parking
(C) raffle
(D) delivery
(E) round

145. (A) had
(B) will have had
(C) will have
(D) would have had
(E) have had

146. (A) You may be the one to draw the 1,000 dollar voucher!
(B) You may win a luxurious cruise ship tour!
(C) Show the discount coupon to the staff at the store.
(D) Our 2nd-anniversary celebration is worth coming to.
(E) A large parking area will be sponsored by local companies.

 *GO ON TO THE NEXT PAGE*

Directions: Here you will read various types of reading material and then be asked several questions about it. Select the most appropriate answer or answers (depending on the question, there may be more than one) and mark them on your answer sheet, (A), (B), (C), (D), or (E).

Questions 147-148 refer to the following invoice.

Promotion King

Date issued: December 16, 2018

1190 Winter Court
Adelais, NC 27007
Contact: Gary Feldman
gary@promotionking.com
704-555-2876 ext. 136

Customer: Jamous Dealership
(since 7/2009) 717 Helena Parkway
Tamaska, WA 98003
Contact: Cynthia Clough
c-clough@jamous.com
206-555-2388 ext. 44

Item #	Description	Quantity	Unit Price	Extra Details	Total
9833	Navy T-shirts Large	100	$2.50	Logo white	$250
5645	Navy caps, adjustable	100	$3.00	Logo white	$300
1026	White pens with stylus	50	$0.75	Logo navy	$0
				Grand Total:	$550

NOTE: Please enjoy the free items we have included as a token of our appreciation for placing an order over $500! If you are satisfied with these items and wish to order more, use code FREE10 for 10% off at checkout! We look forward to serving you again. Find everything you need at Promotion King, where you can choose from hundreds of promotional products. And don't forget to check our clearance page for our current specials!

---

147. What is suggested about the caps ordered by Jamous Dealership?

(A) They were delivered separately from the other items.
(B) Their price has been discounted by 10 percent.
(C) Lettering is included in the price.
(D) They fit both large and small heads.
(E) They were released in December.

148. What is NOT true about the order?

(A) Its invoice was issued on December 1.
(B) It is expedited.
(C) It was placed over the phone.
(D) It does not require postage.
(E) It includes over 50 T-shirts.

Questions 149-150 refer to the following text-message chain.

Ben Baruch (1:01 P.M.)
What did you think of the draft of the contract I e-mailed you this morning?

Anjali Nanayakara (1:02 P.M.)
Which one? I haven't gotten anything from you today.

Ben Baruch (1:03 P.M.)
Huh. I don't get it. Here, let me send it again. I need to make changes and send it to Mr. Price by 3 P.M., so if you have time to talk about it soon, that would be great. I always value your comments.

Anjali Nanayakara (1:07 P.M.)
Okay, I got it. I'll take a look now and then give you a call on my way to AMC Corporation.

149. At 1:02 P.M., what does Ms. Nanayakara mean when she writes, "Which one"?

(A) She is upset that Mr. Baruch wants help.
(B) She will be too busy to communicate with Mr. Baruch.
(C) She is surprised that Mr. Baruch will agree to a contract.
(D) She is unaware of an e-mail from Mr. Baruch.
(E) She finds the contract objectionable.

150. What is suggested about Ms. Nanayakara?

(A) She did not have time to revise a contract.
(B) She often gives Mr. Baruch advice.
(C) She needs to know Mr. Price's e-mail address.
(D) She plans to give comments over the phone.
(E) She works for AMC Corporation.

GO ON TO THE NEXT PAGE

Questions 151-153 refer to the following policy.

Return Policy for www.MavisJewelry.com

If you are dissatisfied with your purchase from www.MavisJewelry.com for any reason, we gladly accept returns and exchanges, and process refunds or grant store credit for your item(s) within 30 days of the purchase date. Returned items must be presented exactly the way they were at the time of purchase, for instance, free from scratches, blemishes, sizing or alterations, and without signs of wear and tear. Gift boxes and velvet pouches accompanying each item must be returned as well. A 20 percent restocking fee will be applied when returning special orders such as engraved items and special ring sizes.

Mavis Jewelry online store reserves the right to confirm the authenticity of returned products. After our Quality Assurance Department verifies this, your refund will be processed. It will include the cost of the returned item minus shipping, handling, and insurance charges. We will issue the refund within 7 to 10 business days and into the bank account used for the original purchase.

Note:
◆ This return policy applies to domestic orders only.
◆ For products purchased in any of our physical stores throughout the country, please check the back of your receipt for return policy details.

---

151. What is indicated about returns of online purchases?

(A) Refunds are granted once items are proven to be genuine.
(B) The return policy is written on the receipt.
(C) Items can be returned to Mavis Jewelry stores overseas.
(D) They are allowed within a month from the purchase date.
(E) Only unopened gift items can be returned.

152. What is NOT suggested about return fees?

(A) A processing fee of 25 dollars is applied to all returns.
(B) Flawed returns are subject to a 20 percent fee.
(C) Customers are charged for unreturned boxes.
(D) They include a handling charge.
(E) Insurance costs are deducted from the refunded amount.

153. What is true about Mavis Jewelry?

(A) They encourage customers to use discount coupons.
(B) They don't pay the shipping charges when items are returned.
(C) They sell returned items to physical stores for resale.
(D) They ship orders in 7 to 10 days.
(E) They give free gifts on returns of used items.

Don't wait until winter, call today to have your furnace checked!
Includes testing for gas

Johnson Heating & Air Conditioning
325-555-2906
Servicing Ellis, River City, Brandywine, and now Malingo!

Why choose Johnson Heating & Air Conditioning?
✓ Residential and commercial sales
✓ Service and installation
✓ 7 days a week
✓ Licensed and insured
✓ Low prices . . . we'll beat any competitor's price!
✓ Financing assistance available
✓ Satisfaction guaranteed

Set up an appointment today and receive a furnace cleaning for only $50!
Offer expires October 31.

---

154. What is indicated about Johnson Heating & Air Conditioning?

(A) They offer lower fees than their competitors.
(B) They have been operating for 31 years.
(C) They are no longer accepting new clients.
(D) They offer a free furnace inspection for regular customers.
(E) They are the only heating company in the area.

155. What is true about Johnson Heating & Air Conditioning's services?

(A) Furnace servicing comes with a free gas check.
(B) They usually take a week to complete a project.
(C) They only give discounts to regular customers.
(D) They require their customers to make appointments.
(E) Customers can always receive discounts.

Test 1 Follow-up 2

GO ON TO THE NEXT PAGE

Questions 156-159 refer to the following online chat discussion.

Malachi McNamara [8:12 A.M.]	Hey, everyone. Mr. Roberts asked me to accompany him to the big meeting at Amos Corp. on Thursday to help explain the prototype we built for them. But I'm supposed to be giving the new recruits a tour in the morning. Anyone able to help?
Martha Green [8:13 A.M.]	Congrats! That's a big compliment.
Malachi McNamara [8:14 A.M.]	Thanks, Martha! I'm honored to be chosen.
Greig Dupe [8:14 A.M.]	That's only two days away! I'm in meetings all morning, and I can't reschedule them.
Francine Vyborny [8:15 A.M.]	Is it possible to give the tour another day?
Malachi McNamara [8:15 A.M.]	Apparently he wants them to have it on their first day.
Greig Dupe [8:16 A.M.]	Well, if it's okay to do it in the afternoon, I'm your man.
Malachi McNamara [8:17 A.M.]	Awesome. Let's plan on that then. The recruits have to view the company videos sometime during the day, so they can do that in the morning. How's one o'clock?
Greig Dupe [8:18 A.M.]	Perfect. But I've got Room A reserved all morning for the meetings.
Malachi McNamara [8:19 A.M.]	No problem. I'll check with HR to see if there's another meeting room free.
Martha Green [8:20 A.M.]	Otherwise you can always set them up in our break room. I don't think anyone would mind as long as they can come and get coffee.
Malachi McNamara [8:20 A.M.]	Great idea. That might even be better. I'll talk to Mr. Roberts to see if he minds. Hopefully he won't think it'll put out the whole department.
Greig Dupe [8:22 A.M.]	By the way, do I need to explain the key cards, computer login, printers, etc.?
Malachi McNamara [8:24 A.M.]	Nope. It's just a walking tour to see each of the departments and briefly meet everyone so people know the recruits' faces. You'll likely have a couple hours of the workday leftover to get stuff done.

156. What is true about the meeting with Amos Corp.?

(A) It is scheduled to start from the evening.

(B) Mr. McNamara will attempt to fix their device.

(C) Mr. Roberts needs help conveying information at the meeting.

(D) Material for it will be prepared by Ms. Green.

(E) The venue has been changed to another location.

157. At 8:12 A.M., what does Mr. McNamara mean when he writes, "Anyone able to help"?

(A) He needs a hand carrying a prototype machine.

(B) He is looking for a replacement.

(C) He wants someone to join him on a tour.

(D) He needs to know where Mr. Roberts is.

(E) He has not prepared meeting materials yet.

158. What is indicated about Mr. McNamara?

(A) He has a schedule conflict on Thursday.

(B) He is Mr. Roberts's personal assistant.

(C) He is the newest member of the department.

(D) He will adjust the time of a tour.

(E) He is in charge of meeting room bookings.

159. What is NOT mentioned about the tour?

(A) It will leave some working time.

(B) It includes lunch with other employees.

(C) It cannot be rescheduled for another day.

(D) It may be canceled due to a schedule conflict.

(E) It will be offered after mandatory computer training.

Test 1 Follow-up 2

GO ON TO THE NEXT PAGE

═══════════════════ E-Mail Message ═══════════════════

To: Alexander McMillan <alexm@taylorhouse.com>
From: Gloria Chen <gloriac@taylorhouse.com>
Subject: Training programs
Date: August 22

Alex,

I looked into training programs like you asked me to. It seems that companies with well-established training programs have markedly lower turnover rates, higher employee satisfaction, greater productivity, better sales, and more. You may think that training programs cost a company a lot of money . . . and they do. But the return on that investment is so great that companies that have programs wonder why other companies don't. Of course, should we decide to introduce training programs into our company culture, it would be smart for us to measure how successful they are for our company. In order to do that, we'd have to start now to get baseline data for comparison at a later time. Anyway, it's late and I'm going home. We can talk in more depth in tomorrow morning if you like. Just give me a call—I won't be in the office, but I'll be at my home desk all day.

Oh, by the way, we were having problems with the copy machine all day. It's something that none of us knew how to fix, so Stacy Bardell put in a call to Office Solutions. She'll discuss the problem with the guy who comes out and checks the machine, and she'll take care of everything. Hopefully his visit tomorrow will sort out the problem. That should be all the updates. Hope your business trip went well!

Gloria
397-555-9999

160. What is mentioned about training programs?

(A) They help employees stay happier at work.
(B) They have been successful at Mr. McMillan's company.
(C) Mr. McMillan is thinking of starting them.
(D) They require at least 10 trainers.
(E) They are on how to deal with computer malfunctions.

161. What is NOT suggested about Mr. McMillan?

(A) He fixed a copy machine by himself.
(B) He meets Ms. Chen once a week.
(C) He will want to discuss training programs.
(D) He once worked at Office Solutions.
(E) He will not be in the office on August 23.

162. What is indicated about Office Solutions?

(A) They will renew their Web site.
(B) They are booked until the next week.
(C) They will deal with a copy machine on August 23.
(D) They will work with Ms. Bardell.
(E) They plan to hold training programs.

Test 1 Follow-up 2

GO ON TO THE NEXT PAGE

Questions 163-165 refer to the following article.

LOUISVILLE, COLORADO—The emerald ash borer (EAB) is a metallic green beetle native to Asia. It was relatively unknown due to its naturally controlled numbers until it was accidentally introduced to North America in the 1990s. Outside its native range, EAB is responsible for the death of millions of ash trees, which has sparked a great deal of research on the insect. Thus far, insecticides have been found to best control EAB, though type and timing of application must be chosen carefully for optimal results. —[1]—.

Treatment is effective when applied during two life stages of the insect: adult and young larvae. Therefore, insecticides should be applied at a time when adult beetles (March) and young larvae (May) will encounter the toxin. —[2]—. EAB larvae feed underneath the bark of ash trees, making it difficult to apply an insecticide in an effective manner.

Systemic insecticides for soil treatments and trunk injections work well in trees that are still healthy enough to carry the toxins up the trunk and into the branches. —[3]—. As for trees already at a later stage, although not guaranteed, trunk sprays may be the only hope. At the same time, it is important to note that insecticides only stop damage from continuing—they cannot reverse it.

Officials are constantly surveying the state of health of the trees in their areas. —[4]—. For this reason, it is the responsibility of local tree care professionals and the regular community to pay attention to the health of ash trees in their areas and any changes that may be occurring. —[5]—.

For more information on treatments with insecticides, refer to the online guide to protecting ash trees from EAB at www.EAB.info.

163. What is indicated about the emerald ash borer?

(A) It was brought to North America by mistake.
(B) It leaves a tree before the tree dies.
(C) It survives in the soil for only a few months.
(D) It was well-studied in its native setting.
(E) It can harm a certain type of tree.

164. What is NOT true about the insecticides?

(A) They are explained on a special Web site.
(B) They do more damage to the trees than the emerald ash borer.
(C) They need to be administered at certain times of the year.
(D) They are used in Asia to control the emerald ash borer.
(E) They are most effective when sprayed directly on the trees' leaves.

165. In which of the positions marked [1], [2], [3], [4], and [5] does the following sentence best belong?

"However, they do not monitor infested trees or gather specific information about the path of damage."

(A) [1]
(B) [2]
(C) [3]
(D) [4]
(E) [5]

Questions 166-167 refer to the following article.

DUNE PARK—Dune Park Hospital has recently unveiled a new public Web site. —[1]—. The decision to produce this well-needed tool comes after compiling years of questions asked to the hospital Customer Relations Office. —[2]—. The hope is that the Web site makes it straightforward for residents to find the information they need. —[3]—. Included on the site are medical records, descriptions of available jobs, a What's New at DPH page, and registration for classes run by Dune Park Hospital during the year as well as other information. "We are trying to keep our citizens in the loop and make our hospital as transparent as possible," Ms. Flannagen said. "In that spirit, people can now visit our site to find out pretty much any information they are looking for about our hospital." —[4]—. The hospital believes the new Web site will quickly become an asset to the community. Visit the Web site at www.dph.org, and feel free to leave comments. —[5]—.

166. What is mentioned about the Web site?

(A) It aids the hospital in hiring.
(B) People can express their opinions about it.
(C) It replaces the old Web site.
(D) It is managed by residents.
(E) People can apply for classes through it.

167. In which of the positions marked [1], [2], [3], [4], and [5] does the following sentence best belong?

"'People didn't know where to find their charts, billing information, or calendars with important dates,' said department spokesperson Harriet Flannagen."

(A) [1]
(B) [2]
(C) [3]
(D) [4]
(E) [5]

GO ON TO THE NEXT PAGE

≡≡≡≡≡≡≡≡≡ E-Mail Message ≡≡≡≡≡≡≡≡

To: Yvonne Masters <masters@atc.com>
From: Bert Hanus <hanus@atc.com>
Subject: Summer intern
Date: May 15

Hi Yvonne,

This is just a reminder that a summer intern will be starting in your department on the 20th of this month. —[1]—. Your intern's name is Andrew Clemens, and he is specializing in marketing at Freighton University. This is why I placed him in your department. As the manager of Marketing, please welcome Mr. Clemens warmly just like you've done with other students in past years. There is no need to clear your schedule, but have him shadow you personally for a day or two and take him to lunch with the rest of the department so he can become familiar with everyone's names and faces. —[2]—.

During the internship, the company will treat Mr. Clemens and the other interns as regular employees. —[3]—. We would appreciate it if you would respect those hours. —[4]—. Feel free to teach Mr. Clemens how to perform any tasks that you need accomplished. This will no doubt help both your department, and him in the future. Finally, as Mr. Clemens will be graduating at the end of the next school year, we will have the opportunity to sign him to a career-long employment following the completion of the internship. Please evaluate his work ethic and attitude to determine if he would be an asset to our company. —[5]—. Your decision must be made by August 1 to give me time to draw up the paperwork and notify Mr. Clemens before the end of his internship.

Thank you for helping to make our internship program a success!

Bert Hanus
Human Resources

168. What is suggested about Ms. Masters?

(A) Her department is short on employees.
(B) Mr. Clemens will be her first intern.
(C) She will be employing several interns.
(D) She works in the Marketing Department.
(E) She is currently looking for a marketing assistant.

169. What is NOT mentioned about Mr. Clemens?

(A) He has interned for the company before.
(B) He sent Mr. Hanus an e-mail on May 15.
(C) He is not allowed to attend department meetings.
(D) He has some time left until graduation.
(E) He has a chance to be offered a permanent position at the company.

170. What is indicated about the internship program?

(A) It rewards interns with a certificate of completion.
(B) It helps the company hire suitable workers.
(C) It starts from May every year.
(D) It includes a whole week of training.
(E) It lasts over two months.

171. In which of the positions marked [1], [2], [3], [4], and [5] does the following sentence best belong?

"That said, Mr. Clemens must be present at the office only from 9 A.M. until 5 P.M."

(A) [1]
(B) [2]
(C) [3]
(D) [4]
(E) [5]

GO ON TO THE NEXT PAGE

A good read ★★★★☆
By George Knudtson | Date: July 1, 18:15

A Birthday Gift: 10 Stories for the Days Leading Up to Your Special Day
By Marcy Staples | 233 pp. Maurition Press. $28.

Bestselling author Marcy Staples, best known for her book of poetry *L Is for Lace*, is back. After temporarily retiring her pen for seven years in order to raise her two young children, Staples has picked up where she left off and published a real treat—a landmark collection of stories that everyone should have on their shelf. In *A Birthday Gift: 10 Stories for the Days Leading Up to Your Special Day*, Staples creates stories in which she weaves all the epiphanies that birthdays have brought to her over the years. Some of the stories are mysterious, and some are exceedingly funny. One of the best, *A Mother's Touch*, about a man reminiscing about his late mother on her birthday, elicits tears but also shines light on the universal sadness surrounding a lost loved one's special day. This book is meant to be reread each year, by yourself or with others. I had hoped to share the stories with my small children on each of their birthdays, but the stories are difficult for them to understand and thus that will be a tradition I will have to introduce later on.

A Birthday Gift is packaged beautifully and ready to be gifted—it is so stunning that you can't afford not to give it to those close to you. As if that isn't enough, Staples is generously contributing 10 percent of the proceeds to her favorite charity, Those in Need.

After its release, Staples's book ranked number 3 on the national bestsellers list for a month before climbing to number 2. It reached number 1 a month and a half after its release. Its popularity meant that Staples has been interviewed on various TV shows and given talks around the country. Additionally, Staples was one of four authors nominated for the Women's Literary Award for this collection, along with Grace Trinka Franklin and Shirley D. Linden, and only lost to Barbara Sue Shuffles. Nominees were entered into the People's Choice contest, while the winner had her name engraved on a plaque at the Library of Congress.

172. What is NOT mentioned about *A Birthday Gift*?

(A) Some copies will be given to Ms. Staples's favorite charity.
(B) It highlights Ms. Staples's best-known poems.
(C) It is composed of several different stories.
(D) It took seven years to write.
(E) Some people may find it difficult to understand.

173. The word "stunning" in paragraph 2, line 1, is interchangeable in meaning with

(A) suggestive
(B) costly
(C) attractive
(D) amazing
(E) preliminary

174. What is indicated about the money from the sales of *A Birthday Gift*?

(A) A portion of it will be allocated to fund a new award.
(B) It will pay for Ms. Staples's children's education.
(C) It will be used to support young writers.
(D) A charity will be created with it.
(E) Some of it will be donated to an organization.

175. When did Ms. Staples's book most likely achieve the top rank on the national bestsellers list?

(A) One week after the release
(B) Two weeks after the release
(C) One month after the release
(D) One month and a half after the release
(E) Two months and a half after the release

GO ON TO THE NEXT PAGE

Questions 176-180 refer to the following e-mails.

To:	ceo@liangoods.com
From:	louise@inspect.com
Subject:	Inspection report
Date:	November 15

Dear Mr. Lian,

Thank you for taking me around the factory for the annual inspection. Things looked okay in general, though I did have a few concerns that will have to be taken care of. I am sending you a copy of the full report in the mail, which you should receive in a day or two. I will highlight my concerns here, and you can read more information in the paper copy.

First, although the workflow is smooth, your production lines are at capacity. A word of caution here: if you have any plans to increase production, you will be required to add another production line to pass inspection in the future. Second, safety signage is properly placed in all locations except the door used for entering the factory. Please add a sign warning workers, and all those entering of possible danger. I also noted that your company does not train employees in first aid. All employees are required to complete a course every two years. A list of acceptable courses and agencies can be found on our Web site. Finally, while you have a ventilation system in the stockroom where your chemical ingredients are housed, it does not comply with our standards. This must be updated immediately to ensure air quality is maintained throughout the factory. Check our Web site for appropriate systems.

We are obliged to strictly enforce the law. Therefore, changes must be completed by the date of our next inspection, January 8. Any problems not fixed by this date will cause your company to incur penalties. If problems still remain on the date of the following inspection which will take place within two months, your company risks closure. Please take these concerns seriously. I am here to help you adhere to the laws, and I want to see you succeed. Please contact me directly at the number below if you have any questions.

Sincerely,

Louise Martin

Inspector
812-555-3479 ext. 53

E-Mail Message

To: ceo@liangoods.com
From: louise@inspect.com
Subject: Inspection report
Date: January 12

Dear Mr. Lian,

Thank you for your cooperation with our inspection on January 8. I am pleased to inform you that your factory has sailed through this time. The inspection process is almost complete. I am presently in the process of finishing the paperwork and signing off on the inspection. I will e-mail you a copy, which should be kept for your records, and forward the original to the state office. Once it has been officially accepted by them, a certificate will be issued. This often takes close to a month, so don't expect to receive it for a while. By law, it is required that this be hung in a prominent location in the office. I will look for it the next time I perform an inspection at your factory.

Sincerely,

Louise Martin
Inspector
812-555-3479 ext. 53

GO ON TO THE NEXT PAGE

176. What is true about the first inspection report?

(A) It will take two weeks to complete.
(B) Ms. Martin will discuss it with Mr. Lian in person.
(C) Mr. Lian received a copy right after the inspection.
(D) It was completed by Ms. Martin.
(E) It contains detailed explanations.

177. What does Ms. Martin say about first aid training?

(A) Mr. Lian is exempt from completing it.
(B) Employees must take refresher courses every year.
(C) Information about courses can be found online.
(D) A list of certified organizations is available.
(E) In-house certification courses can be arranged.

178. What concerns does Ms. Martin express in the first e-mail?

(A) The factory layout is inefficient at present.
(B) Safety measures have been overlooked.
(C) Employees have insufficient training in the use of chemicals.
(D) Employees have been using the wrong door.
(E) Laws have changed in recent months.

179. What is implied about a failure to make changes to the factory?

(A) Mr. Lian's company could be shut down.
(B) Company leaders will have to meet Ms. Martin.
(C) Mr. Lian will have to prepare some documents.
(D) Ms. Martin will hold a training session.
(E) The company would be operating illegally.

180. What is NOT mentioned about the inspection paperwork in the second e-mail?

(A) Mr. Lian is required to send a copy to the state.
(B) An outside party must give its stamp of approval.
(C) Its completion will trigger the issuance of a document.
(D) Mr. Lian must appear at the state office to discuss it.
(E) It may take a month for everything to be processed.

Questions 181-185 refer to the following letter and e-mail.

William Bettendorf, Principal

May 4

Nameth High School
435 Spring Street
Harland, MD 20601

Dear Mr. Bettendorf,

Thank you again for interviewing me for the Director of Operations position at Nameth High School yesterday. After hearing you say that attention to detail and multitasking skills are essential for the job, I became even more confident that I am an ideal candidate for the position.

I am aware that the Director of Operations must have extensive knowledge of NJN and LDFS, two programming languages with which I am not yet familiar. However, one of my strengths is the speed at which I can learn new tasks and technologies. For instance, as an editorial assistant back in my university days, I mastered TypePress, the software for building Web sites after only one seminar. Within only a couple months, I was running TypePress seminars for incoming editorial interns. You mentioned that the new Director of Operations must start by July 31. Since our meeting, I have begun to attend a six-week course on how to use both NJN and LDFS. I am already making great strides in my fluency with each programming language.

I can offer leadership experience, organizational skills, and technological understanding, and am ready and able to be an essential member of the Nameth High School team. I appreciate the time you took to interview me, and I look forward to hearing back about this position.

Warm regards,
Helen Frasier

GO ON TO THE NEXT PAGE

To: Helen Frasier <hlfrasier@uno.com>
From: Ronald Falconer <falconer@nhs.edu>
Subject: Welcome
Date: June 30

Hello, Helen,

I just wanted to send you a quick note to say that we are all very excited to welcome you to our team at Nameth High School. As we agreed, your first day is Tuesday, July 8. We'll expect you here at 7 A.M. For your information, the dress code is business casual.

Schedules aren't overly strict here outside of school hours; we will discuss your schedule when you come in on Tuesday. As for your first few days, here's an overview of what you'll be doing. You will complete the new employee paperwork and attend an orientation session that I will head. In order to orient you to both your new position and the school, I have asked Leslie Bryant to provide you with some on-the-job training. She has experienced all aspects of your job. Your office will be adjacent to hers, so the training can be ongoing. Additionally, I have created a meeting schedule to put you in contact with all of the staff. I'll finalize this schedule and have it ready for you when you arrive on Tuesday. By the way, I'm arranging a date in the future for you to train other staff members on our computer systems. Also, we are now considering some improvements to the school's Web site, and we might ask for knowledge of the software you learned during your university years. We'll let you know more when everything is decided.

In the meantime, if you have questions, please don't hesitate to e-mail or call me. My number is 555-7237. We all really look forward to working with you.

Ronald Falconer
Nameth High School, Secretary

181. What is indicated about Ms. Frasier's university days?

(A) She finished with a double major.
(B) She checked other students' essays.
(C) She learned new skills quickly.
(D) She was an editor-in-chief of the school newspaper.
(E) She learned TypePress in only six weeks.

182. What is suggested about the Director of Operations?

(A) The salary will be slightly higher than last year.
(B) They must speak another language fluently.
(C) They must be able to do many things at once.
(D) They must be proficient in NJN and LDFS.
(E) The position has been filled by the date stated by Mr. Bettendorf.

183. What is NOT mentioned about Ms. Frasier?

(A) She attended Nameth High School as a student.
(B) She has to arrive at the school at 7 A.M. on July 8.
(C) She had not met all the job requirements at the time of the interview.
(D) She has given lectures to editorial interns before.
(E) She will meet Mr. Bettendorf before her first day of work.

184. In the letter, the word "mastered" in paragraph 2, line 4, is interchangeable in meaning with

(A) took care of
(B) ruled over
(C) became adept at
(D) went beyond
(E) threw off

185. What is true about Ms. Bryant?

(A) She will introduce Ms. Frasier to the staff.
(B) She is the current Director of Operations.
(C) She will provide ongoing assistance to Ms. Frasier.
(D) She is familiar with TypePress.
(E) She has an office close to Ms. Frasier's.

GO ON TO THE NEXT PAGE

Questions 186-190 refer to the following Web site, e-mail, and survey.

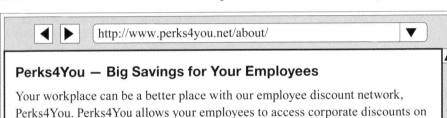

http://www.perks4you.net/about/

Perks4You — Big Savings for Your Employees

Your workplace can be a better place with our employee discount network, Perks4You. Perks4You allows your employees to access corporate discounts on everyday purchases wherever they are, whether close to home, near the office, on business trips, or on vacation.

Our employee discount programs are labeled on behalf of your organization and offer your staff:
- Unlimited-use discounts at over 300,000 restaurants, stores, and theme parks, among other places throughout the country
- Up to 50% off top brands and local products
- Your own private employee discount Web site
- A mobile coupon app for accessing discounts quickly and easily
- Employee discount cards
- Toll-free customer service number

Click **here** and sign up today for our free 90-day trial!

E-Mail Message

To: Ted Pfister <tedpfister@lamrock.com>
From: Sue Blanc <sueblanc@lamrock.com>
Subject: Request
Date: July 12

Dear Mr. Pfister,

Thank you so much for signing Lamrock up permanently with Perks4You. During the first 90 days, I have used my card many times and saved over $600! I do have a request, though. I've been wanting to get a membership to a local gym, as have some of my co-workers, and I think a discount would be a motivation for us to do so. In fact, getting us more physically active would make us healthier and also more productive at work. If it's a possibility to add a gym to our Perks4You card, I would be grateful!

Also, in talking to co-workers about the program, I've learned that many forget to

ask stores and restaurants if they can use their card. But then they miss out on great discounts! Since I've learned the ins and outs of using my card by now, I would be willing to type something up that highlights deals and locations where the card can be used. That way the card's benefits would be front and center in everyone's minds, and the whole program would be more worthwhile overall. Please let me know your thoughts when you have a moment.

Thank you for your time regarding this matter,

Sue Blanc

Name: _Ashley Gillett_ Date: _November 14_
Department: _Purchasing_

Perks4You card use   Never ____   A couple times ____   Many times _X_
Satisfaction with card   Very _X_   Somewhat ____   Not very ____
Rough estimate of savings to date   _$800_

Comments:

When our company first signed up for this program, I didn't fully understand the vast array of discounts that were at our fingertips. But since Sue Blanc became the liaison with Perks4You, I've been enjoying using my card all over the place! Sue's monthly newsletter is so informative and makes it easier for me to get my shopping and other errands done. For example, I needed my car's oil changed the other week, and since Sue's most recent newsletter included information on automotive garages that accept the Perks4You card, I chose one and got the job done right away. And now that Sue has gotten local stores and restaurants to hang a sign advertising their acceptance of the card, it is easier for me to remember to use it. Finally, I joined Workout Jungle last month for a lot less than I would have without my card—I'm so glad Mr. Pfister took Sue's e-mail seriously back in July. Now I feel I'm not only saving money but also getting healthy thanks to the many discounts.

In all, it is both fun and exciting to purchase items and activities at a discount! And it makes me feel like my company is looking out for me. Thank you so much.

GO ON TO THE NEXT PAGE

186. What is true about Perks4You?

(A) Only business owners can sign up for the program.

(B) Express delivery for online purchases is available for free.

(C) The card can be used an infinite number of times.

(D) Employees' discounts are tracked by their ID numbers.

(E) Discounts can be redeemed by cell phone.

187. What is suggested about Sue's newsletter?

(A) It includes frequently asked questions.

(B) It is issued on a regular basis.

(C) It covers places where the Perks4You card can be used.

(D) It is only available by paid subscription.

(E) It is usually proofread by Mr. Pfister before issued.

188. In the e-mail, the word "worthwhile" in paragraph 2, line 6, is interchangeable in meaning with

(A) feasible

(B) advantageous

(C) eligible

(D) valuable

(E) fitting

189. What is NOT mentioned about Ms. Blanc?

(A) She is a customer service representative for Perks4You.

(B) She has just returned from a vacation with her family.

(C) She made it easier for employees to find discounts on services.

(D) She is the middle person between her company and Perks4You.

(E) She is unsatisfied with the lack of discounts on health care products.

190. What is indicated about Ms. Gillett?

(A) She has had a lot of car problems lately.

(B) She is assisting Ms. Blanc with the newsletter.

(C) She will stop using her Perks4You card for a while.

(D) She is impressed by the number of stores in the program.

(E) She received a discount at a garage.

Questions 191-195 refer to the following article, e-mail, and announcement.

WINSTON—Sheryl Park is carrying on a family tradition. From the time she turned 6 years old, she helped her father and grandfather construct model railroad cars. Now that both her father and grandfather have passed on, she is trying to teach her children the art in order to keep the tradition alive. Park spends a lot of time researching the history of trains from different parts of the country and building them as closely as possible to the real things. Her favorite part of the process is seeing the history come to life as she builds. For example, Park's greatest masterpiece to date is a model of the interurban train that carried both people and manufactured goods from downtown Winston, where she lives, to the outlying suburbs of Marble City, Fernburg, Sterling, and Wood Forest in the 1800s. While Park's father and grandfather stuck to building trains, Park has expanded on that in recent years. A civil engineer by trade, she uses her expertise to do this. "I now build whole railways, including the historical bridges, buildings, and landmarks along the line." She says this helps her convey the energy of the period when the train was at its height.

This is the fifth article in our hobby artists series. Read more of this series at www.northernidahonews.com/hobbyartists.

To:	parks@quickmail.com
From:	garydiedrick@bg.com
Subject:	Custom project
Date:	March 2

Dear Ms. Park,

I am in charge of special events at Bentel Gardens. I recently read online about you and your art in the latest edition of the *Northern Idaho News* and was intrigued. After discussing it with our board of directors, we unanimously decided to extend an offer to you to work together to create a one-of-a-kind exhibition at our gardens. We would like to commission you to build a historical railway for us with special features unique to our city. It's an enviable idea that will make other gardens line up at your door to copy. And if our first exhibition is successful, we plan to ask you to help us expand the collection by one piece each year.

If you are interested in this proposition, please call 914-555-2332 or e-mail me at

GO ON TO THE NEXT PAGE

garydiedrick@bg.com. We can discuss details, payment, timelines, and more. Thank you so much for your consideration.

Sincerely,

Gary Diedrick
Director of Events, Bentel Gardens

Bentel Gardens Model Railroad

Let us transport you to a magical miniature world as trains and trolleys run above, below, and around you while you explore the lush tropical environment of Bentel Gardens. Miniature Cherryville landmarks lend enchantment to the indoor ambiance.

Come see our first-ever exhibition of this kind which will be on display for about a month. Constructed by Sheryl Park, this unique display features miniature replicas of historical Cherryville landmarks such as the Idaho Railroad station, Belle Vista Cottage, and the Trolley Barn.

Cherryville has a long manufacturing history, everything from screws to socks, furniture, to machinery has been made here. Railroads used to be the primary method of transporting goods to markets all over the country. Though interstate highways have allowed more transport by road these days, railroads still move goods through Cherryville today. Enjoy a taste of history during your visit to Bentel Gardens. This exhibit runs from December 3 to January 6. A tour is available daily—see our Web site for times. Advance registration is required for a tour, even though tours are free with admission. For more information about admission fees and opening times, visit www.bentelgardens.com.

191. What is suggested about Ms. Park's father?

(A) He charged minimal fees for building replicas of railways.
(B) He was involved with the construction of real bridges.
(C) His main interest was making replicas of railways.
(D) He was the owner of a rail company.
(E) He often used to visit Bentel Gardens during the winter season.

192. What is NOT implied about Ms. Park?

(A) She made an agreement with Bentel Gardens.
(B) She is attempting to pass her family tradition on to her children.
(C) She mainly creates miniature replicas of tall buildings.
(D) She was awarded a prize for her latest work.
(E) She lived in Cherryville during her childhood.

193. What is indicated about the miniature trains on display?

(A) Some of them are beautifully decorated.
(B) They are available to be viewed by the public only in the morning.
(C) They move throughout the garden.
(D) They were created in order to raise money for charity.
(E) Sponsorship donations were paid for them to be constructed.

194. In the e-mail, the word "intrigued" in paragraph 1, line 2, is interchangeable in meaning with

(A) annoyed
(B) fascinated
(C) reset
(D) interested
(E) distracted

195. What is true about tours of Bentel Gardens?

(A) The time schedule for tours is posted online.
(B) There is no charge for tours.
(C) A reservation is required.
(D) Tours only take place once a week.
(E) They last approximately 30 minutes.

GO ON TO THE NEXT PAGE

▲

GRAND PALACE HOTEL
Ballroom Reservation Request

Name: Jasmine Bertelli   Date: February 6
Organization: Edwards Furniture
Phone: 982-555-1122   E-mail: bertelli@edwardsfurniture.com

Event date: May 19   Time: from 5:30 P.M. to 9 P.M.
Event type: Banquet   Expected number of guests: 386

Catering needs: buffet, desserts, cash bar

Audio/Visual needs:
Microphone _X_   Podium _X_   Screen _X_   Monitor ____
Projector _X_   Telephone ____   Flip chart with markers ____

Special requests:

Our guest count is large, so it will likely be difficult
for some to see the thirty-minute video we put together. I
would like to know if there is a way to remedy this
problem. Also, we must have some food options for
gluten-free, dairy-free, nut-free and vegan customers and
employees. By the way, the best way to reach me is by
e-mail since I'm often in meetings. If you do call, please
leave a voicemail if I don't answer.

▼

E-Mail Message

To: Jasmine Bertelli <bertelli@edwardsfurniture.com>
From: Nicholas Armstrong <nicholas@grandpalacehotel.com>
Subject: Banquet
Date: February 16

Dear Ms. Bertelli,

Thank you for your deposit to hold your reservation. The next portion will be due after the menu has been decided. On that topic, I wanted to clarify a special request you wrote on your reservation form. Do the guests with dietary restrictions need food options to fit all of the restrictions or are there some guests who need just gluten-free items, some who need dairy-free items, some who need nut-free items,

and some who need vegan items? The foods I can offer will change depending on the answer to this question. Once I have this information, I will draw up a list of menu items from which you can choose. I will send you this list via e-mail, and you can respond in the same way.

Thank you, and have a great day.

Nicholas Armstrong
Event Planner, Grand Palace Hotel
555-9605 ext. 422

By Jasmine Bertelli

My company held a banquet with over 400 participants at the Grand Palace Hotel in May, and I was in charge of setting it up with the hotel. Plans were coming along smoothly until all of a sudden our event was transferred to a new event planner. There was no explanation as to what had happened or why our event planner was no longer available to us, though I found out later that he had chosen to leave his position for some reason. Moreover, it seemed that none of our specific instructions up to that point had been conveyed to the new event planner because it was like starting over. The new event planner was clearly a novice—it was quite frustrating to have to reiterate things to her that shouldn't require a second thought to people who deal with them every day, like dietary restrictions and requests. Once we were finally on the same page, however, everything proceeded as expected. As for the video scheduled to run one and a half hours after the beginning of the banquet, the hotel kindly prepared several extra monitors around the room in addition to the big screen up front so that everyone could view our video comfortably. Sadly, there were some technical issues with one of the speakers in the back of the room, so some of the guests seated there had trouble hearing the video. Thankfully, the catering staff did a fantastic job with the food. We had several guests with dietary restrictions, but the staff were able to prepare food accordingly. They labeled everything clearly and separated the special food options from the rest of the food so that there was no cross-contamination. All in all, despite the difficult beginnings, I was satisfied with the service at the Grand Palace Hotel.

GO ON TO THE NEXT PAGE

196. What is NOT true of the reservation for the ballroom?

(A) Some equipment will be used.
(B) It must be paid for in full.
(C) Attendees will be served dinner.
(D) Guests will pay for their own drinks.
(E) Food will be served at each table.

197. In the online form, the phrase "put together" in the special requests, line 2, is interchangeable in meaning with

(A) constructed
(B) compiled
(C) matched
(D) united
(E) accumulated

198. What does Mr. Armstrong ask Ms. Bertelli to do?

(A) Meet with the catering staff in person
(B) E-mail him her company's address
(C) Have gluten-free desserts delivered
(D) Sample food options before deciding
(E) Give more information about the dietary restrictions

199. What is true about Mr. Armstrong?

(A) He contacted Ms. Bertelli by her preferred method.
(B) His e-mail address has changed.
(C) He met Ms. Bertelli on May 19.
(D) He asked Ms. Bertelli to reschedule the banquet.
(E) He has been a customer at Edwards Furniture in the past.

200. What is indicated about the new event planner in the online review?

(A) She was not informed about the banquet details.
(B) She was not present on the evening of the banquet.
(C) She was able to fix the audio issues.
(D) She has worked at a restaurant before.
(E) She lacked experience.

Reading Test

In the Reading Test, you will be expected to read various types of reading material to test your reading comprehension skills. The Test, which lasts for 75 minutes, is in three parts, and you will find instructions in each part. Attempt to answer as many questions as you can.

Write your answers on the separate answer sheet, not in the test book.

Part 5

Directions: In the following questions, you must complete the missing part of the first sentence by selecting the most appropriate answer from the four choices provided, (A), (B), (C), or (D), and then mark your choice on the answer sheet.

101. According to the contract, the building's tenants will be charged extra for ------- garbage disposal.

(A) improper
(B) productive
(C) imperative
(D) concise

102. The furniture maker began to produce furniture on a massive -------, taking a large percentage of the market in a very short time.

(A) rate
(B) consumption
(C) scale
(D) series

103. As the number of wealthy tourists began to rise, the ------- for luxury hotels also began to increase.

(A) behavior
(B) request
(C) acquisition
(D) demand

104. The employees were unable to understand how to use the new software, ------- use it to make presentations.

(A) as far as
(B) insofar as
(C) let alone
(D) as for

105. ------- the same kind of problem himself in the past, Mr. Jeffery was able to deal with the customer's inquiry easily.

(A) Experiencing
(B) Experienced
(C) Having experienced
(D) Experience

106. For the annual report, Mr. Fisher ordered paper of a somewhat ------- quality than usual.

(A) high
(B) highly
(C) higher
(D) the highest

107. For existing customers, KS Telecommunications ------- technical support not only by telephone but also by instant messaging.

(A) consolidates
(B) inquires
(C) provides
(D) accesses

108. During the negotiations, Ms. Gable asked that the freight charge ------- in advance.

(A) pay
(B) paying
(C) be paid
(D) payment

109. By ------- changing the operation settings, the engineers were able to overcome the problem with the turbine.

(A) merest
(B) merely from
(C) merely as
(D) merely

110. On the last Friday of every month, the thriving grocery store offers an ------- of fruit at a 20 percent discount.

(A) assort
(B) assorted
(C) assorting
(D) assortment

111. Even after the change in management, Gatethrough Manufacturing remained ------- last year.

(A) profit
(B) profitable
(C) profiting
(D) to profit

112. Every month, Meling Supermarket offers substantial discounts ------- only to the store's members.

(A) avail
(B) available
(C) availability
(D) availably

113. Ms. Evans looked worried as she waited for the ------- report.

(A) situated
(B) preliminary
(C) skillful
(D) peak

114. All employees are advised to change their computer settings to ------- spam e-mails.

(A) revise
(B) congest
(C) filter
(D) facilitate

Test 2

GO ON TO THE NEXT PAGE

115. Fortunately, Mr. Gordon was offered a ------- business opportunity at the forum.

(A) lucrative
(B) perishable
(C) multiple
(D) biographical

116. A vacant room on the second floor of the store was ------- as a storage room for excess stock.

(A) memorized
(B) promoted
(C) designated
(D) converted

117. ------- many other contests, the application process for the Miles Painting Contest is quite complicated.

(A) So far as
(B) Up to
(C) Despite
(D) In contrast to

118. Although the auto companies' profits dropped in the first quarter, ------- have risen recently.

(A) they
(B) their
(C) theirs
(D) them

119. Thanks to the efforts of the researchers, some ------- has been made toward finding a cure for the disease.

(A) progress
(B) progresses
(C) progressing
(D) progressed

120. In order to develop the new medicine, Human Mind Pharmaceutical Inc. needs to procure ------- funds.

(A) previous
(B) expressly
(C) ample
(D) quite

121. A family emergency prevented Ms. Davis from attending the conference, so she asked her co-worker to attend it ------- her.

(A) for the purpose of
(B) in place of
(C) at the expense of
(D) in need of

122. We've seen ------- signs that the country's economy is improving lately.

(A) encourage
(B) encouraging
(C) encouraged
(D) to encourage

123. The contract runs until April 5, or the first Sunday in April, ------- comes first.

(A) when
(B) whichever
(C) what
(D) each time

124. To expand their business and bolster sales, Toch Inc. is seeking an ------- new strategy to sell their products nationwide.

(A) effect
(B) effects
(C) effective
(D) effectively

125. The management of Xylom Inc. is aiming to ------- the record profits of the last quarter.

(A) surpass
(B) surrender
(C) reverse
(D) afford

126. Wilma Bakery is so successful because they carry a ------- variety of items than most other local stores.

(A) wide
(B) wider
(C) widest
(D) widely

127. Most of the participants found the event far from -------, demanding further improvement especially in the area of time management.

(A) satisfy
(B) satisfaction
(C) satisfactory
(D) satisfactorily

128. According to the survey, most citizens hope that the airport will be moved to a more ------- area.

(A) fluorescent
(B) obligatory
(C) abridged
(D) accessible

129. Because of the ------- of large discount stores, many local stores are finding it difficult to maintain stable sales.

(A) repetition
(B) proliferation
(C) ends
(D) plumbers

130. After carrying out a thorough ------- of the effectiveness of their previous sales strategy, the team decided to change tactics.

(A) evaluate
(B) evaluation
(C) evaluating
(D) evaluated

Test 2

GO ON TO THE NEXT PAGE

115

Directions: In the following questions, you must complete the missing part of the text by selecting the most appropriate answer from the four choices provided, (A), (B), (C), or (D), and then mark your choice on the answer sheet.

Questions 131-134 refer to the following press release.

StarElectronics announced today that it had purchased 20 acres of land in the Bluebird Business Park. Bluebird Business Park is a newly developed 210-acre park, ------- is easily accessible by Route 54.
  131.

The CEO, Mark Chan, says the company ------- operations from several
  132.
locations into this acquisition. Thus, ------- aims to streamline and expedite its
  133.
manufacturing processes. Construction will begin in March and is scheduled to be completed by next February.

-------. As this fulfills all the prerequisites by the county for financial incentives,
134.
the company is adequately qualified for tax benefits.

131. (A) where
    (B) that
    (C) what
    (D) which

132. (A) has consolidated
    (B) will consolidate
    (C) consolidated
    (D) had consolidated

133. (A) he
    (B) everyone
    (C) either
    (D) what

134. (A) The manufacturing processes will become more complicated than before.
    (B) Mark Chan suggests that the Bluebird Business Park will come to be famous nationwide.
    (C) The company plans to invest 25 million dollars into hiring at least 500 local people.
    (D) One of the existing factories is located in the proximity of the headquarters.

Questions 135-138 refer to the following e-mail.

To: Catherine Washington
From: Lulu Kenya
Date: August 1
Subject: Thank you for your support

Dear Catherine

Thank you very much for your monthly donation to our school. Your -------
135.
support makes a big difference to us.

Your donation has enabled ------- to offer a comparatively good salary to a new
136.
graduate in this area. We posted an advertisement for a teacher position last

month, and the ------- numbered over 50. After careful consideration, we chose
137.
a novice teacher fresh from college, Mr. Haji Turay. Although he has no

experience, Mr. Turay has a natural aptitude for teaching. He is already very

popular among the students.

-------. We hope that you continue to partner with us for many years to come.
138.

Sincerely,

Lulu Kenya
Principal
Matthew Memorial Elementary School

Test 2

135. (A) emotional
 (B) annual
 (C) generous
 (D) medical

136. (A) them
 (B) him
 (C) her
 (D) us

137. (A) applicants
 (B) outlets
 (C) experts
 (D) branches

138. (A) Please reply to this letter as soon as possible.
 (B) Unfortunately, we cannot accept your offer.
 (C) We appreciate your participation in the local event.
 (D) Thank you again for your kind support.

GO ON TO THE NEXT PAGE

Job Opening

Whitemoon Textile Mill boasts the highest quality textile products. We are currently seeking an experienced buying specialist for our global purchasing division. A qualified applicant must have at least five years' experience in -------
139.
fibers and yarns internationally. -------.
140.

Duties include making frequent trips to Asian countries. Fluency in Chinese and other Asian languages is preferred but not required.

If you are interested in the -------, please send your résumé to Wendy Huang at
141.
whuang@wtm.com. The submission deadline is November 15. After résumé screening, successful applicants ------- for an interview by November 20.
142.

---

139. (A) procuring
(B) discarding
(C) coaching
(D) commencing

140. (A) Those textile products are all imported from Asian countries.
(B) Accordingly, new graduates from college with no experience in the field are welcome.
(C) However, a good understanding of culinary tools is required.
(D) In addition, some knowledge of textile dyeing processes would be highly appreciated.

141. (A) cubicle
(B) lecture
(C) position
(D) college

142. (A) were invited
(B) would have been invited
(C) will be invited
(D) had been invited

Questions 143-146 refer to the following article.

New Central Library Opens

The long-awaited new Central Library opened yesterday in Chestnut Park. This

opening ------- a new era for Chestnut Town Community. The Mayor said
143.
yesterday that the library will serve ------- a cultural hub for the community.
144.
-------. Numerous workshops and classes are scheduled to be held there.
145.
Families with small children are very welcome. There is a kids' room in the

children's books corner. For diligent students, there is a fairly large study room.

-------, PC stations with Internet access allow students and other learners to
146.
access information from all kinds of databases. As there is a branch of

StarFront Coffee in the lobby, patrons can also browse books over a cup of

coffee.

---

143. (A) have begun
(B) begins
(C) begin
(D) would have begun

144. (A) as
(B) through
(C) toward
(D) for

145. (A) Many distinguished teachers worked in the library.
(B) Therefore, people cannot study in the library.
(C) The building has two seminar rooms equipped with projectors.
(D) He then noticed that some shelves on the second floor were damaged.

146. (A) Nonetheless
(B) Additionally
(C) Otherwise
(D) Thereafter

Test **2**

GO ON TO THE NEXT PAGE

Directions: Here you will read various types of reading material and then be asked several questions about it. Select the most appropriate answers and mark them on your answer sheet, (A), (B), (C), or (D).

Questions 147-148 refer to the following form.

Car Rental Request

Apis Rental, Maris Airport

913 N. Central Blvd., Gray, IN 46011
Monday–Friday 6:00 A.M.–10:00 P.M.
Saturday–Sunday 6:00 A.M.–6:00 P.M.

Name of driver: Amy Foreman
Address: 209 Angelic Lane, Lippold, TX 75662
E-mail: amyfore@hunch.com
Phone: 214-555-2388

Type of vehicle: ☐ compact   ☐ standard   ☐ full   ☐ Minivan
☐ full-size van   ☑ other see requests
Start date: June 20   Time: 3:00 P.M.
Return date: June 24   Time: 9:00 A.M.
Pick-up location: Maris Airport   Drop-off location (if different from pick-up):
Extras: ☑ GPS   ☐ Child seat   ☐ Additional driver

NOTE: Car insurance is obligatory for all drivers. If you do not have your own, you must purchase temporary insurance from Apis Rental.

Special instructions or requests:
I will be driving around three adults (for a total of four people), and we will each have a couple of suitcases. I am not picky about the kind of vehicle I get, but it will need enough room for everything, and a car navigation system since I am not really familiar with the directions from the airport to the hotel we are going to stay at. Also, I'm assuming this is not a problem, but I cannot drive a manual car.

147. What is suggested about Ms. Foreman?

(A) She has to pick people up at an airport.
(B) She would like a navigation system.
(C) She made her reservation by phone.
(D) She plans to visit her friend's homotown.

148. What is NOT indicated on the form?

(A) Ms. Foreman requests a vehicle with large space.
(B) The passengers will have some baggage.
(C) Ms. Foreman does not have car insurance.
(D) Ms. Foreman needs a vehicle except a manual car.

NOTICE

Phishing is a widespread form of fraud used to gather sensitive information. —[1]—. An e-mail that appears to be coming from your financial institution asks you to verify your personal information. These e-mails guide you to a site that looks just like your bank's Web site. —[2]—.

In order to protect you and your information, Genesis Bank has asked you to select a picture, which we add to all online communication that contains sensitive information. —[3]—. In this way, you will know that the e-mails from us are legitimate. Any e-mails you receive from us that do not contain your chosen picture should be reported immediately. —[4]—. Genesis Bank will never ask you for private information in an e-mail.

---

149. What is one purpose of the notice?

(A) To announce a change to an online communication system

(B) To encourage employees to attend an informative lecture

(C) To inform customers about the opening of a new branch of Genesis Bank

(D) To share information about an upcoming merger

150. In which of the positions marked [1], [2], [3], and [4] does the following sentence best belong?

"From there, you are asked to provide sensitive information that can be used for fraud and identity theft."

(A) [1]

(B) [2]

(C) [3]

(D) [4]

Test 2

GO ON TO THE NEXT PAGE

Questions 151-153 refer to the following e-mail.

To:	customerservice@cabinetcity.com
From:	fanara@directmail.com
Subject:	Problem
Date:	December 29

Dear Cabinet City:

I recently ordered the Shelf1000 cabinet on your Web site, and it was delivered as scheduled on December 27, which is appreciated. However, I am dissatisfied with the quality of the cabinet. Not only is the stain on one of the cabinet doors darker than that on the other, the doors are misaligned and do not open or close properly. I noticed these problems as soon as I removed the cabinet pieces from the box and assembled it.

The quality of the cabinet I received is unacceptable and does not match the sample cabinet I saw on your Web site. I expect you to send a replacement that has the same quality and finish as the one on your site. I would also like you to arrange for the return of the faulty cabinet at no cost to me.

I would like this issue resolved quickly. Please respond within 10 days, or I will begin the process of filing a complaint. Feel free to contact me at 344-555-9871 to discuss this matter further. My order number is CK3279855.

Sincerely,

Wesley Fanara

151. What is indicated about Mr. Fanara?
- (A) He is a first-time customer.
- (B) He is unhappy with his purchase.
- (C) He cannot find his order number.
- (D) He is a cabinet maker.

152. What is NOT true about the cabinet Mr. Fanara purchased?
- (A) It was ordered through the Internet.
- (B) It was purchased at a discounted price.
- (C) It looks different to the sample shown on the Web site.
- (D) The doors are faulty.

153. What does Mr. Fanara mention in the e-mail?
- (A) He wants a repairperson to fix his cabinet.
- (B) He wants his cabinet to be repainted.
- (C) He wants to get some missing parts for his cabinet.
- (D) He wants Cabinet City to get in touch with him.

Questions 154-156 refer to the following article.

Missimi, Nevada—Pet Stop, a locally owned shop in Missimi, announced today that it will be merging with Iowa-based superstore Pet Care & Supply effective November 9. Company officials are expected to meet with union officials later in the month to discuss employee benefits and retirement packages. Pet Stop officials expect the merger to improve investor confidence and help widen its customer base.

The merger will allow Pet Care & Supply factories in Iowa to construct Pet Stop's patented cages. In exchange, Pet Stop stores will be opened in Iowa and Missouri, with construction and product selection completed by Pet Care & Supply contractors. Furthermore, in addition to furry pets and cages, Pet Stop stores will now stock a variety of pet foods, aquariums, and grooming equipment, among other supplies.

Pet Care & Supply will uphold its promise to maintain its commitment to environmentally friendly business practices. It has 39 stores nationwide. For more information, visit www.PetCareSupply.com.

More information is expected to be released following a shareholders meeting on November 1.

154. What is true about Pet Stop?
(A) It will close on November 9.
(B) Its owners plan to retire.
(C) One of its executives will resign.
(D) It is located in Missimi.

155. What is NOT indicated about the merger?
(A) There will be branches in different states.
(B) Pet Care & Supply will manufacture cages.
(C) It will be completed at the end of the year.
(D) Details are still being negotiated.

156. What is suggested about Pet Care & Supply?
(A) It will ease into selling supplements for animals.
(B) It plans to hire more staff.
(C) It plans to open daycare centers for pets.
(D) It will introduce fish tanks to Pet Stop stores.

Test 2

GO ON TO THE NEXT PAGE

Questions 157-158 refer to the following text-message chain.

Annette Finch (11:32 A.M.)

Miles, would you mind moving our two-o'clock meeting to tomorrow? I've got to get my daughter from school. The nurse says she has a fever, so I won't be back today.

Miles Allen (11:34 A.M.)

That's fine. I'm free at noon if that works for you. But…won't you have to stay home with your daughter?

Annette Finch (11:35 A.M.)

My mother will come. Too bad she's not available today. Noon sounds great. And you'll notify the others? Oh, and I'll plan on bringing my lunch.

Miles Allen (11:36 A.M.)

That will be nice. I'll follow suit. And don't worry about the others. I'll work it out with them. See you tomorrow and take care of that girl of yours!

157. What is indicated about Ms. Finch's daughter?

(A) She has misplaced her mobile phone.
(B) She is not feeling well.
(C) She makes her lunch herself every day.
(D) She usually goes to her grandmother's home after school.

158. At 11:34 A.M., what does Mr. Allen most likely mean when he writes, "That's fine"?

(A) He is willing to give Ms. Finch his notes.
(B) He can pick up Ms. Finch's daughter.
(C) He will call Ms. Finch's mother.
(D) He is able to change his schedule.

April 5

Chai Suparat
Executive Chef at Thai House
1322 W. Rosee Rd.
Chilton, NE 68244

Dear Mr. Suparat,

On behalf of The Clara Mead Foundation, we would like to thank you for your help in making this year's "Meet the Chefs" reception, held on March 19 at the Spring Gourmet Food Show, a huge success. Your demonstration drew great crowds, and not surprisingly, all of the samples you shared were quickly devoured, testifying to the fact that you have great talent in the kitchen. We hope you enjoyed participating, and we are certain that your efforts will return tenfold in the form of increased business at your restaurant.

Events such as "Meet the Chefs" help The Clara Mead Foundation make contact with people in all areas of the food industry. The Clara Mead Foundation received a very generous donation from the Gourmet Food Association for hosting the reception. Without your participation, this would not have been possible.

We realize that throughout the year you are often called upon to donate your time, talent, and name to various causes and events, and we are honored that you chose to support our cause. We look forward to working with you again in the future.

In the meantime, should you be interested in becoming a member of The Clara Mead Foundation, please fill out the enclosed membership application and mail it to The Clara Mead Foundation, 3421 Willow Street, Chilton, NE 68242. You may also contact the Foundation to apply directly by calling 1-800-555-6323.

Warm wishes,

Karen Dubrovka
Event Coordinator

Test **2**

159. What is indicated about Mr. Suparat?

(A) He made some food at an event.
(B) He has worked at a restaurant for over ten years.
(C) He encouraged people to attend a reception.
(D) He recently gathered donations for a foundation.

160. What is true about "Meet the Chefs"?

(A) It took place during the summer season.
(B) It raised money for a foundation.
(C) It was held at a different venue from the previous year.
(D) It featured several Thai chefs.

GO ON TO THE NEXT PAGE ➔

RITAVILLE—About 50 Ritaville residents came together Wednesday night in the name of community empowerment to brainstorm for the Transform Ritaville campaign. It was the first of 12 gatherings, called Idea Exchange, hosted by Transform Ritaville to facilitate a discussion among community members about ways to improve Ritaville. Participants offered ideas in small groups, and then a representative from each group shared their thoughts with the larger audience.

This first session concentrated on jobs and the economy. As research shows that entrepreneurship is the most successful way to boost economies, Idea Exchange participants focused on ways to increase the number of businesses that are created. —[1]—. The creation of more businesses directly correlates to more jobs and lower unemployment rates. A variety of ideas were put forth to encourage this in Ritaville.

—[2]—. One was to help build connections between businesses and entrepreneurs since entrepreneurs often receive both funding and mentorship from existing businesses. Another idea involved welcoming immigrants to the area. Immigrants are much more likely to start businesses than native-born residents. —[3]—. Finally, participants discussed the career development of Ritaville's own residents. —[4]—. Transform Ritaville communications manager Jude Latham said their leaders will review all of the brainstormed ideas and implement the ones they feel can best help develop a strong entrepreneurial ecosystem in Ritaville.

For more information, or to attend a Transform Ritaville Idea Exchange, visit the Web site of Transform Ritaville at www.TransformRitaville.com or call Ms. Latham at 555-2891. Transform Ritaville is always seeking new participants.

161. What is indicated about Ritaville?

(A) It has a large population of foreigners.
(B) It is part of a countrywide research project.
(C) Its residents are trying to better their city.
(D) Its leaders have run out of innovative ideas.

162. What is NOT mentioned about the Idea Exchange?

(A) Ms. Latham leads the discussions.
(B) Residents work in groups.
(C) Issues concerning Ritaville are discussed.
(D) There will be a dozen meetings in all.

163. In which of the positions marked [1], [2], [3], and [4] does the following sentence best belong?

"The general consensus was that it is important to focus not only on education for the young, but also to implement professional development programs for working people."

(A) [1]
(B) [2]
(C) [3]
(D) [4]

GO ON TO THE NEXT PAGE

Questions 164-167 refer to the following online chat discussion.

Nielsen, Barbara [10:12 A.M.]	Good afternoon, Mr. Diaz. Thank you for contacting Berkhouse Airlines Support. How may I assist you today?
Diaz, Ferdinand [10:13 A.M.]	I booked a round-trip ticket to Afta City about six weeks ago, but because of the recent storms that caused major power outages there, I'd like to cancel my reservation and get a refund.
Nielsen, Barbara [10:13 A.M.]	I understand your concern, Mr. Diaz. Let me pull up your reservation. May I have your confirmation number, please?
Diaz, Ferdinand [10:14 A.M.]	Yes. It's R58H3312.
Nielsen, Barbara [10:14 A.M.]	Thank you. Just a moment, please.
Nielsen, Barbara [10:16 A.M.]	Here we go. Let's see. I don't see that you purchased travel insurance for this trip. Unfortunately, in this case I am only able to offer you a voucher. It would be non-transferable, and you would have a year to use it.
Diaz, Ferdinand [10:17 A.M.]	But I've seen on the news that Berkhouse Airlines is canceling flights there. And officials in Afta City don't expect power to be restored for a while. Your refund policy says that refunds are allowed for flights canceled by the airline.
Nielsen, Barbara [10:18 A.M.]	That is correct. However, your flight has not been canceled. Berkhouse Airlines will wait to see what happens before deciding anything about flights next month.
Diaz, Ferdinand [10:20 A.M.]	That doesn't work for me. A decision might not be made until the last minute. And then it'll be too late to plan a trip somewhere else, reserve flights, book hotel rooms, etc. So what can I do? I don't know if Berkhouse Airlines even flies to the other destination I'm interested in.
Nielsen, Barbara [10:21 A.M.]	I apologize, Mr. Diaz. Let me see what I can do. One moment, please.
Nielsen, Barbara [10:24 A.M.]	Okay, although Berkhouse Airlines is not currently giving refunds for your flight to this destination, it is offering to modify reservations without applying the change fee under the circumstances. Is that something I can assist you with now?
Diaz, Ferdinand [10:25 A.M.]	I guess so. I had wanted to look into other options first, but since I've got your help now…
Diaz, Ferdinand [10:25 A.M.]	I'd like to fly into Duruge instead, same date, same name on the ticket.
Diaz, Ferdinand [10:26 A.M.]	By the way, will the price of my current ticket cover the one to Duruge?
Nielsen, Barbara [10:27 A.M.]	There may be a difference. Let me check into flights and run some options by you. One moment, please.

164. What is indicated about Mr. Diaz?

(A) He is having trouble while on vacation.
(B) He has become aware that there are power outages in Afta City.
(C) He has to cancel his flight due to illness.
(D) He has lost his reservation information.

165. What is NOT suggested about Mr. Diaz?

(A) He did not purchase travel insurance.
(B) He does not want to accept a flight voucher.
(C) He will keep his original travel plans.
(D) He could wait for the airline to act.

166. What is true about Berkhouse Airlines?

(A) They often offer discounted flight tickets to Duruge.
(B) They do not fly to Duruge on weekends.
(C) Their Web site is undergoing maintenance.
(D) They will not charge Mr. Diaz a fee to change his flight.

167. At 10:27 A.M., what does Ms. Nielsen most likely mean when she writes, "There may be a difference"?

(A) An alternative flight may not be available on the same day.
(B) It will take a few minutes to check the weather in Duruge.
(C) One flight might cost more than the other.
(D) The flight times may not overlap.

Test 2

GO ON TO THE NEXT PAGE

Questions 168-171 refer to the following book review.

Mediocre ★★★☆☆
By Cheryl Christensen | Date: May 28, 21:55

Cook It Easy
By Harry Mulvain | 192 pp. Hardcover. Torrossian Publishing. $32.

Based on Mr. Mulvain's blog by the same name, his new book, *Cook It Easy*, features almost a hundred fun and delicious recipes. All are simple, but some are surprisingly quick while others require more time. Despite their simplicity, the recipes are fit for a feast as if created by a skilled chef. And yet, though some may seem intimidated at first, even beginner cooks can duplicate most recipes flawlessly. This is thanks to the Before You Begin section, which explains everything from proper measuring techniques to melting chocolate in a double boiler.

The gorgeous photos in *Cook It Easy* make it no surprise that the book earned Best Visual in the New Cookbook Contest. It is, therefore, an ideal addition to your coffee table. I love the step-by-step photos that help you follow along confidently. However, don't expect to see photos of every recipe. My favorite section is Never Overcook, which instructs people how to cook difficult food, like seafood, eggs, and pasta, perfectly with in-depth explanations and helpful photos. Happily, I no longer have to pretend to enjoy dry salmon. Moreover, the twists on classic recipes, like fried rice and brownies, make cooking an adventure. And there are plenty of trendy foods incorporated into the recipes to arouse anyone's interest.

Three things, however, caused me disappointment with *Cook It Easy*. First off, the large number of typos throughout the book. Generally, typos are just annoying, but in *Cook It Easy*, a few of the ingredient measurements were incorrect, potentially causing culinary disasters in a beginner cook's kitchen. Second, I like cookbooks organized by course, with appetizers in one section, main dishes in another, etc., but *Cook It Easy* has no order to its recipes whatsoever. At least the index is comprehensive and easy to use. Finally, I simply expected more recipes and more new recipes at that.

All in all, certain aspects of the book inspired me and others were a big letdown. The group Community Judge bestowed their Peer Choice Award on *Cook It Easy*, and featured it in the "You Be the Cook" column of their bi-weekly magazine. At the same time, Culinary Treats called the new cookbook "A huge disappointment." If you are considering buying this cookbook, use my review to help you decide whether it would be a good fit.

168. What is indicated about *Cook It Easy*?

(A) It only contains main dish recipes.
(B) There is no table of contents.
(C) The typical recipes lack a special twist.
(D) Some of the recipes are time-consuming.

169. The word "arouse" in paragraph 2, line 17, is closest in meaning to

(A) solicit
(B) attract
(C) clarify
(D) move

170. What is one thing NOT suggested by Ms. Christensen?

(A) The structure of *Cook It Easy* is disorganized.
(B) There are a lot of errors in *Cook It Easy*'s text.
(C) The recipes in *Cook It Easy* are not interesting.
(D) *Cook It Easy*'s index is user-friendly.

171. What did *Cook It Easy* earn as a new cookbook?

(A) Two thumbs up from Culinary Treats
(B) An opportunity to be translated
(C) A foreword by a famous chef
(D) An award for its pictures

Test 2

GO ON TO THE NEXT PAGE

Word Flow International

| About Us | **Education** | Membership | Resources | Events |

Your Key to Public Speaking

Education is a vital part of every member's journey, and it is an important feature of all club meetings around the globe. —[1]—. With our club, learn and perfect communication and leadership skills in a safe environment, and work through projects that assist you in building real-world skills in various disciplines. —[2]—.

Learning from experience—By participating in leadership roles and giving speeches, you practice and perfect your skills.
Feedback from peers—Develop and improve through peer evaluation that is both supportive and honest.
Mentoring—Your personal mentor encourages, directs, and supports you on your journey and helps you achieve more goals than you imagined possible.
Self-paced learning—Word Flow International education is geared to helping you develop your skills at your own pace and comfort level. —[3]—.

Word Flow International education is comprised of the Communication Program and the Leadership Program. Participation in the Communication Program follows the Competent Communication manual, which contains 10 speech projects that help you gain the basic skills necessary for delivering an effective speech. Similarly, participation in the Leadership Program follows the Competent Leader manual containing 10 leadership projects that assist you in developing the basic skills necessary for becoming an effective leader. —[4]—. The two programs can be done separately or at the same time. Along the way, recognition is awarded for various accomplishments.

Not a member yet? Visit Word Flow Clubs, and find one that is right for you. When you are happy with a club, ask the Membership Chairperson for a membership application. Membership dues are $80 per year and include international dues and local club dues. New members are also responsible for a one-time fee of $20.

172. What is suggested about Word Flow International?

(A) It has been in business for ten years.
(B) Meetings are held in a variety of environments.
(C) They help their members improve specific skills.
(D) It organizes a charity event annually.

173. What is NOT mentioned about Word Flow International education?

(A) There are two tracks for members to follow.
(B) Members work together on 24 speeches.
(C) Programs are designed to teach basic skills.
(D) Members complete a series of projects.

174. What is indicated about membership of Word Flow Clubs?

(A) People must be invited to join a club.
(B) People can try out a club before joining.
(C) New members must serve in a leadership position.
(D) Application forms can be downloaded from their Web site.

175. In which of the positions marked [1], [2], [3], and [4] does the following sentence best belong?

"Develop skills at your own pace in a curriculum built on the following four guiding principles that Word Flow International founders have established."

(A) [1]
(B) [2]
(C) [3]
(D) [4]

Test 2

GO ON TO THE NEXT PAGE

To:	concierge@middleplazahotel.com
From:	jengrist@zero.com
Subject:	Reservation
Date:	August 4

Hello,

I will arrive at your hotel next week. I have one room under my name, confirmation number 234SS97IJ2. I am scheduled to check out on August 12, but I would like to add two days to my reservation. Can you do this for me? My Rewards Club number is 707234902, and you can add the days with the same credit card as the one on file for my current reservation. Free Wi-Fi should be included because I'm in the Rewards Club.

I have been researching things to do during my trip, and I would like to visit Gamboa and the Panama Canal on August 12. Would it be possible for you to find a tour that will pick me up and drop me off at the hotel and show me around both places? I would like to get a good feel for the areas, but I am not interested in anything that involves heights, like zip-lining or canopy tours.

I would also like to sign up for the airport shuttle to Tocumen International Airport on the day I check out. My flight leaves at 7:35 A.M., and I would like to be at the airport three hours before. I don't know how long it takes the shuttle to arrive at the airport, so could you please recommend a shuttle time and sign me up for it? I understand that the shuttle travels between the hotel and the airport every 30 minutes.

Thank you so much for your assistance!

Sincerely,

Jen Grist

E-Mail Message

To: jengrist@zero.com
From: concierge@middleplazahotel.com
Subject: Re: Reservation
Date: August 5

Dear Ms. Grist,

Thank you for choosing Middle Plaza Hotel in Panama City. I have changed your reservation to reflect the two extra days you will be staying with us.

Per your request, I have booked you on a tour of both Gamboa and the Panama Canal through Highlight Tours. Highlight Tours will pick you up from Middle Plaza Hotel at 8:00 A.M. on August 12. The tour includes a boat ride in the canal, lunch at the Gamboa Resort, and a visit to the animal rescue center, where you will encounter animals native to

134

the area. (I purposely did not include the aerial tram through the rainforest in your tour.) You will then visit the Miraflores Locks. There, you can see the locks in operation, watch a video about the Panama Canal, and walk through a museum. The tour arrives back at Middle Plaza Hotel around 5:00 P.M. I hope this tour is suitable to you.

Regarding the airport shuttle, it is free and arrives at Tocumen International Airport in 10 minutes. Unfortunately, it begins service at 5:00 A.M. Your options are to wait until the shuttle service begins and arrive at the airport at 5:10 A.M. or take a taxi by 4:25 A.M. to get there in 10 minutes. A taxi will cost about $10. Please contact me about your decision, and I will make arrangements.

Soon, you will receive separate confirmation e-mails for both the room and tour reservations. Thank you again for choosing Middle Plaza Hotel. We look forward to your stay!

Sincerely,

Eugenio Morales, Concierge and Travel Planner

---

176. Why does Ms. Grist contact the hotel?

(A) She has to upgrade her room.
(B) She wants a room with a view.
(C) She needs to cancel her appointment.
(D) She wants to extend her booking.

177. In the first e-mail, the word "researching" in paragraph 2, line 1, is closest in meaning to

(A) lining up
(B) running across
(C) looking into
(D) laying out

178. What is true about Ms. Grist?

(A) She will get on a shuttle that will depart at 7:25.
(B) She will drive for three hours to an airport.
(C) She plans to change her flight to a later time.
(D) She is able to get to the airport by her desired time.

179. What is NOT part of Ms. Grist's tour itinerary?

(A) A visit to an animal rescue center
(B) A virtual tour of a museum
(C) A visit to a museum
(D) A trip along a canal

180. What does Mr. Morales ask Ms. Grist to do?

(A) Inform him of her preferred form of transport to Tocumen International Airport
(B) Print the e-mails confirming her room and tour in advance
(C) Sign up for an airport shuttle online before she travels
(D) Visit the front desk of the hotel to pay for a tour

Test 2

GO ON TO THE NEXT PAGE

Questions 181-185 refer to the following schedule and e-mail.

Jack Unzicker's Schedule (June 2–6)

Monday:	9:00 A.M.	Meeting with new customer Ms. Heather Dunbar at Silver Feather Inc.
	10:30 A.M.	Discuss sending the team to the Social Media Conference with Ms. Nakai (in her office); start as early as possible (i.e. before 10:30) so she can leave for her business trip; if the 9 A.M. meeting runs long, plan to have the discussion by phone
Tuesday:	12:00 P.M.	Lunch meeting with new customer Mr. Steve Settle from Jaroo Co. about our basic advertising protocol
	3:00 P.M.	Discuss effectiveness of ads in Southeast Quarterly with the team
Wednesday:	2:00 P.M.	Visit Landmark News with Mr. James of Reickel Shoes to discuss changing the ad
Thursday:	3:00 P.M.	Ideas for Debra Fox Jewelry's redesigned logo due—e-mail them
Friday:		Day off for daughter's birthday celebration
	9:00 A.M.	Take Susie and friends to Jarrell Mountain State Park
	10:00 A.M.	Hiking tour of Heron Trail with park ranger
	11:30 A.M.	Head to Burgers and More for party: lunch, cake, presents
	3:00 P.M.	Take friends home

E-Mail Message

To: d-unzicker@advertisethis.com
From: heather@silverfeather.com
Subject: Appointment
Date: May 30

Dear Mr. Unzicker,

I apologize for the short notice, but I'd like to postpone my appointment on next Monday at 9 A.M. I have to leave town this evening on an unexpected business trip, and I won't be back until late on Monday night. I know it may be unlikely, but would you be available to meet on Wednesday instead, same time? Also, although we were going to meet at my office, I will be in your neck of the woods for another appointment later in the day, so I could easily save you the trip.

As for my logo, I had some more thoughts about what I'm looking for (i.e. color, symmetry, motion, font, etc.). I even sketched a few ideas that I came up with. I'll e-mail everything to you this evening when I'm at the airport. That way we'll have more time during our meeting for a deeper discussion. I'm not suggesting that we'll end up using any of my ideas—after all, I chose to work with you because I was told you are the best logo guy around. But all great logos required lots of sketches to arrive at "the one." We can put our heads together, use your ideas and mine to get our creative juices flowing, and make some headway on this project!

Anyway, let me know about our appointment as soon as you can. I look forward to finally meeting you and having a face to go along with the voice I've heard on the phone!

Thanks,

Heather Dunbar
Silver Feather Inc.

181. What is indicated about Mr. Unzicker?

(A) He has a column in *Southeast Quarterly*.
(B) He always takes Friday off.
(C) He will meet a new client on Tuesday.
(D) He is considering changing jobs.

182. What is true about Mr. Unzicker's schedule on June 2?

(A) One of his appointments may be rescheduled to another date.
(B) Ms. Nakai wants him to sign up for a conference.
(C) He has a phone consultation until 10:30 A.M.
(D) He has to leave town on business.

183. What is NOT stated about Ms. Dunbar?

(A) She has to leave town on May 30.
(B) She lives in a city far from Mr. Unzicker's company.
(C) She wants to meet Mr. Unzicker on Wednesday.
(D) She will be back in town on Monday.

184. According to the e-mail, what is probable about Mr. Unzicker's meeting with Ms. Dunbar?

(A) The location may be changed.
(B) Over ten people will attend.
(C) It will last longer than planned.
(D) It will now include lunch.

185. According to the e-mail, what does Ms. Dunbar say she will do?

(A) Discuss logo options with her colleagues
(B) Send Mr. Unzicker a package in the mail
(C) Contact her manager in the evening
(D) E-mail Mr. Unzicker later on May 30

Test **2**

GO ON TO THE NEXT PAGE

August 21

Doris Stanford
Marvelous Mile Gift Shop
70 W. Roosevelt Street
Darvin, FL 32003

Dear Ms. Stanford,

I'm a huge fan of your gift shop. I particularly like the handmade artwork that you sell. I feel my stoneware vases would be an excellent addition to your shop. They are a perfect price for gifts, ranging within a suggested retail price of $20 to $35. Minimum orders are reasonably set at 10 vases per order. I have enclosed in this package two of my best selling vases. Please note that I have many styles to choose from. I recommend starting with 5 to 10 different styles in order to get a good feel for their performance in your shop.

I offer a risk-free trial: you can keep 20 of my vases on consignment for 60 days. If you like the buzz they create among customers in your shop, you can place an order with me online. I am confident that they will fly off the shelves.

I plan on visiting your gift shop next week to speak with you in person and show you more examples of my vases. Feel free to ask me any questions you come up with by e-mail before then.

Sincerely,

Leonard Brown
Brown Pottery
www.brownpottery.com
leo@brownpottery.com

To:	Leonard Brown <leo@brownpottery.com>
From:	Trudy Vollkommer <vollkommer@theartisanshop.com>
Subject:	Potential customer
Date:	November 6

Dear Mr. Brown,
I was visiting a friend's gift shop today and saw your beautiful vases there. My

friend, Doris Stanford, said she has been very happy with them in her shop, as they have been big sellers and have attracted quite a bit of business. She told me she got a new shipment last week and has already sold half. Apparently, her customers are buying them as gifts as well as for their own collections. Several of them have started asking when Doris will get some new styles in, and they frantically buy them up when they arrive. Anyway, she gave me a rundown on how to get started carrying your work in my own shop, where I chiefly market handmade artisan products including my own.

I will be in your area next Thursday and wonder if I could stop by your studio, maybe around lunchtime. I would like to see your vases and even take some with me on consignment. I plan to try them out during the holiday season. Please let me know if you are free. I can be reached by e-mail or phone (778-555-2379). Thanks so much for your time.

Regards,

Trudy Vollkommer

Brown Pottery—Order Form
December 1, 11:35 A.M.

Shop Name: The Artisan Shop
Address: 435 Sierra Vista Ln. Hampton, OH 43114
Contact: Trudy Vollkommer
E-mail: vollkommer@theartisanshop.com
Phone: 778-555-2379

Item#	Quantity	Unit Price	Total
AG36	6	$13.00	$78.00
AK22	6	$14.00	$84.00
CM04	6	$16.00	$96.00
FR17	6	$18.00	$108.00
FS06	10	$18.00	$180.00

Subtotal: $546.00
Shipping/Handling: $32.50
Grand Total: $578.50

Orders placed by 10:00 A.M. will be shipped the same day if items are in stock. Once items ship, customers receive an e-mail with shipping confirmation and tracking information.

Thank you for your order!

GO ON TO THE NEXT PAGE

186. What does Mr. Brown indicate?

(A) He is looking for new stores to carry his items.

(B) He is constantly creating new kinds of vases.

(C) He started his business a decade ago.

(D) It takes him a month to create a vase.

187. What does Ms.Vollkommer NOT mention in her e-mail?

(A) Ms. Stanford is satisfied with Mr. Brown's products.

(B) She has visited Ms. Stanford's shop.

(C) Some of Ms. Stanford's customers buy vases for themselves.

(D) She once worked at Marvelous Mile Gift Shop.

188. In the e-mail, the word "chiefly" in paragraph 1, line 8, is closest in meaning to

(A) originally

(B) principally

(C) regularly

(D) obviously

189. What is true about Ms. Vollkommer's visit to Mr. Brown's studio?

(A) It will be in the evening.

(B) She will exchange unsold items at that time.

(C) It will include a personal tour of the studio.

(D) She may take some items away with her.

190. What can be inferred from the order form?

(A) Mr. Brown will deliver the order himself.

(B) Ms. Vollkommer's order will likely ship on December 2.

(C) Ms.Vollkommer must pay retail prices.

(D) Brown Pottery will cover the packaging fees.

March 10

Marilyn Funk
c/o Vixen Public Library
612 N. Elgin Street
Vixen, MA 01001

Dear Ms. Funk,

I have thoroughly enjoyed the time I have spent working at Vixen Public Library, but I need to inform you of my resignation as Children's Services Librarian. Earlier this year, my daughter's family relocated to California, and I have decided to follow them across the country to a neighboring city. I plan to enjoy watching my grandchildren grow and help to instill in them a love for books. I will miss reading to the children at Vixen Public Library and helping them find books that interest them. I will also miss interacting with all of my co-workers, as you are all like family to me. I will be resigning effective April 30.

Thank you for the opportunities for professional and personal development that you have provided me during the last ten years. I also appreciate the support I have received from the library staff. If I can be of any help during the transition, please let me know. Best wishes to you and the other staff members. Please keep in touch.

Sincerely yours,

Andrew Pitty

Test 2

http://www.VixenPublicLibrary.net/hiring/

Vixen Public Library

| Programs | Services | Events | **Hiring** | Contact Us |

Children's Services Librarian

Part time: 20 hours a week, including evenings and some weekends
Salary: $23 per hour
Benefits: 26 days paid vacation per year
(Health benefits available for 30-hour or more positions)

GO ON TO THE NEXT PAGE

The ideal candidate will:
- Read stories to children during our weekly Story Hour
- Assist library users in the use and selection of digital and print resources
- Select, order, and maintain materials in the Children's Section
- Promote programs and services
- Collaborate with other staff members as needed
- Assist in creating a positive library environment

Deadline to apply: March 30
To apply: Carefully review the job description and work schedule. Then, submit an online application **here**. Chosen candidates will interview starting April 6. The first day for the successful candidate will be April 16.

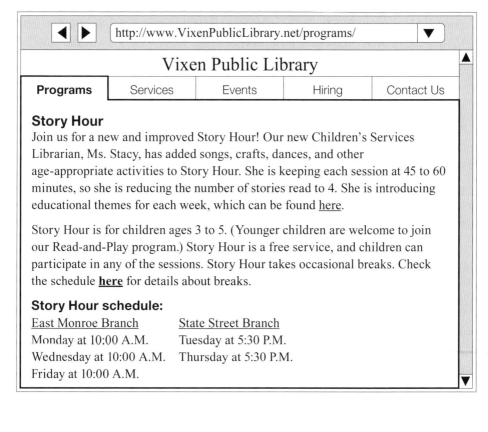

http://www.VixenPublicLibrary.net/programs/

Vixen Public Library

| **Programs** | Services | Events | Hiring | Contact Us |

Story Hour
Join us for a new and improved Story Hour! Our new Children's Services Librarian, Ms. Stacy, has added songs, crafts, dances, and other age-appropriate activities to Story Hour. She is keeping each session at 45 to 60 minutes, so she is reducing the number of stories read to 4. She is introducing educational themes for each week, which can be found here.

Story Hour is for children ages 3 to 5. (Younger children are welcome to join our Read-and-Play program.) Story Hour is a free service, and children can participate in any of the sessions. Story Hour takes occasional breaks. Check the schedule **here** for details about breaks.

Story Hour schedule:

East Monroe Branch
Monday at 10:00 A.M.
Wednesday at 10:00 A.M.
Friday at 10:00 A.M.

State Street Branch
Tuesday at 5:30 P.M.
Thursday at 5:30 P.M.

191. In the letter, the word "neighboring" in paragraph 1, line 4, is closest in meaning to

(A) developing
(B) adjacent
(C) hospitable
(D) metropolitan

192. What is indicated about Mr. Pitty?

(A) He has found new employment elsewhere.
(B) He is sad to leave his position at the library.
(C) He will start to work in a nearby city.
(D) He is needed by his daughter for babysitting.

193. What is suggested about Ms. Funk?

(A) She will organize a retirement party for Mr. Pitty.
(B) She will take over Mr. Pitty's responsibilities.
(C) She moved to Vixen from California.
(D) She is Mr. Pitty's boss.

194. What is true about the position of Children's Services Librarian?

(A) It includes health benefits.
(B) It allows employees to work flexible hours.
(C) Candidates for it will be interviewed before Mr. Pitty leaves.
(D) Successful candidates will be required to work 30 hours per week.

195. What is NOT true of Ms. Stacy's Story Hour?

(A) It runs longer than it used to.
(B) Kids are exposed to new activities.
(C) Some books are read to children.
(D) There are now weekly topics.

Test 2

GO ON TO THE NEXT PAGE

Questions 196-200 refer to the following e-mail, advertisement, and meeting minutes.

E-Mail Message

To: Ken Thrash <kthrash@farrellpublishing.com>
From: Carol Davis <cdavis@farrellpublishing.com>
Subject: A few thoughts
Date: September 5
Attachment: Bonanza

Hi, Ken,

As I pulled into the office parking lot this morning, I noticed that our building is looking...well, shabby. I can imagine how nervous that can make our clients feel, especially our new clients. Upon walking through the halls with this new perspective, I had an overwhelming urge to march up to Mr. Salisbury's office and insist that the company put some money into the building right away. Our walls could use a layer of fresh paint, and our windows are due to be washed, and all of the carpets should be replaced or at least cleaned. If we got really ambitious, we could even do some remodeling, for example in the lobby, bathrooms, and break rooms. I've attached a coupon I saw recently. I'm going to propose at the next board meeting that we look into that company and see if we think their services would work for us. I hope you'll agree with me. The deal on the bottom looks good to me. And I think they clean furniture as well.

Carol Davis

Bonanza Carpet Cleaning

Family owned and operated since 1914

(239) 555-2777

www.bonanzacc.com**

---

3 Rooms or Areas* — **$114.00**
4 Rooms or Areas* — **$129.00**
5 Rooms or Areas* — **$159.00**
6 Rooms or Areas* — **$179.00**
More than 6 Rooms — **$27.00 per room!** *

---

*A "Room" is defined as a room, hall, walk-in closet, or set of stairs (up to 14). Rooms over 250 square feet are considered 2 rooms. Heavily soiled carpets may be subjected to "neglected carpet fees." Deals are valid through November 2.
**View all our services, including furniture cleaning, pet stains, and tile cleaning, on our Web site.

Minutes for Meeting of the Board of Directors   October 13, 6:00 P.M.

The meeting was called to order by Chairman Brian Salisbury
Board members present: Ken Thrash, Carol Davis, Anthony Bell, Rick Diehl (Allison Kaufman was absent)

Orders of business:

- Office building updates: Several board members have already heard good things about our efforts to spruce up the building. Employees and clients alike have commented that it looks great so far, even though we've only had the carpets cleaned and the walls painted. Good choice to go with Office Remodeling Specialists, recommended by Bernie Ferguson, who uses them for his office buildings. By using them, we're saving ourselves the hassle of finding specific contractors for each job—they just move right on to the next job. And the more jobs we give them, the less they charge us for each project. They'll start working on the windows next week.

- Holiday gift baskets: We need to start thinking about holiday gift baskets for our top clients. Although we usually order them through Seasonal Gifts, Anthony Bell reminded everyone that our baskets arrived late last year. He will start looking into other options to make sure there are no problems this year. Also, as clients have changed significantly this year, we will start compiling a list of clients to receive a basket.

- Casual Friday: Several employees have requested that we allow them to wear business casual attire on Fridays. All board members agreed as long as employees who have meetings on Fridays dress appropriately. Rick Diehl will have Sam Richards in Human Resources type up a Casual Friday policy for us to approve.

Test 2

GO ON TO THE NEXT PAGE

196. In the e-mail, the phrase "pulled into" in paragraph 1, line 1, is closest in meaning to

(A) revolved
(B) entered
(C) filled
(D) tended

197. What does Ms. Davis suggest?

(A) Expanding the parking lot
(B) Repairing the door to the lobby
(C) Looking for a new building
(D) Employing a cleaning service

198. What is true about Bonanza Carpet Cleaning?

(A) Charges depend on the state of the carpets.
(B) The business has expanded recently.
(C) They restore tiles to their original state.
(D) They help people buy new furniture.

199. What is indicated about Mr. Thrash?

(A) He is a client of Ms. Davis's company.
(B) He works under Ms. Davis.
(C) He is on the Board of Directors.
(D) He remodels office buildings.

200. What is NOT stated in the meeting minutes?

(A) Employees want a relaxed dress code on certain days.
(B) Mr. Diehl prepared a draft of the Casual Friday policy.
(C) A policy must be created before implementing Casual Friday.
(D) All employees can dress casually under some conditions.

Follow-up 1

Reading Test

In the Reading Test, you will be expected to read various types of reading material to test your reading comprehension skills. The Test, which lasts for 75 minutes, is in three parts, and you will find instructions in each part. Attempt to answer as many questions as you can.

Write your answers on the separate answer sheet, not in the test book.

Part 5

Directions: In the following questions, you must complete the missing part of the first sentence by selecting the most appropriate answer from the four choices provided, (A), (B), (C), or (D), and then mark your choice on the answer sheet.

101. The management of Xylom Inc. is aiming to ------- the negative trend in sales of the last quarter.

(A) surpass
(B) surrender
(C) reverse
(D) afford

102. A vacant room on the second floor of the store was ------- into a storage room for excess stock.

(A) memorized
(B) promoted
(C) designated
(D) converted

103. During the negotiations, Ms. Gable asked that the buyer ------- the freight charge in advance.

(A) pay
(B) paying
(C) has paid
(D) payment

104. In order to dispose of an excessive amount of garbage properly, it is ------- that the building's tenants pay extra.

(A) improper
(B) productive
(C) imperative
(D) concise

105. After the change in company policy, Gatethrough Manufacturing ------- profitable for the first time in three years.

(A) turned
(B) changed
(C) increased
(D) retained

106. A family emergency prevented Ms. Davis from attending the conference, so she was ------- someone who could attend it instead of her.

(A) for the purpose of
(B) in place of
(C) at the expense of
(D) in need of

107. Because of an increase in the number of large discount stores, many local store owners are finding it difficult to make ------- meet.

(A) repetition
(B) proliferation
(C) ends
(D) plumbers

108. According to the ------- survey report, most citizens hope that the airport will be moved to a more accessible area.

(A) fluorescent
(B) obligatory
(C) abridged
(D) accessible

109. In order to develop the new medicine, Human Mind Pharmaceutical Inc. needs ------- a large amount of funds.

(A) previous
(B) expressly
(C) ample
(D) quite

110. To expand their business and bolster sales, Toch Inc. is seeking a new strategy to sell its products -------.

(A) effect
(B) effects
(C) effective
(D) effectively

111. The team decided to change tactics after thoroughly ------- the effectiveness of their previous sales strategy.

(A) evaluate
(B) evaluation
(C) evaluating
(D) evaluated

112. People in the local area found themselves having to get used to the ------- of tourists from a variety of different cultures.

(A) behavior
(B) request
(C) acquisition
(D) demand

113. The furniture company increased their market presence with a ------- of advertisements over a variety of media.

(A) rate
(B) consumption
(C) scale
(D) series

114. We are ------- to see that the country's economy is improving recently.

(A) encourage
(B) encouraging
(C) encouraged
(D) to encourage

Test 2 Follow-up 1

GO ON TO THE NEXT PAGE

115. The auto companies' profits dropped in the first quarter, but according to the survey, ------- customer satisfaction ratings remain positive.

(A) they
(B) their
(C) theirs
(D) them

116. Most of the participants found the event was ------- a success, demanding further improvement especially in the area of time management.

(A) anything but
(B) nothing but
(C) as far as
(D) aside from

117. ------- numerous complaints, the application process for the Miles Painting Contest remains complicated.

(A) So far as
(B) Up to
(C) Despite
(D) In contrast to

118. For the annual report, Mr. Fisher uses ------- quality of copy paper available to him.

(A) high
(B) highly
(C) higher
(D) the highest

119. Ms. Evans did her best to complete the preliminary report before the ------- summer season.

(A) situated
(B) preliminary
(C) skillful
(D) peak

120. Since Mr. Jeffery had ------- a similar problem himself in the past, he was able to deal with the customer's inquiry easily.

(A) experiencing
(B) experienced
(C) having experienced
(D) experience

121. The head of the research team reported that research into a cure for the disease was ------- slowly.

(A) progress
(B) progresses
(C) progressing
(D) progressed

122. All employees are advised to change their computer settings to easily ------- the exchange of messages.

(A) revise
(B) congest
(C) filter
(D) facilitate

123. Every month, Meling Supermarket informs its store's members of the ------- of discounts by e-mail.

(A) avail
(B) available
(C) availability
(D) availing

124. The contract ends ------- April 5 comes or on the first Sunday in April if that arrives first.

(A) when
(B) whichever
(C) what
(D) each time

125. Wilma Bakery's sales have been favorable because they carry the ------- variety of items of any store in the area.

(A) wide
(B) wider
(C) widest
(D) widely

126. It is hard to tell if the introduction of the new software was a good idea ------- workers found it hard to use.

(A) as far as
(B) insofar as
(C) let alone
(D) as for

127. On the last Friday of every month, the thriving grocery store offers boxes of ------- fruit at a 20 percent discount.

(A) assort
(B) assorted
(C) assorting
(D) assortment

128. The proposal offered at the forum had ------- advantages for the company.

(A) lucrative
(B) perishable
(C) multiple
(D) biographical

129. For existing customers who are unsure of how to ------- the Internet, KS Telecommunications provides technical support by telephone or instant messaging.

(A) consolidate
(B) inquire
(C) provide
(D) access

130. The ------- change to the operation settings was all it took for the engineers to fix the problem with the turbine.

(A) merest
(B) merely from
(C) merely as
(D) merely

GO ON TO THE NEXT PAGE

Directions: In the following questions, you must complete the missing part of the text by selecting the most appropriate answer from the four choices provided, (A), (B), (C), or (D), and then mark your choice on the answer sheet.

Questions 131-134 refer to the following advertisement.

Job Opening

Whitemoon Textile Mill boasts the highest quality textile products. ------- are
                                                                      131.
currently seeking an experienced buying specialist for our global purchasing

division. A qualified applicant must have at least five years' experience in

procuring fibers and yarns internationally. -------, some knowledge of textile
                                            132.
dyeing processes would be highly appreciated.

-------. Fluency in Chinese and other Asian languages is preferred but not
133.
required.

If you are interested in the position, please send your résumé to Wendy Huang

at whuang@wtm.com. The submission deadline is November 15. ------- résumé
                                                           134.
screening, successful applicants will be invited for an interview by November

20.

---

131. (A) They
    (B) We
    (C) You
    (D) These

132. (A) Hence
    (B) Still
    (C) Additionally
    (D) Overall

133. (A) Please contact a local textile
    maker by phone.
    (B) One of our staff will guide you
    around the mill.
    (C) The applicants should be familiar
    with Asian cuisine.
    (D) Duties include making frequent
    trips to Asian countries.

134. (A) Thereafter
    (B) Without
    (C) During
    (D) After

Questions 135-138 refer to the following article.

New Central Library Opens

The long-awaited new Central Library opened yesterday in Chestnut Park. This opening begins a new era for Chestnut Town Community. The Mayor said yesterday that the library will serve as a cultural hub for the community. -------
135.
has two seminar rooms equipped with projectors. Numerous workshops and classes are scheduled to be held there. Families with small children ------- very
136.
welcome. -------. For diligent students, there is a fairly large study room.
137.
Additionally, PC stations with Internet access allow students and other learners ------- information from all kinds of databases. As there is a branch of StarFront
138.
Coffee in the lobby, patrons can also browse books over a cup of coffee.

---

135. (A) She
(B) It
(C) He
(D) Another

136. (A) are
(B) were
(C) had been
(D) would have been

137. (A) By using it, students can have an opportunity to interact with kids.
(B) The library will not have seminar rooms until next year.
(C) There is a kids' room in the children's books corner.
(D) However, they cannot have coffee in the library.

138. (A) accessing
(B) to access
(C) access
(D) accessed

GO ON TO THE NEXT PAGE

Questions 139-142 refer to the following press release.

StarElectronics announced today that it ------- 20 acres of land in the Bluebird
139.
Business Park. Bluebird Business Park is a newly developed 210-acre park,
which is easily accessible by Route 54.

The CEO, Mark Chan, says the company will consolidate operations from
several locations into this acquisition. -------, he aims to streamline and expedite
140.
its manufacturing processes. -------.
141.

The company plans ------- 25 million dollars into hiring at least 500 local people.
142.
As this fulfills all the prerequisites by the county for financial incentives, the
company is adequately qualified for various tax benefits.

139. (A) would have purchased
(B) had purchased
(C) will have purchased
(D) purchases

140. (A) Thus
(B) Whereas
(C) By the way
(D) Nevertheless

141. (A) Local people are concerned with
the unprecedented growth in
the city's population.
(B) StarElectronics is considering
buying a lot in the park.
(C) Construction will begin in March
and is scheduled to be
completed by next February.
(D) Part of the proceeds will go to a
welfare organization.

142. (A) investing
(B) invest
(C) to invest
(D) having invested

To: Catherine Washington
From: Lulu Kenya
Date: August 1
Subject: Thank you for your support

Dear Catherine

Thank you very much for your monthly donation to our school. -------.
143.

Your donation ------- us to offer a comparatively good salary to a new graduate
144.
in this area. We posted an advertisement for a teacher position last month, and

the applicants ------- over 50. After careful consideration, we chose a novice
145.
teacher fresh from college, Mr. Haji Turay. Although he has no experience, Mr.

Turay has a natural aptitude for teaching. He is already very popular ------- the
146.
students.

Thank you again for your kind support. We hope that you continue to partner

with us for many years to come.

Sincerely,

Lulu Kenya
Principal
Matthew Memorial Elementary School

143. (A) Your kind support makes a big difference to us.
(B) Our old school gym could accommodate up to 1,000 students.
(C) We are now considering carefully how to use your annual donation.
(D) All the children will be happy to receive stationery from you.

144. (A) had enabled
(B) has enabled
(C) would have enabled
(D) will have enabled

145. (A) will number
(B) number
(C) numbered
(D) is numbering

146. (A) in
(B) between
(C) among
(D) for

GO ON TO THE NEXT PAGE

Directions: Here you will read various types of reading material and then be asked several questions about it. Select the most appropriate answers and mark them on your answer sheet, (A), (B), (C), or (D).

Questions 147-148 refer to the following text-message chain.

Annette Finch (11:32 A.M.)
Miles, would you mind moving our two-o'clock meeting to tomorrow? I've got to get my daughter from school. The nurse says she has a fever, so I won't be back today.

Miles Allen (11:34 A.M.)
That's fine. I'm free at noon if that works for you. But...won't you have to stay home with your daughter?

Annette Finch (11:35 A.M.)
My mother will come. Too bad she's not available today. Noon sounds great. And you'll notify the others? Oh, and I'll plan on bringing my lunch.

Miles Allen (11:36 A.M.)
That will be nice. I'll follow suit. And don't worry about the others. I'll work it out with them. See you tomorrow and take care of that girl of yours!

147. What is inferred about Ms. Finch?

(A) She has to leave for a hospital.
(B) She will not be in the office the next morning.
(C) She has asked her mother to look after her daughter.
(D) She will call Mr. Allen before a meeting.

148. At 11:36 A.M., what does Mr. Allen most likely mean when he writes, "I'll follow suit"?

(A) He will let Ms. Finch make some decisions.
(B) He will consult with Ms. Finch another time.
(C) He intends to purchase some new clothes.
(D) He is planning to eat lunch during the meeting.

April 5

Chai Suparat
Executive Chef at Thai House
1322 W. Rosee Rd.
Chilton, NE 68244

Dear Mr. Suparat,

On behalf of The Clara Mead Foundation, we would like to thank you for your help in making this year's "Meet the Chefs" reception, held on March 19 at the Spring Gourmet Food Show, a huge success. Your demonstration drew great crowds, and not surprisingly, all of the samples you shared were quickly devoured, testifying to the fact that you have great talent in the kitchen. We hope you enjoyed participating, and we are certain that your efforts will return tenfold in the form of increased business at your restaurant.

Events such as "Meet the Chefs" help The Clara Mead Foundation make contact with people in all areas of the food industry. The Clara Mead Foundation received a very generous donation from the Gourmet Food Association for hosting the reception. Without your participation, this would not have been possible.

We realize that throughout the year you are often called upon to donate your time, talent, and name to various causes and events, and we are honored that you chose to support our cause. We look forward to working with you again in the future.

In the meantime, should you be interested in becoming a member of The Clara Mead Foundation, please fill out the enclosed membership application and mail it to The Clara Mead Foundation, 3421 Willow Street, Chilton, NE 68242. You may also contact the Foundation to apply directly by calling 1-800-555-6323.

Warm wishes,

Karen Dubrovka
Event Coordinator

149. What is true about Mr. Suparat?

(A) He is a member of The Clara Mead Foundation.
(B) He recently gave up his time to take part in an event.
(C) Business has suddenly improved at his restaurant.
(D) He attended culinary school in Chilton.

150. What is indicated about The Clara Mead Foundation?

(A) Its annual fundraiser is "Meet the Chefs."
(B) It received an award from the Gourmet Food Association.
(C) It was responsible for putting on an event recently.
(D) It holds receptions on a regular basis.

GO ON TO THE NEXT PAGE

To:	customerservice@cabinetcity.com
From:	fanara@directmail.com
Subject:	Problem
Date:	December 29

Dear Cabinet City:

I recently ordered the Shelf1000 cabinet on your Web site, and it was delivered as scheduled on December 27, which is appreciated. However, I am dissatisfied with the quality of the cabinet. Not only is the stain on one of the cabinet doors darker than that on the other, the doors are misaligned and do not open or close properly. I noticed these problems as soon as I removed the cabinet pieces from the box and assembled it.

The quality of the cabinet I received is unacceptable and does not match the sample cabinet I saw on your Web site. I expect you to send a replacement that has the same quality and finish as the one on your site. I would also like you to arrange for the return of the faulty cabinet at no cost to me.

I would like this issue resolved quickly. Please respond within 10 days, or I will begin the process of filing a complaint. Feel free to contact me at 344-555-9871 to discuss this matter further. My order number is CK3279855.

Sincerely,

Wesley Fanara

151. What does Mr. Fanara mention about his order?

(A) It was purchased a month ago.
(B) He picked it up at a store.
(C) It does not meet his satisfaction.
(D) He was overcharged for shipping.

152. What is mentioned about the cabinet Mr. Fanara purchased?

(A) It has not arrived yet.
(B) It has an uneven stain on it.
(C) It cost more than it is worth.
(D) It broke a week after being assembled

153. What does Mr. Fanara NOT ask Cabinet City to do?

(A) Take back a faulty cabinet
(B) Allow him to return an item free of charge
(C) Install a cabinet in his home
(D) Give him an item of better quality

NOTICE

Phishing is a widespread form of fraud used to gather sensitive information. An e-mail that appears to be coming from your financial institution asks you to verify your personal information. —[1]—. These e-mails guide you to a site that looks just like your bank's Web site. —[2]—. From there, you are asked to provide sensitive information that can be used for fraud and identity theft.

In order to protect you and your information, Genesis Bank has asked you to select a picture, which we add to all online communication that contains sensitive information. —[3]—. Any e-mails you receive from us that do not contain your chosen picture should be reported immediately. —[4]—. Genesis Bank will never ask you for private information such as passwords in an e-mail.

---

154. What is true of Genesis Bank?

(A) They contact customers only by phone.
(B) They recommend that customers create a difficult password.
(C) They do not request passwords in their correspondence.
(D) They always verify customer identity through confirmation e-mails.

155. In which of the positions marked [1], [2], [3], and [4] does the following sentence best belong?

"In this way, you will know that the e-mails from us are legitimate."

(A) [1]
(B) [2]
(C) [3]
(D) [4]

Test **2** Follow-up **1**

GO ON TO THE NEXT PAGE

Questions 156-157 refer to the following form.

Car Rental Request

Apis Rental, Maris Airport
913 N. Central Blvd., Gray, IN 46011
Monday–Friday 6:00 A.M.–10:00 P.M.
Saturday–Sunday 6:00 A.M.–6:00 P.M.

Name of driver: Amy Foreman
Address: 209 Angelic Lane, Lippold, TX 75662
E-mail: amyfore@hunch.com
Phone: 214-555-2388

Type of vehicle: ☐ compact   ☐ standard   ☐ full   ☐ Minivan
☐ full-size van   ☑ other _see requests_
Start date: June 20   Time: 3:00 P.M.
Return date: June 24   Time: 9:00 A.M.
Pick-up location: Maris Airport   Drop-off location (if different from pick-up):
Extras: ☑ GPS   ☐ Child seat   ☐ Additional driver

NOTE: Car insurance is obligatory for all drivers. If you do not have your own, you must purchase temporary insurance from Apis Rental.

Special instructions or requests:
I will be driving around three adults (for a total of four people), and we will each have a couple of suitcases. I am not picky about the kind of vehicle I get, but it will need enough room for everything, and a car navigation system since I am not really familiar with the directions from the airport to the hotel we are going to stay at. Also, I'm assuming this is not a problem, but I cannot drive a manual car.

---

156. What is NOT indicated on the form?

(A) Ms. Foreman will be the only driver.
(B) Apis Rental offers short-term insurance.
(C) The vehicle will be returned at the airport.
(D) A car will be delivered to Ms. Foreman's hotel.

157. What is indicated about Ms. Foreman?

(A) Big vehicles are difficult for her to drive.
(B) She has not booked rooms at a hotel yet.
(C) She will need a ride to Apis Rental.
(D) She will be at Maris Airport on June 20.

RITAVILLE—About 50 Ritaville residents came together Wednesday night in the name of community empowerment to brainstorm for the Transform Ritaville campaign. —[1]—. Participants offered ideas in small groups, and then a representative from each group shared their thoughts with the larger audience.

This first session concentrated on jobs and the economy. —[2]—. As research shows that entrepreneurship is the most successful way to boost economies, Idea Exchange participants focused on ways to increase the number of businesses that are created. The creation of more businesses directly correlates to more jobs and lower unemployment rates. —[3]—. A variety of ideas were put forth to encourage this in Ritaville. One was to help build connections between businesses and entrepreneurs since entrepreneurs often receive both funding and mentorship from existing businesses. Another idea involved welcoming immigrants to the area. Immigrants are much more likely to start businesses than native-born residents. Finally, participants discussed the development of Ritaville's own residents. The general consensus was that it is important to focus not only on education for the young, but also to implement professional development programs for working people. Transform Ritaville communications manager Jude Latham said their leaders will review all of the brainstormed ideas and implement the ones they feel can best help develop a strong entrepreneurial ecosystem in Ritaville. —[4]—.

For more information, or to attend a Transform Ritaville Idea Exchange, visit the Web site of Transform Ritaville at www.TransformRitaville.com or call Ms. Latham at 555-2891. Transform Ritaville is always seeking new participants.

158. What was NOT discussed at the first Idea Exchange?

(A) The importance of generating new businesses

(B) Linking entrepreneurs and businesses

(C) Encouraging immigrants to settle in Ritaville

(D) The creation of more jobs in existing businesses

159. What is indicated about Transform Ritaville?

(A) It was started by Ms. Latham.

(B) It hopes to get residents involved.

(C) It sponsors business events in the city.

(D) It charges people to take part in Idea Exchange.

160. In which of the positions marked [1], [2], [3], and [4] does the following sentence best belong?

"It was the first of 12 gatherings, called Idea Exchange, hosted by Transform Ritaville to facilitate a discussion among community members about ways to improve Ritaville."

(A) [1]

(B) [2]

(C) [3]

(D) [4]

Test 2 Follow-up 1

GO ON TO THE NEXT PAGE

Questions 161-164 refer to the following Web page.

Word Flow International

| About Us | **Education** | Membership | Resources | Events |

Your Key to Public Speaking

Education is a vital part of every member's journey, and it is an important feature of all club meetings around the globe. With your club, learn and perfect communication and leadership skills in a safe environment, and work through projects that assist you in building real-world skills in various disciplines. —[1]—. Develop skills at your own pace in a curriculum built on the following four guiding principles that Word Flow International founders have established.

Learning from experience—By participating in leadership roles and giving speeches, you practice and perfect your skills. —[2]—.
Feedback from peers—Develop and improve through peer evaluation that is both supportive and honest.
Mentoring—Your personal mentor encourages, directs, and supports you on your journey and helps you achieve more goals than you imagined possible.
Self-paced learning—Word Flow International education is geared to helping you develop your skills at your own pace and comfort level.

—[3]—. Participation in the Communication Program follows the Competent Communication manual, which contains 10 speech projects that help you gain the basic skills necessary for delivering an effective speech. Similarly, participation in the Leadership Program follows the Competent Leader manual containing 10 leadership projects that assist you in developing the basic skills necessary for becoming an effective leader. The two programs can be done separately or at the same time. —[4]—. Along the way, recognition is awarded for various accomplishments.

Not a member yet? Visit Word Flow Clubs, and find one that is right for you. When you are happy with a club, ask the Membership Chairperson for a membership application. Membership dues are $80 per year and include international dues and local club dues. New members are also responsible for a one-time fee of $20.

161. What is NOT a guiding principle of the Word Flow International curriculum?

(A) Taking on leadership roles
(B) Listening to others' comments
(C) Working with a senior member
(D) Keeping up with other members

162. What is suggested about Word Flow International education programs?

(A) They proceed according to a specific structure.
(B) Club members decide the rules together.
(C) Programs are developed by club members.
(D) Each club completes different projects.

163. What is indicated about club dues?

(A) People can pay them in installments.
(B) They are 100 dollars every year.
(C) They are payable annually.
(D) They are discounted for regular members.

164. In which of the positions marked [1], [2], [3], and [4] does the following sentence best belong?

"Word Flow International education is comprised of the Communication Program and the Leadership Program."

(A) [1]
(B) [2]
(C) [3]
(D) [4]

GO ON TO THE NEXT PAGE

Test 2 Follow-up 1

Missimi, Nevada—Pet Stop, a locally owned shop in Missimi, announced today that it will be merging with Iowa-based superstore Pet Care & Supply effective November 9. Company officials are expected to meet with union officials later in the month to discuss employee benefits and retirement packages. Pet Stop officials expect the merger to improve investor confidence and help widen its customer base.

The merger will allow Pet Care & Supply factories in Iowa to construct Pet Stop's patented cages. In exchange, Pet Stop stores will be opened in Iowa and Missouri, with construction and product selection completed by Pet Care & Supply contractors. Furthermore, in addition to furry pets and cages, Pet Stop stores will now stock a variety of pet foods, aquariums, and grooming equipment, among other supplies.

Pet Care & Supply will uphold its promise to maintain its commitment to environmentally friendly business practices. It has 39 stores nationwide. For more information, visit www.PetCareSupply.com.

More information is expected to be released following a shareholders meeting on November 1.

165. What is indicated about Pet Care & Supply?

(A) It hopes to improve upon Pet Stop's cage design.
(B) It is a large retailer of pet supplies.
(C) It plans to increase employee benefits.
(D) It is moving its headquarters to Nevada.

166. What is true about Pet Stop?

(A) It will carry different kinds of foods for animals.
(B) It will add grooming to its list of services.
(C) It will start sponsoring events for pets.
(D) It will offer a wider range of animals than before.

167. What is NOT suggested about the merger?

(A) New Pet Stop stores will be built.
(B) More details will be disclosed at a later time.
(C) Some investors are unhappy about it.
(D) Shareholders will hold a meeting before it takes place.

Test 2 Follow-up 1

GO ON TO THE NEXT PAGE

Questions 168-171 refer to the following online chat discussion.

Nielsen, Barbara [10:12 A.M.]	Good afternoon, Mr. Diaz. Thank you for contacting Berkhouse Airlines Support. How may I assist you today?
Diaz, Ferdinand [10:13 A.M.]	I booked a round-trip ticket to Afta City about six weeks ago, but because of the recent storms that caused major power outages there, I'd like to cancel my reservation and get a refund.
Nielsen, Barbara [10:13 A.M.]	I understand your concern, Mr. Diaz. Let me pull up your reservation. May I have your confirmation number, please?
Diaz, Ferdinand [10:14 A.M.]	Yes. It's R58H3312.
Nielsen, Barbara [10:14 A.M.]	Thank you. Just a moment, please.
Nielsen, Barbara [10:16 A.M.]	Here we go. Let's see. I don't see that you purchased travel insurance for this trip. Unfortunately, in this case I am only able to offer you a voucher. It would be non-transferable, and you would have a year to use it.
Diaz, Ferdinand [10:17 A.M.]	But I've seen on the news that Berkhouse Airlines is canceling flights there. And officials in Afta City don't expect power to be restored for a while. Your refund policy says that refunds are allowed for flights canceled by the airline.
Nielsen, Barbara [10:18 A.M.]	That is correct. However, your flight has not been canceled. Berkhouse Airlines will wait to see what happens before deciding anything about flights next month.
Diaz, Ferdinand [10:20 A.M.]	That doesn't work for me. A decision might not be made until the last minute. And then it'll be too late to plan a trip somewhere else, reserve flights, book hotel rooms, etc. So what can I do? I don't know if Berkhouse Airlines even flies to the other destination I'm interested in.
Nielsen, Barbara [10:21 A.M.]	I apologize, Mr. Diaz. Let me see what I can do. One moment, please.
Nielsen, Barbara [10:24 A.M.]	Okay, although Berkhouse Airlines is not currently giving refunds for your flight to this destination, it is offering to modify reservations without applying the change fee under the circumstances. Is that something I can assist you with now?
Diaz, Ferdinand [10:25 A.M.]	I guess so. I had wanted to look into other options first, but since I've got your help now...
Diaz, Ferdinand [10:25 A.M.]	I'd like to fly into Duruge instead, same date, same name on the ticket.
Diaz, Ferdinand [10:26 A.M.]	By the way, will the price of my current ticket cover the one to Duruge?
Nielsen, Barbara [10:27 A.M.]	There may be a difference. Let me check into flights and run some options by you. One moment, please.

168. What is true about Mr. Diaz's current plane ticket?

(A) It was booked for the wrong date.
(B) It shows his name incorrectly.
(C) It can be exchanged for a voucher.
(D) It was purchased using his credit card.

169. What is NOT indicated about Mr. Diaz?

(A) He has never flown with Berkhouse Airlines.
(B) He reserved his tickets a month and a half ago.
(C) He is worried about the local situation.
(D) He is not eligible for a refund.

170. At 10:20 A.M., what does Mr. Diaz most likely mean when he writes, "That doesn't work for me"?

(A) He does not want to spend more than the initial cost of his trip.
(B) He has already made alternative plans to visit friends.
(C) He will not be able to catch his flight in time.
(D) He is unhappy with the information received.

171. What does Ms. Nielsen say she will do for Mr. Diaz?

(A) Find him an alternative flight
(B) Find a flight for the same price as his original one
(C) Look into available hotels at his travel destination
(D) Speak to the manager of the company

Test 2 Follow-up 1

GO ON TO THE NEXT PAGE

Mediocre ★★★☆☆

By Cheryl Christensen | Date: May 28, 21:55

Cook It Easy

By Harry Mulvain | 192 pp. Hardcover. Torrossian Publishing. $32.

Based on Mr. Mulvain's blog by the same name, his new book, *Cook It Easy*, features almost a hundred fun and delicious recipes. All are simple, but some are surprisingly quick while others require more time. Despite their simplicity, the recipes are fit for a feast as if created by a skilled chef. And yet, though some may seem intimidated at first, even beginner cooks can duplicate most recipes flawlessly. This is thanks to the Before You Begin section, which explains everything from proper measuring techniques to melting chocolate in a double boiler.

The gorgeous photos in *Cook It Easy* make it no surprise that the book earned Best Visual in the New Cookbook Contest. It is, therefore, an ideal addition to your coffee table. I love the step-by-step photos that help you follow along confidently. However, don't expect to see photos of every recipe. My favorite section is Never Overcook, which instructs people how to cook difficult food, like seafood, eggs, and pasta, perfectly with in-depth explanations and helpful photos. Happily, I no longer have to pretend to enjoy dry salmon. Moreover, the twists on classic recipes, like fried rice and brownies, make cooking an adventure. And

there are plenty of trendy foods incorporated into the recipes to arouse anyone's interest.

Three things, however, caused me disappointment with *Cook It Easy*. First off, the large number of typos throughout the book. Generally, typos are just annoying, but in *Cook It Easy*, a few of the ingredient measurements were incorrect, potentially causing culinary disasters in a beginner cook's kitchen. Second, I like cookbooks organized by course, with appetizers in one section, main dishes in another, etc., but *Cook It Easy* has no order to its recipes whatsoever. At least the index is comprehensive and easy to use. Finally, I simply expected more recipes and more new recipes at that.

All in all, certain aspects of the book inspired me and others were a big letdown. The group Community Judge bestowed their Peer Choice Award on *Cook It Easy*, and featured it in the "You Be the Cook" column of their bi-weekly magazine. At the same time, Culinary Treats called the new cookbook "A huge disappointment." If you are considering buying this cookbook, use my review to help you decide whether it would be a good fit.

172. What is indicated about *Cook It Easy*?

    (A) Some recipes in it do not have pictures.

    (B) The book has a section about food origins.

    (C) Each recipe in it is centered around a trendy food.

    (D) It was originally created for a photo contest.

173. The word "earned" in paragraph 2, line 2, is closest in meaning to

    (A) maintained

    (B) deposited

    (C) contained

    (D) won

174. What is NOT mentioned about *Cook It Easy*?

    (A) The book was named after Mr. Mulvain's blog.

    (B) It is a hardcover book.

    (C) It was released in January.

    (D) It suggests some recipes made of trendy ingredients.

175. What evaluation does Ms. Christensen give to *Cook It Easy*?

    (A) Disgusted remarks

    (B) An unsatisfactory review

    (C) Great praise overall

    (D) Average ratings

GO ON TO THE NEXT PAGE

Questions 176-180 refer to the following schedule and e-mail.

Jack Unzicker's Schedule (June 2–6)

Monday:	9:00 A.M.	Meeting with new customer Ms. Heather Dunbar at Silver Feather Inc.
	10:30 A.M.	Discuss sending the team to the Social Media Conference with Ms. Nakai (in her office); start as early as possible (i.e. before 10:30) so she can leave for her business trip; if the 9 A.M. meeting runs long, plan to have the discussion by phone
Tuesday:	12:00 P.M.	Lunch meeting with new customer Mr. Steve Settle from Jaroo Co. about our basic advertising protocol
	3:00 P.M.	Discuss effectiveness of ads in Southeast Quarterly with the team
Wednesday:	2:00 P.M.	Visit Landmark News with Mr. James of Reickel Shoes to discuss changing the ad
Thursday:	3:00 P.M.	Ideas for Debra Fox Jewelry's redesigned logo due—e-mail them
Friday:		Day off for daughter's birthday celebration
	9:00 A.M.	Take Susie and friends to Jarrell Mountain State Park
	10:00 A.M.	Hiking tour of Heron Trail with park ranger
	11:30 A.M.	Head to Burgers and More for party: lunch, cake, presents
	3:00 P.M.	Take friends home

E-Mail Message

To: d-unzicker@advertisethis.com
From: heather@silverfeather.com
Subject: Appointment
Date: May 30

Dear Mr. Unzicker,

I apologize for the short notice, but I'd like to postpone my appointment on next Monday at 9 A.M. I have to leave town this evening on an unexpected business trip, and I won't be back until late on Monday night. I know it may be unlikely, but would you be available to meet on Wednesday instead, same time? Also, although we were going to meet at my office, I will be in your neck of the woods for another appointment later in the day, so I could easily save you the trip.

As for my logo, I had some more thoughts about what I'm looking for (i.e. color, symmetry, motion, font, etc.). I even sketched a few ideas that I came up with. I'll e-mail everything to you this evening when I'm at the airport. That way we'll have more time during our meeting for a deeper discussion. I'm not suggesting that we'll end up using any of my ideas—after all, I chose to work with you because I was told you are the best logo guy around. But all great logos required lots of sketches to arrive at "the one." We can put our heads together, use your ideas and mine to get our creative juices flowing, and make some headway on this project!

Anyway, let me know about our appointment as soon as you can. I look forward to finally meeting you and having a face to go along with the voice I've heard on the phone!

Thanks,

Heather Dunbar
Silver Feather Inc.

176. According to the schedule, what is suggested about Mr. Unzicker?

(A) He is booked all day on Thursday.
(B) He will talk to Ms. Nakai right after the meeting with Ms. Dunbar.
(C) He will visit a branch of Debra Fox Jewelry.
(D) He prefers to have meetings over lunch.

177. What is true of Mr. Unizicker's schedule on Friday?

(A) He will lead a hike.
(B) He will hold a party at his home.
(C) He will hold a surprise party for his daughter.
(D) He will be out of the office for personal reasons.

178. What is true about Ms. Dunbar's meeting?

(A) It may be held before Mr. Unzicker goes to Landmark News.
(B) It coincides with another meeting.
(C) She wants to make it a conference call.
(D) It is about the reviews of the previous event.

179. What does Ms. Dunbar indicate about Mr. Unzicker?

(A) She trusts his expertise.
(B) She wants him to decide everything.
(C) She hopes he will meet Ms. Nakai instead of her.
(D) She had to wait for two days to hear back from him.

180. What does Ms. Dunbar NOT say about the logo?

(A) She has drawn some designs.
(B) She wants Mr. Unzicker to look at her logo ideas.
(C) She and Mr. Unzicker will work on it together.
(D) She needs the colors to be brighter.

GO ON TO THE NEXT PAGE

Questions 181-185 refer to the following e-mails.

To:	concierge@middleplazahotel.com
From:	jengrist@zero.com
Subject:	Reservation
Date:	August 4

Hello,

I will arrive at your hotel next week. I have one room under my name, confirmation number 234SS97IJ2. I am scheduled to check out on August 12, but I would like to add two days to my reservation. Can you do this for me? My Rewards Club number is 707234902, and you can add the days with the same credit card as the one on file for my current reservation. Free Wi-Fi should be included because I'm in the Rewards Club.

I have been researching things to do during my trip, and I would like to visit Gamboa and the Panama Canal on August 12. Would it be possible for you to find a tour that will pick me up and drop me off at the hotel and show me around both places? I would like to get a good feel for the areas, but I am not interested in anything that involves heights, like zip-lining or canopy tours.

I would also like to sign up for the airport shuttle to Tocumen International Airport on the day I check out. My flight leaves at 7:35 A.M., and I would like to be at the airport three hours before. I don't know how long it takes the shuttle to arrive at the airport, so could you please recommend a shuttle time and sign me up for it? I understand that the shuttle travels between the hotel and the airport every 30 minutes.

Thank you so much for your assistance!

Sincerely,

Jen Grist

E-Mail Message

To: jengrist@zero.com
From: concierge@middleplazahotel.com
Subject: Re: Reservation
Date: August 5

Dear Ms. Grist,

Thank you for choosing Middle Plaza Hotel in Panama City. I have changed your reservation to reflect the two extra days you will be staying with us.

Per your request, I have booked you on a tour of both Gamboa and the Panama Canal through Highlight Tours. Highlight Tours will pick you up from Middle Plaza Hotel at 8:00 A.M. on August 12. The tour includes a boat ride in the canal, lunch at the Gamboa Resort, and a visit to the animal rescue center, where you will encounter animals native to the area. (I purposely did not include the aerial tram through the rainforest in your tour.) You will then visit the Miraflores Locks. There, you can see the locks in operation, watch a video about the Panama Canal, and walk through a museum. The tour arrives back at Middle Plaza Hotel around 5:00 P.M. I hope this tour is suitable to you.

Regarding the airport shuttle, it is free and arrives at Tocumen International Airport in 10 minutes. Unfortunately, it begins service at 5:00 A.M. Your options are to wait until the shuttle service begins and arrive at the airport at 5:10 A.M. or take a taxi by 4:25 A.M. to get there in 10 minutes. A taxi will cost about $10. Please contact me about your decision, and I will make arrangements.

Soon, you will receive separate confirmation e-mails for both the room and tour reservations. Thank you again for choosing Middle Plaza Hotel. We look forward to your stay!

Sincerely,

Eugenio Morales, Concierge and Travel Planner

---

181. What is true about Ms. Grist?

(A) She wants to visit Gamboa during her trip.
(B) Her travel partner will stay at the same hotel as her.
(C) She has stayed at Middle Plaza Hotel before.
(D) She is visiting Panama on business.

182. In the first e-mail, what request does Ms. Grist make?

(A) She wants Mr. Morales to lead the tour.
(B) She wants to visit a store selling souvenirs.
(C) She wants her tour to start and end at the hotel.
(D) She wants to take a two-day tour.

183. In the first e-mail, the word "leaves" in paragraph 3, line 2, is closest in meaning to

(A) steps down
(B) lets go
(C) drops out
(D) takes off

184. By what time does Ms. Grist hope to arrive at the airport?

(A) 4:35 A.M.
(B) 5:00 A.M.
(C) 5:10 A.M.
(D) 7:35 A.M.

185. What is suggested about the tour?

(A) It includes an outside dinner.
(B) It incurs extra fees for a cancellation.
(C) A new activity has been added recently.
(D) Activities were customized for Ms. Grist.

Test **2** Follow-up **1**

GO ON TO THE NEXT PAGE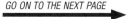

March 10

Marilyn Funk
c/o Vixen Public Library
612 N. Elgin Street
Vixen, MA 01001

Dear Ms. Funk,

I have thoroughly enjoyed the time I have spent working at Vixen Public Library, but I need to inform you of my resignation as Children's Services Librarian. Earlier this year, my daughter's family relocated to California, and I have decided to follow them across the country to a neighboring city. I plan to enjoy watching my grandchildren grow and help to instill in them a love for books. I will miss reading to the children at Vixen Public Library and helping them find books that interest them. I will also miss interacting with all of my co-workers, as you are all like family to me. I will be resigning effective April 30.

Thank you for the opportunities for professional and personal development that you have provided me during the last ten years. I also appreciate the support I have received from the library staff. If I can be of any help during the transition, please let me know. Best wishes to you and the other staff members. Please keep in touch.

Sincerely yours,

Andrew Pitty

http://www.VixenPublicLibrary.net/hiring/

Vixen Public Library

| Programs | Services | Events | **Hiring** | Contact Us |

Children's Services Librarian

Part time: 20 hours a week, including evenings and some weekends
Salary: $23 per hour
Benefits: 26 days paid vacation per year
(Health benefits available for 30-hour or more positions)

The ideal candidate will:
- Read stories to children during our weekly Story Hour
- Assist library users in the use and selection of digital and print resources
- Select, order, and maintain materials in the Children's Section
- Promote programs and services
- Collaborate with other staff members as needed
- Assist in creating a positive library environment

Deadline to apply: March 30
To apply: Carefully review the job description and work schedule. Then, submit an online application **here**. Chosen candidates will interview starting April 6. The first day for the successful candidate will be April 16.

◀ ▶   http://www.VixenPublicLibrary.net/programs/   ▼

Vixen Public Library

| **Programs** | Services | Events | Hiring | Contact Us |

Story Hour
Join us for a new and improved Story Hour! Our new Children's Services Librarian, Ms. Stacy, has added songs, crafts, dances, and other age-appropriate activities to Story Hour. She is keeping each session at 45 to 60 minutes, so she is reducing the number of stories read to 4. She is introducing educational themes for each week, which can be found here.

Story Hour is for children ages 3 to 5. (Younger children are welcome to join our Read-and-Play program.) Story Hour is a free service, and children can participate in any of the sessions. Story Hour takes occasional breaks. Check the schedule **here** for details about breaks.

Story Hour schedule:
East Monroe Branch   State Street Branch
Monday at 10:00 A.M.   Tuesday at 5:30 P.M.
Wednesday at 10:00 A.M.   Thursday at 5:30 P.M.
Friday at 10:00 A.M.

Test
2
Follow-up
1

GO ON TO THE NEXT PAGE

186. What does Mr. Pitty indicate in the letter?

(A) He will start his own business.
(B) He plans to rent a house in California.
(C) He is planning a long vacation.
(D) He will move to another city.

187. What is true about the new Children's Services Librarian?

(A) They must sort through donated books.
(B) They must cooperate with colleagues when necessary.
(C) They must raise funds on behalf of the library.
(D) They must coordinate an annual charity event.

188. What is suggested about Ms. Stacy?

(A) She is in charge of updating the library Web page.
(B) She works 20 hours a week.
(C) She has children between the ages of 3 and 5.
(D) She has worked as a librarian at a different location.

189. On the second Web page, the word "educational" in paragraph 1, line 5, is closest in meaning to

(A) entertaining
(B) cultural
(C) advanced
(D) informative

190. What is NOT stated about Story Hour?

(A) It is available every day of the week.
(B) There are occasional breaks.
(C) It is not aimed at children under three years of age.
(D) Kids can participate multiple days a week.

Questions 191-195 refer to the following e-mail, advertisement, and meeting minutes.

To: Ken Thrash <kthrash@farrellpublishing.com>
From: Carol Davis <cdavis@farrellpublishing.com>
Subject: A few thoughts
Date: September 5
Attachment: Bonanza

Hi, Ken,

As I pulled into the office parking lot this morning, I noticed that our building is looking…well, shabby. I can imagine how nervous that can make our clients feel, especially our new clients. Upon walking through the halls with this new perspective, I had an overwhelming urge to march up to Mr. Salisbury's office and insist that the company put some money into the building right away. Our walls could use a layer of fresh paint, and our windows are due to be washed, and all of the carpets should be replaced or at least cleaned. If we got really ambitious, we could even do some remodeling, for example in the lobby, bathrooms, and break rooms. I've attached a coupon I saw recently. I'm going to propose at the next board meeting that we look into that company and see if we think their services would work for us. I hope you'll agree with me. The deal on the bottom looks good to me. And I think they clean furniture as well.

Carol Davis

Bonanza Carpet Cleaning
Family owned and operated since 1914
(239) 555-2777
www.bonanzacc.com**

3 Rooms or Areas* — **$114.00**
4 Rooms or Areas* — **$129.00**
5 Rooms or Areas* — **$159.00**
6 Rooms or Areas* — **$179.00**
More than 6 Rooms — **$27.00 per room!** *

*A "Room" is defined as a room, hall, walk-in closet, or set of stairs (up to 14). Rooms over 250 square feet are considered 2 rooms. Heavily soiled carpets may be subjected to "neglected carpet fees." Deals are valid through November 2.
**View all our services, including furniture cleaning, pet stains, and tile cleaning, on our Web site.

GO ON TO THE NEXT PAGE

Test 2 Follow-up 1

Minutes for Meeting of the Board of Directors   October 13, 6:00 P.M.

The meeting was called to order by Chairman Brian Salisbury

Board members present: Ken Thrash, Carol Davis, Anthony Bell, Rick Diehl (Allison Kaufman was absent)

Orders of business:

- Office building updates: Several board members have already heard good things about our efforts to spruce up the building. Employees and clients alike have commented that it looks great so far, even though we've only had the carpets cleaned and the walls painted. Good choice to go with Office Remodeling Specialists, recommended by Bernie Ferguson, who uses them for his office buildings. By using them, we're saving ourselves the hassle of finding specific contractors for each job—they just move right on to the next job. And the more jobs we give them, the less they charge us for each project. They'll start working on the windows next week.

- Holiday gift baskets: We need to start thinking about holiday gift baskets for our top clients. Although we usually order them through Seasonal Gifts, Anthony Bell reminded everyone that our baskets arrived late last year. He will start looking into other options to make sure there are no problems this year. Also, as clients have changed significantly this year, we will start compiling a list of clients to receive a basket.

- Casual Friday: Several employees have requested that we allow them to wear business casual attire on Fridays. All board members agreed as long as employees who have meetings on Fridays dress appropriately. Rick Diehl will have Sam Richards in Human Resources type up a Casual Friday policy for us to approve.

191. What is indicated in the e-mail?

(A) Mr. Salisbury is against all forms of refurbishment.
(B) The office building needs some work done on it.
(C) Ms. Davis's company does not have the funds for repair work.
(D) All of the company's furniture needs to be replaced.

192. What is stated on the coupon Mr. Thrash received?

(A) Only companies located in a specific area can use it.
(B) The service is done in the evenings.
(C) Discounts are available for bookings made via the company Web site.
(D) It is only valid for 2 more months.

193. What is mentioned about the office building in the meeting minutes?

(A) It will need to be completely refurbished soon.
(B) The changes have not been welcomed by all staff members.
(C) Various people have noticed positive changes.
(D) Employees helped paint the walls.

194. In the meeting minutes, the phrase "spruce up" in paragraph 1, line 2, is closest in meaning to

(A) beautify
(B) furnish
(C) centralize
(D) reorganize

195. What is true about holiday gift baskets?

(A) They must be ordered by the end of the year.
(B) Seasonal Gifts will send them to Ms. Davis's company in October.
(C) Mr. Bell will find a new company to send them.
(D) Ms. Davis's company will not send any for a while.

Test **2** Follow-up **1**

GO ON TO THE NEXT PAGE

Questions 196-200 refer to the following letter, e-mail, and order form.

August 21

Doris Stanford
Marvelous Mile Gift Shop
70 W. Roosevelt Street
Darvin, FL 32003

Dear Ms. Stanford,

I'm a huge fan of your gift shop. I particularly like the handmade artwork that you sell. I feel my stoneware vases would be an excellent addition to your shop. They are a perfect price for gifts, ranging within a suggested retail price of $20 to $35. Minimum orders are reasonably set at 10 vases per order. I have enclosed in this package two of my best selling vases. Please note that I have many styles to choose from. I recommend starting with 5 to 10 different styles in order to get a good feel for their performance in your shop.

I offer a risk-free trial: you can keep 20 of my vases on consignment for 60 days. If you like the buzz they create among customers in your shop, you can place an order with me online. I am confident that they will fly off the shelves.

I plan on visiting your gift shop next week to speak with you in person and show you more examples of my vases. Feel free to ask me any questions you come up with by e-mail before then.

Sincerely,

Leonard Brown
Brown Pottery
www.brownpottery.com
leo@brownpottery.com

To:	Leonard Brown <leo@brownpottery.com>
From:	Trudy Vollkommer <vollkommer@theartisanshop.com>
Subject:	Potential customer
Date:	November 6

Dear Mr. Brown,
I was visiting a friend's gift shop today and saw your beautiful vases there. My

friend, Doris Stanford, said she has been very happy with them in her shop, as they have been big sellers and have attracted quite a bit of business. She told me she got a new shipment last week and has already sold half. Apparently, her customers are buying them as gifts as well as for their own collections. Several of them have started asking when Doris will get some new styles in, and they frantically buy them up when they arrive. Anyway, she gave me a rundown on how to get started carrying your work in my own shop, where I chiefly market handmade artisan products including my own.

I will be in your area next Thursday and wonder if I could stop by your studio, maybe around lunchtime. I would like to see your vases and even take some with me on consignment. I plan to try them out during the holiday season. Please let me know if you are free. I can be reached by e-mail or phone (778-555-2379). Thanks so much for your time.

Regards,

Trudy Vollkommer

Brown Pottery—Order Form

December 1, 11:35 A.M.

Shop Name: The Artisan Shop
Address: 435 Sierra Vista Ln. Hampton, OH 43114
Contact: Trudy Vollkommer
E-mail: vollkommer@theartisanshop.com
Phone: 778-555-2379

Item#	Quantity	Unit Price	Total
AG36	6	$13.00	$78.00
AK22	6	$14.00	$84.00
CM04	6	$16.00	$96.00
FR17	6	$18.00	$108.00
FS06	10	$18.00	$180.00

Subtotal: $546.00
Shipping/Handling: $32.50
Grand Total: $578.50

Orders placed by 10:00 A.M. will be shipped the same day if items are in stock. Once items ship, customers receive an e-mail with shipping confirmation and tracking information.

Thank you for your order!

Test 2 Follow-up 1

GO ON TO THE NEXT PAGE

196. What is indicated about Mr. Brown's vases?

(A) They are available at two set retail prices.

(B) They come with a one-year warranty.

(C) They are available to stores on a trial basis.

(D) The first shipment is always hand-delivered by Mr. Brown.

197. What is NOT implied by Mr. Brown?

(A) He visited Marvelous Mile Gift Shop after August 21.

(B) He has only a limited number of vases.

(C) His products can be ordered online.

(D) His bud vases are popular in Marvelous Mile Gift Shop.

198. In the e-mail, the word "frantically" in paragraph 1, line 6, is closest in meaning to

(A) eagerly

(B) curiously

(C) restlessly

(D) boldly

199. What is true about Ms. Vollkommer?

(A) She lives near Mr. Brown's studio.

(B) She is looking for a gift for her friend.

(C) She sells her own art in her store.

(D) She plans to buy vases at Marvelous Mile Gift Shop.

200. What is suggested by Ms. Vollkommer's order?

(A) She was satisfied with her trial.

(B) Her order will be delivered on December 1.

(C) She will receive some items free of charge.

(D) She plans to sell only the newest styles of vase.

Follow-up 2

Reading Test

In the Reading Test, you will be expected to read various types of reading material to test your reading comprehension skills. The Test, which lasts for 75 minutes, is in three parts, and you will find instructions in each part. Attempt to answer as many questions as you can.

Write your answers on the separate answer sheet, not in the test book.

Part 5

Directions: In the following questions, you must complete the missing part of the first sentence by selecting the most appropriate answer or answers (depending on the question, there may be more than one) from the five choices provided, (A), (B), (C), (D), or (E), and then mark your choice(s) on the answer sheet.

101. All employees are ------- to change their computer settings to filter spam e-mails.

(A) attributed
(B) narrowed down
(C) urged
(D) alleviated
(E) encouraged

102. For the annual report, Mr. Fisher ordered paper of a ------- higher quality than usual.

(A) slightly
(B) consecutively
(C) somewhat
(D) yet
(E) so

103. Having experienced the same kind of problem himself in the past, Mr. Jeffery was able to deal with the customer's ------- easily.

(A) evidence
(B) streak
(C) complaint
(D) question
(E) protocol

104. Even after the ------- in management, Gatethrough Manufacturing remained profitable last year.

(A) reconstruction
(B) expert
(C) revival
(D) change
(E) vicinity

105. The furniture company ------- their plans for a gigantic new store, due to open in the UK next year.

(A) unveiled
(B) bound
(C) assumed
(D) presented
(E) conducted

106. -------, Mr. Gordon was offered a lucrative business opportunity at the forum.

(A) Entirely
(B) Meticulously
(C) Hardly
(D) Coincidentally
(E) By chance

107. Because of the proliferation of large discount stores, many local stores face ------- maintaining stable sales.

(A) possibility
(B) hardship
(C) incapability
(D) unavailability
(E) trouble

108. In order to ------- creativity among the workforce, management introduced a new system of rewards for good ideas.

(A) drop off
(B) achieve
(C) foster
(D) click
(E) cultivate

109. On the last Friday of every month, the ------- grocery store offers an assortment of fruit at a 20 percent discount.

(A) rigorous
(B) detective
(C) thriving
(D) duplicate
(E) flourishing

110. To expand their business and bolster sales, Toch Inc. is seeking an effective new strategy to sell its products -------.

(A) nationwide
(B) mutually
(C) with no thought
(D) accordingly
(E) throughout the country

111. In order to develop the new medicine, Human Mind Pharmaceutical Inc. needs to ------- sufficient funds.

(A) solicit
(B) stick
(C) convey
(D) secure
(E) procure

112. After ------- on the effectiveness of their previous strategy, the sales team decided to change tactics.

(A) deliberating
(B) referring
(C) reflecting
(D) engaging
(E) corresponding

113. For ------- customers, KS Telecommunications provides technical support not only by telephone but also by instant messaging.

(A) enlightened
(B) established
(C) valued
(D) flexible
(E) bearable

114. The auto companies' profits dropped in the first quarter, but they have ------- recently.

(A) lapsed
(B) risen
(C) improved
(D) geared
(E) alleviated

Test 2 Follow-up 2

GO ON TO THE NEXT PAGE

115. Most of the participants found the event far from satisfactory, demanding ------- improvement especially in the area of time management.

(A) nutritious
(B) further
(C) redeemable
(D) fragile
(E) additional

116. In contrast to many other contests, the application process for the Miles Painting Contest is ------- complicated.

(A) irretrievably
(B) intensely
(C) ultimately
(D) immensely
(E) fairly

117. The head of the research team made an effort to ------- the production of the new vaccine.

(A) elicit
(B) hasten
(C) streamline
(D) pay off
(E) fasten

118. As a family emergency ------- Ms. Davis from attending the conference, she asked her co-worker to attend it in place of her.

(A) stopped
(B) ordered
(C) prevented
(D) suspended
(E) fulfilled

119. By merely changing the operation settings, the engineers were able to ------- the problem with the turbine.

(A) gain
(B) overcome
(C) win
(D) fix
(E) commend

120. The contract ------- until April 5 or the first Sunday in April, whichever comes first.

(A) distinguishes
(B) runs
(C) expires
(D) ceases
(E) continues

121. According to the survey, most ------- hope that the airport will be moved to a more accessible area.

(A) inhabitants
(B) installments
(C) residents
(D) fluctuations
(E) resignations

122. Ms. Evans waited for the preliminary report with a ------- look on her face.

(A) distracted
(B) collective
(C) concerned
(D) resourceful
(E) capital

123. According to the contract, the building's tenants will be ------- extra for improper garbage disposal.

(A) criticized
(B) accorded
(C) charged
(D) imposed
(E) subjected

124. We are encouraged to see clear signs of economic ------- in the country recently.

(A) tenure
(B) ordinance
(C) appreciation
(D) progress
(E) growth

125. As the number of ------- tourists increases, the demand for luxury hotels is growing.

(A) exceptional
(B) wealthy
(C) applicable
(D) affluent
(E) excessive

126. A vacant room on the second floor of the store was designated as a storage room for ------- stock.

(A) excess
(B) surplus
(C) enviable
(D) dead
(E) dependent

127. The success of Wilma Bakery can be ------- to their carrying a wider variety of items than most other local stores.

(A) associated
(B) entitled
(C) attributed
(D) explained
(E) retrieved

128. The management of Xylom Inc. is aiming to surpass the record sales ------- of the last quarter.

(A) figures
(B) customers
(C) prizes
(D) responsibilities
(E) advantages

129. Every month, Meling Supermarket offers substantial discounts available ------- to the store's members.

(A) solely
(B) admittedly
(C) exclusively
(D) superficially
(E) roughly

130. During the negotiations, Ms. Gable asked that the ------- charge be paid in advance.

(A) freight
(B) deliberation
(C) production
(D) plaque
(E) incentive

Test **2** Follow-up **2**

GO ON TO THE NEXT PAGE

Directions: In the following questions, you must complete the missing part of the text by selecting the most appropriate answer or answers (depending on the question, there may be more than one) from the five choices provided, (A), (B), (C), (D), or (E), and then mark your choice(s) on the answer sheet.

Questions 131-134 refer to the following article.

New Central Library Opens

The long-awaited new Central Library opened yesterday in Chestnut Park.

-------. The Mayor said yesterday that the library will serve as a cultural -------
131.   **132.**
for the community. It has two seminar rooms equipped with projectors.

Numerous workshops and classes are scheduled to be held there. Families with

small children are very welcome. There is a kids' room in the children's books

corner. For ------- students, there is a fairly large study room. Additionally, PC
        133.
stations with Internet access allow students and other learners to access

information from all kinds of databases. ------- there is a branch of StarFront
                                          134.
Coffee in the lobby, patrons can also browse books over a cup of coffee.

131. (A) It is one of the few libraries
            located in the area.
        (B) This stadium in the park can
            accommodate 5,000 spectators.
        (C) It did not take much time to
            prepare for the new book
            release event.
        (D) Prospective candidates will be
            interviewed by October 2.
        (E) This opening begins a new era
            for Chestnut Town Community.

132. (A) method
        (B) hub
        (C) axis
        (D) base
        (E) art

133. (A) idle
        (B) previous
        (C) hard-working
        (D) classified
        (E) diligent

134. (A) Even if
        (B) When
        (C) As
        (D) Although
        (E) Whether

Questions 135-138 refer to the following e-mail.

To: Catherine Washington
From: Lulu Kenya
Date: August 1
Subject: Thank you for your support

Dear Catherine

Thank you very much for your monthly ------- to our school. Your kind support
135.
makes a big difference to us.

Your donation has enabled us to offer a ------- good salary to a new graduate in
136.
this area. We posted an advertisement for a teacher position last month, and

the applicants numbered over 50. -------. ------- he has no experience, Mr. Turay
137. 138.
has a natural aptitude for teaching. He is already very popular among the

students.

Thank you again for your kind support. We hope that you continue to partner

with us for many years to come.

Sincerely,

Lulu Kenya
Principal
Matthew Memorial Elementary School

---

135. (A) subsidy
(B) contribution
(C) compartment
(D) dividend
(E) distribution

136. (A) respectively
(B) confidentially
(C) comparatively
(D) meticulously
(E) relatively

137. (A) Before that, the new teacher must undertake some training programs.
(B) You also sent us used clothes collected at the charity event.
(C) I would like you to submit the form to Haji Turay by that date.
(D) Our school's Web site will be updated by the end of August.
(E) After careful consideration, we chose a novice teacher fresh from college, Mr. Haji Turay.

138. (A) Once
(B) Because
(C) Despite the fact that
(D) When
(E) Till

GO ON TO THE NEXT PAGE

Questions 139-142 refer to the following advertisement.

Job Opening

Whitemoon Textile Mill boasts the highest quality textile products. We are

currently seeking an experienced buying ------- for our global procurement
139.

division. A qualified applicant must have at least five years' experience in

procuring fibers and yarns internationally. In addition, some knowledge of textile

dyeing processes ------- highly appreciated.
140.

------- include making frequent trips to Asian countries. Fluency in Chinese and
141.

other Asian languages is preferred but not required.

If you are interested in the position, please send your résumé to Wendy Huang

at whuang@wtm.com. -------. After résumé screening, successful applicants will
142.

be invited for an interview by November 20.

---

139. (A) apprentice
(B) novice
(C) associate
(D) professional
(E) expert

140. (A) would be
(B) was
(C) has been
(D) will have been
(E) had been

141. (A) Feasts
(B) Responsibilities
(C) Duties
(D) Experiences
(E) Speculations

142. (A) He made a plan to improve our
company's internal
communications.
(B) Some of our factories will be
inspected in November.
(C) We have several employees
working remotely from home.
(D) The increase in sales has been
attributed to his persistent
efforts.
(E) The submission deadline is
November 15.

StarElectronics announced today that it had purchased 20 acres of land in the Bluebird Business Park. Bluebird Business Park is a newly developed 210-acre park, which is easily ------- by Route 54.
143.

The CEO, Mark Chan, says the company will consolidate operations from several locations into this acquisition. -------. Construction will begin in March
144.
and is scheduled to be completed by next February.

The company plans to ------- 25 million dollars into hiring at least 500 local
145.
people. As this fulfills all the prerequisites by the county for financial incentives, the company is ------- qualified for various tax benefits.
146.

143. (A) accessible
(B) compatible
(C) reachable
(D) feasible
(E) objectionable

144. (A) The CEO wants to decentralize manufacturing processes.
(B) Thus, he aims to streamline and expedite its manufacturing processes.
(C) No products will be manufactured in the factory in the park.
(D) He has been considering consolidation since he took the position as CEO last year.
(E) The old Bluebird Business Park was cleaned up by volunteers last week.

145. (A) donate
(B) refund
(C) charge
(D) prove
(E) invest

146. (A) exquisitely
(B) adequately
(C) delicately
(D) sufficiently
(E) slowly

Test 2
Follow-up 2

GO ON TO THE NEXT PAGE

Part 7

Directions: Here you will read various types of reading material and then be asked several questions about it. Select the most appropriate answer or answers (depending on the question, there may be more than one) and mark them on your answer sheet, (A), (B), (C), (D), or (E).

Questions 147-148 refer to the following form.

Car Rental Request

Apis Rental, Maris Airport
913 N. Central Blvd., Gray, IN 46011
Monday–Friday 6:00 A.M.–10:00 P.M.
Saturday–Sunday 6:00 A.M.–6:00 P.M.

Name of driver: Amy Foreman
Address: 209 Angelic Lane, Lippold, TX 75662
E-mail: amyfore@hunch.com
Phone: 214-555-2388

Type of vehicle: ☐ compact ☐ standard ☐ full ☐ Minivan
☐ full-size van ☑ other _see requests_
Start date: June 20 Time: 3:00 P.M. Return date: June 24 Time: 9:00 A.M.
Pick-up location: Maris Airport Drop-off location (if different from pick-up):
Extras: ☑ GPS ☐ Child seat ☐ Additional driver

NOTE: Car insurance is obligatory for all drivers. If you do not have your own, you must purchase temporary insurance from Apis Rental.

Special instructions or requests:
I will be driving around three adults (for a total of four people), and we will each have a couple of suitcases. I am not picky about the kind of vehicle I get, but it will need enough room for everything, and a car navigation system since I am not really familiar with the directions from the airport to the hotel we are going to stay at. Also, I'm assuming this is not a problem, but I cannot drive a manual car.

---

147. What is NOT indicated about renting a vehicle?

(A) Child seats are available as an option.
(B) Each passenger must show a valid ID.
(C) Cars must be reserved for a minimum of three days.
(D) Discount coupons are available for first-time customers.
(E) All drivers must have car insurance.

148. What is suggested on the form?

(A) Full-size vans are currently not available.
(B) Information about car insurance can be found online.
(C) Apis Rental is located at Maris Airport.
(D) Ms. Foreman will have to renew her driver's license soon.
(E) Ms. Foreman needs help choosing a vehicle.

Questions 149-150 refer to the following letter.

April 5

Chai Suparat
Executive Chef at Thai House
1322 W. Rosee Rd.
Chilton, NE 68244

Dear Mr. Suparat,

On behalf of The Clara Mead Foundation, we would like to thank you for your help in making this year's "Meet the Chefs" reception, held on March 19 at the Spring Gourmet Food Show, a huge success. Your demonstration drew great crowds, and not surprisingly, all of the samples you shared were quickly devoured, testifying to the fact that you have great talent in the kitchen. We hope you enjoyed participating, and we are certain that your efforts will return tenfold in the form of increased business at your restaurant.

Events such as "Meet the Chefs" help The Clara Mead Foundation make contact with people in all areas of the food industry. The Clara Mead Foundation received a very generous donation from the Gourmet Food Association for hosting the reception. Without your participation, this would not have been possible.

We realize that throughout the year you are often called upon to donate your time, talent, and name to various causes and events, and we are honored that you chose to support our cause. We look forward to working with you again in the future.

In the meantime, should you be interested in becoming a member of The Clara Mead Foundation, please fill out the enclosed membership application and mail it to The Clara Mead Foundation, 3421 Willow Street, Chilton, NE 68242. You may also contact the Foundation to apply directly by calling 1-800-555-6323.

Warm wishes,

Karen Dubrovka
Event Coordinator

149. What is indicated about the Spring Gourmet Food Show?

(A) It was a free event open to the public.
(B) One of its events was "Meet the Chefs."
(C) It enjoyed a record number of visitors.
(D) It was sponsored by The Clara Mead Foundation.
(E) People from the food industry gathered there.

150. What is true about The Clara Mead Foundation membership?

(A) Membership is by invitation only.
(B) It is a lifetime membership.
(C) Applicants can apply for membership by mail or phone.
(D) It is free for "Meet the Chefs" volunteers.
(E) A form is included in Mr. Suparat's envelope.

GO ON TO THE NEXT PAGE

Questions 151-153 refer to the following e-mail.

To:	customerservice@cabinetcity.com
From:	fanara@directmail.com
Subject:	Problem
Date:	December 29

Dear Cabinet City:

I recently ordered the Shelf1000 cabinet on your Web site, and it was delivered as scheduled on December 27, which is appreciated. However, I am dissatisfied with the quality of the cabinet. Not only is the stain on one of the cabinet doors darker than that on the other, the doors are misaligned and do not open or close properly. I noticed these problems as soon as I removed the cabinet pieces from the box and assembled it.

The quality of the cabinet I received is unacceptable and does not match the sample cabinet I saw on your Web site. I expect you to send a replacement that has the same quality and finish as the one on your site. I would also like you to arrange for the return of the faulty cabinet at no cost to me.

I would like this issue resolved quickly. Please respond within 10 days, or I will begin the process of filing a complaint. Feel free to contact me at 344-555-9871 to discuss this matter further. My order number is CK3279855.

Sincerely,

Wesley Fanara

151. What is the problem with the cabinet Mr. Fanara purchased?

(A) It was heavier than he expected.
(B) It is smaller than stated online.
(C) It comes with only a one-year warranty.
(D) The coloring is irregular.
(E) The doors don't fit properly.

152. What is indicated about the cabinet ordered by Mr. Fanara?

(A) It was delivered on time.
(B) It came on the market recently.
(C) It was mishandled during transport.
(D) It looked to be of better quality online.
(E) It is missing important pieces

153. What is NOT true of Mr. Fanara?

(A) He wants the problem dealt with right away.
(B) He has experienced a similar problem before.
(C) He has posted bad review on the company Web site.
(D) He is waiting for an answer to his e-mail.
(E) He would like to speak to a manager.

NOTICE

—[1]—. Phishing is a widespread form of fraud used to gather sensitive information. An e-mail that appears to be coming from your financial institution asks you to verify your personal information. —[2]—. These e-mails guide you to a site that looks just like your bank's Web site. —[3]—. From there, you are asked to provide sensitive information that can be used for fraud and identity theft.

In order to protect you and your information, Genesis Bank has asked you to select a picture, which we add to all online communication that contains sensitive information. —[4]—. In this way, you will know that the e-mails from us are legitimate. Any e-mails you receive from us that do not contain your chosen picture should be reported immediately. —[5]—.

---

154. What is indicated about Genesis Bank in the e-mail?

(A) They have over 50 branches throughout country.
(B) They report strange account activity immediately.
(C) Each customer has to take a photograph.
(D) They require password changes every three months.
(E) Their customers should report suspicious messages to the bank.

155. In which of the positions marked [1], [2], [3], [4], and [5] does the following sentence best belong?

"Genesis Bank will never ask you for private information in an e-mail."

(A) [1]
(B) [2]
(C) [3]
(D) [4]
(E) [5]

GO ON TO THE NEXT PAGE

Test 2

Follow-up 2

Questions 156-158 refer to the following article.

RITAVILLE—About 50 Ritaville residents came together Wednesday night in the name of community empowerment to brainstorm for the Transform Ritaville campaign. It was the first of 12 gatherings, called Idea Exchange, hosted by Transform Ritaville to facilitate a discussion among community members about ways to improve Ritaville. —[1]—. Participants offered ideas in small groups, and then a representative from each group shared their thoughts with the larger audience.

This first session concentrated on jobs and the economy. —[2]—. As research shows that entrepreneurship is the most successful way to boost economies, Idea Exchange participants focused on ways to increase the number of businesses that are created. The creation of more businesses directly correlates to more jobs and lower unemployment rates. —[3]—. One was to help build connections between businesses and entrepreneurs since entrepreneurs often receive both funding and mentorship from existing businesses. Another idea involved welcoming immigrants to the area. Immigrants are much more likely to start businesses than native-born residents. Finally, participants discussed the career development of Ritaville's own residents. The general consensus was that it is important to focus not only on education for the young, but also to implement professional development programs for working people. —[4]—. Transform Ritaville communications manager Jude Latham said their leaders will review all of the brainstormed ideas and implement the ones they feel can best help develop a strong entrepreneurial ecosystem in Ritaville.

For more information, or to attend a Transform Ritaville Idea Exchange, visit the Web site of Transform Ritaville at www. TransformRitaville.com or call Ms. Latham at 555-2891. —[5]—. Transform Ritaville is always seeking new participants.

156. What is NOT mentioned about the ideas from the Idea Exchange?

(A) They will all be considered by the leaders.
(B) The best ones will be utilized.
(C) They are posted on the campaign Web site.
(D) They will become the topics of future Idea Exchange.
(E) They can be discussed with Ms. Latham by phone.

157. What is indicated about the Idea Exchange?

(A) They take place every Wednesday.
(B) They are in the form of a lecture series.
(C) Information about them can be found online.
(D) They focus on different topics each time.
(E) Participants travel from city to city to gather new ideas.

158. In which of the positions marked [1], [2], [3], [4], and [5] does the following sentence best belong?

"A variety of ideas were put forth to encourage this in Ritaville."

(A) [1]
(B) [2]
(C) [3]
(D) [4]
(E) [5]

Questions 159-160 refer to the following text-message chain.

Annette Finch (11:32 A.M.)
Miles, would you mind moving our two-o'clock meeting to tomorrow? I've got to get my daughter from school. The nurse says she has a fever, so I won't be back today.

Miles Allen (11:34 A.M.)
That's fine. I'm free at noon if that works for you. But…won't you have to stay home with your daughter?

Annette Finch (11:35 A.M.)
My mother will come. Too bad she's not available today. Noon sounds great. And you'll notify the others? Oh, and I'll plan on bringing my lunch.

Miles Allen (11:36 A.M.)
That will be nice. I'll follow suit. And don't worry about the others. I'll work it out with them. See you tomorrow and take care of that girl of yours!

159. What is indicated about Ms. Finch?

(A) She wants to change the date of a meeting.
(B) She will have a meeting over lunch.
(C) She will call her daughter's school.
(D) She is out of town on business trip.
(E) She is starting to feel ill.

160. At 11:36 A.M., what does Mr. Allen most likely mean when he writes, "I'll work it out with them"?

(A) He will contact others to reschedule a meeting.
(B) He will provide lunch for everyone.
(C) He will complete his assignment without Ms. Finch's help.
(D) He will meet Ms. Finch's mother and daughter.
(E) He will find a good location for lunch.

GO ON TO THE NEXT PAGE

Questions 161-163 refer to the following article.

Missimi, Nevada—Pet Stop, a locally owned shop in Missimi, announced today that it will be merging with Iowa-based superstore Pet Care & Supply effective November 9. Company officials are expected to meet with union officials later in the month to discuss employee benefits and retirement packages. Pet Stop officials expect the merger to improve investor confidence and help widen its customer base.

The merger will allow Pet Care & Supply factories in Iowa to construct Pet Stop's patented cages. In exchange, Pet Stop stores will be opened in Iowa and Missouri, with construction and product selection completed by Pet Care & Supply contractors. Furthermore, in addition to furry pets and cages, Pet Stop stores will now stock a variety of pet foods, aquariums, and grooming equipment, among other supplies.

Pet Care & Supply will uphold its promise to maintain its commitment to environmentally friendly business practices. It has 39 stores nationwide. For more information, visit www.PetCareSupply.com.

More information is expected to be released following a shareholders meeting on November 1.

161. What do Pet Stop officials believe is true about the merger?

(A) No staff members will lose their jobs.

(B) It will lead to better cage design.

(C) Unions will support it wholeheartedly.

(D) It will be pushed back by a month.

(E) Investors will react positively to it.

162. What is NOT suggested will happen with the merger?

(A) Pet Care & Supply will invent new products.

(B) Pet Care & Supply will apply for new patents.

(C) New factories will be constructed.

(D) The items available at Pet Stop will change.

(E) Pet Stop's cages will be assembled in more locations.

163. What is indicated about Pet Care & Supply?

(A) It will expand into international markets.

(B) It will convert some stores into factories.

(C) It will be given authorization to create Pet Stop's cages.

(D) It plans to continue as an ecologically considerate business.

(E) It will include Pet Stop's management in all meetings.

GO ON TO THE NEXT PAGE

◀ ▶   http://www.wordflowinternational.com   ▼

Word Flow International

| About Us | **Education** | Membership | Resources | Events |

Your Key to Public Speaking

Education is a vital part of every member's journey, and it is an important feature of all club meetings around the globe. —[1]—. With our club, learn and perfect communication and leadership skills in a safe environment, and work through projects that assist you in building real-world skills in various disciplines. Develop skills at your own pace in a curriculum built on the following four guiding principles that Word Flow International founders have established. —[2]—.

Learning from experience—By participating in leadership roles and giving speeches, you practice and perfect your skills.
Feedback from peers—Develop and improve through peer evaluation that is both supportive and honest.
Mentoring—Your personal mentor encourages, directs, and supports you on your journey and helps you achieve more goals than you imagined possible.
Self-paced learning—Word Flow International education is geared to helping you develop your skills at your own pace and comfort level.

Word Flow International education is comprised of the Communication Program and the Leadership Program. Participation in the Communication Program follows the Competent Communication manual, which contains 10 speech projects that help you gain the basic skills necessary for delivering an effective speech. —[3]—. Similarly, participation in the Leadership Program follows the Competent Leader manual containing 10 leadership projects that assist you in developing the basic skills necessary for becoming an effective leader. The two programs can be done separately or at the same time. Along the way, recognition is awarded for various accomplishments. —[4]—.

Not a member yet? Visit Word Flow Clubs, and find one that is right for you. —[5]—. Membership dues are $80 per year and include international dues and local club dues. New members are also responsible for a one-time fee of $20.

▼

164. What is NOT a purpose of Word Flow International?

(A) To encourage networking among members

(B) To help members become excellent communicators

(C) To offer a comfortable atmosphere for developing skills

(D) To instruct members how to train interns

(E) To introduce members to people across the world

165. What does the Web site suggest happens at club meetings?

(A) Mentors lead small discussion groups.

(B) Members practice speeches.

(C) Guest speakers give lectures.

(D) Members offer advice to each other.

(E) Members learn how to start their businesses.

166. What is indicated about new Word Flow International members?

(A) They must contact one of the leaders weekly.

(B) They can see reviews about programs online.

(C) They have to pay a special fee to join a club.

(D) They can access a special Web site.

(E) They must watch two short videos.

167. In which of the positions marked [1], [2], [3], [4], and [5] does the following sentence best belong?

"When you are happy with a club, ask the Membership Chairperson for a membership application."

(A) [1]

(B) [2]

(C) [3]

(D) [4]

(E) [5]

GO ON TO THE NEXT PAGE

Questions 168-171 refer to the following book review.

Mediocre ★★★☆☆
By Cheryl Christensen | Date: May 28, 21:55

Cook It Easy
By Harry Mulvain | 192 pp. Hardcover. Torrossian Publishing. $32.

Based on Mr. Mulvain's blog by the same name, his new book, *Cook It Easy*, features almost a hundred fun and delicious recipes. All are simple, but some are surprisingly quick while others require more time. Despite their simplicity, the recipes are fit for a feast as if created by a skilled chef. And yet, though some may seem intimidated at first, even beginner cooks can duplicate most recipes flawlessly. This is thanks to the Before You Begin section, which explains everything from proper measuring techniques to melting chocolate in a double boiler.

The gorgeous photos in *Cook It Easy* make it no surprise that the book earned Best Visual in the New Cookbook Contest. It is, therefore, an ideal addition to your coffee table. I love the step-by-step photos that help you follow along confidently. However, don't expect to see photos of every recipe. My favorite section is Never Overcook, which instructs people how to cook difficult food, like seafood, eggs, and pasta, perfectly with in-depth explanations and helpful photos. Happily, I no longer have to pretend to enjoy dry salmon. Moreover, the twists on classic recipes, like fried rice and brownies, make cooking an adventure. And there are plenty of trendy foods incorporated into the recipes to arouse anyone's interest.

Three things, however, caused me disappointment with *Cook It Easy*. First off, the large number of typos throughout the book. Generally, typos are just annoying, but in *Cook It Easy*, a few of the ingredient measurements were incorrect, potentially causing culinary disasters in a beginner cook's kitchen. Second, I like cookbooks organized by course, with appetizers in one section, main dishes in another, etc., but *Cook It Easy* has no order to its recipes whatsoever. At least the index is comprehensive and easy to use. Finally, I simply expected more recipes and more new recipes at that.

All in all, certain aspects of the book inspired me and others were a big letdown. The group Community Judge bestowed their Peer Choice Award on *Cook It Easy*, and featured it in the "You Be the Cook" column of their bi-weekly magazine. At the same time, Culinary Treats called the new cookbook "A huge disappointment." If you are considering buying this cookbook, use my review to help you decide whether it would be a good fit.

168. What is NOT suggested about *Cook It Easy*?

(A) It will be sold overseas.
(B) Every recipe has photos for each step.
(C) It informs readers of proper cooking methods.
(D) It includes recipes mainly for vegetarians.
(E) It is suitable solely for experts.

169. The word "featured" in paragraph 4, line 5, is interchangeable in meaning with

(A) revealed
(B) displayed
(C) assumed
(D) sponsored
(E) spotlighted

170. What is indicated by Ms. Christensen?

(A) *Cook It Easy* has mistakes in important areas.
(B) Many of the recipes in *Cook It Easy* utilize expensive ingredients.
(C) She has never made fried rice or brownies.
(D) *Cook It Easy* includes a section on how to cook difficult food.
(E) Each recipe in *Cook It Easy* comes with a video link.

171. What did *Cook It Easy* receive from Community Judge?

(A) A review on their Web site
(B) A write-up in their publication
(C) An award
(D) A medal of honor
(E) A bad review

Test **2**

Follow-up **2**

GO ON TO THE NEXT PAGE

Questions 172-175 refer to the following online chat discussion.

Nielsen, Barbara [10:12 A.M.]	Good afternoon, Mr. Diaz. Thank you for contacting Berkhouse Airlines Support. How may I assist you today?
Diaz, Ferdinand [10:13 A.M.]	I booked a round-trip ticket to Afta City about six weeks ago, but because of the recent storms that caused major power outages there, I'd like to cancel my reservation and get a refund.
Nielsen, Barbara [10:13 A.M.]	I understand your concern, Mr. Diaz. Let me pull up your reservation. May I have your confirmation number, please?
Diaz, Ferdinand [10:14 A.M.]	Yes. It's R58H3312.
Nielsen, Barbara [10:14 A.M.]	Thank you. Just a moment, please.
Nielsen, Barbara [10:16 A.M.]	Here we go. Let's see. I don't see that you purchased travel insurance for this trip. Unfortunately, in this case I am only able to offer you a voucher. It would be non-transferable, and you would have a year to use it.
Diaz, Ferdinand [10:17 A.M.]	But I've seen on the news that Berkhouse Airlines is canceling flights there. And officials in Afta City don't expect power to be restored for a while. Your refund policy says that refunds are allowed for flights canceled by the airline.
Nielsen, Barbara [10:18 A.M.]	That is correct. However, your flight has not been canceled. Berkhouse Airlines will wait to see what happens before deciding anything about flights next month.
Diaz, Ferdinand [10:20 A.M.]	That doesn't work for me. A decision might not be made until the last minute. And then it'll be too late to plan a trip somewhere else, reserve flights, book hotel rooms, etc. So what can I do? I don't know if Berkhouse Airlines even flies to the other destination I'm interested in.
Nielsen, Barbara [10:21 A.M.]	I apologize, Mr. Diaz. Let me see what I can do. One moment, please.
Nielsen, Barbara [10:24 A.M.]	Okay, although Berkhouse Airlines is not currently giving refunds for your flight to this destination, it is offering to modify reservations without applying the change fee under the circumstances. Is that something I can assist you with now?
Diaz, Ferdinand [10:25 A.M.]	I guess so. I had wanted to look into other options first, but since I've got your help now...
Diaz, Ferdinand [10:25 A.M.]	I'd like to fly into Duruge instead, same date, same name on the ticket.
Diaz, Ferdinand [10:26 A.M.]	By the way, will the price of my current ticket cover the one to Duruge?
Nielsen, Barbara [10:27 A.M.]	There may be a difference. Let me check into flights and run some options by you. One moment, please.

172. What information does Mr. Diaz NOT mention?

(A) He wants to redeem a voucher.

(B) He is wondering if a refund is possible.

(C) His flight was booked six weeks earlier.

(D) His boarding pass has wrong information on it.

(E) He is planning to travel with a colleague.

173. What is indicated about Berkhouse Airlines?

(A) They do not give refunds for any reason.

(B) They usually charge a fee to make changes to a reservation.

(C) Their vouchers are non-transferable.

(D) They do not sell travel insurance.

(E) Their vouchers are valid for one year.

174. At 10:18 A.M., what does Ms. Nielsen most likely mean when she writes, "That is correct"?

(A) She will reissue Mr. Diaz's flight tickets.

(B) She believes that a full refund should be made to Mr. Diaz.

(C) She believes the reservation information is not wrong.

(D) She thinks Mr. Diaz's flight will be canceled soon.

(E) She recognizes that Mr. Diaz's statement is true.

175. What is true about the changes to Mr. Diaz's travel plan?

(A) He will participate in a special tour.

(B) He will purchase a one-way ticket.

(C) Destination will be a different city.

(D) His seat will be upgraded.

(E) The departure date has been rescheduled.

GO ON TO THE NEXT PAGE

Test **2** Follow-up **2**

Questions 176-180 refer to the following e-mails.

To:	concierge@middleplazahotel.com
From:	jengrist@zero.com
Subject:	Reservation
Date:	August 4

Hello,

I will arrive at your hotel next week. I have one room under my name, confirmation number 234SS97IJ2. I am scheduled to check out on August 12, but I would like to add two days to my reservation. Can you do this for me? My Rewards Club number is 707234902, and you can add the days with the same credit card as the one on file for my current reservation. Free Wi-Fi should be included because I'm in the Rewards Club.

I have been researching things to do during my trip, and I would like to visit Gamboa and the Panama Canal on August 12. Would it be possible for you to find a tour that will pick me up and drop me off at the hotel and show me around both places? I would like to get a good feel for the areas, but I am not interested in anything that involves heights, like zip-lining or canopy tours.

I would also like to sign up for the airport shuttle to Tocumen International Airport on the day I check out. My flight leaves at 7:35 A.M., and I would like to be at the airport three hours before. I don't know how long it takes the shuttle to arrive at the airport, so could you please recommend a shuttle time and sign me up for it? I understand that the shuttle travels between the hotel and the airport every 30 minutes.

Thank you so much for your assistance!

Sincerely,

Jen Grist

To: jengrist@zero.com
From: concierge@middleplazahotel.com
Subject: Re: Reservation
Date: August 5

Dear Ms. Grist,

Thank you for choosing Middle Plaza Hotel in Panama City. I have changed your reservation to reflect the two extra days you will be staying with us.

Per your request, I have booked you on a tour of both Gamboa and the Panama Canal through Highlight Tours. Highlight Tours will pick you up from Middle Plaza Hotel at 8:00 A.M. on August 12. The tour includes a boat ride in the canal, lunch at the Gamboa Resort, and a visit to the animal rescue center, where you will encounter animals native to the area. (I purposely did not include the aerial tram through the rainforest in your tour.) You will then visit the Miraflores Locks. There, you can see the locks in operation, watch a video about the Panama Canal, and walk through a museum. The tour arrives back at Middle Plaza Hotel around 5:00 P.M. I hope this tour is suitable to you.

Regarding the airport shuttle, it is free and arrives at Tocumen International Airport in 10 minutes. Unfortunately, it begins service at 5:00 A.M. Your options are to wait until the shuttle service begins and arrive at the airport at 5:10 A.M. or take a taxi by 4:25 A.M. to get there in 10 minutes. A taxi will cost about $10. Please contact me about your decision, and I will make arrangements.

Soon, you will receive separate confirmation e-mails for both the room and tour reservations. Thank you again for choosing Middle Plaza Hotel. We look forward to your stay!

Sincerely,

Eugenio Morales, Concierge and Travel Planner

Test 2 Follow-up 2

176. What can be inferred about Ms. Grist's stay at Middle Plaza Hotel?

(A) Her Wi-Fi access is complimentary.
(B) She will have to change rooms on August 12.
(C) She will share a room with a friend.
(D) Breakfast will be delivered to her room.
(E) She has been allowed to stay until August 14.

177. What does Ms. Grist indicate about going to Tocumen International Airport?

(A) She will take a taxi at around 7:35.
(B) She plans to go on August 10.
(C) She has made plans with a shuttle driver.
(D) She would like a copy of a shuttle schedule.
(E) She wants suggestions on times.

178. What is NOT mentioned about Ms. Grist's tour?

(A) She will go to the Gamboa Resort.
(B) She will watch a video about native endangered animals.
(C) She will ride on an aerial tram.
(D) She will be creating a model of a lock.
(E) She will ride a boat on a canal.

179. In the second e-mail, the word "contact" in paragraph 3, line 5, is interchangeable in meaning with

(A) catch up with
(B) get in touch with
(C) draw near
(D) stay with
(E) come across

180. What is true about Mr. Morales?

(A) He arranged a tour on August 12.
(B) He received some positive reviews on a tour from customers.
(C) He proposed a taxi as transportation to Tocumen International Airport.
(D) He recommended that Ms. Grist extend her vacation.
(E) He signed Ms. Grist up for the Rewards Club.

Questions 181-185 refer to the following schedule and e-mail.

Jack Unzicker's Schedule (June 2–6)

Monday:
9:00 A.M. Meeting with new customer Ms. Heather Dunbar at Silver Feather Inc.

10:30 A.M. Discuss sending the team to the Social Media Conference with Ms. Nakai (in her office); start as early as possible (i.e. before 10:30) so she can leave for her business trip; if the 9 A.M. meeting runs long, plan to have the discussion by phone

Tuesday:
12:00 P.M. Lunch meeting with new customer Mr. Steve Settle from Jaroo Co. about our basic advertising protocol

3:00 P.M. Discuss effectiveness of ads in Southeast Quarterly with the team

Wednesday:
2:00 P.M. Visit Landmark News with Mr. James of Reickel Shoes to discuss changing the ad

Thursday:
3:00 P.M. Ideas for Debra Fox Jewelry's redesigned logo due—e-mail them

Friday:
Day off for daughter's birthday celebration
9:00 A.M. Take Susie and friends to Jarrell Mountain State Park
10:00 A.M. Hiking tour of Heron Trail with park ranger
11:30 A.M. Head to Burgers and More for party: lunch, cake, presents
3:00 P.M. Take friends home

E-Mail Message

To: d-unzicker@advertisethis.com
From: heather@silverfeather.com
Subject: Appointment
Date: May 30

Dear Mr. Unzicker,

I apologize for the short notice, but I'd like to postpone my appointment on next Monday at 9 A.M. I have to leave town this evening on an unexpected business trip, and I won't be back until late on Monday night. I know it may be unlikely, but would you be available to meet on Wednesday instead, same time? Also, although

GO ON TO THE NEXT PAGE

we were going to meet at my office, I will be in your neck of the woods for another appointment later in the day, so I could easily save you the trip.

As for my logo, I had some more thoughts about what I'm looking for (i.e. color, symmetry, motion, font, etc.). I even sketched a few ideas that I came up with. I'll e-mail everything to you this evening when I'm at the airport. That way we'll have more time during our meeting for a deeper discussion. I'm not suggesting that we'll end up using any of my ideas—after all, I chose to work with you because I was told you are the best logo guy around. But all great logos required lots of sketches to arrive at "the one." We can put our heads together, use your ideas and mine to get our creative juices flowing, and make some headway on this project!

Anyway, let me know about our appointment as soon as you can. I look forward to finally meeting you and having a face to go along with the voice I've heard on the phone!

Thanks,

Heather Dunbar
Silver Feather Inc.

181. What is NOT written in Mr. Unzicker's schedule?

(A) He will receive ideas from Ms. Nakai on Thursday.
(B) The meeting time with Landmark News has been changed.
(C) He has a deadline on his last day of the week.
(D) Someone from Reickel Shoes will accompany him to a consultation.
(E) Jaroo Co. wants information about his services.

182. What is indicated about Mr. Unizicker's daughter from his schedule?

(A) She wants jewelry for her birthday.
(B) She will visit her father's office on Thursday.
(C) She will have a party on Friday.
(D) She plans to join an outdoor activity.
(E) She will go hiking with her school teacher soon.

183. What is most likely true about Mr. Unzicker's meeting with Ms. Dunbar?

(A) It will last approximately 30 minutes.
(B) The meeting place may be changed.
(C) They will talk while eating lunch at a restaurant.
(D) It may not happen on the day that was originally planned.
(E) The topic should be reconsidered.

184. What is suggested about Ms. Dunbar in the e-mail?

(A) She did not plan to leave town suddenly.
(B) Her office is relocating closer to Mr. Unzicker's.
(C) She needs more time to prepare to meet Mr. Unzicker.
(D) She will leave the office early to organize her trip.
(E) She wants a new logo design for Silver Feather Inc.

185. What is implied about Mr. Unzicker?

(A) He worked at Silver Feather Inc. before.
(B) He has been to Jarrell Mountain State Park several times.
(C) He will talk with Ms. Nakai about *Southeast Quarterly* on Monday.
(D) He may start a lunch meeting with Mr. Settle earlier than planned.
(E) He may meet a new client on June 4.

GO ON TO THE NEXT PAGE

Questions 186-190 refer to the following e-mail, advertisement, and meeting minutes.

E-Mail Message

To: Ken Thrash <kthrash@farrellpublishing.com>
From: Carol Davis <cdavis@farrellpublishing.com>
Subject: A few thoughts
Date: September 5
Attachment: Bonanza

Hi, Ken,

As I pulled into the office parking lot this morning, I noticed that our building is looking…well, shabby. I can imagine how nervous that can make our clients feel, especially our new clients. Upon walking through the halls with this new perspective, I had an overwhelming urge to march up to Mr. Salisbury's office and insist that the company put some money into the building right away. Our walls could use a layer of fresh paint, and our windows are due to be washed, and all of the carpets should be replaced or at least cleaned. If we got really ambitious, we could even do some remodeling, for example in the lobby, bathrooms, and break rooms. I've attached a coupon I saw recently. I'm going to propose at the next board meeting that we look into that company and see if we think their services would work for us. I hope you'll agree with me. The deal on the bottom looks good to me. And I think they clean furniture as well.

Carol Davis

Bonanza Carpet Cleaning
Family owned and operated since 1914
(239) 555-2777
www.bonanzacc.com**

3 Rooms or Areas* — **$114.00**
4 Rooms or Areas* — **$129.00**
5 Rooms or Areas* — **$159.00**
6 Rooms or Areas* — **$179.00**
More than 6 Rooms — **$27.00 per room!***

*A "Room" is defined as a room, hall, walk-in closet, or set of stairs (up to 14). Rooms over 250 square feet are considered 2 rooms. Heavily soiled carpets may be subjected to "neglected carpet fees." Deals are valid through November 2.
**View all our services, including furniture cleaning, pet stains, and tile cleaning, on our Web site.

Minutes for Meeting of the Board of Directors   October 13, 6:00 P.M.

The meeting was called to order by Chairman Brian Salisbury
Board members present: Ken Thrash, Carol Davis, Anthony Bell, Rick Diehl (Allison Kaufman was absent)

Orders of business:
- Office building updates: Several board members have already heard good things about our efforts to spruce up the building. Employees and clients alike have commented that it looks great so far, even though we've only had the carpets cleaned and the walls painted. Good choice to go with Office Remodeling Specialists, recommended by Bernie Ferguson, who uses them for his office buildings. By using them, we're saving ourselves the hassle of finding specific contractors for each job—they just move right on to the next job. And the more jobs we give them, the less they charge us for each project. They'll start working on the windows next week.

- Holiday gift baskets: We need to start thinking about holiday gift baskets for our top clients. Although we usually order them through Seasonal Gifts, Anthony Bell reminded everyone that our baskets arrived late last year. He will start looking into other options to make sure there are no problems this year. Also, as clients have changed significantly this year, we will start compiling a list of clients to receive a basket.

- Casual Friday: Several employees have requested that we allow them to wear business casual attire on Fridays. All board members agreed as long as employees who have meetings on Fridays dress appropriately. Rick Diehl will have Sam Richards in Human Resources type up a Casual Friday policy for us to approve.

GO ON TO THE NEXT PAGE

186. What does Ms. Davis indicate in her e-mail?

(A) She is willing to pay for remodeling.
(B) She is dissatisfied with the new carpets.
(C) She has found a possible cleaning company.
(D) She would like Mr. Thrash to support her idea.
(E) She feels the building is dangerous for employees.

187. What is NOT implied about Bonanza Carpet Cleaning?

(A) They are new to the area where Ms. Davis's company is located.
(B) They now perform installations of carpets.
(C) Their deals are offered for a limited time only.
(D) They are part of a franchise.
(E) They list their services online.

188. What is suggested about Office Remodeling Specialists?

(A) Their rates are better than those of their competitors.
(B) They get most of their contracts through recommendations.
(C) They have already begun work at Ms. Davis's company.
(D) They frequently advertise on the radio.
(E) They also do work for Mr. Ferguson's company.

189. In the meeting minutes, the phrase "go with" in paragraph 1, line 4, is interchangeable in meaning with

(A) match
(B) use
(C) select
(D) accept
(E) employ

190. What is true about the meeting of the board of directors?

(A) One of the topics was the same as last year.
(B) It took place before a coupon of Bonanza Carpet Cleaning expired.
(C) Mr. Richards could not attend it due to a business trip.
(D) A problem with holiday gift baskets was discussed.
(E) Board members showed agreement on a new company rule.

Questions 191-195 refer to the following letter, e-mail, and order form.

August 21

Doris Stanford
Marvelous Mile Gift Shop
70 W. Roosevelt Street
Darvin, FL 32003

Dear Ms. Stanford,

I'm a huge fan of your gift shop. I particularly like the handmade artwork that you sell. I feel my stoneware vases would be an excellent addition to your shop. They are a perfect price for gifts, ranging within a suggested retail price of $20 to $35. Minimum orders are reasonably set at 10 vases per order. I have enclosed in this package two of my best selling vases. Please note that I have many styles to choose from. I recommend starting with 5 to 10 different styles in order to get a good feel for their performance in your shop.

I offer a risk-free trial: you can keep 20 of my vases on consignment for 60 days. If you like the buzz they create among customers in your shop, you can place an order with me online. I am confident that they will fly off the shelves.

I plan on visiting your gift shop next week to speak with you in person and show you more examples of my vases. Feel free to ask me any questions you come up with by e-mail before then.

Sincerely,

Leonard Brown
Brown Pottery
www.brownpottery.com
leo@brownpottery.com

To:	Leonard Brown <leo@brownpottery.com>
From:	Trudy Vollkommer <vollkommer@theartisanshop.com>
Subject:	Potential customer
Date:	November 6

Dear Mr. Brown,
I was visiting a friend's gift shop today and saw your beautiful vases there. My

GO ON TO THE NEXT PAGE ➡

friend, Doris Stanford, said she has been very happy with them in her shop, as they have been big sellers and have attracted quite a bit of business. She told me she got a new shipment last week and has already sold half. Apparently, her customers are buying them as gifts as well as for their own collections. Several of them have started asking when Doris will get some new styles in, and they frantically buy them up when they arrive. Anyway, she gave me a rundown on how to get started carrying your work in my own shop, where I chiefly market handmade artisan products including my own.

I will be in your area next Thursday and wonder if I could stop by your studio, maybe around lunchtime. I would like to see your vases and even take some with me on consignment. I plan to try them out during the holiday season. Please let me know if you are free. I can be reached by e-mail or phone (778-555-2379). Thanks so much for your time.

Regards,

Trudy Vollkommer

Brown Pottery—Order Form

December 1, 11:35 A.M.

Shop Name: The Artisan Shop
Address: 435 Sierra Vista Ln. Hampton, OH 43114
Contact: Trudy Vollkommer
E-mail: vollkommer@theartisanshop.com
Phone: 778-555-2379

Item#	Quantity	Unit Price	Total
AG36	6	$13.00	$78.00
AK22	6	$14.00	$84.00
CM04	6	$16.00	$96.00
FR17	6	$18.00	$108.00
FS06	10	$18.00	$180.00

Subtotal: $546.00
Shipping/Handling: $32.50
Grand Total: $578.50

Orders placed by 10:00 A.M. will be shipped the same day if items are in stock. Once items ship, customers receive an e-mail with shipping confirmation and tracking information.

Thank you for your order!

191. In the letter, the word "reasonably" in paragraph 1, line 4, is interchangeable in meaning with

(A) logically
(B) moderately
(C) contrarily
(D) honestly
(E) thoughtfully

192. What does Mr. Brown suggest?

(A) Ms. Stanford should try out his vases.
(B) Ms. Stanford should expand her business.
(C) Ms. Stanford should visit Brown Pottery.
(D) Store owners should view examples of his vases on his Web site.
(E) Store owners should call him immediately.

193. What does Mr. Brown NOT do for shop owners?

(A) Call them often to check up on them
(B) Offer them vases to sell at no risk to them
(C) Thank them with discounts on personal orders
(D) Provide them with a newsletter
(E) Answer their questions electronically

194. What is true about Ms. Vollkommer?

(A) She wants to take classes from Mr. Brown.
(B) She hopes to leave some of her art with Mr. Brown.
(C) She wants to know Mr. Brown's availability.
(D) She was in Darvin on November 6.
(E) She is interested in doing business with Mr. Brown.

195. What is true of Ms. Vollkommer's order?

(A) She can follow her order status online.
(B) An extra charge was applied for rushed delivery.
(C) Items will be delivered in a week.
(D) Some of the vases were discounted.
(E) Most of the vases are green.

Test 2

Follow-up 2

GO ON TO THE NEXT PAGE

Questions 196-200 refer to the following letter and Web pages.

March 10

Marilyn Funk
c/o Vixen Public Library
612 N. Elgin Street
Vixen, MA 01001

Dear Ms. Funk,

I have thoroughly enjoyed the time I have spent working at Vixen Public Library, but I need to inform you of my resignation as Children's Services Librarian. Earlier this year, my daughter's family relocated to California, and I have decided to follow them across the country to a neighboring city. I plan to enjoy watching my grandchildren grow and help to instill in them a love for books. I will miss reading to the children at Vixen Public Library and helping them find books that interest them. I will also miss interacting with all of my co-workers, as you are all like family to me. I will be resigning effective April 30.

Thank you for the opportunities for professional and personal development that you have provided me during the last ten years. I also appreciate the support I have received from the library staff. If I can be of any help during the transition, please let me know. Best wishes to you and the other staff members. Please keep in touch.

Sincerely yours,

Andrew Pitty

◀ ▶ http://www.VixenPublicLibrary.net/hiring/ ▼

Vixen Public Library

| Programs | Services | Events | **Hiring** | Contact Us |

Children's Services Librarian

Part time: 20 hours a week, including evenings and some weekends
Salary: $23 per hour
Benefits: 26 days paid vacation per year
(Health benefits available for 30-hour or more positions)

The ideal candidate will:
- Read stories to children during our weekly Story Hour
- Assist library users in the use and selection of digital and print resources
- Select, order, and maintain materials in the Children's Section
- Promote programs and services
- Collaborate with other staff members as needed
- Assist in creating a positive library environment

Deadline to apply: March 30
To apply: Carefully review the job description and work schedule. Then, submit an online application **here**. Chosen candidates will interview starting April 6. The first day for the successful candidate will be April 16.

http://www.VixenPublicLibrary.net/programs/

Vixen Public Library

| **Programs** | Services | Events | Hiring | Contact Us |

Story Hour

Join us for a new and improved Story Hour! Our new Children's Services Librarian, Ms. Stacy, has added songs, crafts, dances, and other age-appropriate activities to Story Hour. She is keeping each session at 45 to 60 minutes, so she is reducing the number of stories read to 4. She is introducing educational themes for each week, which can be found here.

Story Hour is for children ages 3 to 5. (Younger children are welcome to join our Read-and-Play program.) Story Hour is a free service, and children can participate in any of the sessions. Story Hour takes occasional breaks. Check the schedule **here** for details about breaks.

Story Hour schedule:

East Monroe Branch   State Street Branch
Monday at 10:00 A.M.   Tuesday at 5:30 P.M.
Wednesday at 10:00 A.M.   Thursday at 5:30 P.M.
Friday at 10:00 A.M.

GO ON TO THE NEXT PAGE

196. What is true of Mr. Pitty?

(A) He will meet his replacement on March 31.
(B) He taught many children to read and write over 20 years.
(C) He will be employed by another library.
(D) He wants to stay in contact with the Vixen Public Library staff.
(E) He will not be a librarian at Vixen Public Library from May.

197. What is indicated about the position of Children's Services Librarian?

(A) There is a high turnover rate.
(B) It is not eligible for health benefits.
(C) The responsibilities change often.
(D) The new person will start before Mr. Pitty leaves.
(E) The new person must create many learning resources.

198. What does the first Web page suggest?

(A) All applicants will be interviewed.
(B) Candidates should have communication skills.
(C) Applicants should apply online.
(D) Candidates will all be interviewed in one day.
(E) There are two rounds of interviews.

199. What is NOT true of Story Hour?

(A) It takes place several times a day.
(B) Ms. Stacy amended the framework.
(C) Children can get a free drink.
(D) There are now hands-on activities.
(E) Stories follow a certain topic each week.

200. On the second Web page, the word "occasional" in paragraph 2, line 3, is interchangeable in meaning with

(A) alternate
(B) long-term
(C) recurring
(D) unconscious
(E) infrequent

マークシート

年　　月　　日

✂

Part 5

No.	ANSWER A B C D ?
101	Ⓐ Ⓑ Ⓒ Ⓓ ?
102	Ⓐ Ⓑ Ⓒ Ⓓ ?
103	Ⓐ Ⓑ Ⓒ Ⓓ ?
104	Ⓐ Ⓑ Ⓒ Ⓓ ?
105	Ⓐ Ⓑ Ⓒ Ⓓ ?
106	Ⓐ Ⓑ Ⓒ Ⓓ ?
107	Ⓐ Ⓑ Ⓒ Ⓓ ?
108	Ⓐ Ⓑ Ⓒ Ⓓ ?
109	Ⓐ Ⓑ Ⓒ Ⓓ ?
110	Ⓐ Ⓑ Ⓒ Ⓓ ?

No.	ANSWER A B C D ?
111	Ⓐ Ⓑ Ⓒ Ⓓ ?
112	Ⓐ Ⓑ Ⓒ Ⓓ ?
113	Ⓐ Ⓑ Ⓒ Ⓓ ?
114	Ⓐ Ⓑ Ⓒ Ⓓ ?
115	Ⓐ Ⓑ Ⓒ Ⓓ ?
116	Ⓐ Ⓑ Ⓒ Ⓓ ?
117	Ⓐ Ⓑ Ⓒ Ⓓ ?
118	Ⓐ Ⓑ Ⓒ Ⓓ ?
119	Ⓐ Ⓑ Ⓒ Ⓓ ?
120	Ⓐ Ⓑ Ⓒ Ⓓ ?

No.	ANSWER A B C D ?
121	Ⓐ Ⓑ Ⓒ Ⓓ ?
122	Ⓐ Ⓑ Ⓒ Ⓓ ?
123	Ⓐ Ⓑ Ⓒ Ⓓ ?
124	Ⓐ Ⓑ Ⓒ Ⓓ ?
125	Ⓐ Ⓑ Ⓒ Ⓓ ?
126	Ⓐ Ⓑ Ⓒ Ⓓ ?
127	Ⓐ Ⓑ Ⓒ Ⓓ ?
128	Ⓐ Ⓑ Ⓒ Ⓓ ?
129	Ⓐ Ⓑ Ⓒ Ⓓ ?
130	Ⓐ Ⓑ Ⓒ Ⓓ ?

Part 6

No.	ANSWER A B C D ?
131	Ⓐ Ⓑ Ⓒ Ⓓ ?
132	Ⓐ Ⓑ Ⓒ Ⓓ ?
133	Ⓐ Ⓑ Ⓒ Ⓓ ?
134	Ⓐ Ⓑ Ⓒ Ⓓ ?
135	Ⓐ Ⓑ Ⓒ Ⓓ ?
136	Ⓐ Ⓑ Ⓒ Ⓓ ?
137	Ⓐ Ⓑ Ⓒ Ⓓ ?
138	Ⓐ Ⓑ Ⓒ Ⓓ ?
139	Ⓐ Ⓑ Ⓒ Ⓓ ?
140	Ⓐ Ⓑ Ⓒ Ⓓ ?

No.	ANSWER A B C D ?
141	Ⓐ Ⓑ Ⓒ Ⓓ ?
142	Ⓐ Ⓑ Ⓒ Ⓓ ?
143	Ⓐ Ⓑ Ⓒ Ⓓ ?
144	Ⓐ Ⓑ Ⓒ Ⓓ ?
145	Ⓐ Ⓑ Ⓒ Ⓓ ?
146	Ⓐ Ⓑ Ⓒ Ⓓ ?
147	Ⓐ Ⓑ Ⓒ Ⓓ ?
148	Ⓐ Ⓑ Ⓒ Ⓓ ?
149	Ⓐ Ⓑ Ⓒ Ⓓ ?
150	Ⓐ Ⓑ Ⓒ Ⓓ ?

Part 7

No.	ANSWER A B C D ?
151	Ⓐ Ⓑ Ⓒ Ⓓ ?
152	Ⓐ Ⓑ Ⓒ Ⓓ ?
153	Ⓐ Ⓑ Ⓒ Ⓓ ?
154	Ⓐ Ⓑ Ⓒ Ⓓ ?
155	Ⓐ Ⓑ Ⓒ Ⓓ ?
156	Ⓐ Ⓑ Ⓒ Ⓓ ?
157	Ⓐ Ⓑ Ⓒ Ⓓ ?
158	Ⓐ Ⓑ Ⓒ Ⓓ ?
159	Ⓐ Ⓑ Ⓒ Ⓓ ?
160	Ⓐ Ⓑ Ⓒ Ⓓ ?

No.	ANSWER A B C D ?
161	Ⓐ Ⓑ Ⓒ Ⓓ ?
162	Ⓐ Ⓑ Ⓒ Ⓓ ?
163	Ⓐ Ⓑ Ⓒ Ⓓ ?
164	Ⓐ Ⓑ Ⓒ Ⓓ ?
165	Ⓐ Ⓑ Ⓒ Ⓓ ?
166	Ⓐ Ⓑ Ⓒ Ⓓ ?
167	Ⓐ Ⓑ Ⓒ Ⓓ ?
168	Ⓐ Ⓑ Ⓒ Ⓓ ?
169	Ⓐ Ⓑ Ⓒ Ⓓ ?
170	Ⓐ Ⓑ Ⓒ Ⓓ ?

No.	ANSWER A B C D ?
171	Ⓐ Ⓑ Ⓒ Ⓓ ?
172	Ⓐ Ⓑ Ⓒ Ⓓ ?
173	Ⓐ Ⓑ Ⓒ Ⓓ ?
174	Ⓐ Ⓑ Ⓒ Ⓓ ?
175	Ⓐ Ⓑ Ⓒ Ⓓ ?
176	Ⓐ Ⓑ Ⓒ Ⓓ ?
177	Ⓐ Ⓑ Ⓒ Ⓓ ?
178	Ⓐ Ⓑ Ⓒ Ⓓ ?
179	Ⓐ Ⓑ Ⓒ Ⓓ ?
180	Ⓐ Ⓑ Ⓒ Ⓓ ?

No.	ANSWER A B C D ?
181	Ⓐ Ⓑ Ⓒ Ⓓ ?
182	Ⓐ Ⓑ Ⓒ Ⓓ ?
183	Ⓐ Ⓑ Ⓒ Ⓓ ?
184	Ⓐ Ⓑ Ⓒ Ⓓ ?
185	Ⓐ Ⓑ Ⓒ Ⓓ ?
186	Ⓐ Ⓑ Ⓒ Ⓓ ?
187	Ⓐ Ⓑ Ⓒ Ⓓ ?
188	Ⓐ Ⓑ Ⓒ Ⓓ ?
189	Ⓐ Ⓑ Ⓒ Ⓓ ?
190	Ⓐ Ⓑ Ⓒ Ⓓ ?

No.	ANSWER A B C D ?
191	Ⓐ Ⓑ Ⓒ Ⓓ ?
192	Ⓐ Ⓑ Ⓒ Ⓓ ?
193	Ⓐ Ⓑ Ⓒ Ⓓ ?
194	Ⓐ Ⓑ Ⓒ Ⓓ ?
195	Ⓐ Ⓑ Ⓒ Ⓓ ?
196	Ⓐ Ⓑ Ⓒ Ⓓ ?
197	Ⓐ Ⓑ Ⓒ Ⓓ ?
198	Ⓐ Ⓑ Ⓒ Ⓓ ?
199	Ⓐ Ⓑ Ⓒ Ⓓ ?
200	Ⓐ Ⓑ Ⓒ Ⓓ ?

マークシート（Follow-up 2 用）

年　　月　　日

Part 5

No.	ANSWER	No.	ANSWER
101	A B C D E ?	111	A B C D E ?
102	A B C D E ?	112	A B C D E ?
103	A B C D E ?	113	A B C D E ?
104	A B C D E ?	114	A B C D E ?
105	A B C D E ?	115	A B C D E ?
106	A B C D E ?	116	A B C D E ?
107	A B C D E ?	117	A B C D E ?
108	A B C D E ?	118	A B C D E ?
109	A B C D E ?	119	A B C D E ?
110	A B C D E ?	120	A B C D E ?

Part 6

No.	ANSWER	No.	ANSWER
121	A B C D E ?	131	A B C D E ?
122	A B C D E ?	132	A B C D E ?
123	A B C D E ?	133	A B C D E ?
124	A B C D E ?	134	A B C D E ?
125	A B C D E ?	135	A B C D E ?
126	A B C D E ?	136	A B C D E ?
127	A B C D E ?	137	A B C D E ?
128	A B C D E ?	138	A B C D E ?
129	A B C D E ?	139	A B C D E ?
130	A B C D E ?	140	A B C D E ?

No.	ANSWER
141	A B C D E ?
142	A B C D E ?
143	A B C D E ?
144	A B C D E ?
145	A B C D E ?
146	A B C D E ?
147	A B C D E ?
148	A B C D E ?
149	A B C D E ?
150	A B C D E ?

Part 7

No.	ANSWER	No.	ANSWER	No.	ANSWER	No.	ANSWER	No.	ANSWER
151	A B C D E ?	161	A B C D E ?	171	A B C D E ?	181	A B C D E ?	191	A B C D E ?
152	A B C D E ?	162	A B C D E ?	172	A B C D E ?	182	A B C D E ?	192	A B C D E ?
153	A B C D E ?	163	A B C D E ?	173	A B C D E ?	183	A B C D E ?	193	A B C D E ?
154	A B C D E ?	164	A B C D E ?	174	A B C D E ?	184	A B C D E ?	194	A B C D E ?
155	A B C D E ?	165	A B C D E ?	175	A B C D E ?	185	A B C D E ?	195	A B C D E ?
156	A B C D E ?	166	A B C D E ?	176	A B C D E ?	186	A B C D E ?	196	A B C D E ?
157	A B C D E ?	167	A B C D E ?	177	A B C D E ?	187	A B C D E ?	197	A B C D E ?
158	A B C D E ?	168	A B C D E ?	178	A B C D E ?	188	A B C D E ?	198	A B C D E ?
159	A B C D E ?	169	A B C D E ?	179	A B C D E ?	189	A B C D E ?	199	A B C D E ?
160	A B C D E ?	170	A B C D E ?	180	A B C D E ?	190	A B C D E ?	200	A B C D E ?

株式会社　スリーエーネットワーク
極めろ！ TOEIC® L&R TEST 990 点リーディング特訓
2020 年 4 月 13 日　初版　第 1 刷発行